阅读与写作

主　编 ◎ 邓宇萍　　马　婷
副主编 ◎ 麦吉作体　杨甲甲　罗妞牛
参　编 ◎ 孙正华　　宋　芸　春　燕

图书在版编目（CIP）数据

阅读与写作 / 邓宇萍，马婷主编． — 成都：四川大学出版社，2023.8
ISBN 978-7-5690-6227-4

Ⅰ．①阅… Ⅱ．①邓… ②马… Ⅲ．①汉语－阅读教学－少数民族教育－教材②汉语－写作－少数民族教育－教材 Ⅳ．①H194 ②H193.6

中国国家版本馆CIP数据核字（2023）第134802号

书　　名：	阅读与写作
	Yuedu yu Xiezuo
主　　编：	邓宇萍　马　婷
丛 书 名：	民族预科系列教材

选题策划：	梁　平　杨　果
责任编辑：	李　梅
责任校对：	宋彦博
装帧设计：	裴菊红
责任印制：	王　炜

出版发行：	四川大学出版社有限责任公司
	地址：成都市一环路南一段24号（610065）
	电话：（028）85408311（发行部）、85400276（总编室）
	电子邮箱：scupress@vip.163.com
	网址：https://press.scu.edu.cn
印前制作：	四川胜翔数码印务设计有限公司
印刷装订：	成都市新都华兴印务有限公司

成品尺寸：	185mm×260mm
印　　张：	20.75
字　　数：	513千字

版　　次：	2023年9月 第1版
印　　次：	2023年9月 第1次印刷
定　　价：	68.00元

扫码获取数字资源

四川大学出版社
微信公众号

本社图书如有印装质量问题，请联系发行部调换

版权所有 ◆ **侵权必究**

总　序

党和国家历来高度重视民族教育的发展。民族地区教育高质量发展是我国教育高质量发展不可或缺的组成部分，是建设教育强国、科技强国、人才强国的重要内容。培养拥护中国共产党的领导，拥护社会主义制度，维护国家统一和民族团结，具备一定专业知识，能较好适应大学学习生活的少数民族学生，是少数民族预科教育的根本。

西昌学院民族预科教育始于1980年，是四川省内最早承担民族预科教育的省属高校之一，也是四川省少数民族预科教育基地。40余年来，学校少数民族预科教育秉承"预本贯通"的思想，坚持"养习惯、重品性、强基础、拓素质"的办学理念，立足区域经济社会发展实际，积极构建民族地区人才培养体系，先后培养输送了近两万名合格的少数民族预科学生，为加快民族地区经济社会发展，实现各民族平等、团结、共同繁荣进步作出了突出贡献。

近年来，随着国家高等教育改革与发展的不断深入，少数民族预科教育教学改革也加速推进。教材是学生获取系统知识的重要工具，是教师进行教学的主要依据，教材质量的优劣直接影响着教育教学的好坏。目前高校预科教学尚未有统编教材，现行少数民族预科教育教材多为20世纪90年代初编写的，一定程度上存在教材内容陈旧、学科前沿知识较少、对学生学习兴趣的激发较弱、与当前民族地区教育实际需求结合度不够等问题。为进一步加强少数民族预科教学研究、深化教学改革、提高预科教学质量，学校以习近平新时代中国特色社会主义思想为指导，组织少数民族预科教育学院全体教师，按照"夯实基础、突出重点、兼顾专业、预本对接"的原则，以培养预科学生科学思维方式，改进学生学习方法，提高学生自主学习能力为主要教学目标，坚持科学性、系统性，突出区域化、差异化和精准性，针对我校少数民族预科学生（以彝族、羌族、藏族、回族为主，包括苗族、白族、满族、蒙古族、侗族、布依族、土家族、傈僳族、壮族和傣族等十余个民族）的学习特点和专业学习要求，编写了《阅读与写作》《民族预科普通话训练教程》《民族预科初等数学》《民族预科高等数学》《民族预科英语综合教程1》《民族预科英语综合教程2》等教材。该套教材是学校持续铸牢中华民族共同体意识教育，不断深化预科教育教学改革，提高预科教育教学质量，建设一流的民族预科教育基地的体现；

是学校以教学为中心,以学生为本,紧扣少数民族预科教育教学实际,开展教学研究的重要成果,对推动和促进少数民族预科教育具有示范和促进作用。

甘瓜苦蒂,物无全美。期待社会各界为该套教材提出宝贵的意见和建议,我们将虚心接受、认真完善,与各位一道推动少数民族预科教育高质量发展。

西昌学院党委副书记、校长　朱占元

前　言

随着少数民族地区基础教育的普及和教学质量的提高，四川省参加高考的少数民族学生不断增加。作为从高中过度到大学的特殊教育层次——高校民族预科，其规模也由小变大，从 20 世纪 80 年代四川省全省年招收民族预科学生 200 余人，发展到现在每年超过 2000 人，高校预科教育在培养少数民族专门人才方面，起到了其他教育形式不可替代的作用。但民族地区高层次多专业的人才需求仍然迫切，这个培养模式在未来仍然不可替代。

"阅读与写作"作为高校民族预科的主干课程，其主要任务是践行社会主义核心价值观，提高各民族学生的文学修养和国家通用语言的运用能力。文学是易被大学生弱化和忽视的领域，但该领域却是培养健全人格、净化个体心灵、培养良好品位的沃土。民族预科学生中的多数在直升大学后不会再继续学习该门课程。为此，我们在编写本书时，着重突出文学性：一是将最具文学性的诗歌、散文、小说作为上编，置于本书的前半部分；二是尽量选取能体现中外文化的博大深邃，思想风韵之美的作品，以涵养学生的人文情怀和文化性格。与此同时，我们也兼顾技能、技巧的训练，在本书的下编介绍了实用文体，如议论文、说明文、应用文，注重通过不同类型文体的阅读与写作教学，提高学生的汉语言运用能力。

本教材是在 2013 年西昌学院、四川民族学院和阿坝师范高等专科学校教师共同编写的同名教材的基础上重新修订改编而成的。此前，三校共同编写主干课程教材，是实现全省统一考试、统一标准选拔人才的必要前提，但随着四川省全省统一考试的取消，以及预科招生与直升制度的改变，不同地区高校民族预科教育的差异逐渐凸显，在学校培养应用型人才教育模式改革的大背景下，西昌学院预科教育学院的预科语文教学也在实践中不断改革，进而明确了改编再版这本《阅读与写作》的必要性。

此次改编再版，本教材力求把握时代脉搏、紧扣时代精神，增强学生的文化认同，建设各民族共有精神家园，积极培养学生中华民族共同体意识。我们在此教材原版的基础上着重做了以下工作：一是订正了教材中的错漏之处；二是增加选文出处并完善练习题目，适量增加了一些能与课文内容相呼应的，能对学生的人生、自然、社会情感体验

的培养与启发产生积极意义的其他内容；三是更换了部分课文篇目，删减了部分与高中语文教学重复、难度设置不合理的课文，改换了一批思想上、内容上与时俱进、能拓展学生的思维与视野、有利于凝聚中华民族共同体意识、培养创新型人才的优秀作品。

本教材编写依据教育部《普通高等学校少数民族预科〈阅读与写作〉教学大纲》编写而成，编写人员均为长期从事民族预科教学工作的一线教师。本教材可供高校少数民族预科各类层次学生使用。教材编写分工如下：上编诗歌部分由马婷主笔，散文部分由邓宇萍、杨甲甲主笔，小说部分由麦吉作体主笔，戏剧与影视文学部分由罗妞牛主笔；下编议论文部分由邓宇萍、罗妞牛主笔，说明文部分由马婷主笔，应用文部分由杨甲甲主笔。本教材2013年版的编写人员孙正华、宋芸、春燕参与了此次教材改编过程中部分篇目的选取及勘误工作。全书由邓宇萍统稿。

时间仓促，匆匆付印，书中疏误缺失在所难免，尚请广大读者批评指正。

《阅读与写作》教材编写组

目　录

上编　文学类文体

第一篇　诗　歌 …………………………………………………………（ 3 ）
　　硕　人 ……………………………………………………《诗经》（ 9 ）
　　采　薇 ……………………………………………………《诗经》（10）
　　湘夫人 ………………………………………………………屈　原（12）
　　羽林郎 ………………………………………………………辛延年（14）
　　西洲曲 ……………………………………………………乐府民歌（15）
　　石壁精舍还湖中作 …………………………………………谢灵运（17）
　　行路难（其一） ……………………………………………李　白（18）
　　秋兴八首（其一） …………………………………………杜　甫（20）
　　长恨歌 ………………………………………………………白居易（21）
　　无　题 ………………………………………………………李商隐（23）
　　江城子 ………………………………………………………苏　轼（24）
　　声声慢 ………………………………………………………李清照（25）
　　青玉案·元夕 ………………………………………………辛弃疾（26）
　　虞美人 ………………………………………………………蒋　捷（27）
　　贺新郎·别友 ………………………………………………毛泽东（28）
　　夜之歌 ………………………………………………………李金发（29）
　　一句话 ………………………………………………………闻一多（31）
　　雨　巷 ………………………………………………………戴望舒（33）
　　你是人间的四月天
　　　　——一句爱的赞颂 ……………………………………林徽因（35）

错　误	郑愁予（36）
相信未来	食　指（37）
古里拉达的岩羊	吉狄马加（39）
边　缘	张　枣（40）
啊，船长！我的船长！	沃尔特·惠特曼（41）
雨	豪·路·博尔赫斯（43）

第二篇　散　文 …………………………………………………（45）

宫之奇谏假道	左丘明（51）
巨鹿之战	司马迁（54）
与山巨源绝交书	嵇　康（57）
秋日登洪府滕王阁饯别序	王　勃（62）
始得西山宴游记	柳宗元（66）
徐文长传	袁宏道（68）
箱子岩	沈从文（71）
我的母亲	老　舍（75）
法门寺	季羡林（79）
爱尔克的灯光	巴　金（83）
故都的秋	郁达夫（86）
囚绿记	陆　蠡（89）
听听那冷雨	余光中（91）
温一壶月光下酒	林清玄（96）
风雨天一阁	余秋雨（99）
麦浪摇	吉布鹰升（107）
傅雷家书（两则）	傅　雷（110）
中国人与山水	罗　兰（113）
光荣的荆棘路	安徒生（116）
像山那样思考	奥尔多·利奥波德（120）
湖　泊	亨利·梭罗（122）

第三篇　小　说 …………………………………………………（126）

| 俞伯牙摔琴谢知音 | 冯梦龙（131） |

迟桂花（节选）	郁达夫（138）
围城（节选）	钱锺书（142）
尘埃落定（节选）	阿　来（155）
华威先生	张天翼（162）
平凡的世界（节选）	路　遥（167）
变形记（节选）	弗朗茨·卡夫卡（173）
驿站长	普希金（182）
挂　幅	夏目漱石（189）

第四篇　戏剧与影视文学 (192)

牡丹亭·游园	汤显祖（198）
城南旧事（节选）	原著：林海音　改编：伊　明（200）
辛德勒名单（节选）	原著：托马斯·科内雅雷斯　导演：史蒂文·斯皮尔伯格（209）

下编　实用类文体

第五篇　议论文 (221)

察　今	吕不韦（227）
谏逐客书	李　斯（229）
逍遥游	庄　子（232）
野庙碑	陆龟蒙（235）
日　喻	苏　轼（237）
论毅力	梁启超（239）
再论雷峰塔的倒掉	鲁　迅（240）
"友谊"，还是侵略？	毛泽东（244）
切勿放松农业	张红宇（246）
树立适应节约型社会建设的理念	关　觉（248）
让玫瑰花和紫罗兰散发不同的芳香（节选）	
——尊重和维护世界文化与文明的多样性	李慎明（250）
语言与文化	金开诚（253）
修辞是一个选择过程	张志公（256）

经典和我们 ·· 周国平（260）
钱的极点 ·· 毕淑敏（262）
论 美 ·· 弗朗西斯·培根（264）
青年在选择职业时的考虑 ······································· 马克思（266）
西西弗的神话 ·· 阿尔贝·加缪（269）

第六篇　说明文 ·· （273）
梦溪笔谈（二则） ·· 沈　括（281）
芙 蕖 ·· 李　渔（283）
故宫博物院 ·· 黄传惕（285）
千篇一律与千变万化 ·· 梁思成（288）
现代自然科学中的基础学科（节选） ···························· 钱学森（291）
地球生命起源新说 ·· 周　俊（293）
《物种起源》绪论 ·· 达尔文（295）
细胞战争 ·· 阿·斯奈德曼（298）

第七篇　应用文 ·· （301）
几种常见的应用文写作 ·· （312）

参考文献 ·· （321）

上编　文学类文体

第一篇 诗 歌

一、诗歌的含义

诗歌是什么？对此，人们历来众说纷纭，不同的人站在不同的角度对诗歌便有不同的理解。有人说，诗歌是用来安慰有教养的人所做的游戏（艾略特）；有人说，诗歌并无深文奥义，它只是在人生世相中见出某一点特别新鲜有趣而把它描绘出来（朱光潜）；还有人说，诗歌是用来呼吸的东西（利塔达夫）……很多诗人感慨，自己写了半辈子诗歌，却很难给它一个满意的定义。

那么，诗歌究竟是什么？我们可以通过归纳，作如下界定：

诗歌是讲求节奏和韵律、语词凝练而新鲜、结构跳跃、情感充沛、想象丰富的一种文学体裁。它高度集中地表现了社会生活和人的内心世界，一般分行排列。

在世界各国的文学体裁中，诗歌的产生时间最早，是文学之母。早期的诗歌与音乐、舞蹈合为一体，但当时的"诗"与"歌"都有各自特定的含义，不合乐者称为"诗"，合乐者称为"歌"。后来，随着社会生活的日益繁复，诗、歌逐渐合流，统称"诗歌"或"诗"。中国古代的诗歌包括古体诗、近体诗、词、曲等诸种形式；现代的诗歌则专指词曲以外的狭义的诗歌，是一种与小说、散文、戏剧等并列的文学体裁。从时间和空间范围看，诗歌呈现的样态是复杂的，因此，对它的定义也只能是相对的。

二、诗歌的分类

根据不同的划分标准，可以将诗歌分为不同类别。

（一）以内在以及主导倾向为划分标准

按照内在以及主导倾向的划分标准，诗歌可分为抒情诗和叙事诗两大类。

(1) 抒情诗：以抒情为主要表达方式，侧重于表现诗人对生活的感受和体验的诗歌。

此类诗歌一般不具体叙述事物发展的全过程，没有完整的故事情节，也不塑造完整的人物形象，只是通过对一些生活片段或事物形象的描绘，表达作者内心的情感。直接抒情的诗句往往是诗中情绪最为激烈的章节，如北岛的《回答》："告诉你吧，世界，我——不——相——信！"但更多的抒情形式是依附于人、事、物、理的抒情，主要有借景抒情、因事缘情、寓情于理、托物言志等，如《罗蕾莱》《采薇》《你见过大海》。抒情诗包括情诗、颂诗、哀诗、牧诗、讽刺诗等。

（2）叙事诗：通过叙事、塑造人物形象来反映社会生活，表达作者对社会、人生的认识和情感诗歌。叙事诗是用抒情的方式"歌唱一个故事"的诗歌，它与小说的不同之处在于，它是"歌唱"一个故事，而小说则是"讲述"一个故事。它不需要像小说那样对对象作细致的描述，而是以诗的形式对其作精练的概括，注重表现诗人的内在情感，但一定要有相对完整的故事情节。叙事诗分史诗、民间创作及作家创作的叙事诗两类，如《荷马史诗》《妈妈的女儿》《木兰辞》《长恨歌》等。

（二）以有无格律为划分标准

以有无格律为标准，诗歌可分为格律诗、自由诗等。

（1）格律诗：有严格的格律要求，体式整饬，格律严谨，每句的字数、平仄、对仗、韵脚都有严格的规定，即诗有定行、行有定字、字有定韵。中外的格律诗一般都具有和谐统一、寓变化于严整的特点。我国古代的律诗、绝句、词、曲以及欧洲的十四行诗等都是格律诗。如《江汉》《贺新郎》等均属此类。

（2）自由诗：相对格律诗的限制而言较为自由，即诗歌的句式、章法、押韵都比较随意，作者可以根据抒情的需要自由组织排列字句。但也不是"绝对的自由"，仍然要有一定的韵律。如郑愁予的《错误》，开头和结尾使用短句，更能表现过客的来去匆匆；中间使用长句，如柔柔柳枝，传神地将妇人的悠悠相思和寂寞表现了出来。整首诗句式灵活而整饬，语调轻快，节奏优美。

三、诗歌的基本特征

诗歌的特征是多方面的，没有统一的说法，下文简要概括出四点。

（一）音乐性

音乐性指诗歌要朗朗上口，悦耳动听，要有抑扬顿挫的韵律美和流畅回环的音乐感。音乐性是诗歌区别于其他文学体裁的重要标志，具体表现在语言的节奏、韵律等方面。

诗歌是最强调节奏性的，节奏是诗歌的生命。诗歌的节奏主要指诗句中长短、强弱不同的音有规律地变化。如果各诗句停顿次数均匀，就会形成一定的节奏。我国古代诗歌中的停顿是有严格规定的，一般是四言二顿、五言三顿、七言五顿。语音有高低、曲直、长短的变化，从而形成不同的声调。古代汉语分为平、上、去、入四种声调，现代汉语分为阴平、阳平、上声、去声四种音调。有规律地安排平声（阴平、阳平）与仄声（上声、去声、入声），便可形成起伏交替的节奏。诗歌中的节奏不仅能调节呼吸，还能传达感情，外在的声音节奏和内在的情感节奏统一正是诗歌的基本要求之一。因此，要表现豪迈激昂的情绪，往往采取明快紧凑的节奏；而要表达深沉婉转的情绪，则常采用平和舒缓的节奏。

诗的韵律，也称押韵，指同韵母的字在诗句的一定位置上有规律地反复出现。韵律包括头韵、腹韵和脚韵等。诗的押韵一方面可以加强诗的节奏感，达到和谐整齐的感官审美效果；另一方面则主要是为了促进情感的抒发和意境的创造。我国古代的格律诗对押韵要求很严，诗歌要按既定的平仄结构填写，诗有定句，句有定字，字有定音。现代诗歌对韵律的要求没有那么严格，但一般也要求押大致相近的韵，即不追求声调而只要韵母相同或相近。这样既可以使诗歌的形式更自由，也可以保证诗歌在吟诵时能有和谐悦耳的韵律。如《西洲曲》《渡荆门送别》《你是人间的四月天》等诗篇就有鲜明的音乐性特点。

（二）抒情性

诗歌是"情动于中而形于言"的艺术，是人们情感激动的产物，在它的大旗上耀眼地写着"抒情"二字。抒情性是诗歌最突出的本质特征。所有的文学作品都要表现作家的审美情感，但诗歌的抒情性尤为突出。的确，"所有的好诗都是从强烈的感情中自然而然地溢出的"（华兹华斯），对此，白居易曾作过比喻，"诗者：根情，苗言，华声，实义"。对一首诗来说，情、言、声、义，缺一不可，但情是根基。所以，诗贵有情。情感的激流推动着诗人的创作，他们不但用抒情的方式反映生活、表达心意，而且以抒情的方式感动读者、感染社会。

"诗的文字便是情绪自身的表现。"（郭沫若）凡是诗歌都要抒情，哪怕是叙事诗也不例外。只要是诗，就要有丰富的情感，就要抒情，而且，应该把抒情放在第一位。丰富的情感，是诗的"血液"和"灵魂"，而"'抒情'在诗里存在，将有如'情感'之在人类中存在——是永久的"（艾青）。

诗歌抒情特别要强调的是真和健康，矫揉造作和庸俗低级的情感与诗是背离的。如《采薇》中的诗句："昔我往矣，杨柳依依。今我来思，雨雪霏霏。行道迟迟，载饥载渴。我心伤悲，莫知我哀。"通过对比昔日依依柔绵的柳枝（写亲人送行）和而今风雪凄迷的归途，将分手时长、归途遥远、忧心烈烈、难以言状的悲哀洋溢于外，千载之后依然动人，其关键正在于情真。

（三）凝练性

诗的凝练性体现在用高度概括的艺术形象、极其精练的文学语词，最集中地反映社会生活和表达思想感情。它包括两方面的含义：

一是诗人要将感受深的事物以高度浓缩的技巧写入诗中，即诗歌要用最典型、最具审美价值的生活片段或情景来集中地反映作者的诗意，具有高度的概括性。一切样式的文学作品都是现实生活的集中反映，但诗的概括性更为突出。它反映生活不是以具体性和丰富性取胜，而是以广泛性和深刻性见长。它要求精选生活材料，抓住感受最深、表现力最强的自然景物和生活现象，用概括的艺术形象达到对现实的审美反映。它不像小说、戏剧那样细致地刻画人物的外部特征和内心活动，描写人物之间的冲突和构成这些冲突的细节。所谓"微尘中有大千，刹那间见终古"，就是指诗的概括性。明代吴乔在《围炉诗话》中说："意思犹五谷也。文，则炊而为饭；诗，则酿而为酒。"这个比喻也说明诗是最集中地反映生活的一种形式。如蒋捷的《虞美人》全篇只有56个字，却将人生的三个阶段（少年、壮年和晚年）、两大转折写了出来，十分概括。也正是诗的概括性才给读者很多想象。即使是偏于情节叙述的叙事诗，其叙述内容也不能像小说那样铺展，如白居易的《长恨歌》、海涅的《罗蕾莱》。

二是语言精练、含蓄。诗要求用极为凝练、精粹的语词反映生活，用极少的言语表现丰富的内容。这便促使诗人反复锤炼语词，力争言简意深，一笔传神，在有限的诗行、词句中，准确、含蓄、生动地表现出事物的特征，勾勒出生活的场景。正是为了达到这个目的，才有了皮日休的"百炼成字，千炼成句"和马雅可夫斯基为一个句子打了60次草稿的佳话。凝练与简朴是一致的。简是简洁，包括少用形容词；朴是朴素，而非华丽、艰深。如崔颢《长干行》："君家何处住，妾住在横塘。停船暂借问，或恐是同乡。"短短几句，便将人生世相中的一个场景活画于眼前，用艺术给它灌注了生命，使其成为长久流传的佳作。

（四）跳跃性

诗歌要求高度精练就需要省去日常话语中的许多描写、铺垫和过渡，而跳跃就是实现这一要求的最好办法。

诗在结构上的跳跃性特征具体指它主要遵循想象和情感的逻辑，常常由这一端跳到另一端，或由过去跳到未来，超越了时间的藩篱、空间的鸿沟。诗的跳跃多由两个或两个以上的动作构成，动作之间没有持续性，只被同一个情感线索维系着。在动作、形象、图景之间的跳跃性结构方式，以断续表现连贯，以局部概括整体，给读者驰骋想象留下开阔的领域。诗的跳跃性有多种结构形态，主要有时间上的、空间上的、时空综合的、由客观动态向主观动态的、关联式动作的、平行式的、对比式的跳跃等。时间上的跳跃，指从过去到现在，甚至到未来，进行大幅度的跳跃，如春夏秋冬、古今、昼夜、朝夕等。空间上的跳跃将东西南北、天上地下、海内海外的形象进行跳跃式组接。诗中形象、动作在时间和空间上的跳跃，常常是互为因果的。由于时间的变化，便常引起空间的变化，或由于空间的变化，也引起时间上的变化，这样两幅图景便在时空上同时产生了跳跃。而由眼中所见的外在的客观形象向心中所想的形象、思绪的跳跃，则构成了客观动态向主观动态的跳跃。诗中两个或两个以上的动作，并非一人一物所为，但它们有着某种意义的关联，便形成了关联式的跳跃。平行式跳跃由两幅或多幅呈平行关系的图景构成，对比式跳跃则由几种形成强烈反差的形象组成。而采用何种跳跃式结构，则由诗人要反映的生活和表达的思想感情而定。

四、解读诗歌的几个层面

（一）从语词入手，品味诗歌语言的独特性

诗歌的语言不应以习惯的语法规定而变得严肃、拘谨、呆滞而失去鲜活的色彩。诗人有带读者进入新鲜语言世界的责任。诗人对语词极为敏感，常常不满足于日常话语，以颠覆习惯用语、权力话语为己任，通过对语词的经营，使寻常的语言变活、变新、变得有灵性和诗意。如李金发的《夜之歌》将感觉、视觉、嗅觉、听觉世界的语词，大胆交错搭配，打破常规的组合，造成明显的陌生化效果，品味这些语言有一种为之一振的感觉。分行的语言是诗歌的主要形式，这注定了诗歌在语言的海洋中只能汲取其精华而浓缩成最精致的晶体；注定了诗歌要比任何一种文学样式智慧得多，纯粹得多。诗歌语言高度概括、凝练，极富意蕴，常常违背一般的语法规范，比一般的文学语言具有更强的陌生感，诗行间常留下许多空白，显示出很强的跳跃性。正是这种跳跃性，才容纳了诗歌更丰富的意象，从而在非常有限的篇幅里，构筑出使人耳目一新的诗歌意蕴。这种语言艺术特点的形成，多半依靠具象词与抽象词的巧妙嵌合，即有意将抽象词与具象词搭配，构成一种既具体又模糊的虚实相交的境界，从而给读者提供追寻诗人个体感受的信息。如《夜之歌》中"记忆"与"粉红"的搭配，《潜水艇的悲伤》中"酒精，营养，高热量"与"介词，代词，感叹词"的搭配，仅在语言层面便给人耳目一新的感觉。

（二）破译意象密码，读懂意象内涵

意象是诗歌中熔铸了作者主观感情的客观物象（或说是作者运思而成的寓意深刻的客观物象）。意象对于意境的形成起着至关重要的作用。读者进入诗歌的意境总是从感受意象开始的。诗人对意象的选取与描绘，正是作者主观感情的流露。鉴赏诗歌时，抓住意象反复揣摩、体味，是体会作者思想感情从而顺利进入诗歌意境的关键。思想只是泡沫，而融合了主观感情的意象是从泡沫中诞生的爱与美的女神。衡量诗歌的一个重要标志就是看它是否创造了新颖而美的意象。要读懂意象，须理解意象的对比、组合、反差、递进、烘托等，注意体会诗人营构意象时使用的技巧，如通感、赋、比（隐喻）、兴、象征等手法。如在《古里拉达的岩羊》一诗中，诗人吉狄马加通过烘托、对比等手法，将"泛起幽蓝的波浪"的"童真的眼睛"和"雄性的弯角"等意象组合在一起，把这只具有特定内涵的岩羊放置在弥漫着"云雾"和"黑色的深渊"的氛围中，使之拥有了多层次的象征意义。

"意象"是中国古代文论中的一个重要概念。古人以为"意"是内在的抽象的心意，"象"是外在的具体的物象；"意"源于内心并借助于"象"来表达，"象"其实是"意"的寄托物。中国传统诗论中，意象是指寓情于景、以景托情、情景交融的艺术处理技巧。诗歌创作过程是一个观察、感受、酝酿、表达的过程，是对生活的再现过程。作者对外界的事物心有所感，便将之寄托给一个选定的具象，融入自己的某种感情色彩，创造出一个特定的艺术天地，使读者在阅读时能根据这个艺术天地在自己内心进行二次创作，在还原诗人所见所感的基础上渗透自己的感情色彩，从而产生共鸣，获得审美的愉悦。如《错误》一诗中"达达的马蹄"这一意象，正是融入了作者试探、兴奋、内疚等多种复杂感情的集合体。

（三）由表及里，深入理解诗歌的意蕴

伴随着意象在脑海中的形成和语音节奏感的刺激，读者在阅读中已经产生了初步的美感，但只有突破意象表层去体悟意象的内蕴，即诗的意蕴，才能真正理解诗歌。诗的意蕴一般包括审美意蕴和智性意蕴。

读诗开始，读者便可能因为文本语言的陌生化、音乐性，作品的外部结构形式或是意象的新鲜独特等因素，产生某种精神体验，感到精神的愉悦。但这还未进入真正的审美（或审智）阶段。意象往往是单个的、局部的，如果只注重零散的意象，阅读只会停留在肤浅的表层。要体会和理解诗歌的美，还需进一步深入。这需要我们将意象连贯起来，组合起来，采用整体阅读与细读（新批评派本体论）相结合的方法，对文本进行全面的、反复的和有针对性的阅读，结合传统的社会学批评方法（考察背景、个人风格等），读懂诗歌，产生共鸣，获得美感，受到启悟。如博尔赫斯的《雨》，初读时，好像没有什么深味，不过是写诗人在黄昏的屋中，受一场细雨的影响引起的回忆，是寻常的人生世相。诗中的"玫瑰"，是醒目的意象，会让人联想到恋人，但并不独特。可是，当我们静下心来仔细品读，便会慢慢进入诗人营造的艺术世界之中：在昏暗的雨境中，"黄昏"突然明亮起来，只因这丝丝的"细雨"，簌簌的"雨声"浸润诗人心田，于是，"一种称之为玫瑰的花儿/向你显示红中最奇妙的色彩"；于是，"庭院消失了/雨涟涟的黄昏给我带来最渴望的声音"。"黄昏"，既是实写，又是诗人昏暗、孤独、迷茫心境的写照。"只因下起细雨"，客观世界和主观世界、现在和过去得以打通，人生美丽的时刻轮回出现，一是轻松而奇妙的情，一是崇高而慈爱的亲。由此，可以看出"雨"的张力很大，它还被诗人用来隐喻人类渴望挣脱时空限制、消除孤独痛苦，获取自由幸福的复杂意象。鉴赏至此，我们完成了对意象的解剖，挖出了诗歌的内涵，对作品有了审美体验，并进入了诗歌的意蕴层，达成了对诗歌"智性"意蕴的理解。

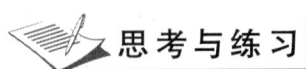
思考与练习

一、查找有关资料，尝试给诗歌下个定义。

二、诗歌有哪些明显的特点？试以教材所选诗文为例，具体分析。

硕 人

《诗经》[1]

解 题

本诗出自《诗经·卫风》。《硕人》是《诗经》中写女子写得最美的一篇,也是最无情思的一篇,成为题咏美人文学的千古之祖。《诗经》的篇名,通常采用每首诗开头的一句话或一个词,因此,本诗的题目"硕人"不反映诗的主题,其主题应是"喜见庄姜自齐来归卫"。这首诗大约产生于公元前750年。

　　硕人其颀,衣锦褧衣[2]。齐侯之子,卫侯之妻。东宫之妹,邢侯之姨,谭公维私[3]。手如柔荑[4],肤如凝脂[5]。领如蝤蛴[6],齿如瓠犀[7]。螓首蛾眉[8],巧笑倩兮,美目盼兮[9]。

　　硕人敖敖,说于农郊[10]。四牡有骄,朱幩镳镳[11],翟茀以朝[12]。大夫夙退,无使君劳。

　　河水洋洋,北流活活[13]。施罛濊濊,鳣鲔发发[14],葭菼揭揭[15]。庶姜孽孽,庶士有朅[16]。

(选自《诗经译注》,程俊英注,上海古籍出版社,2016年)

注 释

　　[1]《诗经》是我国最早的一部诗歌总集,收录了西周初年至春秋中期的三百零五篇诗歌。原名"诗"或"诗三百",汉代儒家把它奉为经典,称为《诗经》。全书分为"风""雅""颂"三部分:"风"有十五国风,一百六十篇,多为各地民歌;"雅"有《大雅》《小雅》,一百零五篇,多为贵族、士大夫所作,是周王朝京都地区的乐歌;"颂"有《周颂》《鲁颂》《商颂》,四十篇,是王室宗庙祭祀的舞曲歌辞。《诗经》相当广泛地反映了当时社会的经济状况、政治矛盾、意识形态和风俗习尚,不少民间创作还揭露了统治阶层的剥削丑行,反映了下层人民的生活和感情。《诗经》以四言为主,节奏简约明快;常用重章叠句,情致回环往复;多用比兴手法,意蕴丰赡含蓄。《诗经》反映现实社会生活的创作传统和赋、比、兴等艺术手法的灵活运用,对后世文学艺术产生了深远影响。[2] 颀(qí):修长的样子。锦:以彩丝织成的有花纹的织品。褧(jiǒng):有衣裳而无里,即麻织成的单衣,罩在锦衣外。[3] 东宫:这里指齐太子得臣,东宫是太子住的宫名,因称太子为东宫。姨:妻子姊妹曰姨。维:其。私:女子称其姊妹之夫。邢侯、谭公:皆庄姜姊妹之夫,互言之。[4] 荑(tí):新生的茅草,柔嫩而白。[5] 凝脂:冻结的油脂,比喻细腻洁白。[6] 领:颈。蝤蛴(qiúqí):天牛的幼虫,乳白色。孔疏:"以在木中,白而长,故以比颈。"[7] 瓠(hù)犀:瓠瓜子儿,色白,排列整齐。[8] 蛾眉:蚕蛾触角般的眉毛。蚕蛾触角宽短弧

曲，当时的眉式以此为尚。[9] 倩：笑时两颊现出酒窝的样子。盼：眼睛黑白分明的样子。[10] 敖敖：身材高大之貌。农郊：近郊。言庄姜始来，更正衣服于卫近郊。说：可解作舍。《释文》："说，本或作税，舍也。"即休息。[11] 骄：马健壮的样子。幩（fén）：缠在马口两边镳上的绸，用来扇汗，且为装饰。镳（biāo）：勒马的口具。[12] 翟（dí）：长尾的野鸡，此为翟车，夫人以翟羽饰车。茀：遮蔽。孔疏："妇人乘车不露见，车之前后设障以自隐蔽，谓之茀。"[13] 河水：指黄河。洋洋：水盛大的样子。北流：黄河在齐西卫东，北流入海。活活（guō）：水流声也。[14] 罛（gū）：鱼罟（gǔ），捕鱼的网。濊濊（huò）：撒网入水的声音。鱣（zhān）：大鱼，长丈余，细鳞，黄首白身，短头，口在腹下。鲔（wěi）：大鱼，亦长丈余。鱣鲔即鲟科之鲟鱼和鳇鱼。发发（bō）：亦作"泼泼"，鱼在水中碰网甩尾发出泼泼的声音。[15] 葭：芦。菼（tǎn）：荻。揭揭：修长的样子。[16] 庶姜：众多的姜姓女子。孽孽：盛装。揭（qiè）：勇武貌。

一、《诗经》中多数篇目用比兴开头，本诗开头未使用这种方法，试分析它的特点。
二、清代方玉润称："千古颂美人者，无出'巧笑倩兮，美目盼兮'二语。"（《诗经原始》）请你谈谈这两句妙在何处。

采 薇

《诗经》

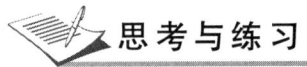

本诗出自《诗经·小雅》，是遣送戍役之诗。以其出戍之时采薇以食，而念归期之远。

采薇采薇[1]，薇亦作止[2]。曰归曰归[3]，岁亦莫止[4]。靡室靡家[5]，猃狁之故[6]。不遑启居[7]，猃狁之故。

采薇采薇，薇亦柔止[8]。曰归曰归，心亦忧止。忧心烈烈[9]，载饥载渴[10]。我戍未定[11]，靡使归聘[12]！

采薇采薇，薇亦刚止[13]。曰归曰归，岁亦阳止[14]。王事靡盬[15]，不遑启处[16]。忧心孔疚[17]，我行不来[18]！

彼尔维何[19]？维常之华[20]。彼路斯何[21]？君子之车[22]。戎车既驾[23]，四牡业业[24]。岂敢定居[25]？一月三捷[26]！

驾彼四牡，四牡骙骙[27]。君子所依[28]，小人所腓[29]。四牡翼翼[30]，象弭鱼服[31]。岂不日戒[32]，猃狁孔棘[33]！

昔我往矣，杨柳依依[34]；今我来思[35]，雨雪霏霏[36]。行道迟迟[37]，载渴载饥。我心伤悲,莫知我哀!

(选自《诗经译注》,程俊英注,上海古籍出版社,2016年)

注 释

[1] 薇:野豌豆苗,可食。[2] 亦:助词,含有"又"的意思。作:生出。止:语气词。[3] 曰归:说归。[4] 莫:同"暮",指年终。[5] 靡:无。室、家:指妻子,诗人终年远戍,和妻子久离,有家等于无家。[6] 玁狁(xiǎnyǔn):亦作"猃狁",我国古代西北边区少数民族族名。春秋时称"戎"或"狄",秦汉时称"匈奴"或"胡",隋唐称"突厥"。散居在今甘肃、陕西北部及内蒙西部。[7] 不遑:没有闲暇。启:跪。居:坐。古人席地而坐,跪则两膝着席,挺直腰部,坐则臀部与脚跟相触。[8] 柔:肥嫩。"柔"比"作"更进一步生长。[9] 烈烈:炽烈,形容忧心如焚。[10] 载:又。[11] 定:止。[12] 使:使者。聘:问,问候。[13] 刚:粗硬。指豆苗长老了。[14] 阳:周代自农历四月到十月,称为阳月。有人训阳为温暖,亦通。[15] 王事:指国家大事。靡盬(gǔ):没有止息。[16] 启处:意同"启居"。[17] 孔:很,甚。疚:病,苦痛。[18] 来:无人慰问。[19] 尔:花盛貌。维:是。此句说:那盛开着的是什么。[20] 常:常棣,即棠棣,一种木本植物,花开时下垂。华:花。[21] 路:通"辂",高大的车。斯:语助词。[22] 君子:此指将帅。[23] 驾:指马强壮威武的样子。[24] 牡:雄马。业业:壮大貌。[25] 定居:固定驻扎。[26] 捷:接,指接战、交战。此句谓:一月多次行军交战。[27] 骙骙(kuí):战马强壮威武的样子。[28] 依:乘坐。[29] 腓(féi):庇,掩护。[30] 翼翼:行列整齐的样子。谓马训练有素。[31] 象:用象牙嵌饰。弭(mǐ):弓两端系弦的部位,常用象牙、牛角嵌饰。鱼服:鱼皮制的箭袋。此句言主帅的武器。[32] 日戒:日日戒备。[33] 孔棘:很紧急;棘:急。[34] 依依:柳枝随风摆动的样子。此二句言当时出征时的景象。[35] 来:归来。思:语末助词。[36] 霏霏:雪下得很大的样子。[37] 迟迟:迟缓,形容道路漫长。

思考与练习

一、《尚书·尧典》说:"诗言志,歌永言。"诗中作者欲言之志是什么?试作归纳。

二、诗尾言"我心伤悲,莫知我哀",分析"哀"的内涵。诗中提到的"忧""伤""哀",其深层原因是什么?

三、"昔我往矣,杨柳依依。今我来思,雨雪霏霏"已成千古名句,它是《诗经》中少有的既是比、兴又含象征的诗句,语言朴实却情景交融,意境优美,试赏析该段诗句。

湘夫人[1]

屈 原[2]

解题

湘君、湘夫人是传说中湘水的一对神仙眷侣。《湘夫人》是写湘君相约湘夫人但最终未能见面的情景,表达了湘君对湘夫人刻骨铭心的思念。

全篇依托水神祭祀中降神、迎神、娱神、送神四个基本步骤,大致可分为四节。第一节写湘君似乎看到湘夫人飘然降至湘水北岸的小洲,但期约未遇,心中充满忧伤。第二节描述湘君对湘夫人的焦灼期待和反复追寻,表现出对爱情的执着追求。第三节铺叙湘君筑室水中以迎接湘夫人的情景,显示出对理想爱情生活的无比向往。第四节写湘夫人终究没有来,湘君十分遗憾地将衣物投入水中,以寄托对湘夫人的思念。屈原在对祭祀乐歌的改写中,突出了神恋的真挚,显然渗透进自己对遭受排挤、打击的忧伤情绪和对社会理想、完美人格的坚执追求,而这也正是作品的思想意义所在。

  帝子降兮北渚[3],目眇眇兮愁予[4]。袅袅兮秋风[5],洞庭波兮木叶下[6]。登白𬞟兮骋望[7],与佳期兮夕张[8]。鸟何萃兮𬞟中[9]?罾何为兮木上[10]?沅有芷兮醴有兰[11],思公子兮未敢言[12]。荒忽兮远望[13],观流水兮潺湲[14]。麋何食兮庭中[15]?蛟何为兮水裔[16]?朝驰余马兮江皋[17],夕济兮西澨[18]。闻佳人兮召予[19],将腾驾兮偕逝[20]。

  筑室兮水中,葺之兮荷盖[21]。荪壁兮紫坛[22],播芳椒兮成堂[23]。桂栋兮兰橑[24],辛夷楣兮药房[25]。罔薜荔兮为帷[26],擗蕙櫋兮既张[27]。白玉兮为镇[28],疏石兰兮为芳[29]。芷葺兮荷屋[30],缭之兮杜衡[31]。合百草兮实庭[32],建芳馨兮庑门[33]。九嶷缤兮并迎[34],灵之来兮如云[35]。

  捐余袂兮江中[36],遗余褋兮醴浦[37]。搴汀洲兮杜若[38],将以遗兮远者[39]。时不可兮骤得[40],聊逍遥兮容与[41]。

(选自《楚辞》,[汉]刘向辑,[汉]王逸注,[宋]洪兴祖补注,上海古籍出版社,2015年)

注释

[1] 屈原(约前340—前278),名平,字原,战国时楚人。出身贵族,学识渊博,善于辞令,曾任左徒、三闾大夫等职。对外主张联齐抗秦,对内倡导举贤授能,改革政治,变法图强,但屡遭保守势力诽谤、打击。后被楚怀王疏远,复遭楚顷襄王放逐。最终因痛心国势日益危殆,理想无法实现,自投汨

罗江而死,表现出誓死抗争、以身殉国的精神。屈原是先秦时期的伟大诗人,留存下来的作品有《离骚》、《天问》、《九歌》(十一篇)和《九章》(九篇)等。这些诗篇揭露了统治集团的腐朽、污浊,表现了作者进步的政治理想、高尚的人格情操、热爱祖国的真挚感情和刚强不屈的斗争精神。屈原在学习楚民歌的基础上,创造发展了"书楚语、作楚声、纪楚地、名楚物"的"楚辞"这种新的诗歌形式。他的作品往往采用大量神话传说,构思奇特,想象丰富,文辞华丽,韵律铿锵,地方色彩浓郁,充满积极的浪漫主义精神,对我国文学有深远影响。[2]本诗选自屈原《九歌》。《九歌》原是楚国南部流传已久的一套民间祭神的乐歌,经屈原加工改写,成为一组富有浪漫主义色彩的独特诗篇。九,表示多数,并非实指;《九歌》有十一篇诗。湘夫人:与湘君并称为楚地传说中的湘水配偶神。有人认为湘君、湘夫人与虞舜及其二妃娥皇、女英的传说有关,湘君即舜,湘夫人即娥皇、女英。[3]帝子:公主。娥皇、女英相传是帝尧的女儿,即诗中的湘夫人。降:降临。北渚:指洞庭湖北岸的小洲。[4]目眇眇:望眼欲穿的样子。愁予:使我(指湘君)愁苦不已。[5]袅(niǎo):微风不断吹拂的样子。[6]洞庭:洞庭湖。[7]白蘋(fán):一种草。骋望:极目远眺。[8]与:一说同"数",算。佳期:一作"佳人"。傍晚摆好陈设,为湘夫人的到来做好准备。[9]萃:聚集。蘋:水草。[10]罾(zēng):一种渔网。以上两句的意思是:为什么鸟聚在水草中(应该在树上),为什么罾放在树上(应该在水中),以失其所比况所愿不得。[11]沅:沅水,在湖南省西部,流入洞庭湖。芷:白芷,一种香草。醴:一作"澧",指澧水,亦在湖南西北部,流入洞庭湖。[12]公子:公主,指湘夫人。[13]荒忽:与"恍惚"通,迷迷茫茫,若有若无。一说指神情、心态。[14]潺湲:水慢慢流动的样子。[15]麋:麋鹿。食:吃。庭:庭院。[16]蛟:蛟龙。水裔:水边。以上两句的意思是:麋鹿为何不在山林而在庭中?蛟龙为何不在大海而在水边?这都是假想的反常现象,比况事与愿违。[17]江皋(gāo):江边。皋,水边高地。[18]济:渡过。西澨(shì):西岸。澨,水涯,水边。[19]佳人:美人,指夫人。[20]腾驾:驾车飞驰。偕逝:同往。[21]葺(qì):修建,修补。荷盖:荷叶做的房顶。[22]荪壁:用香草荪饰壁。紫坛:以名贵的紫贝砌坛。[23]播:散发、散布。芳椒:花椒,一种香料。成:涂饰。[24]桂栋:以桂木作栋梁。兰橑:以木兰作屋椽。[25]辛夷楣:将香花辛夷插在门楣上。药房:将香草白芷摆在房间。[26]"薜(bì)荔"句:用薜荔藤编织成网作帷帐。罔,同"网",作动词用,编织。[27]擗(pǐ):掰开。蕙:香草名。櫋(mián):隔扇。一作"楥"。用手剖开蕙草编织的隔扇已经陈设好。[28]镇:镇席之物。这里指用白玉镇席。[29]疏:分布,陈列。石兰:香草名。屋内遍布石兰,使香气充盈。[30]芷茸:覆盖芷草。此句意为在"荷盖"上又加一层芷草。[31]缭:缠绕。杜衡:香草。在屋顶四周环绕着杜衡。衡:一作"蘅"。[32]合:集中。实庭:充实庭中。[33]建:陈设,布置。庑门:走廊和大门。[34]九:九嶷山,这里代指九嶷山上的神灵。传说舜死后葬在九嶷山。[35]灵:神。如云:形容众多。[36]捐:捐弃。袂:衣袖。一作"玦",随身佩带的玉器。[37]遗:投赠。褋:罩衣。醴浦:澧水。[38]搴:拔。汀洲:水中的沙洲。杜若:香草名。[39]远者:远来者,指湘夫人。一作"远渚",远处的江洲。[40]骤得:多得,一次次得到。[41]聊:权且。容与:安逸闲暇的样子。

思考与练习

一、诗中湘君对湘夫人的思念之情大致有几个层次?
二、举例说明诗中的多种抒情方法。
三、试说明"袅袅兮秋风,洞庭波兮木叶下"为什么能成为千古传诵的名句。

羽林郎

辛延年

解题

乐府[1]旧题，内容与篇名无关，为东汉文人创作的乐府诗。

昔有霍家奴[2]，姓冯名子都[3]。依倚将军势[4]，调笑酒家胡[5]。胡姬年十五[6]，春日独当垆[7]。长裾连理带[8]，广袖合欢襦[9]。头上蓝田玉[10]，耳后大秦珠[11]。两鬟何窈窕[12]，一世良所无[13]。一鬟五百万，两鬟千万余。不意金吾子，娉婷过我庐[14]。银鞍何昱爚[15]，翠盖空踟蹰[16]。就我求清酒[17]，丝绳提玉壶。就我求珍肴[18]，金盘脍鲤鱼[19]。贻我青铜镜[20]，结我红罗裾[21]。不惜红罗裂，何论轻贱躯！男儿爱后妇，女子重前夫[22]。人生有新故，贵贱不相逾[23]。多谢金吾子，私爱徒区区[24]。

（选自《玉台新咏译注》，[南朝陈]徐陵编，张葆全译注，上海古籍出版社，2021年）

注释

[1] 乐府是西汉时设立的音乐机构，经它采集并保留下来的民歌、民谣被后人称为"乐府民歌"或"乐府"。南朝乐府以爱情题材为主，风格婉曲华丽，缠绵悱恻，多为民间情歌。[2] 霍家：指霍光家。霍光为西汉时重臣，历武帝、昭帝、宣帝三世，先后执政凡三十余年。此处是借霍光家奴之名，暗刺当时权贵人家的豪奴。[3] 冯子都：霍光家的主管，甚得宠幸。[4] 依倚：倚仗。将军：霍光在昭帝时曾任大司马大将军。[5] 调笑：调戏。酒家胡：酒店的胡女。汉朝人称北方和西域外族人为胡。[6] 姬：女子的美称。[7] 当垆：正对着放酒缸的地方，即卖酒。[8] 裾：衣前襟。连理带：两条对称的衣裳带结在一起连缀两边长长的衣裳襟。连理：不同根的草木枝条连在一起，古人认为是祥瑞。[9] 广袖：宽大的衣袖。合欢襦：绣有合欢图案的短袄。[10] 蓝田：山名，在今陕西省蓝田县东，出产美玉。[11] 大秦：汉代对罗马帝国的称呼。[12] 鬟（huán）：环形发髻。[13] 一世：举世。[14] 娉婷（pīngtíng）：姿容美好的样子。[15] 昱爚（yùyuè）：光彩闪烁的样子。[16] 翠盖：用翠鸟毛装饰的华美车盖。踟蹰：同"踟躅"，徘徊不前。[17] 就我：走近我。[18] 珍肴（yáo）：美味的菜。肴：熟的鱼肉。[19] 脍（kuài）：切细的鱼或肉。此处作动词用。[20] 贻：送。青铜镜：古代用青铜打磨光亮作镜子。多为圆形，常用以寓团圆好合之意。[21] 结我红罗裾：把镜子结在我的红绸衣服前襟上。罗：稀疏轻软的丝织品。[22] 前夫：原配丈夫。[23] 逾：越过。[24] 私爱：一己之爱。徒：白白的。区区：表爱意，献殷勤。

思考与练习

一、诗中是怎样描画卖酒女子胡姬的形象的？试加以分析。

二、全诗层次分明，分析其结构特点和各层次的内容。

西洲曲

乐府民歌

解　题

西洲起，西洲结，西洲是初恋少女的爱情记忆。寄梅、采莲、忆郎、望郎，全诗多动态描写，活现出纯情少女的思念和忧愁。运用谐音双关和顶针手法，含蓄蕴藉，婉转流畅。

忆梅下西洲[1]，折梅寄江北[2]。单衫杏子红[3]，双鬓鸦雏色[4]。西洲在何处，两桨桥头渡[5]。日暮伯劳飞，风吹乌臼树[6]。树下即门前，门中露翠钿[7]。开门郎不至，出门采红莲。采莲南塘秋，莲花过人头。低头弄莲子，莲子青如水[8]。置莲怀袖中，莲心彻底红[9]。忆郎郎不至，仰首望飞鸿[10]。鸿飞满西洲，望郎上青楼[11]。楼高望不见，尽日栏干头[12]。栏干十二曲，垂手明如玉[13]。卷帘天自高，海水摇空绿[14]。海水梦悠悠[15]，君愁我亦愁。南风知我意，吹梦到西洲。

（选自《乐府诗集》，[北宋]郭茂倩编著，周兴陆解注，三秦出版社，2021年）

注　释

[1]梅：梅花，谐音"媒"。下：去、往。[2]江北：指男子所在的地方。[3]红：一作"黄"，即杏黄色。[4]双鬓黑得像小乌鸦羽毛的颜色。[5]"两桨"句：意谓西洲较远，要划动船的两只桨才可以到达。关于西洲、江南、江北的关系：先是女子居于江南，其情郎居于江北，这是肯定的。但西洲与江南、江北的关系是什么呢？一般据诗中"西洲在何处，两桨桥头渡"二句，认为西洲距女子居处不远，或谓即在江南，或谓距江南岸不远而两桨可渡。那么，西洲与江北便相距甚遥。但是，诗末却说："南风知我意，吹梦到西洲。"这毫无疑义是女子自己说的话，明确地显示出西洲即是这位女子的情郎所居之地。再者，如果西洲离女子居处不远，"吹梦"又有何必要？它正在江北。只有如此理解，才能真正切实把握"南风吹梦"的诗意。"两桨桥头渡"一般释为划两下桨就到了，所距很近。其实这是误解。南朝民歌的《西曲歌》中有《莫愁乐》二首，其一云："莫愁在何处？莫愁石城西。艇子打两桨，催送莫愁来。"所谓"两桨"，指的就是船的两个桨；在《西洲曲》中，借以指船。其意是说，要到西洲去，需要乘船过

江，此亦正说明西洲在江北。如此理解，则与下文正好贯通。[6] 伯劳：鸟名，仲夏开始啼叫，暗喻女子孤单的处境。乌臼树：一作"乌桕"，落叶乔木，高约两丈，夏季开花，种子可榨油。[7] 翠钿：用翠玉做成或镶嵌的首饰。[8] 莲子：双关语，谐音"怜子"，即爱你。莲子青如水：隐喻爱情的纯洁。[9] 莲心：谐音"怜心"，即爱慕之心。彻底红：隐喻怜爱深厚。[10] 望飞鸿：期盼书信的意思。古人有鸿雁传书的事，此为典故。[11] 青楼：涂饰成青色的楼，汉魏六朝诗歌中常以青楼为女子居住的地方，与后世视青楼为妓院的含义不同。[12] 尽日：终日。[13] 曲：支、根。垂手：扶着栏杆的手。明如玉：光润如玉。[14] 摇空绿：指碧绿的江水摇动。[15] 海水：指浩瀚如海的长江之水。悠悠：邈远。

思考与练习

一、本诗以一位江南少女的形象抒发了对江北男子的相思，对这种深深的爱情描写是怎样展开的？

二、通过查找资料等办法，搜集六朝采莲的风俗，结合该诗的学习研究有关采莲章句的内蕴。

三、反复诵读，体会该诗的语言特点。

癸卯岁始春怀古田舍（其二）

陶渊明[1]

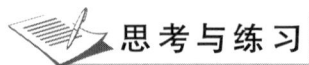

解　题

本篇是第二首，写怀念古代的躬耕隐士长沮、桀溺。癸卯是晋安帝元兴二年（403）。"怀古田舍"就是在田舍中怀古。

先师有遗训，忧道不忧贫[2]。
瞻望邈难逮[3]，转欲心长勤[4]。
秉耒欢时务[5]，解颜劝农人[6]。
平畴交远风，良苗亦怀新[7]。
虽未量岁功[8]，即事多所欣。
耕种有时息，行者无问津[9]。
日入相与归，壶浆劳近邻[10]。
长吟掩柴门，聊为陇亩民。

（选自《陶渊明全集》，[清] 陶澍集注，龚斌点校，上海古籍出版社，2015年）

注释

[1] 陶渊明（365—427），又名陶潜，别号五柳先生，东晋浔阳柴桑（今江西省九江市西南）人。晋孝武帝大元十八年（393），离家做官，任江州祭酒，后曾离任。晋安帝义熙元年（405），出任彭泽县令，不满三月，因不愿束带见督邮，弃官归田而终。田园生活是陶诗的重要题材，因此后来人们将他称作田园诗人。[2] 先师：孔子。孔子曾说"君子忧道不忧贫"。[3] 邈：邈远。逮：及。这句说，先师遗训难以达到。[4] 心：汤本、焦本作"患"，各本作"志"。长勤：长期参加劳动勤耕作。[5] 秉：执、持。耒（lěi）：农具。时务：农事。[6] 解颜：面呈笑容。劝：慰勉。[7] 怀新：闻人倓《古诗笺》："言其生意已盎然也。"[8] 量：衡量，估量。岁功：犹言"年成"，指一年中的收获。[9] 问津：《论语·微子》："长沮、桀溺耦而耕，孔子过之，使子路问津焉。"津：渡口。这里作者以长沮、桀溺那样的隐者自比。[10] 浆：酒。劳：慰劳。

思考与练习

一、陶渊明的诗多取材田园风光、平常生活，运用朴素的语言、白描的手法，直率地抒写而出，使人感到自然、亲切，情感真挚，没有人工雕琢的痕迹。结合该诗谈谈这一特点。

二、诗人为什么要怀念、推崇古代的躬耕隐士长沮、桀溺？

石壁精舍还湖中作

谢灵运[1]

解题

本篇写自石壁精舍至湖中一天游观的乐趣和从中体会到的理趣。精舍，这里指佛寺，石壁精舍在始宁县（今浙江省绍兴市）东南。湖，指巫湖。谢灵运曾在《游名山志》中写道："湖三面悉高山枕水渚，山溪涧凡有五处，南第一谷今在所谓石壁精舍。"

> 昏旦变气候，山水含清晖。
> 清晖能娱人，游子憺忘归[2]。
> 出谷日尚早，入舟阳已微。
> 林壑敛暝色[3]，云霞收夕霏[4]。
> 芰荷迭映蔚[5]，蒲稗相因依。
> 披拂趋南径[6]，愉悦偃东扉[7]。
> 虑澹物自轻，意惬理无违[8]。

寄言摄生客[9]，试用此道推。

（选自《谢灵运鲍照集》，刘心明导读，凤凰出版社，2020年）

注　释

[1] 谢灵运（385—433），陈郡阳夏（今河南省太康县）人。谢玄之孙，晋时袭封康乐公。入宋，降爵为侯，出守永嘉。性好山水，是中国文学史上最早大量创作山水诗的诗人。元嘉十年（433）获罪，被杀于广州。谢灵运一生好佛，曾撰有《佛影铭序》，并参与修订《涅槃经》，其诗亦受佛理影响较深。今存《谢康乐集》，系明人所辑。[2] 憺：安闲的样子。[3] 敛：聚集。[4] 霏：云气。[5] 迭映蔚：光色互相映related。[6] 披拂：用手拨开草木。[7] 偃东扉：在东轩的门前歇息。[8] 这两句的意思是：思虑淡泊就觉得外物无足轻重，若是心里满足就觉得自然之理顺应着自己。[9] 摄生客：注意保养生命的人。[10] 蒲稗（bài）：蒲草与稗草，亦用以指相近相依的事物。

思考与练习

一、谢灵运自石壁精舍至巫湖，一路游观，虽然傍晚的气候不同于清晨，但山山水水同样充满魅力。这首诗也可以算作他在感受山水时对人生的一种领悟。由于作者是从佛寺而来，所以诗中的心路历程应该是在心灵得到净化之后，看山看水皆着主观特色，进而悟之于心而宣之于言，注意体会。

二、针对急功近利、实用至上的社会现象，谈谈你对"虑澹物自轻，意惬理无违"的理解。

行路难（其一）[1]

李　白[2]

解　题

此诗写于唐玄宗天宝三年（744）李白被迫离开长安之后，反映了诗人内心的痛苦和矛盾。一方面，他对朝廷的昏暗和仕途的艰难满怀悲愤，却又无可奈何；另一方面，积极用世的愿望，对理想的执着追求，对自己才能的充分自信，又使他对前途充满希望。这既反映出现实对诗人的沉重压抑，也表现出诗人豪放不羁、自强不息的个性。

金樽清酒斗十千，玉盘珍羞直万钱。[3]
停杯投箸不能食，拔剑四顾心茫然。[4]

欲渡黄河冰塞川,将登太行雪满山。[5]
闲来垂钓碧溪上,忽复乘舟梦日边。[6]
行路难,行路难,多歧路,今安在?[7]
长风破浪会有时,直挂云帆济沧海。[8]

(选自《李太白全集》,[清]王琦注,中华书局,2011年)

注　释

[1]李白《行路难》是组诗,共三首,这里选的是第一首。《行路难》:乐府旧题,多写世途艰难和离别的伤悲。[2]李白(701—762),字太白,号青莲居士,是继屈原之后我国最伟大的浪漫主义诗人。他才华横溢,抱负宏大。在他现存的九百多首诗歌中,有对当时社会腐朽势力的猛烈抨击,有对美好理想的执着追求,有对祖国壮丽山河的热情讴歌,有对处境困厄的愤激抗争,充分体现了他奔放的激情、洒脱不羁的豪气和积极用世的精神;部分作品,时或流露出饮酒享乐、求仙访道的消极思想。在艺术上,李白诗想象丰富,夸张奇特,绘景抒情,挥洒自如,形成了飘逸、奔放、雄奇、壮丽的独特风格,对后世产生了深远的影响。有《李太白集》。[3]"金樽"二句:极言酒与菜肴的名贵。清酒:清醇的美酒。斗十千:一斗酒值钱十千。斗:古代量酒的容器。珍羞:珍美的菜肴。羞:通"馐"。直,同"值"。[4]箸:筷子。四顾:环看四周。[5]"欲渡"二句:这二句用自然路途的艰险象征人生道路的艰险。川:河流。太行:即太行山。[6]"闲来"二句:诗人用两个典故表示对自己的前途充满了信心。垂钓碧溪:用吕尚故事。传说吕尚未遇周文王时,曾在渭水的磻溪上钓鱼。乘舟梦日:用伊尹故事。传说伊尹在受商汤聘用前忽然梦见自己的船从日、月旁边经过。不久,伊尹果然受到商汤的聘用。[7]"行路难"二句:写人生道路多艰,不知置身何处。与"拔剑四顾心茫然"句照应。安在,在什么地方?[8]"长风"二句:用"长风破浪""济沧海"表示自己一定会时来运转,前程远大,干一番轰轰烈烈的事业。长风破浪,借用南朝时宗悫"乘长风破万里浪"的话来形容自己的宏伟抱负。直:表示毫不犹豫。

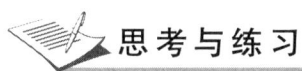

一、这首诗表现了作者怎样的思想矛盾?
二、本诗可以划分为几个层次?划分的依据是什么?
三、诗中运用了哪些抒情方法?有何表现作用?
四、试结合《将进酒》一诗,分组讨论李白诗歌的风格。

秋兴八首（其一）[1]

杜 甫[2]

解题

杜甫写作此诗时，安史之乱虽已平息，但边塞烽火四起，藩镇拥兵割据，政局仍然动荡不安。诗人漂泊夔州，不能回归故园，心情十分寂寞抑郁。《秋兴八首》以宏阔的意境、悲壮的笔调，渲染了唐王朝由盛转衰的苍凉气象和诗人关心国家命运的深挚感情。

有人说，杜甫入蜀后的诗歌不像前期那样大气磅礴、浓烈炽热，其实不然，应当说，晚期杜诗思想上更加复杂深沉，艺术上更加圆熟老到，风格上更加沉郁顿挫。《秋兴八首》无疑是最好的证明。

玉露凋伤枫树林[3]，巫山巫峡气萧森[4]。
江间波浪兼天涌[5]，塞上风云接地阴[6]。
丛菊两开他日泪[7]，孤舟一系故园心[8]。
寒衣处处催刀尺[9]，白帝城高急暮砧[10]。

（选自《杜甫诗集》，[清]钱谦益笺注，郝润华整理，上海古籍出版社，2021年）

注释

[1]《秋兴八首》是唐代宗大历元年（766）杜甫漂泊寄居夔州（今属重庆）时所作的八首七律组诗，这里选取的是其中的第一首。秋兴，因秋色秋景而感发情怀。[2]杜甫（712—770），唐代伟大的现实主义诗人，字子美，自号少陵野老，原籍襄阳（今属湖北），自其曾祖时迁居巩县（今河南省巩义市）。他的众多优秀诗篇，深刻地反映了唐王朝由盛转衰过程中的时代风貌和社会动荡，具有丰富的社会内容、鲜明的时代色彩和强烈的政治倾向。他的诗激荡着热爱祖国、热爱人民的炽烈情感和不惜自我牺牲的崇高精神，因此被后人誉为"诗史"，诗人被尊称为"诗圣"。有《杜少陵集》。[3]玉露：白露的美称。凋伤：指树木因霜打而凋残。[4]气萧森：气象萧索阴森。[5]兼天涌：连天涌，波浪滔天。兼：并，连。[6]塞：关隘险地曰塞。此处指巫峡两边的高山。一说指夔州。[7]"丛菊"句：意谓寄居夔州已经两年，东归之愿仍难实现，每见菊花绽放就流泪。杜甫于永泰元年（765）夏离开成都，次年三月至夔州，因无船出三峡而滞留两年。开：双关，既指花开，又指引人忆想往事而伤心落泪之深意。他日泪：因想往事而流泪，一说"他日"指将来。[8]一系：紧系，永系。双关，既指系船，滞留夔州不得东归，又含牵系家国郁积思念之浓情。故园心：指思念京师长安之心。故园，即故乡。杜甫一贯把长安看作自己的第二故乡。[9]寒衣：御寒的冬衣。催刀尺：急着赶制衣服。刀、尺，都是裁剪衣服的工具。[10]白帝城：地名，在今重庆市奉节县瞿塘峡口的长江北岸。砧（zhēn）：捣衣石。

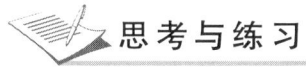

一、为什么说《秋兴八首》（其一）前四句的景物描写，是将季节之秋、国家之秋和个人之秋融为一体的？

二、明末王嗣奭在《杜臆》中说：此诗"前联言景，后联言情；两情不可极，后七首皆胞孕于（五六）两言中也；又约言之，则'故园心'三字尽之矣"。请结合这段话，体会诗中"他日泪""故园心"的寓意，谈谈杜甫写作《秋兴八首》时的处境和心情。

三、指出诗中的对偶句，具体说说它们的精到之处。

长恨歌

白居易[1]

解 题

该诗是白居易诗作中脍炙人口的名篇，作于元和元年（806）。当时诗人正在周至县（今陕西省周至县）任县尉。这首诗是他和友人陈鸿、王质夫同游仙游寺，有感于唐玄宗、杨贵妃的故事而创作的。在这首长篇叙事诗里，作者以精练的语言、优美的形象、叙事和抒情结合的手法，叙述了唐玄宗、杨贵妃在安史之乱中的悲剧。

汉皇重色思倾国[2]，御宇多年求不得。杨家有女初长成[3]，养在深闺人未识。天生丽质难自弃，一朝选在君王侧。回眸一笑百媚生，六宫粉黛无颜色[4]。春寒赐浴华清池，温泉水滑洗凝脂[5]。侍儿扶起娇无力，始是新承恩泽时[6]。云鬓花颜金步摇[7]，芙蓉帐暖度春宵。春宵苦短日高起，从此君王不早朝。承欢侍宴无闲暇，春从春游夜专夜。后宫佳丽三千人，三千宠爱在一身。金屋妆成娇侍夜，玉楼宴罢醉和春。姊妹弟兄皆列土，可怜光彩生门户[8]。遂令天下父母心，不重生男重生女。骊宫高处入青云[9]，仙乐风飘处处闻。缓歌曼舞凝丝竹，尽日君王看不足。渔阳鼙鼓动起来，惊破霓裳羽衣曲[10]。九重城阙烟尘生，千乘万骑西南行[11]。翠华摇摇行复止[12]，西出都门百余里。六军不发无奈何，宛转蛾眉马前死[13]。花钿委地无人收，翠翘金雀玉搔头[14]。君王掩面救不得，回看血泪相和流。黄埃散漫风萧索，云栈萦纡登剑阁[15]。峨眉山下少人行[16]，旌旗无光日色薄。蜀江水碧蜀山青，圣主朝朝暮暮情。行宫见月伤心色，夜雨闻铃肠断声[17]。天旋地转回龙驭，到此踌躇不能去[18]。马嵬坡下泥土中[19]，不见玉颜空死处。君臣相顾尽沾衣，东望都门信马归。归来池苑皆依旧，太液芙蓉未央柳[20]。芙蓉如面柳如眉，对此如何不泪垂。春风桃李花开日，秋雨梧桐叶落时。西宫南内多秋草[21]，落叶满阶红不扫。梨园弟子白发新，椒房阿监青娥老[22]。夕殿萤飞思悄然，孤灯挑尽未成眠[23]。迟迟钟鼓初长夜，耿耿星河欲曙天[24]。鸳鸯瓦冷霜华重[25]，翡翠衾寒谁与共。悠悠生死别经年，魂魄不曾来入梦。临邛道士鸿都客[26]，能以精诚致魂魄。为感君王辗转思，遂教方士殷勤觅。排空驭气奔如电，升天入地求之遍。上穷碧落下黄泉，两处茫茫皆不见。忽闻海上有仙山，山在虚无缥缈间。楼阁玲珑五云起，其中绰约多仙子[27]。中有一人字太真，雪肤花貌参差是[28]。金阙西厢叩玉扃，转教小玉报双成[29]。闻道汉家天子使，九华帐里梦魂惊[30]。揽衣推枕起徘徊，珠箔银屏迤逦开[31]。云鬓半偏新睡觉，花冠不整下堂来。风吹仙袂飘飖举，犹似霓裳羽衣舞。玉容寂寞泪阑干[32]，梨花一枝春带雨。含情凝睇谢君王[33]，一别音容两渺茫。昭阳殿里恩爱绝，蓬莱宫中日月长[34]。回头下望人寰处，不见长安见尘雾。唯将旧物表深情，钿合金钗寄将去[35]。钗留一股合一扇，钗擘黄金合分钿[36]。但教心似金钿坚，天上人间会相见。临别殷勤重寄词，词中有誓两心知。七月七日长生殿[37]，夜半无人私语时。在天愿作比翼鸟，在地愿为连理枝。天长地久有时尽，此恨绵绵无绝期。

（选自《白居易诗选》，孙明君评注，人民文学出版社，2016 年）

注　释

[1] 白居易（772—846），唐代诗人，字乐天，号香山居士。白居易是唐代伟大的现实主义诗人，现存诗近 3000 首，数量为唐代诗人之冠。他的诗除了状物抒情外，大部分都在讽刺封建统治，表达心中的不满。他早年热心济世，强调诗歌的政治功能，并力求通俗。他的诗风格深入浅出，通俗易懂，可算是朴而近古，因此流传极广，对后代产生了深远影响。所作《新乐府》《秦中吟》共 60 首，确实做到了"唯歌生民病""句句必尽规"，与杜甫的"三吏""三别"同为著名的诗史。长篇叙事诗《长恨歌》《琵琶行》等名篇则代表了他艺术上的最高成就。理论上有著名的"文章合为时而著，歌诗合为事而作"的主张（《与元九书》）。[2] 汉皇：借指唐玄宗。倾国：指美女。[3] 杨家有女：杨贵妃是蜀州司户杨玄琰的女儿，幼年养在叔父家，小名玉环。开元二十三年（735），杨玉环被册封为寿王（玄宗的儿子李瑁）妃。二十八年（740）玄宗命其出宫为道士，道号太真。天宝四年（745）被册封为贵妃。[4] 六宫：后妃的住处。粉黛：本是妇女的化妆品，这里代称妇女。[5] 华清池：开元十一年（723）建温泉宫于骊山，天宝六年（747）改名华清宫。温泉池也改名"华清池"。凝脂：形容皮肤白嫩而柔滑。[6] 承恩泽：得到皇帝的宠遇。[7] 步摇：一种首饰的名称，用金银丝宛转屈曲制成花枝形状，上缀珠玉，插在发髻上，行走时摇动，所以叫"步摇"。[8] 列土：分封土地。可怜：可爱。[9] 骊宫：骊山的宫殿。唐玄宗常和杨贵妃在这里饮酒作乐。[10] 渔阳：天宝元年（742）河北道的蓟州改称渔阳郡，当时所辖之地约在今北京市东面地区。原属平卢、范阳、河东三镇节度使安禄山管辖。鼙（pí）鼓：古代军中用的小鼓，骑鼓。霓裳羽衣曲：著名舞曲名。[11] 九重城阙：指京城。烟尘生：指发生战祸。西南行：天宝十五年（756）六月，安禄山破潼关，杨国忠主张逃向蜀中，唐玄宗命将军陈玄礼率领"六军"出发，他自己和杨贵妃等跟着出延秋门向西南而去。[12] 翠华：皇帝仪仗中用翠鸟羽毛装饰的旗子。[13] 蛾眉：美女代称，此处指杨贵妃。[14] 翠翘：翠鸟尾上的长毛叫"翘"。此处指形似"翠翘"的头饰。金雀：雀形的金钗。玉搔头：玉簪。这句说各种各样的首饰和花钿都丢在地上。[15] 云栈：高入云端的栈道。萦纡：回环曲折。剑阁：剑门关，在今四川省剑阁县北。[16] 峨眉山：在今四川省峨眉山市境内。这里泛

指今四川的高山。[17] 闻铃：《明皇杂录》："明皇既幸蜀，西南行，初入斜谷，属霖雨涉旬，于栈道雨中闻铃音，隔山相应。上（指玄宗）既悼念贵妃，采其声为《雨霖铃》曲以寄恨焉。"[18] 天旋日转：比喻国家从倾覆后得到恢复。回龙驭：指玄宗从蜀中回到长安。此：指杨贵妃自尽处。[19] 马嵬坡：在今陕西省兴平市西，即前"西出都门百余里"所指之地。[20] 太液：池名，在长安城东北面的大明宫内。未央：宫名，在今陕西省西安市境内。两者都是汉朝就有的旧名称。此处借指唐朝皇宫的池苑和殿宇。[21] 西宫：《新唐书·宦官传》载：李辅国胁迫太上皇（李隆基）从兴庆宫迁"西内"（唐称太极宫为"西内"）。[22] 梨园：唐玄宗时宫中教习音乐的机构。椒房：宫殿名称，皇后所居。以花椒和泥涂壁，取其温暖而芳香。阿监：宫廷中的近侍，唐代六七品女官名。青娥：指年轻貌美的宫女。[23] 孤灯挑尽：古时用灯草点油灯，过一会儿就要把灯草往上挑一挑，让它充分燃烧。挑尽：是说夜已深，灯草也将燃尽。[24] 耿耿：明亮。星河：银河。[25] 鸳鸯瓦：屋瓦一俯一仰扣合在一起。[26] 临邛：今四川省邛崃市。鸿都：洛阳北宫门名。鸿都客：是说这位四川方士曾在洛阳住过。一说"鸿都客"指临邛道士来京都为客。[27] 五云：五色云。绰约：美好的样子。[28] 参差是：仿佛就是。[29] 叩玉扃（jiōng）：叩玉作的门。扃：本指门闩或门环，这里指门扇。小玉、双成：古代神话传说中的仙女。[30] 九华帐：用九华图案绣成的彩帐。[31] 珠箔：珠帘。屏：屏风。迤逦：连接不断。[32] 阑干：流泪纵横交错。[33] 凝睇：凝视。[34] 昭阳殿：汉宫名，赵飞燕居住过的地方。这里代指杨贵妃旧居处。蓬莱宫：传说中的海上仙山。这里代指仙境。[35] 钿合：镶嵌金花的首饰盒。合：通"盒"。[36] 擘（bò）：分开。[37] 长生殿：在华清宫中。

思考与练习

一、该诗的主题历来众说纷纭，细读文本，畅谈你的观点。

二、白居易的诗歌语言朴素通俗，却不乏精彩传神之句，请根据自己的喜好勾画出来，并作赏析。

无　题

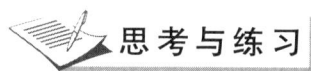

李商隐[1]

解　题

本诗写思念远别的女子，有好景不常在之恨。感情深沉，颇有浓郁的悲剧色彩。

> 来是空言去绝踪，月斜楼上五更钟。
> 梦为远别啼难唤，书被催成墨未浓。
> 蜡照半笼金翡翠，麝熏微度绣芙蓉[2]。
> 刘郎已恨蓬山远[3]，更隔蓬山一万重。

（选自《李商隐诗集》，[清]朱鹤龄笺注，田松青点校，上海古籍出版社，2015年）

注释

[1] 李商隐（812—858），字义山，号玉溪生。李家从李商隐曾祖父起，父系中一连几代都过早病故。李商隐十岁，父亲卒于幕府。孤儿寡母扶丧北回郑州，"四海无可归之地，九族无可倚之亲"（《祭裴氏姊文》），虽在故乡，却情同外来的逃荒者。时世、家世、身世，从各方面促成了李商隐易于感伤的、内向型的性格与心态。[2] 半笼：半映。度：透过。[3] 刘郎：相传东汉明帝永平五年刘晨、阮肇入山采药，迷不得出，遇二女子，邀至家留居半年才还，后人以此典喻艳遇。蓬山：蓬莱山，泛指仙境。

思考与练习

一、李商隐的无题诗所表现的往往不限于具体情事，而是复杂的感情世界与多种人生体验，因而关于诗的种种歧解，便可能在更高的层次上融合。试根据自己的感悟，谈谈对本诗意象及主题的理解。

二、简述该诗的艺术特色。

三、背诵全诗。

江城子[1]

苏 轼[2]

解题

这是一首悼亡词，是我国历代悼亡作品中的杰作。苏轼19岁时娶王弗为妻，婚后夫妻恩爱，伉俪情笃。可惜好景不长，结婚十年后，王弗不幸去世。不久，苏轼即卷入了朝廷党争，一则为远离争斗旋涡，一则想在地方治理上有所作为，于是他自请外放，先出为杭州通判，后调任密州知州。这首词，即是他在密州任上写下的。词的序言明白交代写作缘起乃"记梦"，整首词即由此展开。

乙卯正月二十日夜记梦。[3]

十年生死两茫茫[4]。不思量，自难忘[5]。千里孤坟[6]，无处话凄凉。纵使相逢应不识，尘满面，鬓如霜。[7]

夜来幽梦忽还乡。小轩窗[8]，正梳妆。相顾无言，惟有泪千行。料得年年肠断处，明月夜，短松冈[9]。

（选自《苏轼词集》，[宋] 傅幹注，刘尚荣校正，上海古籍出版社，2017年）

注　释

[1] 江城子：词调名，又名《江神子》等，分单调、双调两种体式。双调体创自苏轼。[2] 苏轼（1037—1101），字子瞻，号东坡居士，眉州眉山（今属四川）人。北宋著名文学家、书画家。仁宗嘉祐二年（1057）进士。神宗熙宁年间，因与王安石政见不合，自请外放，任杭州通判，历知密州、徐州、湖州。元丰二年（1079），因被诬作诗"谤讪朝廷"，遭御史弹劾，被捕入狱，史称"乌台诗案"。后被贬为黄州团练副使。哲宗时累迁中书舍人、翰林学士，出知杭州、颍州。绍圣初，又以"为文讥斥朝廷"的罪名远谪惠州、儋州。元符三年（1100），徽宗即位，遇赦内迁，次年卒于常州。南宋时追谥文忠。苏轼一生宦海浮沉、历经坎坷，思想上常有出世与入世的矛盾，失意时每能达观自解，始终保持积极进取、欲有所为的精神。在文艺创作的各方面都有突出的成就。有《苏东坡集》《东坡乐府》等。[3] 乙卯：宋神宗熙宁八年（1075），岁次乙卯。[4] "十年"句：苏轼妻子王弗于宋英宗治平二年（1065）去世，至此整整十年。[5] 思量（liáng）：思念。忘（wáng）：此处叶韵，读阳平。[6] 千里：作者当时在山东密州，亡妻葬于四川眉山，故云。[7] 尘满面，鬓如霜：谓奔波于仕途、辛苦劳累，身心疲惫，面目憔悴。[8] 轩窗：居室的窗户。[9] "料得"三句：唐代孟棨《本事诗·征异》引张姓者妻孔氏诗句"欲知肠断处，明月照孤坟"，此用其意。料得：料想。短松冈：指王弗墓地。古人于墓地多种植松树。

思考与练习

一、为什么说这首词是以虚幻的景象表达真切的情意？
二、以"记梦"为结构线索，梳理此词的抒情层次。
三、联系词中的有关语句，分别说明作者所用白描手法的艺术效果。

声声慢[1]

李清照[2]

解　题

这首《声声慢》是李清照后期词代表作之一。当时，国破家亡、丈夫新丧，作者只身流落江浙，处境十分凄凉。这首词就是写她晚年孤苦无依的生活境况及内心深处一种绝望的哀愁。情调虽然低沉，却反映了南渡后许多离乡背井、骨肉分离的人的共同感受。

寻寻觅觅[3]，冷冷清清，凄凄惨惨戚戚。乍暖还寒时候[4]，最难将息。三杯两盏淡酒，怎敌他、晚来风急。雁过也，正伤心，却是旧时相识[5]。

满地黄花[6]堆积，憔悴损，如今有谁堪摘？守着窗儿，独自怎生得黑[7]。梧桐更兼细雨[8]，到黄昏、点点滴滴。这次第[9]，怎一个愁字了得！

（选自《李清照诗词集》，上海古籍出版社，2016年）

注释

[1] 声声慢：词调名，有平韵、仄韵二体，这首词是仄韵体。[2] 李清照（1084—约1151），号易安居士，济南（今属山东）人。李清照工诗能文，尤长于词，是我国古代文学史上卓越的女作家、女词人。她的词以南渡为界，分为前后两期。前期词主要描写她出嫁前后的闺阁生活，词风清丽婉转；后期词多写国破家亡后的凄惨心境和痛苦感情，流露出故国之思和昔盛今衰之感，具有一定的社会意义，词风沉哀凄苦。有《漱玉词》。[3] 寻寻觅觅：由孤独、失落而生发的寻求解脱的追寻动作神态。[4] "乍暖"句：写深秋寒冷、又突然转暖的多变气候。[5] "雁过也"三句：诗人从北方流落南方，见北雁南飞，故有故乡之思和"似曾相识"的感慨。古时有鸿雁传书之说，而李清照婚后有《一剪梅》词寄赠丈夫，内云"云中谁寄锦书来，雁字回时，月满西楼"。如今丈夫已逝，孤独无靠，满腹心事无可告诉，因而感到"伤心"。[6] 黄花：指菊花。有谁堪摘：没有人有摘花的兴致。[7] 怎生得黑：怎样捱到天黑呢。怎生，怎样。[8] "梧桐"句：意谓细雨打在梧桐上。温庭筠《更漏子》："梧桐树，三更雨，不道离情正苦。一叶叶，一声声，空阶滴到明。"[9] 次第：景况，情形。

思考与练习

一、这首词表现了词人怎样的处境和心情？

二、分别说明词人是怎样通过气候、淡酒、晚风、过雁、黄花和梧桐细雨等景物描写来渲染愁情的。

青玉案·元夕

辛弃疾[1]

解题

《青玉案》是宋人常用的词调。《词谱》卷十五云："汉张衡诗：'美人赠我锦绣段，何以报之青玉案。'调名取此。"该词极写元宵的繁华景象，而作者所追慕的却是一个幽独的美人。

东风夜放花千树[2]，更吹落，星如雨[3]。宝马雕车香满路。凤箫声动[4]，玉壶光转[5]，一夜鱼龙舞[6]。

蛾儿雪柳黄金缕[7]，笑语盈盈暗香去[8]。众里寻他千百度，蓦然[9]回首，那人却在，灯火阑珊处[10]。

（选自［宋］辛弃疾：《辛弃疾词集》，上海古籍出版社，2016年）

注 释

[1] 辛弃疾（1140—1207），字幼安，号稼轩，历城（今属山东省济南市）人，爱国词人。他的作品题材广阔，气势纵横，不拘格律。词风以豪放为主，沉郁，明快，激励，妩媚，兼而有之。[2] 花千树：形容灯火之多如千树花开。[3] 星：比喻灯。一说"星如雨"形容满天的焰火。[4] "凤箫"句：指音乐演奏。《神仙传》卷四载弄玉有吹箫引凤的故事。[5] 玉壶：比喻月亮。一说：指精美的灯。光转：普照的意思。[6] 鱼龙舞：谓玩鱼灯、龙灯。[7] "蛾儿"句：周密《武林旧事·元夕》："元夕节物，妇人皆戴珠翠、闹蛾、玉梅、雪柳、菩提叶。"黄金缕：形容鹅黄色的柳丝。[8] 盈盈：仪态美好的样子。《古诗》："盈盈楼上女。"暗香：幽香，借指美人。[9] 蓦（mò）然：忽然。[10] 阑珊：零落。

思考与练习

一、梁启超认为该词旨在"自怜幽独，伤心人别有怀抱"，你有何看法？

二、佳作的艺术魅力，常常不止于它所塑造的艺术形象本身所具有的感染力，还表现在它又可以在形象之外能给人以丰富的联想和深刻的启示。王国维在《人间词话》中，把"众里寻他千百度，回头蓦见（蓦然回首），那人却在，灯火阑珊处"列为"古今成大事业、大学问者"所必须经历的第三种境界，这也说明了《元夕》词"涵盖万有"的特点。查找资料，列出王国维所言的另外两种境界，并作简要评述：

昨夜西风凋碧树。独上高楼，望尽天涯路。（出自北宋晏殊《蝶恋花·槛菊愁烟兰泣露》）

衣带渐宽终不悔，为伊消得人憔悴。（出自北宋柳永《蝶恋花·伫倚危楼风细细》）

众里寻他千百度。蓦然回首，那人却在，灯火阑珊处。（出自南宋辛弃疾《青玉案·元夕》）

虞美人

蒋 捷[1]

解 题

这首词全篇只56字，却将人生的三个阶段（少年、壮年和晚年）、两大转折都勾画出来了：少年闲适浪漫，色调轻艳迷离；壮年漂泊流转，色调慷慨苍凉；晚年境况凄凉，色调黯然低沉。

少年听雨歌楼上，红烛昏罗帐[2]。壮年听雨客舟中[3]，江阔云低、断雁叫西风[4]。
而今听雨僧庐下[5]，鬓已星星也[6]。悲欢离合总无情，一任阶前、点滴到天明。

（选自《宋词选》，胡云翼选注，上海古籍出版社，2017年）

注 释

[1] 蒋捷（生卒年不详），字胜欲，号竹山，阳羡（今属江苏省宜兴市）人，咸淳十年进士。入元不仕，隐居太湖竹山。长于词，与周密、王沂孙、张炎并称"宋末四大家"。其词多抒发故国之思、山河之恸，风格多样，而以悲凉清俊、萧寥疏爽为主。尤以造语奇巧之作，在宋代词坛上独具一格。有《竹山词》。[2] 罗帐：用罗制成的帐子。罗是一种轻而软的丝织品。[3] 客舟：异乡的船上。[4] 断雁：离群的孤雁。[5] 僧庐：和尚所住的小屋。[6] 鬓：耳朵前边两颊处的头发。

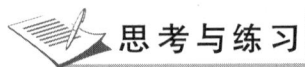

一、该词以雨为线索写出自己人生的三个阶段、两大转折，细读文本，道出其具体内涵。

二、情趣和意象相契合方能创造出诗的境界，试用该词与崔颢的《长干曲》作比较，谈谈各自的意境。

长干曲

崔 颢

君家何处住，妾住在横塘。停船暂借问，或恐是同乡。
家临九江水，来去九江侧。同是长干人，自小不相识。
下渚多风浪，莲舟渐觉稀。那能不相待？独自逆潮归。
三江潮水急，五湖风浪涌。由来花性轻，莫畏莲舟重。

贺新郎·别友

毛泽东

解 题

1923年4月，湖南省长赵恒惕下令通缉"过激派"毛泽东。毛泽东离开长沙去武汉，转上海，然后赴广州。这首词是他与妻子杨开慧分别时所作。

挥手从兹去[1]。更那堪凄然相向，苦情重诉。眼角眉梢都似恨，热泪欲零还住[2]。知误会前番书语。过眼滔滔云共雾，算人间知己吾与汝。人有病，天知否[3]？

今朝霜重东门路，照横塘半天残月[4]，凄清如许。汽笛一声肠已断，从此天涯孤旅。凭割断愁丝恨缕[5]。要似昆仑崩绝壁，又恰像台风扫寰宇。重比翼，和云翥[6]。

（选自《毛泽东诗词全编鉴赏》，吴正裕主编，中央文献出版社，2003年）

注　释

[1] 挥手从兹去：李白《送友人》："挥手自兹去，萧萧班马鸣。"[2] 零：落的意思。《古诗十九首》之十："终日不成章，泣涕零如雨。"[3] 人有病，天知否？原为"重感慨，泪如雨"。[4] 横塘：东门小吴门外清水塘。1921年冬至1923年4月，毛泽东租了清水塘边的一所茅屋，家住兼作中共湘区委员会会址，旧址现为纪念馆。"横塘"也是典故，在古诗中常作女子居住之处。[5] 凭割断：请割断之意。[6] 翥（zhù）：奋飞。最后两韵原为："我自欲为江海客，更不为昵昵儿女语。山欲堕，云横翥。"

思考与练习

一、从这首词中，我们看到了伟人的另一面，联系作品分析作者是如何把离别之情写得情真意切的？

二、作者是否只沉浸在离情别绪中？为什么？

三、你怎样理解"凭割断愁丝恨缕，要似昆仑崩绝壁，又恰像台风扫寰宇"？

夜之歌

李金发[1]

解　题

本诗是李金发1922年在巴黎美术学院读书时的作品。全诗象征意象丰富，语言艰涩，体现出一种陌生的语言效果，在意韵上体现出一种意象交错的混乱碰撞与遮蔽。全诗没有用韵，语言也呈现出一种古今结合的现象，每一组意象都像是未经打磨的砾石，彼此互相磨擦，同时也因为磨擦使诗的意义更加难以捕捉。

我们散步在死草上，
悲愤纠缠在膝下。

粉红之记忆，
如道旁朽兽，发出奇臭，

遍布在小城里，
扰醒了无数甜睡。

我已破之心轮，
永转动在泥污下。

不可辨之辙迹，
惟温爱之影长印着。

噫吁！数千年如一日之月色，
终久明白我的想像，

任我在世界之一角，
你必把我的影儿倒映在无味之沙石上。

但这不变之反照，衬出屋后之深黑，
亦太机械而可笑了。

大神！起你的铁锚，
我烦厌诸生物之汗气。

疾步之足音，
扰乱心琴之悠扬。

神奇之年岁，
我将食园中香草而了之；

彼人已失其心，
在混杂在行商之背而远走。

大家辜负，
留下静寂之仇视。

任"海誓山盟，"
"溪桥人语，"

你总把灵魂儿，
遮住可怖之岩穴，

或一齐老死于沟壑，
如落魄之豪士。

但我们之躯体,
既遍染硝磺。

枯老之池沼里,
终能得一休息之藏所么?

(选自李金发:《李金发诗全编》,陈厚诚、李伟江、陈晓霞编,四川文艺出版社,2021年)

注 释

[1] 李金发(1900—1976),原名李淑良,笔名金发,广东梅县区人,中国现代著名诗人和雕塑家。1919年赴法勤工俭学,1921年入巴黎国立美术学院研习西方雕塑艺术,同时在波德莱尔、魏尔伦等象征派诗人影响下开始诗歌创作。留学期间创作了《微雨》《食客与凶年》《为幸福而歌》三本诗集。这些诗集于1925—1927年陆续在中国出版,将法国的象征主义诗风引入中国,引起了中国诗坛的骚动,有"诗怪"之称,被公认为中国象征派诗歌的开创者,对我国20世纪30年代的"现代派"、40年代的"九叶诗派"以及新时期的"朦胧诗"创作都产生了重要且深远的影响。1925年回国后,其诗歌创作有了新的发展,30年代加入了"现代派"的行列,抗战时期成为一位"抗战诗人"。

思考与练习

一、通感是象征派诗人惯用的修辞手法,本诗将感觉、视觉、嗅觉、听觉世界的观念或修饰语,故意交错搭配,营造出强烈的失恋者心态,使诗歌具有一种陌生化效果。试举例分析诗歌的陌生化效应。

二、"死草""香草""池沼"分别象征什么?为什么?

一句话

闻一多[1]

解 题

1925年,闻一多从海外回来,目睹祖国的贫困、落后,深感痛心和失望。但他没有消沉,而是热切盼望中国能有一个大的变革。这首短诗,就是诗人对黑暗中国的揭露,对理想中国的企盼,对民众革命的信心,蕴含着诗人深厚的爱国主义思想。

有一句话说出就是祸,
有一句话能点得着火。

别看五千年没有说破，
你猜得透火山的缄默？
说不定是突然着了魔，
突然青天里一个霹雳
爆一声：
"咱们的中国！"

这话叫我今天怎么说？
你不信铁树开花也可，
那么有一句话你听着：
等火山忍不住了缄默，
不要发抖，伸舌头，顿脚，
等到青天里一个霹雳
爆一声：
"咱们的中国！"

（选自闻一多：《闻一多诗选》，中国青年出版社，2021年）

注　释

[1] 闻一多（1899—1946），原名家骅，又名亦多，湖北浠水人。著名诗人、学者和民主战士。1913年考入北京清华学校，五四运动曾对他有所触动和影响。1922年赴美留学，研习美术和文学，颇受西方唯美主义文艺思潮的影响；同时，目睹美国种族歧视和民族压迫的现实，激起诗人强烈的反帝爱国热情。1923年出版诗集《红烛》，1925年回国后历任北京艺术专科学校、武汉大学、青岛大学、清华大学等校教授。1928年与徐志摩等人创办《新月》杂志。同年出版诗集《死水》，在思想深度和艺术表现技巧方面都较前更进了一步。他的诗继承了中外诗歌的优良传统，精炼、严谨、富有创造性，具有独特的艺术风格。抗日战争时期，在昆明西南联合大学中文系任教。1943年后，在中国共产党的影响下，积极参加反对独裁、争取民主的斗争。1946年7月15日，被国民党特务暗害于昆明。有《闻一多全集》。

思考与练习

一、这首诗反映了当时怎样的社会现实？表达了诗人怎样的思想感情？
二、指出诗中"一句话""火""火山""霹雳"的隐喻意义。
三、"你不信铁树开花"指的是什么？
四、找出诗中的反复句，说明其表达作用。

雨　巷[1]

戴望舒[2]

解　题

　　这首诗写于1927年,大革命失败的阴影笼罩在中国上空,积极响应革命号召的知识青年们一下子从高潮坠入谷底。其中一部分青年开始感到迷茫,看不到革命的前途,戴望舒就是其中一个。

　　这首运用象征手法写成的抒情诗,最富象征意味的就是"丁香姑娘"。她是诗人的梦中情人和寄托情感的偶像,是可遇而不可求、可望而不可即的一切美好的化身。从日常生活层面看,"她"是"恋人";从现实斗争层面看,"她"可以理解为"革命";从形而上的哲学层面看,"她"还可以被解读为"美"与"理想"的象征。

撑着油纸伞,独自
彷徨在悠长,悠长
又寂寥的雨巷,
我希望逢着
一个丁香一样地
结着愁怨的姑娘。

她是有
丁香一样的颜色,
丁香一样的芬芳,
丁香一样的忧愁,
在雨中哀怨,
哀怨又彷徨;

她彷徨在这寂寥的雨巷,
撑着油纸伞
像我一样,
像我一样地
默默彳亍[3]着
冷漠,凄清,又惆怅。

她静默地走近
走近，又投出
太息一般的眼光，
她飘过
像梦一般地，
像梦一般地凄婉迷茫。

像梦中飘过
一枝丁香地，
我身旁飘过这女郎；
她静默地远了，远了，
到了颓圮[4]的篱墙，
走尽这雨巷。

在雨的哀曲里，
消了她的颜色，
散了她的芬芳，
消散了，甚至她的
太息般的眼光，
丁香般的惆怅。

撑着油纸伞，独自
彷徨在悠长，悠长
又寂寥的雨巷，
我希望飘过
一个丁香一样地
结着愁怨的姑娘。

（选自戴望舒：《雨巷：戴望舒诗集》，人民文学出版社，2020 年）

注　释

[1] 戴望舒（1905—1950），浙江杭县（今浙江省杭州市）人。中国现代著名诗人、翻译家。曾留学法国、西班牙。其诗歌深受法国象征派影响，成为 20 世纪 30 年代中国"现代派"诗歌的代表人物。早期诗歌追求朦胧的审美情趣，以哀怨感伤的格调见长，《雨巷》就是他的成名作。诗集有《我的记忆》《望舒草》等。抗日战争爆发后，戴望舒投入了抗日活动，1941 年在香港为日军逮捕入狱，表现出坚贞

不屈的民族气节。这段经历使他后期诗歌的风格充满激情,爱憎分明,如《狱中题壁》《我用残损的手掌》等,都表现出高尚的爱国主义情操和对美好未来的憧憬。[2] 本诗最初发表于《小说月报》1928年8月第19卷第8号,后收入诗集《我的记忆》。戴望舒因此诗获"雨巷诗人"之名,是典型的象征主义诗作。[3] 彳亍(chì chù):慢慢行走的样子,走走停停。[4] 颓圮(pǐ):崩坏,倒塌。

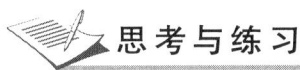

一、这首诗表现了诗人怎样的思想感情?
二、"丁香姑娘"具有怎样的象征内涵?
三、这首诗的音乐性主要体现在哪些方面?

你是人间的四月天
——一句爱的赞颂

林徽因[1]

解 题

这首诗发表在1934年的《学文》上,具体的写作时间不详。关于这首诗,有两种说法:一说是为悼念徐志摩而作,借以表示对挚友的怀念;一说是为儿子梁从诫的出生而作,以表达心中对儿子的希望和儿子出生带来的喜悦。不过我们完全可以放下这些争论,因为这首诗确实是一篇极为优秀的作品,它的价值不需要任何外在的东西来支撑。在诗人逝世的时候,金岳霖等好友们共同给诗人题了这样一副挽联:"一身诗意千寻瀑,万古人间四月天。"

> 我说你是人间的四月天;
> 笑音点亮了四面风;轻灵
> 在春的光艳中交舞着变。
>
> 你是四月早天里的云烟,
> 黄昏吹着风的软,星子在
> 无意中闪,细雨点洒在花前。
>
> 那轻,那娉婷,你是,鲜妍
> 百花的冠冕你戴着,你是
> 天真,庄严,你是夜夜的月圆。

雪化后那片鹅黄，你像；新鲜
初放芽的绿，你是；柔嫩喜悦
水光浮动着你梦期待中白莲。

你是一树一树的花开，是燕
在梁间呢喃，——你是爱，是暖，
是希望，你是人间的四月天！

（选自林徽因：《你是那人间的四月天》，北京联合出版公司，2018年）

注　释

[1] 林徽因（1904—1955），祖籍福建闽侯，中国著名建筑师、诗人、作家。同丈夫梁思成一起用现代科学方法研究中国古代建筑，为中国古代建筑研究奠定了坚实的科学基础。文学上，有散文、诗歌、小说、剧本、译文和书信等，代表作有《你是人间的四月天》《莲灯》《九十九度中》等。

思考与练习

一、该诗语言韵律优美，格调清新，具有女性写作的特点，请举例分析。
二、诗中的"你"是作者着力讴歌的对象，试分析该形象并概括其题旨。

错　误

郑愁予[1]

解　题

这首诗写于1954年，全诗以江南小城为中心意象，写出了战争年月闺中思妇盼归人的情感，寓意深刻。1948年12月，诗人来到江南的一个村落，童年的记忆被唤起——炮车、战马的马蹄声……点滴回忆成了诗中美丽的错误。诗歌继承了中国古代闺怨诗含蓄委婉、温柔敦厚的风格，明快而不直露，含蓄而不晦涩，委婉地表达出一份缠绵悱恻的情怀。

我打江南走过
那等在季节里的容颜如莲花的开落

东风不来，三月的柳絮不飞
你底心如小小寂寞的城

恰若青石的街道向晚
跫音不响，三月的春帷不揭
你底心是小小的窗扉紧掩

我达达的马蹄是美丽的错误
我不是归人，是个过客……

（选自郑愁予：《郑愁予的诗：不惑年代选集》，江苏文艺出版社，2016 年）

注　释

[1] 郑愁予，1933 年出生，中国台湾诗人，本名郑文韬，生于山东济南。1949 年赴台。其诗中贯穿着两种互补的气质神韵：一种是豪放、爽快、豁达的"仁侠"精神，另一种则是曲折动人、情意绵绵、欲语还休的婉约情韵。这两种气质充分显示了诗人深厚的古典文学修养。有《郑愁予诗集》。

思考与练习

一、本诗深得宋词的长处，写得意境幽婉而朦胧。试赏析诗中"美丽的错误"。
二、分析该诗的句式、语调、节奏和内容的表现关系。

相信未来

食　指[1]

解　题

这首诗写于 1968 年。思想深刻、意境优美、朗朗上口，启发读者思考在逆境中怎样好好地生活，怎样自我鼓励，怎样矢志不渝地恪守自己对明天的承诺。该诗曾以手抄本的形式在社会上广为流传，并迅速传诵于一代青年人的口中。

当蜘蛛网无情地查封了我的炉台，
当灰烬的余烟叹息着贫困的悲哀，
我依然固执地铺平失望的灰烬，
用美丽的雪花写下：相信未来。

当我的紫葡萄化为深秋的露水，
当我的鲜花依偎在别人的情怀，

我依然固执地用凝露的枯藤，
在凄凉的大地上写下：相信未来。

我要用手指那涌向天边的排浪，
我要用手掌那托起太阳的大海，
摇曳着曙光那支温暖漂亮的笔杆，
用孩子的笔体写下：相信未来。

我之所以坚定地相信未来，
是我相信未来人们的眼睛——
她有拨开历史风尘的睫毛，
她有看透岁月篇章的瞳孔。

不管人们对于我们腐烂的皮肉，
那些迷途的惆怅、失败的苦痛，
是寄予感动的热泪、深切的同情，
还是给以轻蔑的微笑、辛辣的嘲讽。

我坚信人们对于我们的脊骨，
那无数次地探索、迷途、失败和成功，
一定会给予热情、客观、公正的评定，
是的，我焦急地等待着他们的评定。

朋友，坚定地相信未来吧，
相信不屈不挠的努力，
相信战胜死亡的年轻，
相信未来，热爱生命。

（选自食指：《相信未来：食指诗选》，江苏文艺出版社，2016年）

注　释

[1] 食指，原名郭路生，1948年生于山东朝城。在20世纪60年代中后期，食指诗歌的出现代表了真正意义上的现代诗歌在当代中国的第一次复兴，他的诗直接影响和推动了稍后出现的以北岛、舒婷、多多、顾城等为代表的"朦胧诗"的创作潮流。他被称为新潮诗歌第一人，出版的诗集有《食指、黑大春现代抒情诗合集》《诗探索金库·食指卷》《食指的诗》。

一、前三诗节出现了哪些意象？这些意象有什么特点？
二、诗人面对现实是怎样的态度？他为什么一再坚持"相信未来"？
三、结合诗歌创作背景，体会诗歌意蕴。
四、理解诗歌内容，在把握情感的基础上朗读诗歌。

古里拉达的岩羊

吉狄马加[1]

解 题

彝族诗人吉狄马加笔下的诗歌世界充满了地域风情和民族色彩，那些"忧郁""灵异""厚重"的意象，是"自在"的民族文化，"亲和"与"天赋"的文本体现。他以独特的视角，敏感的神经和赤子般的诗情，深情地描绘着大山、森林，感受着奔流在自我体内的"部落的节奏"，歌颂着他那有着"古铜色"皮肤的彝人祖先……而这只"连接无边的浩瀚""通往神秘的永恒"的故乡的岩羊，便是彝族山地画卷中灵异而独特的意象，是情感与理智的交错中彝族山地文化的多重象征。

再一次瞩望
那奇妙的境界
其实一切都在天上
通往神秘的永恒
从这里连接无边的浩瀚
空虚和寒冷就在那里
蹄子的回声沉默

雄性的弯角
装饰远走的云雾
背后是黑色的深渊
它那童真的眼睛
泛起幽蓝的波浪

在我的梦中
不能没有这颗星星

在我的灵魂里
不能没有这道闪电
我怕失去了它
在大凉山的最高处
我的梦想会化为乌有

（选自吉狄马加：《吉狄马加的诗》，人民文学出版社，2018年）

注　释

[1] 吉狄马加，彝族，1961年出生于四川省凉山州昭觉县。中国当代著名的少数民族代表诗人之一。已出版《初恋的歌》《吉狄马加诗选》等多本诗集。多次荣获中国国家文学奖，其中诗集《初恋的歌》获中国第三届诗歌（诗集）奖；其诗作被翻译成英、法等文，引起国际诗坛的关注。

思考与练习

一、诗人面对主体文化、外来文化与民族传统文化的交流冲突，表现出空前的担忧，试述诗中他"怕"的是什么？

二、岩羊的象征含义是什么？仔细解读本诗第一、二节。

边　缘

张　枣[1]

解　题

这首诗作于1997年，以现代世界的边缘为线索展开对个体与世界关系的深思与敏感考察，具有强烈的空间写作意识。"边缘"的词义为沿边的部位和靠近界限，可引申为社会中不重要的地位，与主流思想、观念保持着某种距离。在现代社会，边缘感、边缘意识、边缘角色、边缘处境成为人们的一种生存窘态。张枣这首短诗就是对边缘处境引发的生存体验和自我意识的表露。

像只西红柿躲在秤的边上，他总是
躺着。有什么闪过，警告或燕子，但他
一动不动，守在小东西的旁边。秒针移到
十点整，闹钟便邈然离去了；一支烟

也走了,携着几副变了形的蓝色手铐。
他的眼睛,云,德国锁。总之,没走的
都走了。
空,变大。他隔得更远,但总在
某个边缘:齿轮的边上,水的边上,他自个儿的
边上。他时不时望着天,食指向上,
练着细瘦而谵狂的书法:"回来"!
果真,那些走了样的都又返回了原样:
新区的窗满是晚风,月亮酿着一大桶金啤酒;
秤,猛地倾斜,那儿,无限,
像一头息怒的狮子
卧到这只西红柿的身边。

(选自张枣:《张枣的诗》,人民文学出版社,2020年)

注 释

[1] 张枣(1962—2010),湖南长沙人,中国著名诗人,诗歌翻译家,"巴蜀五君子"之一。主要作品有《春秋来信》《张枣的诗》,是传统诗歌与现代诗歌的完美结合,从诗歌的抒情源头上继承了"风""骚"传统。

思考与练习

一、边缘感、边缘处境是现代人的基本生存处境,它具有一种凄凉的格调。在本诗中,你是怎样体会张枣的边缘意识的?

二、本诗中诗人通过隐喻的方式表现了对边缘与现代人之间关系的体验,试举例分析。

啊,船长!我的船长!

沃尔特·惠特曼[1]

解 题

惠特曼的诗标新立异,独树一帜。他大胆地运用灵活性极大的诗歌形式,创造了一种糅合口语和修辞,不拘诗行和诗节长短,不拘音节也不押韵的自由诗体,使诗歌彻底地从传统形式的束缚中解放出来。本诗写于1865年,是惠特曼为悼念林肯总统而作。全

诗构思精巧，组织严密，语言深沉，字里行间饱含着真挚的情感，表达了诗人对林肯的敬仰与怀念之情。

啊，船长！我的船长！我们可怕的航程已经终了，
航船闯过了每一道难关，我们追求的目标已经达到，
港口就在前面，钟声响在耳边，我听见人们狂热的呼喊，
千万双眼望着坚定的船，它威严勇敢；
但是，心啊！心啊！心啊！
鲜红的血在流淌，
就在这甲板上，躺着我的船长，
他倒下了，身体冰凉。

啊，船长！我的船长！起来听这钟声；
起来——旗帜为你飘扬——号角为你长鸣，
花束和花环为你备下，人群挤满海岸，
晃动的民众向你呼唤，向你转过热切的脸；
这里，船长！亲爱的父亲！
你的头枕着我的臂膀，
就在这甲板上，如同梦一场，
你倒下了，身体冰凉。

我的船长没有回应，他的嘴唇苍白僵硬，
我的父亲感觉不到我的臂膀，他没有了脉搏和生命。
船安全地靠岸抛锚，它的航程已经终了，
胜利的航船从可怕的旅途归来，它的目标已经达到；
欢呼啊，海岸，巨钟啊，敲响！
但是我满怀悲怆，
走在甲板上，这里躺着我的船长，
他倒下了，身体冰凉。

（选自［美］沃尔特·惠特曼：《草叶集：惠特曼诞辰 200 周年纪念版诗全集》，邹仲之译，上海译文出版社，2019 年）

注 释

[1] 沃尔特·惠特曼（1819—1892），美国杰出的民主主义诗人。他出身于贫苦的农民家庭，自学成才。诗集《草叶集》是他的主要作品，初版于 1855 年。他创造的"自由诗体"对欧美诗歌影响很大。

思考与练习

一、认真阅读，理解诗中船、船长和诗人的关系。
二、找出诗中的人称变化，由此体会诗人抒情的线索。
三、分析该诗的语言特点。

雨

豪·路·博尔赫斯[1]

解 题

诗歌、散文和短篇小说是博尔赫斯三大创作成就，而且各有千秋，相互辉映。他的散文读起来像小说，他的小说是诗，他的诗歌又往往使人觉得像散文。而沟通三者的桥梁是他的思想。《雨》是博尔赫斯的名诗之一，从这首诗可窥见博尔赫斯写作的特点是富有幻想、哲理，以及追求不可能实现的超验事物，其中的思想超越了一切时空，不经意透露了世界的隐秘。雨水本就延绵细腻，忽然像记忆那样倾盆而下，伴随着甘甜和凛冽，让人难以逃脱。

黄昏突然明亮，
只因下起细雨，
刚刚落下抑或早已开始，
下雨，这无疑是回忆过去的机遇。

倾听雨声簌簌，
忆起那幸运的时刻，
一种称之为玫瑰的花儿，
向你显示红中最奇妙的色彩。

这场雨把玻璃窗蒙得昏昏暗暗，
使万物失去了边际，
蔓上的黑色葡萄也若明若暗。

庭院消失了，
雨涟涟的黄昏给我带来最渴望的声音，

我的父亲没有死，他回来了，是他的声音。

（选自《外国抒情诗赏析辞典》，张玉书主编，陈光浮译，北京师范学院出版社，1991年）

注　释

[1] 豪·路·博尔赫斯（1899—1986），阿根廷著名诗人、小说家。出生于布宜诺斯艾利斯的一个有英国血统的律师家庭。他思想上受尼采、叔本华的影响，融贯各种文化，形成了独特的风格。他的作品格调低沉，题材具有幻想性，充满孤独、失望和迷茫感。代表作有诗集《布宜诺斯艾利斯的激情》《面前的月亮》《深沉的玫瑰》等。

思考与练习

一、客观世界与心理世界的交融，借助于雨回到了过去，物理的时间不重要了。读博尔赫斯的《雨》，你的内心没有理由不变得温润而丰沃：雨使黄昏变得"明亮"，它还洗亮葡萄架上的黑葡萄，让你看见黑暗背后更大的光明。仔细阅读，谈谈你对"玫瑰花"和"父亲"声音的理解。

二、分析"雨"在诗中的结构特点。

三、反复诵读该诗，领会主旨。

第二篇 散　文

一、散文的含义

散文的含义是随时代的发展而变化的。在古代，散文指与韵文、骈文相对的一切文学和非文学（如经、传、史书）的散行体文章。它不求押韵、不重骈偶、不拘句式、用语灵活，是广义上的散文。现在，散文则是根据形象塑造、语言运用、表达方式和结构体系等几方面的特点，将各式各样的文学作品分析归纳后划分出的与诗歌、小说、戏剧并列的一种文学载体。它取材广泛、形式多样、表达自由、富有文采，重在表现心灵世界。狭义上的散文专指文学性的散文。

二、散文的分类

按照表达方式和内容性质的不同，散文可分为记叙性散文、抒情性散文、说理性散文三大类。

（一）记叙性散文

记叙性散文侧重于写人叙事，即常说的记叙文。以记叙和描写为主要表达方式，兼有一定的议论抒情。包括报告文学、特写、速写、回忆录、游记、传记和以真实人物、事件为基础的一般记叙性散文。它主要通过记述事情的经过和描写人物活动来表现作者对生活的感受，揭示某种生活哲理，从而抒发思想感情。它是叙事为主、因事缘情的散文，事件叙述具有一定的完整性，但不着重于表现人物的精神面貌和思想品质，文中人物和事件常交织着作者浓郁的思想感情。它强调真人真事，真情实感；线索清楚，结构严谨；语言简洁、朴实、自然。如老舍的《我的母亲》、沈从文的《箱子岩》、季羡林的《法门寺》等。

（二）抒情性散文

抒情性散文侧重于表现作者的主观感受和情感，一般包括写景与咏物两类。它以抒情的笔调来写景状物、表情达意，常用直抒胸臆、寓情于景、托物言志等表现手法。抒情性散文常以情感发展为行文线索，立意新颖，构思精巧，语言优美，善于营造优美的意境，表达深邃的意蕴，文章充满诗意和情韵，表现出浓郁的感情色彩和强烈的艺术感染力，如郁达夫《故都的秋》、宗璞的《紫藤萝瀑布》、陆蠡的《囚绿记》。

（三）说理性散文

说理性散文侧重于议论说理，题材广泛，形式多样，如有关社会生活、文化动态以及政治事变的随笔、漫谈、小品等。它一经某一事件、现象（即便是日常生活琐事）的触发，即可缘情缘理，敷衍成篇。其议论往往具有抒情性、形象性和哲理性的特点。它与议论文运用概念、判断、推理来表明作者的观点和主张，以理智诉诸读者不同，不是让读者去获得理性的概念，而是给读者一种富于理性的形象和情感。因此，说理性散文以冷静的议论和抒情笔法见长，有时也有记叙和描写。这种散文融思想性、知识性、趣味性于一体，如罗兰的《中国人与山水》、林清玄的《温一壶月光下酒》等。

三、散文的特点

作为一种文学体裁，散文侧重于直接表达作者的主观感受，自由地抒发心中激情，因此，可以说散文属于抒情文学，重在表情言志，表达作者对人生的一种感悟。所谓"感"，是说作者由某一眼前物或身边事发生了某种独特的感应，或产生了某种亲切的感受，或触发了某种潜在的感情；所谓"悟"，是从中悟出了某种人生的真谛和哲理。与诗歌、小说、戏剧等其他文学体裁相比，散文迅速、及时而广泛地反映社会生活和自然景象，明显地表现出篇幅短小、题材广泛、形式多样、行文自由、文辞优美、情感浓郁、联想和想象丰富等特点。

（一）题材广泛、兼容并包

散文选取题材十分广泛自由，不受时间、空间的限制，一篇散文前可远涉古代，后可跨及未来，又可覆盖今天，天南海北，空间宇宙，无不可以包容其中。"笼天地于形内，挫万物于笔端"，用陆机的这句话来形容散文的这个特点很是恰当。从大的方面讲，散文可写山川风物、社会人生；从小的方面讲，散文可写花鸟鱼虫、一画一笺。举凡生活中新鲜而有意义的人、事、景、物，一经触发思想的火花，都可纳入散文的表现范畴。可谓信笔而至，天上地下，无所不包；古今中外，尽可涵纳。

（二）行文自由、不拘一格

散文在题材的处理上，十分灵活自由、不拘一格。散文不像小说那样必须具备完整的故事情节和性格鲜明的人物形象，即使是记叙性散文，它的情节也可以是不完整的，不必开端、发展、高潮、结局全部具备，对人物的描写也不一定要精雕细刻；也不必像诗歌那样要分行，讲求韵律，并且无须像高度凝练浓缩的诗歌语言那样，需要读者想象的补充才能完成意境的营造。与戏剧相比较，散文虽也揭示生活矛盾，但不必有强烈的矛盾冲突及展开矛盾的全过程。散文率性自然，没有形式格套，在内容上可纵横开阖，自由铺展，行文从容自由，意到笔随；在结构上既可以像小说那样娓娓道来，也可以像诗歌那样大幅度跳跃，还可以像戏剧那样以人物对话的方式进行场景组合，甚至可以像电影镜头式地加以蒙太奇组接。散文在表现手法上也是如行云流水，舒卷自如，或状物，或叙事，或抒情，或议论，变化多端。这些特质充分体现了散文的"散"。读散文作品，开初的印象似觉头绪繁多，难以把握作者思想感情的精髓；但散文的特点又在于"神不散"，因为任何一位有作为的散文作者都不能一任自己的情感随意发泄、漫天撒网。任何一篇散文的题旨都是鲜明的、意气都是贯通的，无论怎样"散"，总有一个线索、一个焦点。它既撒得开，又收得拢，是"形散神凝"，一切材料都必须围绕着文章的立意，不能散漫芜杂，茫无头绪，应有一根"思想的红线"将"生活的珍珠"串联起来。如《故都的秋》一文，无论从选材，还是结构、表现手法上，都表现出明显的"形散神凝"的特点。首先，它选用的材料是零散的。文章细致描绘了众多房前屋后、街头巷尾常见的景物，小院里就有碧绿的天色，驯鸽的飞声，还有蓝色白色为佳、淡红色最下的牵牛花和疏疏落落的秋草，其他场景如像花儿又不像花儿的槐蕊、秋蝉衰弱的残声、息列索落的雨声、清秋佳日里的枣树等，它们之间并没有明显的时空联系，但都因相同的清、静、悲凉之氛围、格调而连在了一起，共同为营造出一个"清、静、悲凉"的世界而服务。而且，文章本来要写故都的秋，却在开头结尾都将南方之秋纳入其中，目的是通过对比越加突出故都的秋"色彩浓，回味永"的特点。文中还在描述秋景之后横向插入了一大段关于中外文人和其写秋作品的议论，说明了那种深沉、幽远、严厉、萧索的真正的秋味，非要在北方，才感受得到，强调突出了故都的秋味更为纯粹，更为彻底。总之，作者对文章各方面的处理，无不是围绕故都的秋"清、静、悲凉"和"色彩浓，回味永"的特点进行。

(三) 联想深远、想象丰富

散文往往通过生活中偶发的、片断的现象，去反映其复杂的背景和深广的内涵。在这个过程中，联想和想象是一个重要环节。除了少数记叙性散文外，大多数散文都富于联想和想象。联想和想象是散文活的灵魂，缺少联想和想象的散文是僵化的、死板的。借助联想和想象，可以展开一幅幅生动的图画，天地山川、日月风云、花草树木、鸟兽虫鱼以及历史故事、神话传说，往往可以齐齐奔赴笔下。在联想和想象活动中，事物的特征和本质，更鲜明和突出，作者的思想认识也能不断提高和深化。一个作者的知识积累、储藏愈厚实，则对生活的感受愈敏锐，更易于触类旁通，浮想联翩，文思泉涌。在散文创作中，联想和想象使感受加深，使思想升华，有着增强作品艺术魅力的功效。借助联想和想象的翅膀，作者才能酣畅淋漓地表达喷涌的激情；通过联想和想象的铺展，文章才能够生发开去，丰满起来，从而使作品显得内容厚重、境界开阔。如余光中的《听听那冷雨》，借雨声雨景，回忆生平往事，以寄托对故乡与传统文化的向慕之情。文

章以听雨为主线，天马行空，信手拈来。抒写地域感，从美国写到中国台湾，又写到中国大陆；感叹历史，从太初有字到亡宋之痛，又到公寓时代。但无论是写美国还是中国台湾，最后的落脚点都回到中国大陆，充分地表现了作者那难遣的家园之思和难舍的文化恋慕。文中屡引古人诗词，以衬托出对故乡与传统文化的追思向往之情。行文时空交错，语言优美，句式多变，修辞灵活多样，情感丰富。

（四）文辞优美、情感浓郁

优美的语言是散文美感的重要因素，对于散文的语言美，作家们有不少独到精辟的见解。秦牧说："文采，同样产生艺术魅力和文笔情趣。丰富的词汇，生动的口语，铿锵的音节，适当的偶句，色彩鲜明的描绘，精彩的叠句……这些东西的配合，都会增加文笔的情趣。"佘树森说："散文的语言，似乎比小说多几分浓密和雕饰，而又比诗歌多几分清淡和自然。它简洁而又潇洒，朴素而又优美，自然中透着情韵。可以说，它的美，恰恰就在这浓与淡、雕饰与自然之间。"散文语言的朴素美，并不排斥华丽美，两者是相对成立的。在散文作品里，我们往往看到朴素和华丽两副笔墨并用。该浓墨重彩的地方尽意渲染，该朴素的地方轻描淡写，朴素与华丽都是"淡妆浓抹总相宜"，都是精巧的艺术加工，不着斧凿的痕迹。但是最重要的，散文是重在表"情"的文学样式，其语言的真与美来自作家的真知、真见、真性、真情。只有那些触动作家情思、包蕴独特而典型的生活感受的材料，才能转化成精美的散文艺术。因此，散文家选择和处理素材首先看情绪的真切和感受的独到。可以说，情是散文鲜活的血液，没有真情实感的散文，是苍白无力的。不论是朴素还是华丽，若不建立在真挚感情的基础上，就只是肤浅地玩弄技巧的文字游戏而已。当作者的感情、心声与客观事物交相融和时，文字中就渗透进一种美的情调和韵味。这是其他文学样式所不具有而为散文所独具的艺术特色。散文的语言富有形象性，从动人的境界中显示出一种特别的情致和韵味。如宗璞的写景散文《紫藤萝瀑布》，全文仅数百字，却意蕴深厚，内涵丰富，眼前景、心中意化而出之。在写景物的同时，笔端深藏感情，在流畅清丽的语言中呈现精美的意象。紫藤萝开得恣肆风流，辉煌灿烂，不论是宏观的飞动闪光的瀑布，还是微观的一朵张帆航行的花舱，都在读者心中充满生命的张力，处处流露出对美好生命的热爱和喜悦之情。更重要的是，由于作者有类似的家庭境况和人生际遇，乃至对十几年来整个国家命运的联想与深切的感触之情在，作者由紫藤萝引向对生命的思考和顿悟："花和人都会遇到各种各样的不幸，但是生命的长河是无止境的。"如此，情从景出，议从景来，简单的景物也就有了生命的韵味，显得尤其动人。

四、散文的鉴赏

散文是一种潇洒活泼、优美空灵的文学样式，可以自由发挥。博览散文，我们可以"观古今于须臾，抚四海于一瞬"，鉴赏古往今来那些出自大家手笔的华章精品，的确是一种富有启示而又充满乐趣的精神享受。那么，如何鉴赏散文呢？一般可从以下四个方面入手。

(一) 领悟立意

立意就是作品所确立的主旨。它可以是对事理的昭示，对人生的感悟，亦可以是作者心绪与意念的流露。可以说，立意是散文作品的灵魂。对散文立意的领悟，是散文鉴赏的一个重要方面。领悟散文的立意，首先要注意不同性质的作品之特点。对于记叙性散文，应侧重于了解它是如何因事缘情，在叙事中含蓄隽永地表达作者的思想感情的。如《箱子岩》一文，作者对十五年间两次到箱子岩的见闻感受进行了细致深刻的对比描写，目的是在一正一反的强烈反差中鲜明地表现作者的爱憎，在文化失落、文明断裂的伤感中引发对于一个理想社会的发展前途的忧思，所以它不是一般的状写山光水色，描述风俗民情的游记散文，而具有深厚的文化内涵。

抒情散文的立意往往是一种情感，要善于触摸其深层的抒情脉络，搞清情感走向。而说理性散文则常常是一种思想、一种观点，要注重从情中悟理，在理中染情，体会情理交融的境界。

(二) 分析结构

在散文的创作和鉴赏中，结构艺术是很重要的一环。鉴赏者可从理清线索、抓住文眼、把握角度这几个方面入手。鉴赏散文时要抓住散文"形散"与"神不散"的辩证统一关系，善于追踪蹑迹，理形摄神，沿着文章的线索，看作者是如何在巧妙的构思和严谨的结构中，以立意为帅，把丰富的材料组织起来的。散文的线索是多种多样的，一种思想、一种观点、一种境界、一种联想、一件事物，或者时间的推移、空间的转换、性格的发展、事件的延伸，都可以作为线索，鉴赏者把握了它们，便有助于理解散文的结构艺术。

散文有它艺术的"眼"。散文的"眼"并非指某个字用得巧妙，某句话显得警策，而是指主题思想的凝聚点，艺术意境的聚焦点，艺术结构的结合点，作者着力表现的中心点。因此，在散文的结构分析中，抓住文眼是十分必要的。散文的"眼"也是多种多样的：有的是一个事物，如《囚绿记》中的绿枝条；有的是一个画面，如《背影》中父亲的背影；还有的是一个细节、一种色彩等。鉴赏者抓住了它们，分析其中的奥妙和匠心，就能看到不同散文结构的特点和价值。

(三) 感受意境

意境是形象思维、情感思维的产物，是主观情感与文章中所描绘的具体景象相交融而产生的具有丰富内涵和无限超越的审美境界和艺术形象，这时文章中的客观情景具有了某种主观的象征意义。如陆蠡的《囚绿记》中那一株普通的常春藤，一经物我观照，即生性灵，具有了某种象征意义，成了"生命力、希望、快乐"的象征，成了"永不屈服于黑暗的囚人"，其形象即作者与华北沦陷区人民艰辛命运与坚贞气节的写照，其意境是相当深邃的。散文是特别讲究艺术感染力的美文。所谓"美文"，即文质相承，形神兼美。因此散文的特征之一是用独具质感的优美的语言创设特定的情境，以寄托自己的哲

理情思，即十分注重意境的营造，富于意境美。鉴赏散文就要强调对意境的审美感受，通过暗示的意境，捕捉到作者寄寓其中的绵长的情思，深邃的哲理。

（四）品味特色

鉴赏散文还要重视艺术特色的品味，力求从思想性和艺术性的完美统一中对作品做出完整、正确的鉴赏。衡量散文艺术性高低优劣的标准很多，其中风格独特尤为重要，鉴赏时要抓住其风格进行细致的品味。风格是作家成熟的标志，是作家作品经常重复出现的思想和艺术特点的总和。一个散文作家的风格，会从他的构思、题材、主题、结构、语言等方面表现出来。这就形成一种独特的跟别人不同的总体特色。鲁迅冷静的观察、辛辣的讽刺和严峻的批判，构成了他散文的独特风格。老舍的朴素平实、梁实秋的洒脱冲淡、宗璞的清雅脱俗、余秋雨的底蕴丰厚、贾平凹的清淡古雅等，这一切都值得我们在鉴赏时认真细致地品味。

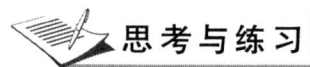

一、散文是如何分类的？散文具有什么特点？

二、鉴赏散文可从哪几方面入手？根据鉴赏散文的一般过程和基本要点，以课文中你喜欢的一篇散文为例，谈谈你是怎样鉴赏散文的。

三、作文练习。

微小的生命也可以有强大与伟力充盈其间，用心感受你周围平凡的花草树木，自拟题目，写一篇抒情类散文。

要求：1. 要写出物的精神和你的深切感悟。2. 注意景、情、理的结合。3. 讲究文采，情感真挚，富于意境美。

宫之奇谏假道

左丘明[1]

解 题

本文选自《左传·僖公五年》。记述晋借道虞国灭虢,而后灭虞的整个过程。文章着重记叙了宫之奇的正确预见和虞公的自取灭亡,从而揭示出:侵略者的侵略野心是没有止境的,不可相信其所谓"同宗"的保证,更不要把希望寄托在"神灵"的保佑上。同时,本文还剖析了处于同等地位的虞和虢,有着共同的命运,应当"辅车相依",休戚与共;如果对称王称霸的大国丧失警惕,受其蒙骗、供其利用,那么最后必致亡国。"唇亡齿寒",道理至深,此典故后来广为流传。

晋侯复假道于虞以伐虢。宫之奇谏曰[2]:"虢,虞之表也[3]。虢亡,虞必从之[4]。晋不可启[5],寇不可玩[6]。一之谓甚,其可再乎[7]?谚所谓'辅车相依[8],唇亡齿寒'者[9],其虞、虢之谓也。"

公曰:"晋,吾宗也[10],岂害我哉?"

对曰:"大伯、虞仲,大王之昭也[11]。大伯不从,是以不嗣[12]。虢仲、虢叔[13],王季之穆也,为文王卿士[14],勋在王室,藏于盟府[15]。将虢是灭[16],何爱于虞[17]?且虞能亲于桓、庄乎?其爱之也,[18]桓、庄之族何罪[19]?而以为戮[20],不唯逼乎[21]?亲以宠逼,犹尚害之,况以国乎[22]?"

公曰:"吾享祀丰洁[23],神必据我[24]。"

对曰:"臣闻之,鬼神非人实亲[25],惟德是依。故《周书》曰:'皇天无亲,惟德是辅[26]。'又曰:'黍稷非馨[27],明德惟馨[28]。'又曰:'民不易物[29],惟德繄物[30]。'如是,则非德,民不和,神不享矣。神所冯依[31],将在德矣。若晋取虞,而明德以荐馨香[32],神其吐之乎?"

弗听,许晋使。

八月甲午[33],晋侯围上阳[34]。问于卜偃曰:"吾其济乎[35]?"对曰:"克之。"公曰:"何时?"对曰:"童谣云:'丙之晨[36],龙尾伏辰[37],均服振振[38],取虢之旂[39]。鹑之贲贲[40],天策焞焞[41],火中成军[42],虢公其奔。'其九月、十月之交乎[43]。丙子旦,日在尾,月在策,鹑火中,必是时也。"

宫之奇以其族行[44],曰:"虞不腊矣[45]。在此行也[46],晋不更举矣[47]。"

冬,十二月丙子朔[48],晋灭虢,虢公丑奔京师[49]。师还,馆于虞[50],遂袭虞,灭之。执虞公及其大夫井伯,以媵秦穆姬[51]。而修虞祀,且归其职贡于王,故书[52]曰:

"晋人执虞公。"罪虞，且言易也。

(选自《左传》，郭丹译注，中华书局，2016年)

注 释

[1] 左丘明：生卒年不详，相传为春秋末期鲁国史学家，著有《左传》《国语》。《左传》又名《春秋左氏传》，相传是左丘明为《春秋》做注解的一部史书，与《公羊传》《穀梁传》合称"春秋三传"。《左传》是中国第一部叙事详细的编年体史书，同时也是杰出的历史散文巨著。《左传》的记叙范围起自鲁隐公元年（前722），迄于鲁哀公二十七年（前468）。主要记载了东周前期二百五十四年间各国政治、经济、军事、外交和文化方面的重要事件和重要人物，是研究中国先秦历史很有价值的文献，也是优秀的散文著作。[2] 晋侯：晋献公。晋国在今山西。虞：春秋时小国，在山西平陆县的虞城。虢（guó）：春秋时小国，有东、西、南、北之分，此处指北虢，都城为上阳，在今山西平陆南。复假道：鲁僖公二年，晋国曾以甘言重币向虞假道以伐虢，所以这次说"复假道"。假道，借路。宫之奇：虞国大夫。谏：规谏。[3] 表：屏藩，外围。[4] 从：随从。[5] 启：开启、助长（指助长晋国的侵略野心）。[6] 寇：指敌人。玩：忽视，和现代"玩"的意思不同。[7] 一：一次。谓：通"为"。甚：过甚，过分。[8] 辅：面颊肉。车：牙床骨。相依：相互依存。[9] 亡：亡失。寒：寒冷。[10] 宗：同宗，同姓。因晋与虞国皆与周王室同姓姬，并皆受其封。[11] 大（tài）伯：即太伯。虞仲：虞国始封君。均系周太王之子。大（tài）王：即周太王，周始祖。在宗庙里，始祖之子神位居左，孙居右，曾孙又居左，以此递相更迭，分别辈次。居左者称昭，居右者称穆。太伯、虞仲均系太王子，故为太王之昭。[12] 嗣：嗣承、承继。太王有意把王位传给小儿子王季，他的长子太伯和次子虞仲就出走放弃继承权，由王季继位。[13] 虢仲、虢叔：二人均封于虢，系王季（周文王的父亲）之子，太王之孙，因此二人为穆。[14] 卿士：上卿。[15] 盟府：主管盟书的官府。[16] 将：即将。全句是说既然将要灭掉虢国。是，复指提前的宾语"虢"。[17] 何爱于虞：对于虞国又有什么厚爱？[18] 且虞能亲于桓、庄乎？其爱之也：这是倒装句，顺写就是"且晋爱虞，能甚于爱桓、庄乎"，意思是说，晋国爱虞国，能比晋国国君对待桓庄的后代还亲近吗？桓，桓叔。庄，庄伯，桓叔之子。晋献公是桓叔的曾孙，庄伯的孙。晋献公为争夺权利，曾经杀尽同族诸公子。其：岂能，哪里能。之：指虞。[19] 桓、庄之族何罪：桓叔、庄伯的族人有什么罪？[20] 以为戮：以（之）为杀戮的对象。意思是把他们杀死。戮：杀，这里作名词用。[21] 不唯逼乎：不就是因为桓庄之族盛大，晋献公恐怕受威胁吗？唯：因。[22] 亲以宠逼，犹尚害之，况以国乎：对至亲者，因担心他们位高权重威胁到自己，尚且加以杀害，何况面对一个国家的威胁呢？亲：指献公与桓庄之族的血统关系。宠：在尊位，指桓、庄之族的高位。况以国乎：此句承上文，因此省略了"以国"下的"逼"字。[23] 享：奉享、奉献。祀：祭祀。丰：丰盛。[24] 据：依据。据我：依从我，即保佑我。[25] 非人实亲：不是以人为亲。实：通指示代词"是"，复指提前的宾语"人"。[26] 辅：辅佐。[27] 馨：香气远闻。[28] 明德：光显的德行。[29] 易：改易。全句是说致祭时不须改易祭物。[30] 惟：只有。繄（yī）：是。物：指祭物。全句意思是说，只有明德才是神所乐享的祭物。[31] 冯依：凭据依靠。冯，通"凭"。[32] 明德以荐馨香：修明德行而把馨香的祭品供献给鬼神。荐：进献。按：此处的"明德"与"明德惟馨"的"明德"不同，前者为动宾结构，后者为偏正结构。[33] 八月甲午：夏历是八月，周历十月十七日。[34] 上阳：为南虢之地，在今河南三门峡市陕州区。[35] 济：成功。[36] 丙：丙子日。[37] 龙尾：星名，东方七宿中的尾星。辰：日月相会叫"辰"。伏辰，日月会于

尾星，故尾星伏而不见。[38] 均服：戎服，色黑。振振：威武美好貌。[39] 旐（qí）：同"旗"。取旐意味获胜。[40] 鹑（chún）：鹑火星。贲贲（bēn）：形容鹑火星发光的样子。[41] 天策：星名，也叫傅说星，靠近太阳。焞（tūn）：无光貌。[42] 火中：鹑火星出现在南方。中，某星出现在南方。成军：整顿军队。[43] 交：晦朔交会之时。[44] 以：介词，表率领。以其族行：指率领全族离开虞国。[45] 腊：年终祭神曰腊，故十二月称腊月。意思是说虞国之亡不待腊祭时了。[46] 在此行：就在这次行动。[47] 不更举：不须再次举兵。[48] 丙子：十二月初一正逢干支的丙子。朔：每月初一日。[49] 丑：虢公名。京师：东周都城。今河南洛阳。[50] 师：指晋国军队。还：返回。馆：宾馆，作动词用，即停留、借住。[51] 媵（yìng）：陪嫁的奴隶。秦穆姬：晋献公女，嫁秦穆公。[52] 书：指《春秋》经文。

 思考与练习

一、举例说明"唇亡齿寒"的道理在当今国际关系中的现实意义。

二、掌握"将虢是灭""惟德是依""惟德是辅"这种特殊的古汉语句式，举例现代汉语中这种古汉语句式的遗留用法。

三、选出正确答案。

1. 下列加点的词用法与"师还，馆于虞"中"馆"用法相同的一组是（　　）
   A. 而此独以钟名，何哉？　　大石侧立千尺
   B. 假舟楫者，非能水也　　　唐浮图慧褒始舍于其址
   C. 君子博学而日参省乎己　　吾从而师之
   D. 则群聚而笑之　　　　　　梓止响腾

2. 选出"以"字不同用法的一项（　　）
   A. 晋侯复假道于虞以伐虢
   B. 宫之奇以其族行
   C. 夫夷以近，则游者众
   D. 木欣欣以向荣，泉涓涓而始流

3. 选出与"惟德是依""惟德是辅"不相同的句式结构（　　）
   A. 其虞、虢之谓也
   B. 古之人不余欺也
   C. 石之铿然有声者
   D. 何陋之有

三、把下列句子译成现代汉语。

1. 谚所谓"辅车相依，唇亡齿寒"者，其虞、虢之谓也。

2. 臣闻之，鬼神非人实亲，惟德是依。

3. 若晋取虞，而明德以荐馨香，神其吐之乎？

巨鹿之战

司马迁[1]

解　题

本文节选自司马迁《史记·项羽本纪》，题目为编者所加。《史记·项羽本纪》生动记叙了项羽一生的主要经历和业绩，成功地刻画了在秦汉之际错综复杂的政治斗争形势下，这一叱咤风云的悲剧英雄的典型性格。巨鹿之战是历史上以少胜多的著名战役，对于扭转整个秦末农民战争的局面，推翻秦王朝统治，具有决定性的意义。项羽以劣势兵力成功地实施分割、围歼战术，发扬破釜沉舟的勇猛精神，大败秦军。文章歌颂了项羽在反秦斗争中建立的历史功绩和英勇善战的军事才能。其中，怒杀宋义、破釜沉舟、楚军奋战等著名情节，生动细致地刻画出各色人物的鲜明性格，如宋义的胆小自私、骄横专权，项羽机智果敢、身先士卒的大无畏精神及率楚军奋战时所向披靡的神威。

　　章邯已破项梁军[2]，则以为楚地兵不足忧，乃渡河击赵[3]，大破之。当此时，赵歇为王，陈馀为将，张耳为相，皆走入巨鹿城[4]。章邯令王离、涉间围巨鹿，章邯军其南，筑甬道而输之粟[5]。陈馀为将，将卒数万人而军巨鹿之北，此所谓河北之军也。

　　楚兵已破于定陶，怀王恐，从盱台之彭城，并项羽、吕臣军自将之[6]。以吕臣为司徒，以其父吕青为令尹[7]。以沛公为砀郡长[8]，封为武安侯，将砀郡兵。

　　初，宋义所遇齐使者高陵君显在楚军[9]，见楚王曰："宋义论武信君之军必败[10]，居数日，军果败，兵未战而先见败征，此可谓知兵矣。"王召宋义与计事而大说之，因置以为上将军[11]，项羽为鲁公，为次将，范增为末将，救赵。诸别将皆属宋义，号为卿子冠军[12]。行至安阳[13]，留四十六日不进。项羽曰："吾闻秦军围赵王巨鹿，疾引兵渡河[14]，楚击其外，赵应其内，破秦军必矣。"宋义曰："不然。夫搏牛之虻不可以破虮虱[15]。今秦攻赵，战胜则兵罢[16]，我承其敝；不胜，则我引兵鼓行而西，必举秦矣[17]。故不如先斗秦赵。夫被坚执锐，义不如公；坐而运策，公不如义。"因下令军中曰："猛如虎，很如羊[18]，贪如狼，强不可使者[19]，皆斩之。"乃遣其子宋襄相齐，身送之至无盐，饮酒高会[20]。天寒大雨，士卒冻饥。项羽曰："将戮力而攻秦[21]，久留不行。今岁饥民贫，士卒食芋菽[22]，军无见粮[23]，乃饮酒高会，不引兵渡河因赵食[24]，与赵并力攻秦，乃曰'承其敝'。夫以秦之强，攻新造之赵[25]，其势必举赵。赵举而秦强，何敝之承[26]！且国兵新破[27]，王坐不安席，扫境内而专属于将军[28]，国家安危，在此一举。今不恤士卒而徇其私，非社稷之臣[29]。"项羽晨朝上将军宋义，即其帐中斩宋义头，出令军中曰："宋义与齐谋反楚，楚王阴令羽诛之[30]。"当是时，诸将皆慑服，莫敢枝梧[31]，皆曰："首立楚者，将军家也。今将军诛乱。"乃相与共立羽为假上将军[32]。使人追宋义子，及之齐[33]，杀之。使恒楚报命于怀王[34]，怀王因使项羽为上将军，当阳君、蒲将军皆属项羽[35]。

项羽已杀卿子冠军，威震楚国，名闻诸侯。乃遣当阳君、蒲将军将卒二万渡河[36]，救巨鹿。战少利[37]，陈馀复请兵。项羽乃悉引兵渡河，皆沉船，破釜甑[38]，烧庐舍，持三日粮，以示士卒必死[39]，无一还心。于是至则围王离，与秦军遇，九战，绝其甬道[40]，大破之，杀苏角[41]，虏王离。涉间不降楚，自烧杀[42]。

当是时，楚兵冠诸侯[43]，诸侯军救巨鹿下者十余壁[44]，莫敢纵兵[45]。及楚击秦，诸将皆从壁上观[46]。楚战士无不一以当十，楚兵呼声动天，诸侯军无不人人惴恐[47]。于是已破秦军，项羽召见诸侯将。诸侯将入辕门[48]，无不膝行而前[49]，莫敢仰视。项羽由是始为诸侯上将军，诸侯皆属焉[50]。

（选自［西汉］司马迁：《史记》，陈书良、周柳燕编译，作家出版社，2017年）

注　释

[1] 司马迁（约公元前145—?），字子长，夏阳（今陕西省韩城市）人，他以毕生心血完成的《史记》是古代伟大的历史著作，也是古代传记文学的典范。《史记》全书包括十二本纪（记历代帝王政绩）、三十世家（记诸侯国和汉代诸侯、勋贵兴亡）、七十列传（记重要人物的言行事迹，主要叙人臣，其中最后一篇为自序）、十表（大事年表）、八书（记各种典章制度，记礼、乐、音律、历法、天文、封禅、水利、财用），共一百三十篇。被列为"二十四史"之首，与后来的《汉书》《后汉书》《三国志》合称"前四史"。[2] 章邯（hán）：秦大将，任少府。已破项梁军：项梁是项羽的叔父，秦二世元年（前209）起兵反秦。后章邯在定陶大破楚军，项梁战死。[3] 河：指黄河。赵：旧赵国地区，今河北省西南部、山西省中部一带。陈胜起义后，秦二世二年（前208）正月，赵国的张耳、陈馀始立赵王歇。[4] 赵歇：赵国后代。陈馀：魏国大梁人，曾为赵王武臣的校尉。武臣被部将李良杀死后，陈馀又拥立赵歇为王，后为韩信所杀。张耳：魏国大梁人，与陈馀同拥立赵歇，后归从项羽，受封为常山王，降汉后封为赵王。巨鹿：秦县名，即今河北省平乡县。[5] 王离、涉间（jiàn）：均为秦将。军：驻扎。甬道：在大道两边筑起夹墙，以防敌人劫夺。粟：泛指粮食。[6] 定陶：地名，故址在今山东省菏泽市定陶区西北。怀王：指战国时期楚怀王之孙熊心，项梁拥立为楚王，仍以祖号怀王相称，以便号召。盱台（xū yú）：地名，故址在今江苏省盱眙县东北。彭城：今江苏省徐州市。[7] 吕臣：初为陈胜宫中涓人，陈胜死后，他建立苍头军为陈胜报仇，后投归项梁。司徒、令尹：官名，司徒主管教育、土地、户口，令尹主管军政。[8] 沛公：指刘邦，沛（今江苏省沛县）人，起兵于沛，故称沛公。砀（dàng）郡长：砀郡的郡守。砀郡治所在砀县（今河南永城市）。[9] 宋义：原楚国令尹。高陵君显：封于高陵（今山东省境内）的贵臣，名显。[10] 武信君：指项梁，他立怀王后自号为武信君。[11] 置：任命。上将军：主帅。[12] 次将：副将。范增：居巢（今安徽巢湖）人，项羽的主要谋士，项羽尊他为"亚父"。末将：位在次将之下。别将：分领一支军队的将领，位在末将之下。卿子冠军：卿子是尊称。冠军：上将，为军中之冠。[13] 安阳：在今山东省曹县东南。[14] 疾：迅速。[15] 搏牛之虻不可以破虮虱：搏击牛身上的牛虻，不可以同时击杀牛虱。虻：寄生在牛身上的吸血蝇虫。虮虱：虱子的统称，虮是虱子产的卵。[16] 罢：通"疲"。[17] 举：攻占。[18] 很：后作"狠"，不顺从，违拗。[19] 强（jiàng）不可使者：倔强不听

使唤的人，这几句都是暗指项羽。[20] 相齐：辅助齐王田荣。身：亲自。无盐：在今山东省东平县东。高会：盛会。[21] 戮力：努力，协力。[22] 芋菽：芋类和豆类。[23] 见粮：存粮。见：同"现"。[24] 因：依靠、利用。[25] 新造之赵：指陈馀、张耳拥立赵歇为王而重新建立的赵国。[26] 何敝之承：（秦国）有什么疲困可以利用？[27] 国兵新破：指楚军在定陶被秦将章邯打败一事。国兵：项羽自称楚国的军队。[28] 扫：尽括之意。属（zhǔ）：通"嘱"，托付。[29] 恤（xù）：体恤。徇：营，图谋。指宋义"遣其子宋襄相齐"之事。社稷之臣：忠于国家的大臣。[30] 阴令：秘密命令。[31] 枝梧：原指架屋的小柱和斜柱，这里引申为抵触、抗拒，也做"支吾"。[32] 假：作"摄"解，代理。当时楚怀王未正式任命，故称"假"。[33] 及之齐：及之于齐，指在齐国境内赶上了宋襄。及：赶上。[34] 报命：向上报告。[35] 当阳君：英布的封号。英布曾因罪受黥刑，所以又称黥布，后降汉封淮南王，因谋反被杀。蒲将军：姓名不详。[36] 河：漳河。漳河发源于山西，流经河北省南部，楚军至巨鹿必过漳河。[37] 少利：胜利不多。[38] 釜：饭锅。甑（zèng）：蒸米的瓦器。[39] 以示士卒必死：以此向士卒表示决死之心。[40] 绝：截断。[41] 苏角：秦将。[42] 烧杀：烧死。[43] 楚军冠诸侯：楚军声势之大胜过诸侯军。冠：为首。诸侯：指当时各路反秦军队的首领。[44] 救巨鹿下者十余壁：来援救巨鹿而驻扎在城下的军队建有十多座营垒。壁：营垒。[45] 纵兵：出兵。[46] 皆从壁上观：都从自己的营垒上观看（楚兵进攻）。[47] 惴（zhuì）恐：惊惧，惶恐。[48] 辕门：营门。古代军行以车为阵，把车辕竖起，相对为门，故称营门为辕门。[49] 膝行而前：两膝跪着前行。[50] 诸侯皆属焉：诸侯军都归项羽统辖了。

 思考与练习

一、巨鹿之战是反秦起义战争中具有扭转战局意义的关键战役。仔细阅读文章，分析这场战役是在什么背景下进行的？楚军何以能够最终以少胜多，击溃秦军？项羽在这场战役中起了怎样的作用？

二、司马迁善于在尖锐的矛盾冲突中通过人物的言行刻画人物性格。本文怒杀宋义一段中，宋义、项羽两人的言行各表现了他们什么样的性格特征？

三、巨鹿之战的场面描写非常生动具体，既有正面的概括描写，也有侧面的对比映衬细描。试结合课文加以具体分析。

四、指出下列句子词类活用的情况。

1. 不胜，则我引兵鼓行而西
2. 故不如先斗秦赵
3. 项羽乃悉引兵渡河，皆沉船，破釜甑
4. 当是时，楚军冠诸侯
5. 无不膝行而前，莫敢仰视

五、背诵并翻译最后两个自然段。

与山巨源绝交书

嵇 康[1]

解 题

《与山巨源绝交书》是魏晋时期文学家嵇康写给朋友山涛（字巨源）的一封信，也是一篇名传千古的散文。这封信是嵇康听到山涛在由选曹郎调任大将军从事中郎时，想荐举嵇康代其原职的消息后写的。信中拒绝了山涛的荐引，指出人的秉性各有所好，申明自己赋性疏懒，不堪礼法约束，不可加以勉强，强调放任自然。文章风格清峻，立意超俗，行文精练。字里行间洋溢着不与世俗同流合污的兀傲情绪，具有鲜明个性。

康白：足下昔称吾于颍川，吾常谓之知言[2]。然经怪此意尚未熟悉于足下[3]，何从便得之也？前年从河东还[4]，显宗、阿都说足下议以吾自代[5]，事虽不行，知足下故不知之。足下傍通[6]，多可而少怪[7]；吾直性狭中[8]，多所不堪，偶与足下相知耳。间闻足下迁[9]，惕然不喜[10]，恐足下羞庖人之独割，引尸祝以自助[11]，手荐鸾刀[12]，漫之膻腥[13]，故具为足下陈其可否。

吾昔读书，得并介之人[14]，或谓无之，今乃信其真有耳。性有所不堪，真不可强；今空语同知有达人，无所不堪，外不殊俗，而内不失正，与一世同其波流，而悔吝不生耳[15]。老子、庄周[16]，吾之师也，亲居贱职；柳下惠、东方朔[17]，达人也，安乎卑位，吾岂敢短之哉[18]！又仲尼兼爱[19]，不羞执鞭[20]；子文无欲卿相[21]，而三登令尹[22]，是乃君子思济物之意也[23]。所谓达者兼善而不渝[24]，穷者自得而无闷[25]。以此观之，则尧、舜之君世[26]，许由之岩栖[27]，子房之佐汉[28]，接舆之行歌[29]，其揆一也[30]。仰瞻数君，可谓能遂其志者也。故君子百行[31]，殊途而同致[32]，循性而动，各附所安。故有处朝廷而不出，入山林而不返之论[33]。且延陵高子臧之风[34]，长卿慕相如之节[35]，志气所托，不可夺也。

吾每读尚子平、台孝威传[36]，慨然慕之，想其为人。加少孤露[37]，母兄见骄[38]，不涉经学。性复疏懒，筋驽肉缓[39]，头面常一月十五日不洗，不大闷痒，不能沐也[40]。每常小便而忍不起，令胞中略转乃起耳[41]。又纵逸来久，情意傲散，简与礼相背，懒与慢相成，而为侪类见宽[42]，不攻其过。又读《庄》、《老》[43]，重增其放，故使荣进之心日颓，任实之情转笃[44]。此犹禽鹿[45]，少见驯育，则服从教制；长而见羁[46]，则狂顾顿缨[47]，赴蹈汤火；虽饰以金镳[48]，飨以嘉肴[49]，逾思长林而志在丰草也。

阮嗣宗口不论人过[50]，吾每师之而未能及；至性过人，与物无伤，唯饮酒过差耳[51]。至为礼法之士所绳[52]，疾之如仇，幸赖大将军保持之耳[53]。吾不如嗣宗之资[54]，而有慢弛之阙[55]；又不识人情，闇于机宜[56]；无万石之慎[57]，而有好尽之累[58]。久与

事接，疵衅日兴[59]，虽欲无患，其可得乎？又人伦有礼，朝廷有法，自惟至熟[60]，有必不堪者七，甚不可者二：卧喜晚起，而当关呼之不置[61]，一不堪也。抱琴行吟，弋钓草野[62]，而吏卒守之，不得妄动，二不堪也。危坐一时，痹不得摇[63]，性复多虱[64]，把搔无已[65]，而当裹以章服[66]，揖拜上官，三不堪也。素不便书，又不喜作书，而人间多事，堆案盈机[67]，不相酬答，则犯教伤义[68]，欲自勉强，则不能久，四不堪也。不喜吊丧，而人道以此为重，已为未见恕者所怨，至欲见中伤者；虽瞿然自责[69]，然性不可化，欲降心顺俗[70]，则诡故不情[71]，亦终不能获无咎无誉[72]，如此五不堪也。不喜俗人，而当与之共事，或宾客盈坐，鸣声聒耳[73]，嚣尘臭处，千变百伎，在人目前，六不堪也。心不耐烦，而官事鞅掌[74]，机务缠其身，世故烦其虑，七不堪也。又每非汤、武而薄周、孔[75]，在人间不止，此事会显[76]，世教所不容，此甚不可一也。刚肠疾恶，轻肆直言，遇事便发，此甚不可二也。以促中小心之性[77]，统此九患，不有外难，当有内病，宁可久处人间邪？又闻道士遗言，饵术黄精[78]，令人久寿，意甚信之；游山泽，观鱼鸟，心甚乐之；一行作吏，此事便废，安能舍其所乐而从其所惧哉！

夫人之相知，贵识其天性，因而济之。禹不偪伯成子高[79]，全其节也；仲尼不假盖于子夏[80]，护其短也；近诸葛孔明不偪元直以入蜀[81]，华子鱼不强幼安以卿相[82]，此可谓能相终始，真相知者也。足下见直木不可以为轮，曲木必不可以为桷[83]，盖不欲枉其天才，令得其所也。故四民有业[84]，各以得志为乐，唯达者为能通之，此足下度内耳[85]。不可自见好章甫[86]，强越人以文冕也[87]；已嗜臭腐，养鸳雏以死鼠也[88]。吾顷学养生之术，方外荣华[89]，去滋味[90]，游心于寂寞，以无为为贵。纵无九患，尚不顾足下所好者。又有心闷疾，顷转增笃[91]，私意自试，不能堪其所不乐。自卜已审，若道尽途穷则已耳。足下无事冤之[92]，令转于沟壑也[93]。

吾新失母兄之欢，意常凄切。女年十三，男年八岁，未及成人，况复多病。顾此悢悢[94]，如何可言！今但愿守陋巷，教养子孙，时与亲旧叙离阔，陈说平生，浊酒一杯，弹琴一曲，志愿毕矣。足下若嬲之不置[95]，不过欲为官得人，以益时用耳。足下旧知吾潦倒粗疏[96]，不切事情，自惟亦皆不如今日之贤能也。若以俗人皆喜荣华，独能离之，以此为快；此最近之，可得言耳。然使长才广度[97]，无所不淹[98]，而能不营[99]，乃可贵耳。若吾多病困，欲离事自全，以保余年，此真所乏耳，岂可见黄门而称贞哉[100]！若趣欲共登王途[101]，期于相致，时为欢益，一旦迫之，必发狂疾。自非重怨[102]，不至于此也。野人有快炙背而美芹子者[103]，欲献之至尊[104]，虽有区区之意[105]，亦已疏矣。愿足下勿似之。其意如此，既以解足下，并以为别[106]。嵇康白。

（选自《古文观止》，迟赵娥等评注，中国少年儿童出版社，2002年）

注　释

[1] 嵇康（224—263，一说223—262），字叔夜，汉族，三国时期魏国谯郡铚县（今属安徽省）人。

著名思想家、音乐家、文学家。正始末年与阮籍等竹林名士共倡玄学新风,主张"越名教而任自然""审贵贱而通物情",为"竹林七贤"的精神领袖。魏晋之际,活跃着一个著名的文人集团,时人称之为"竹林七贤",即嵇康、阮籍、山涛、刘伶、向秀、阮咸、王戎。当时,社会政治上正面临着王朝更迭的风暴。"七贤"在政治倾向上亲魏,后来,司马氏日兴,魏氏日衰,胜负之势分明,他们便分化了。山涛,即山巨源,在司马氏王朝作了官,随之他请嵇康做官。嵇康与魏宗室通婚,故对司马氏采取了拒不合作的态度。为了表明自己的这一态度,也为了抒发对山巨源的鄙夷和对黑暗时局的不满,他写下了这篇有名的《绝交书》。[2] 称:指称说嵇康不愿出仕的意志。颍川:指山嵚,是山涛的叔父,曾经做过颍川太守,故以代称。古代往往以所任的官职或地名等作为对人的代称。知言:知己的话。[3] 经:常常。此意:指嵇康不愿出仕的意志。[4] 河东:地名。在今山西省夏县西北。[5] 显宗:公孙崇,字显宗,谯国人,曾为尚书郎。阿都:吕安,字仲悌,小名阿都,东平人,嵇康好友。以吾自代:指山涛拟推荐嵇康代其之职。嵇康在河东时,山涛正担任选曹郎职务。[6] 傍通:善于应付变化。[7] 多可而少怪:多有许可而少有责怪。[8] 狭中:心地狭窄。[9] 间:近来。迁:升官。指山涛从选曹郎迁为大将军从事中郎。[10] 惕然:忧惧的样子。[11] "恐足下"二句:语本《庄子·逍遥游》:"庖人虽不治庖,尸祝不越樽俎而代之。"意思是说:即使厨师(庖人)不做菜,祭师(祭祀时读祝辞的人)也不应该越职替代之。这里引用这个典故,说明山涛独自做官感到不好意思,所以要荐引嵇康出仕。[12] 鸾刀:刀柄缀有鸾铃的屠刀。[13] 漫:沾污。[14] 并介之人:兼济天下而又耿介孤直的人。山涛为"竹林七贤"之一,曾标榜清高,后又出仕,这里是讥讽他的圆滑处世。[15] 悔吝:悔恨。[16] 老子:即老聃。姓李名耳,春秋战国时楚国苦县人,为周朝的柱下史、守藏史。相传著《老子》五千余言。庄周:战国时宋国蒙县人,曾为蒙漆园吏。相传著《庄子》十余万言。两人都是道家的创始人。[17] 柳下惠:即展禽。名获,字季,春秋时鲁国人。为鲁国典狱官,曾被罢职三次,有人劝他到别国去,他自己却不以为意。居于柳下,死后谥"惠",故称柳下惠。东方朔:字曼卿,汉武帝时人,常为侍郎。二人职位都很低下,故曰"安乎卑位"。[18] 短:轻视。[19] 仲尼:孔子的字。兼爱:博爱无私。[20] 执鞭:指执鞭赶车的人。《论语·述而》:"子曰:'富而好求也,虽执鞭之士,吾亦为之。'"[21] 子文:姓鬬,名縠於菟(gòuwūtū),春秋时楚人。[22] 令尹:楚国官名,相当宰相。《论语·公冶长》:"令尹子文,三仕为令尹,无喜色;三已之,无愠色。"[23] 济物:救世济人。[24] 达:显达。指得志时。[25] 穷:指失意时。[26] 君世:为君于世。"君"作动词用。[27] 许由:尧时隐士。尧想把天下让给他,他不肯接受,就到箕山去隐居。[28] 子房:张良的字。他曾帮助汉高祖刘邦统一天下,建立汉王朝。[29] 接舆:春秋时楚国隐士。孔子游宦楚国时,接舆唱着讽劝孔子归隐的歌从其车边走过。[30] 揆(kuí):原则,道理。[31] 百行:各种不同行为。[32] 殊途而同致:所走道路不同而达到相同的目的。语出《易·系辞》:"天下同归而殊途,一致而百虑。"[33] "故有"二句:语出《韩诗外传》卷五:"朝廷之人为禄,故入而不出;山林之士为名,故往而不返。"[34] 延陵:名季札,春秋时吴国公子。居于延陵,人称延陵季子。子臧:一名欣时,曹国公子。曹宣公死后,曹人要立子臧为君,子臧拒不接受,离国而去。季札的父兄要立季札为嗣君,季札引子臧不为曹国君为例,拒不接受。风:风概。指高尚情操。[35] 长卿:汉司马相如的字。相如:指战国时赵国人蔺相如,以"完璧归赵"功拜上大夫。《史记·司马相如传》载:"(司马)相如既学,慕蔺相如之为人,更名相如。"[36] 尚子平:东汉时人。《文选》李善注引《英雄记》说他:"有道术,为县功曹,休归,自入山担薪,卖以供食饮。"《后汉书·逸民传》作"向子平",说他在儿女婚嫁后,即不再过问家事,恣意游五岳名山,不知所终。台孝威:名佟,东汉时人。隐居武安山,凿穴而居,以采药为业。[37] 孤:幼年丧父。露:羸弱。[38] 兄:指嵇喜。见骄:指受到母兄的骄纵。[39] 驽:原指劣马,这里是迟钝的意思。缓:松弛。[40] 不能(nài):不愿。能,通"耐"。沐:洗头。[41] 胞:原指胎衣,这里指膀胱。[42] 侪(chái)类:指同辈朋友。[43] 庄:《庄子》。老:《老子》。[44]任实:指放任本性。[45]禽:古代对鸟兽的通称。一说通"擒"。[46]见:被。[47]狂顾:疯狂地四面张望。顿缨:挣脱羁索。[48]金镳(biāo):金属制作的马笼头,这里指鹿笼头。[49]飨(xiǎng):用酒食款待。这里是喂的意思。嘉肴:好菜。这里指精美的饲料。[50]阮嗣宗:阮籍,字嗣宗,与嵇康同为"竹林七贤"之一。不拘礼法,常用醉酒的办法,以"口不臧否人物"来避祸。[51]过差:犹过度。[52]礼法之士:指一些借虚伪礼法来维护自己利益的人。据《晋阳秋》记载,何曾曾在司马昭面前说阮籍"任性放荡,败礼伤教","宜投之四裔,以絜王道"。司马昭回答说:"此贤素羸弱,君当恕之。"绳:纠正过失,这里指纠弹、抨弹。[53]大将军:指司马昭。保持:犹保护。[54]资:指天赋的资材。[55]慢弛:傲慢懒散。阙:缺点。[56](门音)于机宜:不懂得随机应变。[57]万石:汉石奋。他和四个儿子都官至二千石,共一万石,所以汉景帝称他为"万石君"。一生以谨慎著称。[58]好尽:尽情直言,不知忌讳。累:过失,毛病。[59]疵(cī):缺点。衅:争端。[60]惟:思虑。熟:精详。[61]当关:守门的差役。不置:不已。[62]弋(yì):系有绳子的箭,用来射取禽鸟。这里即指射禽鸟。[63]痹(bì):麻木。[64]性:身体。[65]把(pá)搔:用于搔痒。把,通"爬"。无已:没有停止。[66]章服:冠服。指官服。[67]机:同"几",小桌子。[68]犯教伤义:指触犯封建礼教失去礼仪。[69]瞿然:惊惧的样子。[70]降心:抑制自己的心意。[71]诡故:违背自己本性。不情:不符合真情。[72]无咎无誉:指既不遭到罪责也得不到称赞。[73]聒:喧闹。[74]鞅(yāng)掌:职事忙碌。[75]非:非难。汤:成汤。推翻夏桀统治,建立商王朝。武:周武王姬发。推翻殷纣统治,建立周王朝。周:周公姬旦。辅助武王灭纣,建立周王朝。孔:孔子。[76]此事:指非难汤、武鄙薄周、孔的事。会显:会当显著,为众人所知。[77]促中小心:指心胸狭隘。[78]饵:服食。术、黄精:两种中草药名,古人认为服食后可以轻身延年。[79]禹:舜以后的帝王,建立夏王朝。伯成子高:禹时隐士。《庄子·天地》:"尧治天下,伯成子高立为诸侯。尧授舜,舜授禹,伯成子高辞为诸侯而耕。禹往见之,则耕在野。禹趋就下风,立而问焉,曰:'昔尧治天下,吾子立为诸侯,尧授舜,舜授予,而吾子辞为诸侯而耕,敢问其何故也?'子高曰:'昔尧治天下,不赏而民劝,不罚而民畏;今子赏罚,而民且不仁,德自此衰,刑自此立,后世之乱自此始矣。夫子阖行邪,无落吾事!'俋俋乎耕而不顾。"[80]假:借。盖:雨伞。子夏:孔子弟子卜商的字。《孔子家语·致思》:"孔子将行,雨而无盖。门人曰:'商也有之。'孔子曰:'商之为人也,甚吝于财。吾闻与人交,推其长者,违其短者,故能久也。'"[81]孔明:三国时诸葛亮的字。元直:徐庶的字。两人原来都在刘备部下,后来徐庶的母亲被曹操捉去,他就辞别刘备而投奔曹操,诸葛亮没有加以阻留。[82]华子鱼:三国时华歆的字。幼安:管宁的字。两人为同学好友,魏文帝时,华歆为太尉,想推举管宁接任自己的职务,管宁便举家渡海而归,华歆也不加强迫。[83]桷(jué):屋上承瓦的椽子。[84]四民:指士、农、工、商。[85]度内:意料之中。[86]章甫:古代一种须绾在发髻上的帽子。[87]强:勉强。越人:指今浙江、福建一带居民。文冕:饰有花纹的帽子。《庄子·逍遥游》:"宋人资章甫而适诸越,越人断发文身,无所用之。"[88]鸳雏:传说中象凤凰一类的鸟。《庄子·秋水》中说:惠子做了梁国的相,害怕庄子来夺他的相位,便派人去搜寻庄子,于是庄子就往见惠子,并对他说:"南方有鸟,其名为鸳雏……非梧桐不止,非练实不食,非醴泉不饮。于是鸱得腐鼠,鸳雏过之,仰而视之,曰:'赫!'"[89]外:疏远,排斥。[90]滋味:美味。[91]增笃:加重。[92]无事:不要做。冤:犹委屈。[93]转于沟壑:流转在山沟河谷之间。指流离而死。[94]悢(liàng):悲恨。[95]嬲(niǎo):纠缠。[96]潦倒粗疏:犹放任散漫的意思。[97]长才广度:指有高才大度的人。[98]淹:贯通。[99]不营:不营求。指不求仕进。[100]黄门:宦官。[101]趣(cù):急于。王途:仕途。[102]自非:若不是。重怨:大仇。[103]野人:居住在乡野的人。快炙(zhì)背:对太阳晒背感到快意。美芹子:以芹菜为美味。[104]至尊:指君主。以上两句本于《列子·杨朱》:"宋国有田夫,常衣缊黂,仅以过冬。暨春东作,自曝于日,不知天下之有广厦隩室,绵纩狐狢,顾谓其妻曰:'负日之暄,人莫知者,以献吾君,将有重赏。'里之富者告之曰:'昔人有美戎菽、甘枲茎芹萍子者,对乡豪称之;乡豪取而尝之,蜇于口,惨于腹,众哂而怨之,其人大惭。子此类也。'"[105] 区区:形容感情恳切。[106] 别:告别。这是绝交的婉辞。

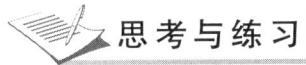思考与练习

一、《与山巨源绝交书》是魏晋之际政治、思想潮流的一面镜子。这篇书信写出了嵇康怎样的生活方式和文化性情？又反映出当时怎样的社会风貌和思想潮流？

二、选择题。

1. 对下列句子中加点词语的解释,不正确的一项是（ ）

    A. 又仲尼兼爱　　　　　　兼爱：博爱无私。
    B. 可谓能遂其志者也　　　遂：实现。
    C. 仲尼不假盖于子夏　　　假：借助。
    D. 自卜已审　　　　　　　审：审问。

2. 下列各组句子中,加点词的意义和用法相同的一组是（ ）

    A. 得并介之人　　　　　　鄙贱之人,不知将军宽之至此
    B. 是乃君子思济物之意也　度我至军中,公乃入
    C. 循性而动,各附所安　　某所,而母立于兹
    D. 入山林而不返之论　　　锲而舍之,朽木不折

3. 下列对原文有关内容的概括与赏析,不正确的一项是（ ）

    A. 第一段开门见山,说明绝交的原因。开篇劈头就斩钉截铁地申明与山涛相知,明白宣告交往的基础不复存在了,接下去点明写这封信的缘由。
    B. 第二段作者高屋建瓴,提出与人们相处的原则。指出人们根据气节本性选择的人生道路是不可强行改变的,这是承上启下的一笔。
    C. 第三段以交友之道责之。列举古今四位贤人,使用欲抑先扬手法,对山涛针锋相对了。由此可以想见作者提笔之际,愤激愈增的心情。
    D. 本文是嵇康一份全面的自我表白书,既写出了他"越名教而任自然",放纵情性、不受拘羁的生活方式,又表现出他傲岸、倔强的个性。

三、阅读嵇康的另一篇绝交书《与吕长悌绝交书》,查找资料,了解嵇康与山涛、吕巽不同的情分和绝交缘由,比较两份绝交书的异同。

秋日登洪府滕王阁饯别序

王 勃[1]

解 题

滕王阁，是唐高祖的儿子滕王李元婴任洪州都督时修建的，旧址在今江西省南昌市赣江之滨。高宗时，洪州都督阎某重修此阁，并于上元二年（675）重阳节在滕王阁大宴宾客。王勃南下探亲，路过洪州，也参加了这次盛会，即席赋诗，并写了这篇序。序中描写滕王阁壮美的景色，铺叙宴会的盛况，借以抒发自己怀才不遇、愤懑悲凉而又不甘于沉沦的复杂感情。这是王勃骈体文的代表作，词采绚丽，对仗工整，音韵铿锵，气势奔放，用典贴切而无晦涩芜杂之嫌，自然流畅而无堆砌矫揉之病，达到了很高的艺术境界。本文在唐代就已脍炙人口，其中"落霞与孤鹜齐飞，秋水共长天一色"一联，动静相映，意境浑融，成为千古传诵的名句。

豫章故郡，洪都新府[2]。星分翼轸[3]，地接衡庐[4]。襟三江而带五湖[5]，控蛮荆而引瓯越[6]。物华天宝，龙光射牛斗之墟[7]；人杰地灵，徐孺下陈蕃之榻[8]。雄州雾列，俊采星驰[9]。台隍枕夷夏之交[10]，宾主尽东南之美。都督阎公之雅望，棨戟遥临；宇文新州之懿范，襜帷暂驻[11]。十旬休假，胜友如云[12]；千里逢迎，高朋满座。腾蛟起凤，孟学士之词宗[13]；紫电清霜，王将军之武库[14]。家君作宰，路出名区；童子何知，躬逢胜饯[15]。

时维九月，序属三秋[16]。潦水尽而寒潭清[17]，烟光凝而暮山紫。俨骖騑于上路，访风景于崇阿[18]；临帝子之长洲，得天人之旧馆[19]。层峦耸翠，上出重霄；飞阁流丹，下临无地[20]。鹤汀凫渚，穷岛屿之萦回[21]；桂殿兰宫，即冈峦之体势[22]。披绣闼，俯雕甍，山原旷其盈视，川泽纡其骇瞩[23]。闾阎扑地，钟鸣鼎食之家[24]；舸舰弥津，青雀黄龙之舳[25]。虹消雨霁，彩彻区明[26]。落霞与孤鹜齐飞[27]，秋水共长天一色。渔舟唱晚，响穷彭蠡之滨[28]；雁阵惊寒，声断衡阳之浦[29]。

遥襟甫畅，逸兴遄飞[30]。爽籁发而清风生，纤歌凝而白云遏[31]。睢园绿竹，气凌彭泽之樽[32]；邺水朱华，光照临川之笔[33]。四美具，二难并[34]。穷睇眄于中天[35]，极娱游于暇日。天高地迥，觉宇宙之无穷；兴尽悲来，识盈虚之有数[36]。望长安于日下，目吴会于云间[37]。地势极而南溟深，天柱高而北辰远[38]。关山难越，谁悲失路之人[39]？萍水相逢，尽是他乡之客。怀帝阍而不见[40]，奉宣室以何年[41]？

嗟乎！时运不齐，命途多舛[42]。冯唐易老[43]，李广[44]难封。屈贾谊于长沙，非无圣主[45]；窜梁鸿于海曲，岂乏明时[46]？所赖君子见机，达人知命[47]。老当益壮，宁移白首之心[48]？穷且益坚，不坠青云之志[49]。酌贪泉而觉爽[50]，处涸辙以犹欢[51]。北海虽赊，扶摇可接[52]；东隅已逝，桑榆非晚[53]。孟尝高洁，空余报国之情[54]；阮籍猖狂，岂效穷途之哭[55]？

勃，三尺微命，一介书生[56]。无路请缨，等终军之弱冠[57]；有怀投笔，慕宗悫之长风[58]。舍簪笏于百龄，奉晨昏于万里[59]。非谢家之宝树，接孟氏之芳邻[60]。他日趋庭，叨陪鲤对[61]；今兹捧袂，喜托龙门[62]。杨意不逢，抚凌云而自惜[63]；钟期既遇，奏流水以何惭[64]？

呜呼！胜地不常，盛筵难再[65]；兰亭已矣[66]，梓泽丘墟[67]。临别赠言[68]，幸承恩于伟饯；登高作赋，是所望于群公[69]。敢竭鄙怀，恭疏短引[70]；一言均赋，四韵俱成[71]。请洒潘江，各倾陆海云尔[72]。

    滕王高阁临江渚，佩玉鸣鸾罢歌舞[73]。
    画栋朝飞南浦云，珠帘暮卷西山雨。
    闲云潭影日悠悠，物换星移几度秋。
    阁中帝子今何在？槛外长江空自流。

（选自《古文观止》，迟赵娥等评注，中国少年儿童出版社，2002年）

注 释

[1] 王勃（650—676），字子安，绛州龙门（今山西省河津市）人。初唐文学家。少有才名，被举为神童，不到二十岁就出仕。后因罪除名，其父也受株连而贬为交趾（治所在今越南河内西北）令。王勃在省父的途中写了《滕王阁序》。两个月后，渡海溺水，英年早逝。他与杨炯、卢照邻、骆宾王并称"初唐四杰"。他们的诗气象浑厚，音律谐畅，开初唐新风；其骈文音律谐和，对仗精工。在"初唐四杰"之中，王勃才气最高，有《王子安集》二十卷。[2] 这是介绍滕王阁的所在地。南昌，为汉豫章郡治。豫章为汉代郡名，所以称为"故郡"；唐代改为"洪州"，故而称作"新府"。"南昌"之名，五代时始用。[3] 星分翼轸（zhěn）：翼、轸，星宿名，属二十八宿。古人把星宿的分布与地面的区域对应划分，称为分野。南昌在翼、轸分野之内。[4] 衡：衡山，此代指衡州（治所在今湖南省衡阳市）。庐：庐山，此代指江州（治所在今江西省九江市）。[5] 三江：泛指长江中下游的江河。五湖：泛指长江流域的鄱阳湖等大湖泊。[6] 蛮荆：古楚地，今湖北、湖南一带。瓯越：古东越王都东瓯（今浙江省温州市永嘉县），故称瓯越。[7] 意思是说，物有光华，天有珍宝，宝剑的光气直射天上的牛、斗二星所在的区域。龙光：宝剑的光芒。墟：域，所在之处。据《晋书·张华传》，晋初，牛、斗二星之间常有紫气照射，据说是宝剑之精，上彻于天。张华命人寻找，果然在丰城（今江西省丰城市，古属豫章郡）牢狱的地下，掘出龙泉、太阿二剑。后这对宝剑入水化为双龙。[8] 徐孺：徐孺子的省称，名稚，东汉豫章南昌人，当时隐士，德行为时人所景仰。东汉名士陈蕃为豫章太守，不接宾客，唯徐稚来访时，才设一坐榻，徐稚去后又悬置起来。事见《后汉书》。[9] 意思是说，雄伟的大州像雾一样涌起，俊美的人才像流星一样飞驰。形容洪州的繁盛和人才之多。[10] 台隍：城池，这里指南昌城，处在荆楚和扬州接壤的地方。枕：倚，据。夏：华夏，古扬州地区。[11] 这两句是说，有崇高声望的都督阎公远道来临，有美好德行的新州刺史宇文氏在此地暂时停留。都督：掌管督察诸州军事的官员，唐代分上、中、下三等。阎公：名未详。棨（qǐ）戟：外有赤黑色缯作套的木戟，古代大官出行时用。这里代指仪仗。宇文：复姓，新州（今广

东境内）刺史，名未详。懿：美好。襜（chān）帷：车上的帷幕，这里代指车马。[12] 十旬休假：恰好赶上十日休假的日子。唐制，十日为一旬，遇旬日则官员休息一天，称为"旬休"。胜友：才华出众的友人。[13] 意思是说，文坛上众望所归的孟学士，文章的辞采有如蛟龙腾空、凤凰飞起那样灿烂夺目。孟学士：名未详。学士：掌管文学撰述的官。词宗：文词的宗主。[14] 意思是说，王将军的兵器库里藏有锋利的宝剑。紫电：古宝剑名，《古今注》："吴大皇帝（孙权）有宝剑六，二曰紫电。"清霜：亦指剑。《西京杂记》："高祖（刘邦）斩白蛇剑，刃上常带霜雪。"王将军：名未详。[15] 意为：家父做交趾县的县令，自己因探望父亲路过这个有名的地方；年幼无知，却有幸参加这场盛大的宴会。宰：县令。出：过。[16] 维：为。序：时序（春夏秋冬）。三秋：古人称七、八、九月为孟秋、仲秋、季秋，三秋即季秋，九月。[17] 潦水：蓄积的雨水。[18] 俨：通"严"，整治。骖騑：驾车的马。上：高。崇阿：高大的丘陵。[19] 意思是说，到滕王阁来观赏。帝子、天人：都指滕王。长洲：滕王阁前的沙洲。旧馆：指滕王阁。[20] 层峦耸翠，上出重霄：重叠的峰峦耸起一片苍翠，上达重霄；飞阁：阁高如飞。流丹：丹彩鲜艳欲流。一说"流丹"为"翔丹"：凌空架起的阁道，像飞翔在空中的红色彩带。[21] 穷：极尽。[22] 即：像。[23] 这几句是说，打开精美的阁门，俯瞰雕饰的屋脊；放眼远望，辽阔的山岭、平原充满人们的视野，迂回的河流、湖泊则使人看了吃惊。披：开。闼：小门。甍：屋脊。盈视：极目遥望，满眼都是。骇瞩：对所见的景物感到惊异。[24] 闾阎：里门，这里代指房屋。扑：满。钟鸣鼎食之家：指大家世族，因古代贵族鸣钟列鼎而食。[25] 舸（gě）：船。弥：满。青雀黄龙：船的装饰形状。舳：船尾把舵处，这里代指船只。[26] 虹：彩虹；消失；霁：本指雨止，也引申为天气放晴。彩虹消失，雨后天晴。彩彻：日光照射无阻。[27] 鹜：野鸭。[28] 彭蠡：古大泽名，即今鄱阳湖。[29] 断：止。衡阳：今属湖南省，境内有回雁峰，相传秋雁到此就不再南飞，待春而返。浦：水滨。[30] 远望的胸怀因登高顿时舒畅，飘逸脱俗的兴致油然而出。襟：胸怀。甫：刚、顿时。遄（chuán）：迅速。飞：飞动。[31] 爽：籁的发音清脆。籁：管子参差不齐的排箫。纤：细。白云遏：形容音响优美，能驻行云。[32] 睢（suī）园：西汉梁孝王在睢水旁修建的竹园，他常和一些文士在此饮酒赋诗。凌：超过。彭泽：指陶渊明，他曾做过彭泽县令，喜好饮酒。樽：酒器。[33] 这是借诗人曹植、谢灵运来比拟参加宴会的文士。邺水：在邺下（今河北省临漳县），是曹魏兴起的地方。曹植曾在这里作过《公宴诗》，诗中有"秋兰被长坂，朱华冒绿池"的句子。朱华：荷花。光照：发出光辉。临川之笔：指南朝山水诗人谢灵运，他曾任临川（今属江西）内史。[34] 四美：指良辰、美景、赏心、乐事。二难：指贤主、嘉宾难得。[35] 睇（dì）眄（miǎn）：看。[36] 盈虚：盈满和亏损。数：定数。[37] 意为：远望长安，遥看吴会。日下：指京都，这里代指唐朝的国都长安。云间：吴地的古称。[38] 天柱：《神异经》："昆仑之山，有铜柱焉。其高入天，所谓天柱也。"北辰：北极星，这里暗指国君。[39] 失路：比喻不得志。[40] 帝阍（hūn）：原指天帝的守门人，这里指皇帝的宫门。[41] 奉宣室：汉未央宫正殿叫宣室。汉文帝曾坐宣室接见贾谊，谈到半夜。这里用来自比。[42] 不齐：有蹉跌有坎坷。舛（chuǎn）：乖违，不顺。[43] 冯唐：西汉人，有才能却一直不受重用。汉武帝时选求贤良，有人举荐冯唐，可是他已九十多岁，不能再做官了。[44] 李广：汉武帝时名将，多次与匈奴作战，军功卓著，却终身没有封侯。[45] 屈贾谊：贾谊在汉文帝时被贬为长沙王太傅。圣主：指汉文帝。[46] 让梁鸿到海边隐居，难道不是在政治昌明的时代吗？窜：逐。梁鸿：东汉人，因作诗讽刺君王，得罪了汉章帝，被迫逃到齐鲁一带躲避。海曲，即滨海之地，指齐鲁一带临海的地方。明时：政治昌明的时代。[47] 见机：看到细微的预兆。机：通"几"，预兆。达人知命：通达事理的人，知道命运。[48] 宁（nìng）移白首之心：哪能在白发苍苍的老年改变心志？宁：哪。[49] 穷：困厄，处境艰难。青云之志：比喻远大崇高的志向。[50] 喝下贪泉的水，仍觉得心境清爽。意思是说，有德行的人在污浊的环境中也能保持纯正，不被污染。贪泉：在广州附近的石门，传说饮此水会贪得无厌。[51] 处在奄奄待毙的时候，仍然乐观开朗。涸辙：比喻困厄的处境。《庄子·外物》有鲋鱼在干涸的车辙中求活的寓言。[52] 北海虽然遥远，乘着旋风还可以到达。北海，就是《庄子·逍遥游》中说的"北溟"。赊：远。扶摇：猛烈的旋风。[53] 早年的时光虽然已经失去，珍惜将来的岁月，为时还不晚。东隅：日出的地方，表示早晨，引申为早年。桑榆：日落的地方，表示傍晚，引申为晚年。《后汉书·冯异传》有"失之东隅，收之桑榆"之语。[54] 孟尝品行高洁，却空有一腔报国的热情。这是作者借孟尝以自比，带有怨意。孟尝：东汉人，以廉洁奉公著称，但始终没被重用，后来归田。[55] 怎能效法阮籍不拘礼法，在无路可走时便恸哭而还呢？虽然怀才不遇，但也不放任自流。阮籍：晋朝诗人，佯狂不羁，有时驾车独游，不走大路，等到路走不通了，便痛哭而返。猖狂：狂放，不拘礼法。[56] 三尺微命：指地位低下。三尺：士佩三尺长的绅（古代礼服上束带的下垂部分）。微命：犹如说身份卑微。王勃做过虢州参军，所以这样说。一介：一个，谦词。[57] 自己和终军的年龄相同，却没有请缨报国的机会。请缨：请求皇帝赐给长缨（长绳）。后来用"请缨"指投军报国。《汉书·终军传》记载，终军（汉代济南人），武帝时出使南越，自请"愿受长缨，必羁南越（今广东、广西一带）王而致之阙（皇宫门）下"，当时年仅二十余岁。等：相同，用作动词。弱冠：古人二十岁行冠礼，表示成年。[58] 这里用了两个典故。投笔：指投笔从戎，这里用班超投笔从戎的典故。宗悫：南朝宋人，少年时很有抱负，说"愿乘长风破万里浪"。[59] 自己宁愿舍弃一生的功名富贵，到万里以外去朝夕侍奉父亲。簪笏（hù）：代指官职。簪：束发戴冠时用来固定帽子。笏：朝见皇帝时用来记事的手版。百龄：百年，即一生。[60] 自己并不是谢玄那样出色的人才，却能在今日的宴会上结识各位名士。谢家之宝树，指谢玄。《晋书·谢玄传》记载，谢安曾问子侄们，为什么人们总希望自己的子弟好？侄子谢玄回答："譬如芝兰玉树，欲使其生于庭阶耳。"宝树，即玉树，比喻好子弟。接：结交。孟氏之芳邻：这里借孟子的母亲为寻找好邻居而三次搬家的故事，来指赴宴的嘉宾。芳邻：好邻居。[61] 过些时候自己将到父亲那里聆听教诲。趋庭：快步走过庭院，这是表示对长辈的恭敬。叨（tāo）：惭愧地承受，表示自谦。鲤：孔鲤，孔子的儿子。有一次孔鲤快步走过庭前，孔子问他学《诗》没有，他回答没有。孔子教导他说，不学《诗》，说话时就没有依据。于是他便回去认真学《诗》。又有一次过庭，孔子问他学《礼》没有，他回答没有。孔子又告诉他说，不学《礼》，就没有立身的准则。于是他便认真学习《礼》。事见《论语·季氏》。后来"趋庭""鲤对"就用来表示亲聆父训的意思。[62] 捧袂（mèi）：举起双袖作揖，指谒见阎公。袂：衣袖。喜托龙门：（由于受到阎公的接待）十分高兴，好像登上龙门一样。托：指寄托身子，这是客气话。《后汉书·李膺传》记载，东汉李膺声望极高，当时的读书人能够得到接近他的机会，便称为登龙门。[63] 没有遇到杨得意那样引荐的人，司马相如只能抚弄着自己的赋独自叹惋。杨意：杨得意的省称，任掌管天子猎犬的官，西汉司马相如是由他引荐给汉武帝的。凌云：指司马相如作《大人赋》。《史记·司马相如列传》："相如既奏《大人》之颂，天子大悦，飘飘有凌云之气，似游天地之间。"[64] 既然遇到钟子期那样的知音，演奏高山流水的乐曲又有什么羞惭的呢？钟期：钟子期。《列子·汤问》记载，俞伯牙善于弹琴，钟子期是他的知音，能听出他"志在高山"还是"志在流水"。[65] 不常：不能长存。难再：难于第二次遇到。[66] 当年兰亭宴集的盛况已成为陈迹了。兰亭：在今浙江省绍兴市附近，晋时王羲之等曾在此聚会，饮酒赋诗。王羲之写了《兰亭序》一文记叙这次盛会。[67] 繁华的金谷园也已变为荒丘废墟。梓泽：即晋朝石崇的别墅金谷园，故址在今河南省洛阳市西北。曾有《金谷序》传世。[68] 赠言：指留下这篇序文。[69] 登高而作赋，那是在座诸公的事了。《韩诗外传》："孔子曰：君子登高必赋。"[70] 恭疏短引：恭敬地写此小序。疏：书，撰写。引：序。[71] 一言：一个字，指分韵时所得的字。古时众人作诗选一句话，各人分一字，按这个字的韵写诗。四韵指一首诗的四个韵。赋：动词，铺陈。[72] 请各位宾客竭尽文才，写出像潘岳、陆机那样的好作品。"洒""倾"各与"江""海"对应，意思是竭尽才能，写诗作文。潘岳、陆机都是晋朝人。南朝梁人钟嵘的《诗品》说："陆（机）才如海，潘（岳）才如江。"云尔：语气助词，用在句末，表示述说完了。[73] 佩玉：古人身带佩玉，行路撞击有声。鸾：车上的鸾铃。

一、作者是从哪几个方面写滕王阁的？体会文章叙事抒情的起伏变化。

二、本文是一篇骈文。骈文十分讲求语言的形式美，句法对称，词语对偶，词彩华美，音韵和谐，多用典故。请从文中找出你认为最好的骈句，并说明为什么好。

三、本文多用典故、借代、谦辞，请辨识和体会其表达效果。

四、指出下面句子中的词类活用现象。

1. 襟三江而带五湖
2. 台隍枕夷夏之交
3. 徐孺下陈蕃之榻
4. 雄州雾列，俊采星驰
5. 望长安于日下，目吴会于云间
6. 尽东南之美

五、说出下列句子的文言句式。

1. 渔舟唱晚，响穷彭蠡之滨
2. 童子何知，躬逢胜饯
3. 俨骖𬴂于上路，访风景于崇阿

六、背诵第二、三、四段。

始得西山宴游记

柳宗元[1]

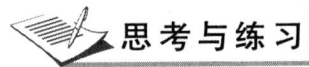

本文是柳宗元在顺宗永贞元年秋被贬永州司马后所作，是著名的《永州八记》的第一篇。作者把自己的满腹感慨，融入山水游乐之中，表现了他"心凝形释"，把一切置之度外的感情。全文着重写登临西山顶巅，俯眺数州地面，所感尤深。情景交融，扣人心弦。

自余为僇人[2]，居是州[3]，恒惴栗[4]。其隟也[5]，则施施而行[6]，漫漫而游[7]。日与其徒上高山，入深林，穷回溪[8]，幽泉怪石[9]，无远不到。到则披草而坐[10]，倾壶而醉。醉则更相枕以卧[11]，卧而梦。意有所极，梦亦同趣[12]。觉而起，起而归。以为凡是州之山水有异态者，皆我有也，而未始知西山之怪特。

今年九月二十八日，因坐法华西亭[13]，望西山，始指异之[14]。遂命仆人过湘江[15]，缘染溪[16]，斫榛莽[17]，焚茅茷[18]，穷山之高而止[19]。攀援而登，箕踞而遨[20]，则凡数州之土壤，皆在衽席之下[21]。其高下之势，岈然洼然[22]，若垤若穴[23]；尺寸千里[24]，攒蹙累积[25]，莫得遁隐[26]，萦青缭白[27]，外与天际[28]，四望如一。然后知是山之特立，不与培塿为类[29]。悠悠乎与颢气俱，而莫得其涯[30]；洋洋乎与造物者游，而不知其所穷[31]。引觞满酌[32]，颓然就醉，不知日之入。苍然暮色，自远而至，至无所见，而犹不欲归。心凝形释[33]，与万化冥合[34]。然后知吾向之未始游[35]，游于是乎始。故为之文以志。

是岁，元和四年也。

（选自［唐］韩愈：《唐宋八大家》，江苏凤凰美术出版社，2017年）

注　释

[1] 柳宗元（773—819），字子厚，河东（今山西省永济市）人，唐代著名的文学家和思想家。在文学上与韩愈同是当时古文运动的倡导者。他创作的散文丰富多样，其中尤以寓言讽刺文和山水游记著名。《永州八记》是他游记中的代表作。西山：在永州（今湖南省永州市零陵区）西五里，自朝阳岩至黄茅岭北，绵亘数里。[2] 僇（lù）人：受过刑辱的人。僇：同"戮"，刑辱的意思，这里指遭贬谪。[3] 是州：此州，指永州。[4] 恒：常。惴（zhuì）栗：忧惧不安。[5] 隟：通"隙"，空隙，闲暇。[6] 施施（yí）：漫步走着的样子。[7] 漫漫：随意地、没有目的地。[8] 回：指萦回曲折。[9] 幽：清幽。怪：奇特。[10] 披：分开。[11] 更：交互、交替。枕：以头枕物。[12] 这两句的意思是，意有所至，梦亦同往。极：至、到。趣：同"趋"，往、赴。[13] 法华西亭：法华，寺名。寺西有亭，为作者所建。[14] 指异：指点着（西山）而以为奇异。[15] 湘江：在永州城西十余里地流过，注入洞庭湖。[16] 缘：循、沿。染溪：在湖南零陵西南，亦名冉溪，柳宗元命名为愚溪。[17] 斫（zhuó）：砍伐。榛（zhēn）莽：丛生的草木。[18] 茅茷（fá）：指茅草之类。茷：草叶茂密。[19] 穷：极尽。[20] 箕踞：一种放松的坐姿。坐时两足伸直，形状如箕。遨：遨游，这里指纵目眺望。[21] 衽（rèn）席：坐席。[22] 岈（xiā）然：形容山峰高耸。洼然：形容山谷低凹。[23] 垤（dié）：小土堆。穴：小洞。[24] 尺寸千里：登高望远，收千里于尺寸间。[25] 攒：聚、积。蹙：收缩。[26] 遁：逃避。隐：隐匿。[27] 萦：萦系。缭：缠绕。青、白：形容山水的颜色。[28] 际：际会、会合。[29] 培塿（pǒu lǒu）：小土堆。[30] 悠悠：深远。颢（hào）气：即浩气，大自然之气。涯：边。[31] 洋洋：盛大貌，即广阔无边的意思。造物者：指创造万物的天地之神，即大自然。穷：穷尽。此两句意为：这景象多么旷远浩渺啊，我好像与弥漫于天地之间的大气一道存在，而不能了解它的边际；这景象多么广阔壮观啊，我好像与大自然一道遨游，却不知道它的尽头。[32] 引：举。觞（shāng）：酒杯。[33] 心凝形释：精神凝聚，形体消释。[34] 万化：指万物；天地生成万物叫作化。冥合：暗合。[35] 向：从前。

思考与练习

一、柳宗元写这篇文章时身处逆境，仕途潦倒。此文寓情于景、托物言志的写法表达了作者怎样的人生情怀和追求？

二、作者为什么说"然后知吾向之未始游,游于是乎始"?文章前后两部分之间有何关系?

三、试归纳概括文中词类活用、古今异义、一词多义的现象。

四、选择题。

1. 下列各句中加点词的解释不正确的一项是(　　)
   A. 意有所极(极点),梦亦同趣(同"趋",往)
   B. 因坐法华西亭,望西山,始(才)指异(以……为异)之
   C. 缘(顺着)染溪,斫(砍)榛莽,焚茅茷
   D. 心凝形释(解除束缚),与万化冥合(浑然一体)

2. 下列各项加点词与现代汉语意义相同的一项是(　　)
   A. 今年九月二十八日,因坐法华西亭,望西山,始指异之。
   B. 萦青缭白,外与天际,四望如一。
   C. 然后知是山之特立,不与培塿为类。
   D. 然后知吾向之未始游,游于是乎始。

3. 与"披草而坐"中的"而"用法相同的一组是(　　)
   A. 漫漫而游　　　　B. 而未始知西山之怪特
   C. 箕踞而遨　　　　D. 穷山之高而止

徐文长[1]传

袁宏道[2]

解　题

本文选自《钟伯敬增定袁中郎全集》。徐渭是个奇人,才华横溢,却一生遭遇波折,可谓"才高命蹇"。从表面上看,袁宏道在这篇传中突出写了徐文长的奇,其人奇,其事奇,在传末总括一句说:"文长,无之而不奇者也。"徐文长不平凡,他的一生也不平凡;突出写他的奇,自然是抓住了这个人的性格与行事的特征。但是,袁宏道写这篇传的主旨还不在于此。科举的不利,使徐文长成为一个失意的人、愤世嫉俗的人。他"屡试辄蹶",终生只是一个秀才,"不得志于有司",当然无法发挥他的才能,实现他的抱负。因此,《徐文长传》主要叙述的是这样一个怀才不遇的封建时代具有代表性的知识分子,描写他的狂放与悲愤,以及他不惜以生命与世俗相抗衡的悲剧命运。这才是文章的主旨。

徐渭,字文长,为山阴诸生,声名藉甚[3]。薛公蕙校越[4]时,奇其才,有国士之目[5]。然数奇[6],屡试辄蹶[7]。中丞胡公宗宪闻之[8],客诸幕[9]。文长每见,则葛衣乌巾[10],纵谈天下事,胡公大喜。是时公督数边兵[11],威振东南,介胄之士[12],膝语蛇

行[13]，不敢举头，而文长以部下一诸生傲之，议者方之刘真长、杜少陵云[14]。会得白鹿[15]，属文长作表[16]，表上，永陵喜[17]。公以是益奇之，一切疏计[18]，皆出其手。文长自负才略，好奇计，谈兵多中，视一世事无可当意者。然竟不偶[19]。

文长既已不得志于有司[20]，遂乃放浪曲蘖[21]，恣情山水，走齐、鲁、燕、赵之地，穷览朔漠[22]。其所见山奔海立，沙起云行，雨鸣树偃，幽谷大都[23]，人物鱼鸟，一切可惊可愕之状，一一皆达之于诗。其胸中又有勃然不可磨灭之气，英雄失路、托足无门之悲，故其为诗，如嗔[24]如笑，如水鸣峡，如种出土，如寡妇之夜哭、羁人[25]之寒起。虽其体格时有卑者，然匠心独出，有王者气[26]，非彼巾帼而事人[27]者所敢望也。文有卓识，气沉而法严，不以摸拟损才，不以议论伤格，韩、曾[28]之流亚也。文长既雅[29]不与时调合，当时所谓骚坛[30]主盟者，文长皆叱而奴之，故其名不出于越，悲夫！

喜作书，笔意奔放如其诗，苍劲中姿媚跃出，欧阳公所谓"妖韶女，老自有余态"[31]者也。间[32]以其余，旁溢为花鸟，皆超逸有致。

卒以疑[33]杀其继室，下狱论死。张太史元汴[34]力解，乃得出。晚年愤益深[35]，佯狂[36]益甚，显者至门，或拒不纳。时携钱至酒肆，呼下隶[37]与饮。或自持斧击破其头，血流被面，头骨皆折，揉之有声。或以利锥锥其两耳，深入寸余，竟不得死。周望[38]言晚岁诗文益奇，无刻本，集藏于家。余同年[39]有官越者，托以钞录，今未至。余所见者，《徐文长集》《阙编》二种而已。然文长竟以不得志于时，抱愤而卒。

石公[40]曰："先生数奇不已，遂为狂疾。狂疾不已，遂为囹圄[41]。古今文人牢骚困苦，未有若先生者也。虽然，胡公间世[42]豪杰，永陵英主，幕中礼数异等，是胡公知有先生矣。表上，人主悦，是人主知有先生矣，独身未贵耳。先生诗文崛起，一扫近代芜秽[43]之习，百世而下，自有定论。胡为不遇哉？

梅客生[44]尝寄余书曰："文长吾老友，病奇于人，人奇于诗。"余谓文长无之而不奇者也。无之而不奇，斯无之而不奇也[45]。悲夫！

(选自《古文观止》，钟基、李先银、王身钢译注，长春出版社，2013年)

注　释

[1] 徐文长（1521—1593），本名渭，字文长，号天池山人、青藤居士等，绍兴府山阴（今浙江省绍兴市）人。明代文学家、书画家、戏曲家等。其人聪慧过人，才华横溢；其诗文、书画极富灵气，超逸有致。徐文长是中国古典文学艺术创造的革新者，是一个极为少见的艺术奇人，其文艺作品最富创意，特色鲜明，个性独特。但由于"不得志于有司"，仕途坎坷，秀才之后屡试不中，死后才留下显赫的名声，为人称道不已，唏嘘叹息。他给后人留有诸多文艺作品。[2] 袁宏道（1568—1610），字中郎，号石公，荆州公安（今湖北省公安县）人。万历年进士，官至吏部中郎。明代文学家。他在文学上反对"文必秦汉，诗必盛唐"的风气，提出"独抒性灵，不拘格套"的性灵说。与其兄袁宗道、弟袁中道并称"公安三袁"，为"公安派"的创始者。其作品真率自然，清新活泼，内容则多写闲情逸致，部分篇章反映民间疾苦，对当时政治现实有所批判。有《袁中郎集》。[3] 声名藉甚：名声很大。藉甚，盛大，很

多。[4] 薛公蕙：薛蕙，字君采，亳州（今安徽省亳州市）人。正德九年（1514）进士，授刑部主事，嘉靖中为给事中。曾任绍兴府乡试官，所以称"校越"。[5] 国士之目：对杰出人物的评价。国士，国中才能出众的人。[6] 数奇（jī）：命运坎坷，遭遇不顺。[7] 辄蹶（jué）：总是失败。[8] 中丞胡公宗宪：胡宗宪，字汝贞，绩溪（今属安徽省）人。嘉靖进士，任浙江巡抚，总督军务，以平倭功，加右都御史、太子太保。因投靠严嵩，严嵩倒台后，他也下狱死。[9] 客诸幕：作为幕宾。"客"用作动词，谓"使做幕客"。[10] 葛衣乌巾：身着布衣，头戴黑巾。此为布衣装束。[11] 督数边兵：胡宗宪总督南直隶、浙、闽军务。[12] 介胄之士：介，通"甲"。披甲戴盔之士，指将官们。[13] 膝语蛇行：跪着说话，爬着走路，形容极其恭敬惶恐。[14] 刘真长：晋朝刘惔，字真长，著名清谈家，曾为简文帝幕中上宾。杜少陵：杜甫，在蜀时曾作剑南节度使严武的幕僚。[15] 会得白鹿：《徐文长自著畸谱》："三十八岁，孟春之三日，幕再招，时获白鹿二……令草两表以献。"[16] 表：一种臣下呈于君主的文体，一般用来陈述衷情，颂贺谢圣。[17] 永陵：明世宗嘉靖皇帝的陵墓，此用来代指嘉靖皇帝本人。[18] 疏计：两种文体。疏，即臣下给皇帝的奏疏。计，会计簿册。[19] 不偶：偶，异体字为"遇"。不遇。指仕途不顺。[20] 有司：主管部门的官员。[21] 曲糵（niè）：即酒母，酿酒的发酵物，后遂以之代指酒。[22] 朔漠：北方沙漠地带。[23] 大都：大城市。[24] 嗔：生气。[25] 羁人：羁旅他乡的人。[26] 王者气：称雄文坛的气派。[27] 巾帼事人：古代妇人的头巾和发饰，后也用以指代妇女。此处指男子装着女人的媚态，趋奉人，不知羞耻。帼，妇女的头巾，用巾帼代指妇女。[28] 韩曾：唐朝的韩愈、宋朝的曾巩。流亚：匹配的人物。[29] 雅：平素，向来。时调：指当时盛行于文坛的拟古风气。[30] 骚坛：文坛。主盟者：指嘉靖时"后七子"的代表人物王世贞、李攀龙等。[31] "欧阳公"句：欧阳修《水谷夜行寄子美圣俞》有句云："譬如妖韶女，老自有余态。"妖韶，美艳[32] 间：有时。[33] 卒以疑：最终由于疑心。继室：续娶的妻子。[34] 张太史元汴：张元汴，字子荩，山阴人。隆庆五年（1571）廷试第一，授翰林修撰，故称太史。[35] 晚年愤益深：胡宗宪被处死后，徐渭更加愤激。[36] 佯狂：假装疯狂。此句说胡宗宪被徐阶害死，徐渭佯狂以避祸。[37] 下隶：衙门差役。[38] 周望：陶望龄字。[39] 同年：同科考中的人，互称同年。[40] 石公：作者的号。[41] 囹圄（língyǔ）：监狱。这里指身陷囹圄。[42] 间世：间隔几世。古称三十年为一世。形容不常有的。[43] 芜秽：杂乱、繁冗。[44] 梅客生：梅国桢，字客生，万历进士，官兵部右侍郎。[45] 没有什么是不奇异的，正因为这样，所以也就没有什么是顺利的。上一个"奇"字是奇异，下一个"奇"（jī）是不顺利。

思考与练习

一、本文作者在文章最后说："文长无之而不奇者也。无之而不奇，斯无之而不奇也。悲夫！"以此来解释徐文长的"不得志"，你认为对吗？为什么？

二、本文与一般史传文章不同，请仔细阅读，指出哪些方面不一样？作者这样写的目的是什么？

三、本文采用了博喻的方法："故其为诗，如嗔如笑，如水鸣峡，如种出土，如寡妇之夜哭、羁人之寒起。"你还能从古典诗文中找出这样的例子吗？这样写有什么好处？

箱子岩

沈从文[1]

> **解　题**
>
> 沈从文20岁（1922年）离开湘西，1934年又回到故乡，写了一组游记散文《湘行散记》，《箱子岩》便是其中一篇。箱子岩是一处美丽的风景区，位于湖南省张家界市西北部。其岩垂空如削，全由长方形岩块构成，墨黑而泽光，横看一排排，纵看一层层，不计其数。这里有古穴居者的遗迹。文章记叙了作者相隔十五年两次游览湘西箱子岩的所见、所闻、所感。但它又不是一般的状写山光水色，描述风俗民情的记游散文，因为它融进了作者对于一种文化失落、文明断裂的伤感，以及对于一个理想社会的发展前途的忧思，具有深厚的文化内涵。

　　十四年以前，我有机会独坐一只小篷船，沿辰河上行，停船在箱子岩脚下。一列青黛崭削的石壁，夹江高矗，被夕阳烘炙成为一个五彩屏障。石壁半腰中，有古代巢居者的遗迹，石罅隙间悬撑起无数横梁，暗红色大木柜尚依然好好的搁在木梁上。岩壁断折缺口处，看得见人家茅棚同水码头，上岸喝酒下船过渡人皆得从这缺口通过。那一天正是五月十五，河中人过大端阳节。箱子岩洞窟中最美丽的三只龙船，早被乡下人拖出浮在水面上。船只狭而长，船舷描绘有朱红线条，全船坐满了青年桡手，头腰各缠红布。鼓声起处，船便如一支没羽箭，在平静无波的长潭中来去如飞。河身大约一里路宽，两岸皆有人看船，大声呐喊助兴。且有好事者，从后山爬到悬岩顶上去，把百子鞭炮从高岩上抛下，尽鞭炮在半空中爆裂，嘭嘭嘭嘭的鞭炮声与水面船中锣鼓声相应和，引起人对于历史发生一点幻想，一点感慨。

　　当时我心想：多古怪的一切！两千年前那个楚国逐臣屈原，若本身不被放逐，疯疯癫癫来到这种充满了奇异光彩的地方，目击身经这些惊心动魄的景物，两千年来的读书人，或许就没有福分读《九歌》那类文章，中国文学史也就不会如现在的样子了。在这一段长长岁月中，世界上多少民族皆堕落了，衰老了，灭亡了。即如号称东亚大国的一片土地，也已经有过多少次被来自西北方沙漠中的蛮族，骑了膘壮的马匹，手持强弓硬弩，长枪大戟，到处践踏蹂躏！（辛亥革命前夕，在这苗蛮杂处的一个边镇上，向土民最后一次大规模施行杀戮的统治者，就是一个北方清朝的宗室！）然而这地方的一切，虽在历史中照样发生不断的杀戮，争夺，以及一到改朝换代时，派人民担负种种不幸命运，死的因此死去，活的被逼迫留发，剪发，在生活上受新朝代种种限制与支配。然而细细一想，这些人根本上又似乎与历史毫无关系。从他们应付生存的方法与排泄感情的娱乐看上来，竟好像今古相同，不分彼此。这时节我所眼见的光景，或许就和两千年前屈原所见的完全一样。

那次我的小船停泊在箱子岩石壁下，附近还有十来只小渔船，大致打渔人也有弄龙船竞渡的，所以渔船上妇女小孩们，精神皆十分兴奋，各站在尾梢上锐声呼喊。其中有几个小孩子，我只担心他们太快乐兴奋了些，会把住家的小船跳沉。

日头落尽云影无光时，两岸渐渐消失在温柔暮色里。两岸看船人呼喝声越来越少，河面被一片紫雾笼罩，除了从锣鼓声中尚能辨别那些龙船方向，此外已别无所见。然而岩壁缺口处却人声嘈杂，且闻有小孩子哭声，有妇女们尖锐叫唤声，综合给人一种悠然不尽的感觉。天气已经夜了，吃饭是正经事。我原先尚以为再等一会儿，那龙船一定就会傍近岩边来休息，被人拖进石窟里，在快乐呼喊中结束这个节日了。谁知过了许久，那种锣鼓声尚在河面飘着，表示一班人还不愿意离开小船，回转家中。待到我把晚饭吃过后，爬出舱外一望，呀，天上好一轮圆月。月光下石壁同河面，一切皆镀了银，已完全变换了一种调子。岩壁缺口处水码头边，正有人用废竹缆或油柴燃着火燎，火光下只见许多穿白衣人的影子移动。问问船上水手，方知道那些人正把酒食搬移上船，预备分派给龙船上人。原来这些青年人白日里划了一整天船，看船的皆散尽了，划船的还不尽兴，并且谁也不愿意扫兴示弱，先行上岸，因此三只龙船还得在月光下玩个上半夜。

提起这件事，使我重新感到人类文字语言的贫俭。那一派声音，那一种情调，真不是用文字语言可以形容的事情。向一个身在城市里住下，以读读《楚辞》就"神往意移"的人，来描绘那月下竞舟的一切，更近于徒然的努力。我可以说的，只是自从我把这次水上所领略的印象保留到心上后，一切书本上的动人记载，皆看得平平常常，不至于发生惊讶了。这正像我另外一时，看过人类许多花样的杀戮，对于其余书上叙述到这件事情时，同样不能再给我如何感动。

十四年后我又有了机会乘坐小船沿辰河上行，应当经过箱子岩。我想温习温习那地方给我的印象，就要管船的不问迟早，把小船在箱子岩停泊。这一天是十二月七号，快要过年的光景。没有太阳的阴沉酿雪天，气候异常寒冷。停船时还只下午三点钟左右，岩壁上藤萝草木叶子多已萎落，显得那一带岩壁十分瘦削。悬岩高处红木柜，只剩下三四具，其余早不知到哪儿去了。小船最先泊在岩壁下洞窟边，冬天水落得太多，洞口已离水面两丈以上。我从石壁裂罅爬上洞口，到搁龙船处看了一下，旧船已不知坏了还是早被水冲去了，只见有四只新船搁在石梁上，船头还贴有鸡血同鸡毛，一望就明白是今年方下水的。出得洞口时，见岩下左边泊定五只渔船，有几个老渔婆缩颈敛手在船头寒风中修补渔网。上船后觉得这样子太冷落了，可不是个办法，就又要船上水手为我把小船撑到岩壁断折处有人家地方去，就便上岸，看看乡下人过年以前是什么光景。

四点钟左右，黄昏已逐渐腐蚀了山峦与树石轮廓，占领了屋角隅。我独自坐在一家小饭铺柴火边烤火。我默默的望着那个火光煜煜的枯树根，在我脚边很快乐的燃着，爆炸出轻微的声音。铺子里，人来来往往，有些说两句话又走了，有些就来镶在我身边长凳上，坐下吸他的旱烟。有些来烘烘脚，把穿着湿草鞋的脚去热灰里乱搅。看看每一个人的脸子，我都发生一种奇异的乡情。这里是一群会寻快乐的正直善良的乡下人，有捕鱼的，打猎的，有船上水手和编制竹缆工人。若我的估计不错，那个坐在我身旁，伸出两只手向火，中指节有个放光顶针的，肯定还是一位乡村里的成衣人。这些人每到大端阳时节，皆得下河去玩一整天的龙船。平常日子特别是隆冬严寒天气，却在这个地方，按照一种分定，很简单的把日子过下去。每日看过往船只摇橹扬帆来去，看落日同水鸟。虽然也同样有人事上的得失，到恩怨纠纷成一团时，就陆续发生庆贺或仇杀。然而从整个说来，这些人生活却仿佛同"自然"已相融合，很从容的各在那里尽其性命之理，与其他无生命物质一样，唯在日月升降寒暑交替中放射，分解。而且在这种过程中，人是如何渺小的东西，这些人比起世界上任何哲人，也似乎还更知道的多一些。

听他们谈了许久，我心中有点忧郁起来了。这些不辜负自然的人，与自然妥协，对历史毫无担负，活在这无人知道的地方。另外尚有一批人，与自然毫不妥协，想出种种方法来支配自然，违反自然的习惯，同样也那么尽寒暑交替，看日月升降。然而后者却在慢慢改变历史，创造历史。一份新的日月，行将消灭旧的一切。我们用什么方法，就可以使这些人心中感觉一种对"明天"的"惶恐"，且放弃过去对自然和平的态度，重新来一股劲儿，用划龙船的精神活下去？这些人在娱乐上的狂热，就证明这种狂热能换个方向，就可使他们还配在世界上占据一片土地，活得更愉快更长久一些。不过有什么办法，可以改造这些人的狂热到一个新的竞争方面去，可是个费思索的问题。

一个跛脚青年人，手中提了一个老虎牌新桅灯，灯罩光光的，洒着摇着从外面走进屋子。许多人见了他都同声叫唤起来："什长，你发财回来了！好个灯！"

那跛子年纪虽很轻，脸上却刻画了一种兵油子的油气与骄气，在乡下人中仿佛身份特高一层。把灯搁在木桌上，大摇大摆的坐近火边来，拉开两腿摊出两只大手烘火，满不高兴的说："碰鬼，运气坏，什么都完了。"

"船上老八说你发了财，瞒我们。怕我们开借。"

"发了财，哼。用得着瞒你们？本钱去七角，桃源行市一块零，除了上下开销，二百两货有什么捞头，我问你。"

这个人接着且连骂带唱的说起桃源后江娘儿们种种有趣的情形，使得一般人活泼兴奋起来。话说得正有兴味时，一个人来找他，说"什长，猪蹄膀炖好了，酒已热好了"，他搓搓手，说声"有偏各位"，提起那个新桅灯就走了。

原来这个青年汉子，是个打渔人的独生子。三年前被省城里募兵委员看中了招去，训练了三个月，就开到江西边境去同共产党打仗。打了半年仗，一班兄弟中只剩下他一个人好好的活着，奉令调回后防招募新军补充时，他因此升了班长。第二次又训练三个月，再开到前线去打仗。于是碎了一只腿，抬回军医院诊治，照规矩这只腿得用锯子锯去。一群同乡都以为从辰州地方出来的家乡人，"辰州符"比截割高明得多了，信他个洋办法像话吗？就把他从医院中抢出，在外边用老办法找人敷水药治疗。说也古怪，不到三个月，那只腿居然不必截割全好了。战争是个什么东西他也明白了。取得了本营证明，领得了些伤兵抚恤费后，于是回到家乡来，用什长名义受同乡恭维，又用伤兵名义作点儿特别生意。这生意也就正是有人可以赚钱，有人可以犯法，政府也设局收税，也制定法律禁止,那种从各方面说来都似乎极有出息的生意。我想弄明白那什长的年龄,从那个当地唯一的成衣人口中,方知道这什长今年还只二十一岁。那成衣人还说:

"这小子看事有眼睛,做事有魄力,瘸了一只腿,还会一月一个来回下常德府,吃喝玩乐发财走好运。若两只腿全弄坏,那就更好了。"

有个水手插口说:"这是什么话。"

"什么画,壁上挂。穷人打光棍,一只腿打坏了不顶事。如两只腿全打坏了,他就不会卖烟土走私赚了钱,再到桃源县后江玩花姑娘了!"

成衣人末后一句打趣话,把大家都弄笑了。

回船时,我一个人坐在灌满冷气的小小船舱中,屈指计算那什长年龄,二十一岁减十五,得到个数目是六。我记起十五年前那个夜里的一切光景,那落日返照,那狭长而描绘朱红线条的船只,那锣鼓与热情兴奋的呼喊……尤其是临近几只小渔船上欢乐跳掷的小孩子,其中一定就有一个今晚我所见到的跛脚什长。唉,历史,多么古怪的事物。生硬性痈疽[2]的人,照旧式治疗方法,可用一星一点毒药敷上,尽它溃烂,到溃烂净尽时,再用药物使新的肌肉生长,人也就恢复健康了。这跛脚什长,我对他的印象虽异常恶劣,想起他就是一个可以溃烂这乡村居民灵魂的人物,不由人不寄托一种幻想……

二十年前澧州镇守使王正雅部队一个马夫,姓贺名龙[3],兵乱时,一菜刀切下了一个散兵的头颅,二十年后就得惊动三省集中十万军队来解决这马夫。谁个人会注意这小小节目,谁个人想象得到人类历史是用什么写成的!

(选自沈从文:《湘行散记:汉英对照》,杨宪益、戴乃迭译,译林出版社,2021年)

注 释

[1] 沈从文(1902—1988),原名沈岳焕,苗族,湖南凤凰县人,现代著名作家。1924年开始文学创作,共出版过小说、散文、传记等约70个集子。他的作品中最引人注目的是对湘西地区人情风俗的精致描绘。其代表作中篇小说《边城》被誉为"用小说形式写的无韵诗",是他表现"优美、健康、自然,而又不悖乎人性的人生形式"最突出的作品。散文集《湘行散记》《湘西》清新隽永,是融进了作者的知识、智慧与诗情的杰作。[2] 痈疽(yōngjū):毒疮。[3] 贺龙:中国人民解放军创建人和领导人,军事家,生于湖南桑植。1916年率21名青年持菜刀攻打芭茅溪盐局,缴获枪支组织农民武装,此后从军队建设走上政治生涯。1955年被授予元帅军衔。

思考与练习

一、这篇散文记叙了作者十四年间两次到箱子岩的见闻感受,主要通过对比来表现自己的爱憎情感,从而表现出鲜明的主题。请说明作者是从哪几个方面来进行对比的?作品表现了什么主题?

二、跛脚青年人和童年时期相比有何变化?作者为什么说"对他的印象虽异常恶劣,想起他就是一个可以溃烂这乡村居民灵魂的人物,不由人不寄托一种幻想……"?

三、结尾点出贺龙的故事,对表现主题有何重要作用?作者期望人们用"划龙船的精神活下去",这指的是什么精神?

四、本文语言清新隽永,生动传神。请指出下列句子各用了哪些修辞手法,在表达上有什么好处?

1. 鼓声起处,船便如一支没羽箭,在平静无波的长潭中来去如飞。
2. 岩壁上藤萝草木叶子多已萎落,显得那一带斑驳岩壁十分瘦削。
3. 黄昏已逐渐腐蚀了山峦与树石轮廓,占领了屋角隅。
4. 这生意也就正是有人可以赚钱,有人可以犯法,政府也设局收税,也制定法律禁止,那种从各方面说来都似乎极有出息的生意。

五、有人评价沈从文"他认识不到新的人与人关系的诞生必须孕育于社会变革的阵痛之中,他只是留恋、感叹旧有乡村朴素的人性美被破坏,这使他的作品有一种历史的哀痛,而无新世纪的曙光。"你同意这种观点吗?为什么?

我的母亲

老 舍[1]

解 题

"哀哀父母,生我劬劳"(《诗经·小雅·蓼莪》),老舍的母亲是千千万万平凡而伟大的劳动妇女中的一位,她一生"活到老,穷到老、辛苦到老、奉献到老"。可"树欲静而风不止,子欲养而亲不待",儿女还没来得及报答母亲,母亲却永远地离去了……1942年,老舍的母亲在北京去世,差不多一年后老舍才得到这个不幸的消息。于是,他用饱含血泪的笔写了《我的母亲》,来回忆自己的母亲,抒发自己对母亲的怀念。

母亲的娘家是在北平德胜门外,土城儿外边,通大钟寺的大路上的一个小村里。村里一共有四五家人家,都姓马。大家都种点不十分肥美的地,但是与我同辈的兄弟们,也有当兵的,作木匠的,作泥水匠的,和当巡察的。他们虽然是农家,却养不起牛马,人手不够的时候,妇女便也须下地做活。

对于姥姥家,我只知道上述的一点。外公外婆是什么样子,我就不知道了,因为他们早已去世。至于更远的族系与家史,就更不晓得了;穷人只能顾眼前的衣食,没有功夫谈论什么过去的光荣;"家谱"这字眼,我在幼年就根本没有听说过。

母亲生在农家,所以勤俭诚实,身体也好。这一点事实却极重要,因为假若我没有这样的一位母亲,我以为我恐怕也就要大大地打个折扣了。

母亲出嫁大概是很早,因为我的大姐现在已是六十多岁的老太婆,而我的大外甥女还长我一岁啊。我有三个哥哥，四个姐姐，但能长大成人的，只有大姐，二姐，三姐，三哥与我。我是"老"儿子。生我的时候，母亲已有四十一岁，大姐二姐已都出了阁。

由大姐与二姐所嫁入的家庭来推断，在我生下之前，我的家里，大概还马马虎虎地过得去。那时候定婚讲究门当户对，而大姐丈是做小官的，二姐丈也开过一间酒馆，他们都是相当体面的人。

可是，我，我给家庭带来了不幸：我生下来，母亲晕过去半夜，才睁眼看见她的老儿子——感谢大姐，把我揣在怀中，致未冻死。

一岁半，我把父亲"克"死了。

兄不到十岁，三姐十二三岁，我才一岁半，全仗母亲独力抚养了。父亲的寡姐跟我们一块儿住，她吸鸦片，她喜摸纸牌，她的脾气极坏。为我们的衣食，母亲要给人家洗衣服，缝补或裁缝衣裳。在我的记忆中，她的手终年是鲜红微肿的。白天，她洗衣服，洗一两大绿瓦盆。她做事永远丝毫也不敷衍，就是屠户们送来的黑如铁的布袜，她也给洗得雪白。晚间，她与三姐抱着一盏油灯，还要缝补衣服，一直到半夜。她终年没有休息，可是在忙碌中她还把院子屋中收拾得清清爽爽。桌椅都是旧的，柜门的铜活[2]久已残缺不全，可是她的手老使破桌面上没有尘土，残破的铜活发着光。院中，父亲遗留下的几盆石榴与夹竹桃，永远会得到应有的浇灌与爱护，年年夏天开许多花。

哥哥似乎没有同我玩耍过。有时候，他去读书；有时候，他去学徒；有时候，他也去卖花生或樱桃之类的小东西。母亲含着泪把他送走，不到两天，又含着泪接他回来。我不明白这都是什么事，而只觉得与他很生疏。与母亲相依为命的是我与三姐。因此，她们做事，我老在后面跟着。她们浇花，我也张罗着取水；她们扫地，我就撮土……从这里，我学得了爱花，爱清洁，守秩序。这些习惯至今还被我保存着。

有客人来，无论手中怎么窘，母亲也要设法弄一点东西去款待。舅父与表哥们往往是自己掏钱买酒肉食，这使她脸上羞得飞红，可是殷勤地给他们温酒作面，又给她一些喜悦。遇上亲友家中有喜丧事，母亲必把大褂洗得干干净净，亲自去贺吊——份礼也许只是两吊小钱。到如今我的好客的习性，还未全改，尽管生活是这么清苦，因为自幼儿看惯了的事情是不易改掉的。

姑母时常闹脾气。她单在鸡蛋里找骨头。她是我家中的阎王。直到我入了中学，她才死去，我可是没有看见母亲反抗过。"没受过婆婆的气，还不受大姑子的吗？命当如此！"母亲在非解释一下不足以平服别人的时候，才这样说。是的，命当如此。母亲活到老，穷到老，辛苦到老，全是命当如此。她最会吃亏。给亲友邻居帮忙，她总跑在前面：她会给婴儿洗三[4]——穷朋友们可以因此少花一笔"请姥姥"钱——她会刮痧[5]，她会给孩子们剃头，她会给少妇们绞脸[6]……凡是她能作的，都有求必应。但是吵嘴打架，永远没有她。她宁吃亏，不逗气。当姑母死去的时候，母亲似乎把一世的委屈都哭了出来，一直哭到坟地。不知道哪里来的一位侄子，声称有承继权，母亲便一声不响，教他搬走那些破桌子烂板凳，而且把姑母养的一只肥母鸡也送给他。

可是，母亲并不软弱。父亲死在庚子闹"拳"的那一年[3]。联军入城，挨家搜索财物鸡鸭，我们被搜两次。母亲拉着哥哥与三姐坐在墙根，等着"鬼子"进门，街门是开着的。"鬼子"进门，一刺刀先把老黄狗刺死，而后入室搜索。他们走后，母亲把破衣箱搬起，才发现了我。假若箱子不空，我早就被压死了。皇上跑了，丈夫死了，鬼子来了，满城是血光火焰，可是母亲不怕，她要在刺刀下，饥荒中，保护着儿女。北平有多少变乱啊，有时候兵变了，街市整条的烧起，火团落在我们院中。有时候内战了，城门紧闭，铺店关门，昼夜响着枪炮。这惊恐，这紧张，再加上一家饮食的筹划，儿女安全的顾虑，岂是一个软弱的老寡妇所能受得起的？可是，在这种时候，母亲的心横起来，她不慌不哭，要从无办法中想出办法来。她的泪会往心中落！这点软而硬的个性，也传给了我。我对一切人与事，都取和平的态度，把吃亏看作当然的。但是，在作人上，我有一定的宗旨与基本的法则，什么事都可将就，而不能超过自己划好的界限。我怕见生人，怕办杂事，怕出头露面；但是到了非我去不可的时候，我便不得不去，正像我的母亲。从私塾到小学，到中学，我经历过起码有廿位教师吧，其中有给我很大影响的，也有毫无影响的，但是我的真正的教师，把性格传给我的，是我的母亲。母亲并不识字，她给我的是生命的教育。

当我在小学毕了业的时候，亲友一致的愿意我去学手艺，好帮助母亲。我晓得我应当去找饭吃，以减轻母亲的勤劳困苦。可是，我也愿意升学。我偷偷地考入了师范学校——制服，饭食，书籍，宿处，都由学校供给。只有这样，我才敢对母亲提升学的话。入学，要交十元的保证金。这是一笔巨款！母亲作了半个月的难，把这巨款筹到，而后含泪把我送出门去。她不辞劳苦，只要儿子有出息。当我由师范毕业，而被派为小学校校长，母亲与我都一夜不曾合眼。我只说了句："以后，您可以歇一歇了！"她的回答只有一串串的眼泪。我入学之后，三姐结了婚。母亲对儿女是都一样疼爱的，但是假若她也有点偏爱的话，她应当偏爱三姐，因为自父亲死后，家中一切的事情都是母亲和三姐共同撑持的。三姐是母亲的右手。但是母亲知道这右手必须割去，她不能为自己的便利而耽误了女儿的青春。当花轿来到我们的破门外的时候，母亲的手就和冰一样地凉，脸上没有血色——那是阴历四月，天气很暖。大家都怕她晕过去。可是，她挣扎着，咬着嘴唇，手扶着门框，看花轿徐徐地走去。不久，姑母死了。三姐已出嫁，哥哥不在家，我又住学校，家中只剩母亲自己。她还须自晓至晚地操作，可是终日没人和她说一句话。新年到了，正赶上政府倡用阳历，不许过旧年。除夕，我请了两小时的假。由拥挤不堪的街市回到清炉冷灶的家中。母亲笑了。及至听说我还须回校，她愣住了。半天，她才叹出一口气来。到我该走的时候，她递给我一些花生，"去吧，小子！"街上是那么热闹，我却什么也没看见，泪遮迷了我的眼。今天，泪又遮住了我的眼，又想起当日孤独地过那凄惨的除夕的慈母。可是慈母不会再候盼着我了，她已入了土！

儿女的生命是不依顺着父母所设下的轨道一直前进的，所以老人总免不了伤心。我廿三岁，母亲要我结了婚，我不要。我请来三姐给我说情，老母含泪点了头。我爱母亲，但是我给了她最大的打击。时代使我成为逆子。廿七岁，我上了英国。为了自己，我给六十多岁的老母以第二次打击。在她七十大寿的那一天，我还远在异域。那天，据姐姐们后来告诉我，老太太只喝了两口酒，很早地便睡下。她想念她的幼子，而不便说出来。

"七七"抗战后，我由济南逃出来。北平又像庚子那年似的被鬼子占据了，可是母亲日夜惦念的幼子却跑西南来。母亲怎样想念我，我可以想象得到，可是我不能回去。每逢接到家信，我总不敢马上拆看，我怕，怕，怕，怕有那不祥的消息。人，即使活到八九十岁，有母亲便可以多少还有点孩子气。失了慈母便像花插在瓶子里，虽然还有色有香，却失去了根。有母亲的人，心里是安定的。我怕，怕，怕家信中带来不好的消息，告诉我已是失了根的花草。

去年一年，我在家信中找不到关于老母的起居情况。我疑虑，害怕。我想象得到，如有不幸，家中念我流亡孤苦，或不忍相告。母亲的生日是在九月，我在八月半写去祝寿的信，算计着会在寿日之前到达。信中嘱咐千万把寿日的详情写来，使我不再疑虑。十二月二十六日，由文化劳军的大会上回来，我接到家信。我不敢拆读。就寝前，我拆开信，母亲已去世一年了！

生命是母亲给我的。我之能长大成人，是母亲的血汗灌养的。我之能成为一个不十分坏的人，是母亲感化的。我的性格，习惯，是母亲传给的。她一世未曾享过一天福，临死还吃的是粗粮。唉！还说什么呢？心痛！心痛！

（选自老舍：《老舍经典散文集》，天地出版社，2019年）

注　释

[1] 老舍（1899—1966），原名舒庆春，字舍予，满族，北京人。现代著名作家，主要著作有：小说《骆驼祥子》《四世同堂》《赵子曰》《月牙儿》等，剧本《龙须沟》《茶馆》等。曾因创作优秀话剧《龙须沟》而被授予"人民艺术家"称号。他的作品大都取材于市民生活，反映了旧社会劳动人民的痛苦生活，对恶势力进行了无情地揭露和鞭挞。其作品以纯正的北京口语为基础。经过精心加工，形成了独特的"京味"风格。[2] 铜活：指打制的铜器。这里指柜门上的铜质配件。[3] 庚子闹"拳"的那一年：指1900年的义和团运动。[4] "洗三"：中国古代诞生礼中非常重要的一个仪式。婴儿出生后第三日，要举行沐浴仪式，会集亲友为婴儿祝吉，由中年妇女主持。[5] 刮痧：通过特制的刮痧器具和相应的手法，蘸取具有润滑作用的液体，在人的体表反复刮动、摩擦，使皮肤局部出现红色粟粒状或暗红色出血点等"出痧"变化，从而达到活血透痧的作用。[6] 绞脸：一种古老的美容方式，亦称绞面、开面、开脸等，是一种用线除去妇女脸上汗毛的美容手段。通常都是在女子出嫁前由女性长辈施行，是一种成人礼。

思考与练习

一、本文以时间为叙述顺序，沿着母亲"活到老，穷到老，辛苦到老，奉献到老"的线索，选择了哪些有代表性的事情表现了母亲的哪些优秀品质？表现了作者对母亲怎样的感情？

二、白描是一种不尚修饰，抓住事物特征，以质朴的文字，寥寥几笔就勾勒出事物形象的手法。试分析作者是怎样运用白描与细节描写的方法来刻画母亲的性格特征的。

三、下面三段议论在全文构思和情感表达上起了重要作用，试加以分析说明。

1. 因为假若我没有这样的一位母亲，我之为我恐怕也就要大大地打个折扣了。

2. 但是我的真正的教师，把性格传给我的，是我的母亲。母亲并不识字，她给我的是生命的教育。

3. 生命是母亲给我的。我之能长大成人，是母亲的血汗灌养的。我之能成为一个不十分坏的人，是母亲感化的。我的性格，习惯，是母亲传给的。

四、本文开始语调平静舒缓，后来感情愈来愈激动，语气愈来愈紧促，直至大声呼唤，却又戛然而止。请联系课文分析说明文章是如何通过语调和句式的运用，表达逐层升递的情感的。

五、本文语言朴素平实、不事雕琢，然而却在朴实无华中具有一股深刻感人的艺术力量，读来亲切、感人，请结合文章仔细品味老舍这一语言艺术特色。

六、课外查找胡适的《我的母亲》，试把两位作者的文章从人物形象、结构布局、写作特色等方面进行比较。

七、开展以"我的母亲"为话题的讨论活动，讲述自己母亲的二三事。

法门寺

季羡林[1]

解题

法门寺因安置释迦牟尼佛指骨舍利而成为佛教圣地。法门寺地宫内出土的稀世珍宝，对于研究中国社会政治史、文化史、科技史、中外交流史、美术史等方面，都具有极其重要的价值。作者以亲身经历的法门寺考古活动为中心，由此在艺术虚构、宗教想象、历史场景和现实生活之间展开丰富的联想，表达了一个学识深厚的知识分子对民族传统及现实文化的丰富复杂的情感：既有对文化传统的钦敬赞美，又有清醒冷静的理性思考。文笔清新自然，联想翩跹，将丰富的传统文化知识予以趣味盎然的记叙，在平易中蕴含深情和睿智。

法门寺，多么熟悉的名字啊！京剧有一出戏，就叫做"法门寺"。其中有两个角色，让人永远忘记不了：一个是太监刘瑾，一个是他的随从贾桂。刘瑾气焰万丈，炙手可热。他那种小人得志的情态，在戏剧中表现得惟妙惟肖，淋漓尽致，是京剧中最著名的人物之一。贾桂则是奴颜婢膝，一副小人阿谀奉承的奴才相。他的"知名度"甚至高过刘瑾，几乎是妇孺皆知。"贾桂思想"这个词儿至今流传。

我曾经多次看"法门寺"这一出戏，我非常欣赏演员们的表演艺术。但是，我从来也没有想研究究竟有没有法门寺这样一个地方？它坐落在何州何县？这样的问题好像跟我风马牛不相及，根本不存在似的。

然而，我何曾料到，自己今天竟然来到了法门寺，而且还同一件极其重要的考古发现联系在一起了。

这一座寺院距离陕西扶风县有八九里路，处在一个比较偏僻的农村中。我们来的时候，正落着蒙蒙细雨。据说这雨已经下了几天。快要收割的麦子湿漉漉的，流露出一种垂头丧气的神情。但是在中国比较稀见的大棵大朵的月季花却开得五颜六色，绚丽多姿，告诉我们春天还没有完全过去，夏天刚刚来临。寺院正在修葺，大殿已经修好，彩绘一新，鲜艳夺目。但是整个寺院却还是一片断壁残垣，显得破破烂烂。地上全是泥泞，根本没法走路。工人们搬来了宝塔倒掉留下来的巨大的砖头，硬是在泥水中垫出一条路来。我们这一群从北京来的秀才们小心翼翼，战战兢兢地踏着砖头，左歪右斜地走到了一个原来有一座十三层的宝塔而今完全倒掉的地方。

这样一个地方有什么可看的呢？千里迢迢从北京赶来这里难道就是为了看这一座破庙吗？事情当然不会这样简单。这一座法门寺在唐代真是大大地有名，它是皇家烧香礼佛的地方。这一座宝塔建自唐代，中间屡经修葺。但是在一千多年的漫长时间内，年深日久，自然的破坏力是无法抗御的，终于在前几年倒塌了。我们现在看到的就是倒塌后的样子。

倒塌本身按理说也用不着大惊小怪。但是，倒塌以后，下面就露出了地宫。打开地宫，一方面似乎是出人意料，另一方面似乎是在意料之内，在这里发现了大量异常珍贵的古代遗物。遗物真可以说是丰富多彩，琳琅满目，其中有金银器皿、玻璃器皿、茶碾子、丝织品。据说，地宫初启时，一千多年以前的金器，金光闪闪，光辉夺目，参加发掘的人为之吃惊，为之振奋。最引人瞩目的是秘色瓷[2]，实物还从来没有看到过。另外根据刻在石碑上的账簿，丝织品中有中国历史上唯一的一位女皇武则天的裙子。因为丝织品都粘在一起，还没有能打开看一看，这一条简直是充满了神话色彩的裙子究竟是什么样子。

但是，真正引起轰动的还是如来佛释迦牟尼[3]的真身舍利[4]，世界上已经发现的舍利为数极多，我国也不少。但是，那些舍利都是如来佛遗体焚化后留下来的。这一个如来佛指骨舍利却出自他的肉身，在世界上从来没有过。我不是佛教信徒，不想去探索考证。但是，这个指骨舍利在十三层宝塔下面已经埋藏了一千多年，只是它这一把子年纪不就能让我们肃然起敬吗？何况它还同中国历史上和文学史上的一段公案紧密地联系在一起呢！唐朝大文学家韩愈有一篇著名的文章：《论佛骨表》。千百年来，读过这篇文章的人恐怕有千百万。我自己年幼时也曾读过，至今尚能背诵。但是，我从来也没有想到，唐宪宗"令群僧迎佛骨于凤翔"的佛骨竟然还存在于宇宙间，而且现在就在我们眼前。我原以为是神话的东西就保存在我们现在来看的地宫里，虚无缥缈的神话一下子变为现实，它将在全世界引起多么大的轰动，目前还无法预料。这一阵"佛骨旋风"会以雷霆万钧之力扫过佛教世界。这一点是肯定无疑的了。

我曾多次来过西安,我也曾多次感觉到,而且说出来过:西安是一块宝地。在这里,中国古代文化仿佛阳光空气一般,弥漫城中。唐代著名诗人的那些名篇名句,很多都与西安有牵连。谁看到灞桥、渭水等等的名字不会立即神往盛唐呢?谁走过丈八沟、乐游原这样的地方不会立即想到杜甫、李商隐的名篇呢?这里到处是诗,美妙的诗;这里到处是梦,神奇的梦;这里是一个诗和梦的世界。如今又出现了如来真身舍利。它将给这个诗和梦的世界涂上一层神光,使它同西天净土,三千大千世界联系在一起,生为西安人,生为陕西人,生为中国人有福了。

从神话回到现实。我们这一群北京秀才们是应邀来鉴定新出土的奇宝的。对我们这些凡夫俗子来说,如来真身舍利渺矣茫矣。对每一个中国人来说,古代灿烂的文化遗物却是活生生的现实。即使对于神话不感兴趣的普通老百姓,对现实却是感兴趣的。现在法门寺已经严密封锁,一般人不容易进来。但是,老百姓却有自己的想法,有自己的价值观。在大街上,两位中年人满面堆笑,走了过来:

"你是从北京来的吗?"

"是的。"

"你是来鉴定如来佛的舍利吗?"

"是的。"

"听说你们挖出一地窖金子?!"

对这样的"热心人",我能回答些什么呢?

在飞机上五六个年轻人一下子拥了上来:

"你们不是从北京来的吗?"

"是的。"

"听说,你们看到的那几段佛骨,价钱可以顶得上三个香港?!"

多么奇妙的联想,又是多么天真的想法。让我关在屋子里想一辈子也想不出来。无论如何,这表示,西安的老百姓已经普遍地注意到如来真身舍利的出现这一件事,街头巷尾,高谈阔论,沸沸扬扬,满城都说佛舍利了。

外国朋友怎样呢?他们的好奇心,他们的轰动,绝不亚于中国的老百姓。在新闻发布会上,一位日本什么报的记者抢过扩音器,发出了连珠炮似的问题:"这个指骨舍利是如来佛哪一只手上的呢?是左手,还是右手?是哪一个指头上的呢?是拇指,还是小指?"我们这些"答辩者",谁也回答不出来。其他外国记者都争着想提问,但是这位日本朋友却抓紧了扩音器,死不放手。我决不敢认为,他的问题提的幼稚,可笑。对一个信仰佛教又是记者的人来说,他提的问题是非常认真严肃的,又是十分虔诚的。据我了解到的,现在世界上许多国家,特别是日本、印度,以及南亚和东南亚佛教国家,都纷纷议论西安的真身舍利。这个消息像燎原的大火一样,已经熊熊燃烧起来了,行将见"西安热"又将热遍全球了。

就这样,我在细雨霏霏中,一边参观法门寺,一边心潮起伏,浮想联翩。多年来没有背诵的《论佛骨表》硬是从遗忘中挤了出来,我不由一字一句暗暗背诵。同时我还背诵着：

> 一封朝奏九重天，夕贬潮州路八千。
> 欲为圣明除弊事，肯将衰朽惜残年？
> 云横秦岭家何在，雪拥蓝关马不前。
> 知汝远来应有意，好收吾骨瘴江边。

韩愈因谏迎佛骨，遭到贬逐，他的侄孙韩湘来看他，他写了这一首诗[5]。我没有到过秦岭，更没有见过蓝关，我却仿佛看到了一个孤苦伶仃的老人，忠君遭贬，我不禁感到一阵凄凉。此时月季花在雨中别具风韵，法门寺的红墙另有异彩。我幻想，再过三五年，等到法门寺修复完毕，十三级宝塔重新矗立之时，此时冷落僻远的法门寺前，将是车水马龙，摩肩接踵，与秦俑馆媲美了。

（选自《三真之境　季羡林散文精选》，乐黛云选编，海天出版社，2006年）

注　释

[1] 季羡林（1911—2009），山东清平县（今属山东临清）人。北京大学教授，中国文化书院院务委员会主席，中国科学院院士，语言学家，文学翻译家，梵文、巴利文专家。《法门寺》写于1987年8月，是季羡林以史学家和梵文学家的身份，前往西安参加法门寺考古发掘后写的，表现了他对民族传统文化及现实文化的丰富复杂的情感；既有对文化传统的钦敬赞美，又有清醒冷静的理性思考，意识到作为一个当代中国人文知识分子，在现代化进程中所担负的承传民族文化血脉，光大和再生传统文化的重大责任。[2] 秘色瓷：涂有清色釉彩的瓷器。[3] 释迦牟尼（约前565—前486）：佛教创始人，是古印度北部迦毗罗卫国净饭王的儿子，相传在菩提树下"成道"。[4] 舍利：又叫舍利子。佛教祖师释迦牟尼佛圆寂火化后留下的遗骨和珠状宝石样生成物。[5] 韩愈反对迎佛骨，写成《论佛骨表》一文，唐宪宗大怒，将韩愈贬往潮州（今属广东）。这首诗是写他犯颜被贬的事，题为《左迁至蓝关示侄孙湘》。

思考与练习

一、文章开头说到京剧"法门寺"，其用意是什么？

二、文章着重写了现实中人们对文化遗物的态度，请分别加以概括。并分析作者记述这一内容的目的，概括文章的主题。

三、文中两次提出韩愈的《论佛骨表》属于什么联想？在文中有何作用？

四、收集查找关于法门寺历史变迁以及重要出土文物的资料。

五、"有文化的山水才是最美的山水"，试写一篇文化旅游方面的游记。

爱尔克的灯光

巴 金[1]

解 题

　　爱尔克的灯光原指一个古老的欧洲故事。故事中，姐姐爱尔克等待出海远航的弟弟，怕弟弟找不到回家的方向，总是点上一盏灯为弟弟引航，结果直到死去也没有等到弟弟回来。巴金的经历跟这个故事很像，他出远门不久姐姐就去世了，所以引用了这个标题。文中提到了三种灯光：故居大门内亮起的昏暗的灯光，是旧家庭、旧礼教走向没落、崩溃的象征；爱尔克的灯光，象征着旧生活的悲剧和希望的破灭（爱尔克并没有等到弟弟归来）；而"我的心灵之灯"则是作者对新生活的信念和对理想的追求的象征。

　　傍晚，我靠着逐渐黯淡的最后的阳光的指引，走过十八年前的故居。这条街、这个建筑物开始在我眼前隐藏起来，像在躲避一个久别的旧友。但是它们的改变了的面貌于我还是十分亲切。我认识它们，就像认识我自己。还是那样宽的街，宽的房屋。巍峨的门墙代替了太平缸和石狮子，那一对常常做我们坐骑的背脊光滑的雄狮也不知逃进了哪座荒山。然而大门开着，照壁上"长宜子孙"[2]四个字却是原样地嵌在那里，似乎连颜色也不曾被风雨剥蚀。我望着那同样的照壁，我被一种奇异的感情抓住了，我仿佛要在这里看出过去的十九个年头，不，我仿佛要在这里寻找十八年以前的遥远的旧梦。

　　守门的卫兵用怀疑的眼光看我。他不了解我的心情。他不会认识十八年前的年轻人。他却用眼光驱逐一个人的许多亲密的回忆。

　　黑暗来了，我的眼睛失掉了一切。于是大门内亮起了灯光。灯光并不曾照亮什么，反而增加了我心上的黑暗。我只得失望地走了。我向着来时的路回去。已经走了四五步，我忽然掉转头，再看那个建筑物。依旧是阴暗中的一线微光。我好像看见一个盛满希望的水碗一下子就落在地上打碎了一般，我痛苦地在心里叫起来。在这条被夜幕覆盖着的近代城市的静寂的街中，我仿佛看见了哈立希岛[3]上的灯光。那应该是姐姐爱尔克点的灯罢。她用这灯光来给她航海的兄弟照路，每夜每夜灯光亮在她的窗前，她一直到死都在等待那个出远门的兄弟回来。最后她带着失望进入坟墓。

　　街道仍然是清静的。忽然一个熟习的声音在我耳边轻轻地唱起了这个欧洲的古传说。在这里不会有人歌咏这样的故事。应该是书本在我心上留下的影响。但是这个时候我想起了自己的事情。

　　十八年前在一个春天的早晨，我离开这个城市、这条街的时候，我也曾有一个姐姐，也曾答应过有一天回来看她，跟她谈一些外面的事情。我相信自己的诺言。那时我的姐姐还是一个出阁才只一个多月的新嫁娘，都说她有一个性情温良的丈夫，因此也会有长久的幸福的岁月。

然而人的安排终于被"偶然"毁坏了。这应该是一个"意外"。但是这"意外"却毫无怜悯地打击了年轻的心。我离家不过一年半光景，就接到了姐姐的死讯。我的哥哥用了颤抖的哭诉的笔叙说一个善良女性的悲惨的结局，还说起她死后受到的冷落的待遇。从此那个作过她丈夫的所谓温良的人改变了，他往一条丧失人性的路走去。他想往上爬，结果却不停地向下面落，终于到了用鸦片烟延续生命的地步。对于姐姐，她生前我没有好好地爱过她，死后也不曾做过一样纪念她的事。她寂寞地活着，寂寞地死去。死带走了她的一切，这就是在我们那个地方的旧式女子的命运。

我在外面一直跑了十八年。我从没有向人谈过我的姐姐。只有偶尔在梦里我看见了爱尔克的灯光。一年前在上海我常常睁起眼睛做梦。我梦着远远的在窗前发亮的灯，我面前横着一片大海，灯光在呼唤我，我恨不得腋下生出翅膀，即刻飞到那边去。沉重的梦压住我的心灵，我好像在跟许多无形的魔手挣扎。我望着那灯光，路是那么远，我又没有翅膀。我只有一个渴望：飞！飞！那些熬煎着心的日子！那些可怕的梦魇！

但是我终于出来了。我越过那堆积着像山一样的十八年的长岁月，回到了生我养我而且让我刻印了无数儿时回忆的地方。我走了很多的路。

十九年，似乎一切全变了，又似乎都没有改变。死了许多人，毁了许多家。许多可爱的生命葬入黄土。接着又有许多新的人继续扮演不必要的悲剧。浪费，浪费，还是那许多不必要的浪费——生命，精力，感情，财富，甚至欢笑和眼泪。我去的时候是这样，回来时看见的还是一样的情形。关在这个小圈子里，我禁不住几次问我自己：难道这十八年全是白费？难道在这许多年中间所改变的就只是装束和名词？我痛苦地搓自己的手，不敢给一个回答。

在这个我永不能忘记的城市里，我度过了五十个傍晚。我花费了自己不少的眼泪和欢笑，也消耗了别人不少的眼泪和欢笑。我匆匆地来，也将匆匆地去。用留恋的眼光看我出生的房屋，这应该是最后的一次了。我的心似乎想在那里寻觅什么。但是我所要的东西绝不会在那里找到。我不会像我的一个姑母或者嫂嫂，设法进到那所已经易了几个主人的公馆，对着园中的花树垂泪，慨叹着一个家族的盛衰，摘吃自己栽种的树上的苦果，这是一个人的本分。我没有跟着那些人走一条路，我当然在这里找不到自己的脚迹。几次走过这个地方，我所看见的还只是那四个字："长宜子孙"。

"长宜子孙"这四个字的年龄比我的不知大了多少。这也该是我祖父留下的东西罢。最近在家里我还读到他的遗嘱。他用空空两手造就了一份家业。到临死还周到地为儿孙安排了舒适的生活。他叮嘱后人保留着他修建的房屋和他辛苦地搜集起来的书画。但是儿孙们回答他的还是同样的字：分和卖。我很奇怪，为什么这样聪明的老人还不明白一个浅显的道理：财富并不"长宜子孙"，倘使不给他们一样生活技能，不向他们指示一条生活道路？"家"这个小圈子只能摧毁年轻心灵的发育成长，倘使不同时让他们睁起眼睛去看广大世界；财富只能毁灭崇高的理想和善良的气质，要是它只消耗在个人的利益上面。

"长宜子孙",我恨不能削去这四个字!许多可爱的年轻生命被摧残了,许多有为的年轻心灵被囚禁了。许多人在这个小圈子里面憔悴地捱着日子。这就是"家"!"甜蜜的家"!这不是我应该来的地方。爱尔克的灯光不会把我引到这里来的。

于是在一个春天的早晨,依旧是十八年前的那些人把我送到门口,这里面少了几个,也多了几个。还是和那次一样,看不见我姐姐的影子,那次是我没有等待她,这次是我找不到她的坟墓。一个叔父和一个堂兄弟到车站送我,十八年前他们也送过我一段路程。

我高兴地来,痛苦地去。汽车离站时我心里的确充满了留恋。但是清晨的微风,路上的尘土,马达的叫吼,车轮的滚动,和广大田野里一片盛开的菜子花,这一切驱散了我的离愁。我不顾同行者的劝告,把头伸到车窗外面,去呼吸广大天幕下的新鲜空气。我很高兴,自己又一次离开了狭小的家,走向广大的世界中去!

忽然在前面田野里一片绿的蚕豆和黄的菜花中间,我仿佛又看见了一线光,一个亮,这还是我常常看见的灯光。这不会是爱尔克的灯里照出来的,我那个可怜的姐姐已经死去了。这一定是我的心灵的灯,它永远给我指示我应该走的路。

1941 年 3 月在重庆

(选自巴金:《怀念萧珊:巴金散文》,李小林选编,浙江文艺出版社,2014 年)

注 释

[1] 巴金(1904—2005),原名李尧棠,字芾甘,四川成都人,祖籍浙江嘉兴。现代著名文学家、翻译家,五四运动以来最有影响力的作家之一。代表作品有激流三部曲《家》《春》《秋》,爱情三部曲《雾》《雨》《电》。[2] 作者原注:1956 年 12 月我终于走进了这个"公馆"。"长宜子孙"四个字果然跟着"照壁"一起消灭了。——1959 年注。[3] 哈里希岛上的灯光:这是欧洲一个古老的传说。巴金在另一篇散文《灯》中也曾复述过这个传说:"孤寂的海上的灯塔挽救了许多船只的沉没,任何航行的船只都可以得到那灯光的指引。哈立希岛上的姐姐为着弟弟点在窗前的长夜孤灯,虽然不曾唤回那个航海远去的弟弟,可是不少捕鱼归来的邻人都得到了它的帮助。"

思考与练习

一、简要概述本文的主题。根据线索相关理论知识分析本文线索的特点。

二、"我望着那同样的照壁,我被一种奇异的感情抓住了。"句中"奇异的感情"如何理解?

三、联系上下文,指出下列两个句子所使用的修辞手法。

1. 清晨的微风,路上的尘土,马达的叫吼,车轮的滚动,和广大田野里一片盛开的菜子花,这一切驱散了我的离愁。

2. 但是这"意外"却毫无怜悯地打击了年轻的心。

四、作者在文中多次提到"长宜子孙"四个字,有何用意?

五、文中出现了三种不同的灯光，分别有着怎样的象征意义？

故都的秋

郁达夫[1]

许多人在谈到郁达夫的游记散文时，都不约而同地在肯定其艺术造诣是"以清婉胜"时，不免惋惜地认为"时露愤激之音"，说它们"充分表现了一个富有才情的知识分子，在动乱的社会里的苦闷情怀"（阿英语）。像《故都的秋》一篇，评论界大多认为当时郁达夫因被左联开除及国民党白色恐怖等思想苦闷，在文章中流露出了低沉、伤感的格调。实际上，它并非像一般人认为的那样，是忧郁伤感的悲秋情怀。作者一反常规，以别样的秋境写出了清醒、卓立、素朴、沉静的人生境界，是一剂"山水的清凉散"（郁达夫语）。

秋天，无论在什么地方的秋天，总是好的；可是啊，北国的秋，却特别地得清，来得静，来得悲凉。我的不远千里，要从杭州赶上青岛，更要从青岛赶上北平来的理由，也不过想饱尝一尝这"秋"，这故都的秋味。

江南，秋当然也是有的；但草木凋得慢，空气来得润，天的颜色显得淡，并且又时常多雨而少风；一个人夹在苏州上海杭州，或厦门香港广州的市民中间，浑浑沌沌地过去，只能感到一点点清凉，秋的味，秋的色，秋的意境与姿态，总看不饱，尝不透，赏玩不到十足。秋并不是名花，也并不是美酒，那一种半开半醉的状态，在领略秋的过程上，是不合适的。

不逢北国之秋，已将近十余年了。在南方每年到了秋天，总要想起陶然亭的芦花，钓鱼台的柳影，西山的虫唱，玉泉的夜月，潭柘寺的钟声[2]。在北平即使不出门去罢，就是在皇城人海之中，租人家一椽破屋[3]来住着，早晨起来，泡一碗浓茶，向院子一坐，你也能看得到很高很高的碧绿的天色，听得到青天下驯鸽的飞声。从槐树叶底，朝东细数着一丝一丝漏下来的日光，或在破壁腰中，静对着像喇叭似的牵牛花（朝荣）的蓝朵，自然而然地也能够感觉到十分的秋意。说到了牵牛花，我以为以蓝色或白色者为佳，紫黑色次之，淡红色最下。最好，还要在牵牛花底，教长着几根疏疏落落的尖细且长的秋草，使作陪衬。

北国的槐树，也是一种能使人联想起秋来的点缀。像花而又不是花的那一种落蕊，早晨起来，会铺得满地。脚踏上去，声音也没有，气味也没有，只能感出一点点极微细极柔软的触觉。扫街的在树影下一阵扫后，灰土上留下来的一条条扫帚的丝纹，看起来既觉得细腻，又觉得清闲，潜意识下并且还觉得有点儿落寞，古人所说的梧桐一叶而天下知秋[4]的遥想,大约也就在这些深沉的地方。

秋蝉的衰弱的残声,更是北国的特产;因为北平处处全长着树,屋子又低,所以无论在什么地方,都听得见它们的啼唱。在南方是非要上郊外或山上去才听得到的。这秋蝉的嘶叫,在北平可和蟋蟀耗子一样,简直像是家家户户都养在家里的家虫。

还有秋雨哩,北方的秋雨,也似乎比南方的下得奇,下得有味,下得更像样。

在灰沉沉的天底下,忽而来一阵凉风,便息列索落地下起雨来了。一层雨过,云渐渐地卷向了西去,天又青了,太阳又露出脸来了;著着很厚的青布单衣或夹袄的都市闲人,咬着烟管,在雨后的斜桥影里,上桥头树底下去一立,遇见熟人,便会用了缓慢悠闲的声调,微叹着互答着的说:

"唉,天可真凉了——"(这了字念得很高,拖得很长。)

"可不是么?一层秋雨一层凉啦!"

北方人念阵字,总老像是层字,平平仄仄起来,这念错的歧韵,倒来得正好[5]。

北方的果树,到秋来,也是一种奇景。第一是枣子树;屋角,墙头,茅房边上,灶房门口,它都会一株株地长大起来。像橄榄又像鸽蛋似的这枣子颗儿,在小椭圆形的细叶中间,显出淡绿微黄的颜色的时候,正是秋的全盛时期;等枣树叶落,枣子红完,西北风就要起来了,北方便是尘沙灰土的世界,只有这枣子、柿子、葡萄,成熟到八九分的七八月之交,是北国的清秋的佳日,是一年之中最好也没有的 Golden Days[6]。

有些批评家说,中国的文人学士,尤其是诗人,都带着很浓厚的颓废色彩,所以中国的诗文里,颂赞秋的文字特别的多。但外国的诗人,又何尝不然?我虽则外国诗文念得不多,也不想开出账来,做一篇秋的诗歌散文钞,但你若去一翻英德法意等诗人的集子,或各国的诗文的 Anthology[7] 来,总能够看到许多关于秋的歌颂与悲啼。各著名的大诗人的长篇田园诗或四季诗里,也总以关于秋的部分,写得最出色而最有味。足见有感觉的动物,有情趣的人类,对于秋,总是一样的能特别引起深沉、幽远、严厉、萧索的感触来的。不单是诗人,就是被关闭在牢狱里的囚犯,到了秋天,我想也一定会感到一种不能自已的深情;秋之于人,何尝有国别,更何尝有人种阶级的区别呢?不过在中国,文字里有一个"秋士"[8]的成语,读本里又有着很普遍的欧阳子的秋声与苏东坡的赤壁赋[9]等,就觉得中国的文人,与秋的关系特别深了。可是这秋的深味,尤其是中国的秋的深味,非要在北方,才感受得到底。

南国之秋,当然是也有它的特异的地方,比如廿四桥的明月[10],钱塘江的秋潮[11],普陀山的凉雾[12],荔枝湾的残荷[13]等等,可是色彩不浓,回味不永。比起北国的秋来,正像是黄酒之与白干,稀饭之与馍馍,鲈鱼之与大蟹,黄犬之与骆驼。

秋天,这北国的秋天。若留得住的话,我愿把寿命的三分之二折去,换得一个三分之一的零头。

(选自郁达夫:《郁达夫文集》,陈子善编,花城出版社、三联书店香港分店,1982年)

[1] 郁达夫（1896—1945），原名郁文，字达夫，浙江富阳人，现代著名小说家、散文家，是中国现代浪漫主义主观抒情小说的重要开拓者。曾在南洋从事抗日工作。1945年日本投降后，于9月17日被日军宪兵杀害于苏门答腊。1952年，中央人民政府追认他为革命烈士。代表作短篇小说《沉沦》在当时有很大影响。郁达夫创作甚丰，但最能显示其特色和艺术成就的是他的游记散文。《屐痕处处》和《达夫游记》是他最重要的两部游记作品集。[2] 陶然亭、钓鱼台、西山、玉泉、潭柘寺：都是北京的旅游胜地。[3] 椽（chuán）：椽子，安在梁上支架屋面和瓦片的木条。此处作房屋间数的代称。[4] 梧桐一叶而天下知秋：民间认为立秋时梧桐开始落叶，见《淮南子·说山》："以小明大，见叶落而知岁之将暮。"《太平御览》卷二十四引作"一叶落而知天下秋"。[5] 若把"阵"念作"层"，那么"一层秋雨一层凉"的平仄就是"仄平平仄仄平平"，正符合律诗中平仄交互的原则，读起来有一种声律美。[6] Golden Days：英语，黄金季节。[7] Anthology：英语，（诗文等的）选集。[8] 秋士：指伤秋自悲之士。《淮南子·谬称训》有"春女思，秋士悲"，注云："春女感阳则思，秋士见阴而悲。"[9] 欧阳子的秋声与苏东坡的赤壁赋：指欧阳修的《秋声赋》和苏轼的《前赤壁赋》，都是写秋的名作。[10] 廿四桥的明月："廿四桥"，借指扬州。传说扬州城里原有二十四座桥。一说"廿四桥"即扬州吴家砖桥，因古时有二十四位美人吹箫于桥上而得名。杜牧《寄扬州韩绰判官诗》："青山隐隐水迢迢，秋尽江南草未凋。二十四桥明月夜，玉人何处教吹箫？"[11] 钱塘江的秋潮：杭州湾钱塘江口海潮倒灌时，潮头壁立，气象壮观，形成著名的"钱塘潮"。[12] 普陀山：在浙江省舟山市普陀区，佛教四大名山之一，游览胜地。[13] 荔枝湾：又名荔枝州，在广州市西郊，岸多红荔，风景幽胜。

一、本文在景物选取方面有哪些特点？文中描述北京秋天的基本特色是什么？作者是怎样围绕这一基本特色谋篇布局的？分析说明本文"形散神聚"的艺术特色。

二、南方之秋有什么特点？文章本来是着力表现北京的秋的，为什么重复地提到了南方的秋？

三、本文虽为游记散文，但作者并非单纯写景。郁达夫自己曾说："欣赏山水及自然景物的心情，就是欣赏艺术的人生的心情。"（《屐痕处处》）其笔下清、静、悲凉的故都的秋映照出作者怎样的内心情趣及人生追求？

四、本文以情驭景，以景显情，秋中有情的眷念，情中有秋的韵味。试结合文章具体谈谈本文抒情的特点。

五、作者以疏朗不羁的行文，精到细腻的笔触和清新朴实的语言，在清淡、流畅、细腻的描写中，透过清秋的幽静将故都秋的韵味传达得十分深远。请仔细阅读课文，并从中找出富有形象美、节奏美的精彩句段背诵。

六、收集古典诗词中写秋的名篇佳句进行赏析背诵，制作资料小卡片。在班上开展以含有"秋"字的诗词名句的"飞花令"活动。

囚绿记

陆 蠡[1]

解 题

《囚绿记》是作家陆蠡于1938年创作的一篇散文。此文托物言志，讲述了作者与常春藤绿枝条的一段"交往"经历，描绘了绿枝条的生命状态和"性格特点"，也写出了作者的生存状况和真挚心愿，含蓄地揭示了华北地区人民面临日本帝国主义侵略的苦难命运，象征着作者和广大人民坚贞不屈的民族气节。全文结构新奇精巧，详略得当，虚实相生，富有变化，平中见奇，语言含蓄蕴藉，深沉厚重。

这是去年夏间的事情。

我住在北平的一家公寓里。我占据着高广不过一丈的小房间，砖铺的潮湿的地面，纸糊的墙壁和天花板，两扇木格子嵌玻璃的窗，窗上有很灵巧的纸卷帘，这在南方是少见的。

窗是朝东的。北方的夏季天亮得快，早晨五点钟左右太阳便照进我的小屋，把可畏的光线射个满室，直到十一点半才退出，令人感到炎热。这公寓里还有几间空房子，我原有选择的自由的，但我终于选定了这朝东房间，我怀着喜悦而满足的心情占有它，那是有一个小小理由。

这房间靠南的墙壁上，有一个小圆窗，直径一尺左右。窗是圆的，却嵌着一块六角形的玻璃，并且左下角是打碎了，留下一个大孔隙，手可以随意伸进伸出。圆窗外面长着常春藤。当太阳照过它繁密的枝叶，透到我房里来的时候，便有一片绿影。我便是欢喜这片绿影才选定这房间的。当公寓里的伙计替我提了随身小提箱，领我到这房间来的时候，我瞥见这绿影，感觉到一种喜悦，便毫不犹疑地决定下来，这样了截爽直使公寓里伙计都惊奇了。

绿色是多宝贵的啊！它是生命，它是希望，它是慰安，它是快乐。我怀念着绿色把我的心等焦了。我欢喜看水白，我欢喜看草绿。我疲累于灰暗的都市的天空，和黄漠的平原，我怀念着绿色，如同涸辙的鱼盼等着雨水！我急不暇择的心情即使一枝之绿也视同至宝。当我在这小房中安顿下来，我移徙小台子到圆窗下，让我的面朝墙壁和小窗。门虽是常开着，可没人来打扰我，因为在这古城中我是孤独而陌生。但我并不感到孤独。我忘记了困倦的旅程和许多不快的记忆。我望着这小圆洞，绿叶和我对语。我了解自然无声的语言，正如它了解我的语言一样。

我快活地坐在我的窗前，度过一个月，两个月。我留恋于这片绿色。我开始了解渡越沙漠者望见绿洲的欢喜，我开始了解航海的冒险家望见海面飘来花草的茎叶的欢喜。

人是在自然中生长的，绿是自然的颜色。

我天天望着窗口常春藤的生长。看它怎样伸开柔软的卷须，攀住一根缘引它的绳索，或一茎枯枝，看它怎样舒开折叠着的嫩叶，渐渐变青，渐渐变老，我细细观赏它纤细的脉络，嫩芽，我以揠苗助长的心情，巴不得它长得快，长得茂绿。下雨的时候，我爱它淅沥的声音，婆娑的摆舞。

忽然有一种自私的念头触动了我。我从破碎的窗口伸出手去，把两枝浆液丰富的柔条牵进我的屋子里来，教它伸长到我的书案上，让绿色和我更接近，更亲密。我拿绿色来装饰我这简陋的房间，装饰我过于抑郁的心情。我要借绿色来比喻葱茏的爱和幸福，我要借绿色来比喻猗郁的年华。我囚住这绿色如同幽囚一只小鸟，要它为我作无声的歌唱。

绿的枝条悬垂在我的案前了。它依旧伸长，依旧攀缘，依旧舒放，并且比在外边长得更快。我好像发现了一种"生的欢喜"，越过了任何种的喜悦。从前我有个时候，住在乡间的一所草屋里，地面是新铺的泥土，未除净的草根在我的床下茁出嫩绿的芽苗，蕈菌在地角上生长，我不忍加以剪除。后来一个友人一边说一边笑，替我拔去这些野草，我心里还引为可惜，倒怪他多事似的。

可是每天早晨，我起来观看这被幽囚的"绿友"时，它的尖端总朝着窗外的方向。甚至于一枚细叶，一茎卷须，都朝原来的方向。植物是多固执啊！它不了解我对它的爱抚，我对它的善意。我为了这永远向着阳光生长的植物不快，因为它损害了我的自尊心。可是我囚系住它，仍旧让柔弱的枝叶垂在我的案前。

它渐渐失去了青苍的颜色，变成柔绿，变成嫩黄；枝条变成细瘦，变成娇弱，好像病了的孩子。我渐渐不能原谅我自己的过失，把天空底下的植物移锁到暗黑的室内；我渐渐为这病损的枝叶可怜，虽则我恼怒它的固执，无亲热，我仍旧不放走它。魔念在我心中生长了。

我原是打算七月尾就回南方去的。我计算着我的归期，计算这"绿囚"出牢的日子。在我离开的时候，便是它恢复自由的时候。

卢沟桥事件发生了。担心我的朋友电催我赶速南归。我不得不变更我的计划，在七月中旬，不能再留连于烽烟四逼中的旧都，火车已经断了数天，我每日须得留心开车的消息。终于在一天早晨候到了。临行时我珍重地开释了这永不屈服于黑暗的囚人。我把瘦黄的枝叶放在原来的位置上，向它致诚意的祝福，愿它繁茂苍绿。

离开北平一年了。我怀念着我的圆窗和绿友。有一天，得重和它们见面的时候，会和我面生么？

（选自《现代散文选读》，艾治平选编，广东人民出版社，1983年）

注 释

[1] 陆蠡（1908—1942），字圣泉，原籍浙江天台，现代作家。著有散文集《海星》《竹刀》《囚绿记》。《囚绿记》写于抗战爆发之后，充满了对祖国山河沦亡的感叹与对民族气节的礼赞。1942年4月，日本宪兵查抄陆蠡主持的文化生活出版社，搜去一些有关抗日的书籍。他虽然当时并未在场，但知道消息后，前去交涉，被宪兵扣留，最后因遭酷刑逝世。据推算，死期当在被捕后的第四个月，即1942年7月。

思考与练习

一、"绿"是全文描写的客观对象，作者围绕"绿"展开思路，分为"寻绿""观绿""囚绿""放绿"和"怀绿"五个阶段。各个阶段写实景都伴随着写心理、写情感。分析作者感情在不同阶段的不同表现。

二、这篇散文用拟人的手法来写景状物，赋予景物"性格""气质"，在作者眼里，绿枝条有着怎样的特点？

三、文章写于作者留居在已成"孤岛"的上海时期，日本帝国主义的侵略，把他与广大文化战士隔离开来。作者与绿枝条的命运有什么相似之处？联系华北地区人民面临日本帝国主义侵略的苦难命运的背景，理解作者用"囚绿"来给文章命名的理由，并概括文章的主题。

四、练笔：生活中你最喜欢哪一种颜色呢？请仿照"绿色是多宝贵的啊！它是生命，它是希望，它是慰安，它是快乐"的句式写一段话，表明你喜欢该颜色的原因。

听听那冷雨

余光中[1]

解 题

本文借雨声雨景回忆生平往事，以寄托对故乡河山与传统文化的向慕之情。文章以听雨为主线，天马行空，信手拈来。抒写地域感，从美国写到中国台湾，又写到中国大陆；感叹历史，从太初有字到亡宋之痛，又到公寓时代。但无论是写美国还是中国台湾，最后的落脚点都回到中国大陆，充分地表现了作者深深的家国之思。文中屡引古人诗词，以衬托出对故乡河山与传统文化的追思向往之情。行文时空交错，语言优美，句式多变，修辞灵活多样，情感丰富。

惊蛰一过，春寒加剧。先是料料峭峭，继而雨季开始，时而淋淋漓漓，时而淅淅沥沥,天潮潮地湿湿,即使在梦里,也似乎把伞撑着。而就凭着一把伞,躲过一阵潇潇的冷雨,也躲不过整个雨季。连思想也是潮润润的。每天回家,曲折穿过金门街到厦门街迷宫式的长巷短巷,雨里风里,走入霏霏令人更想入非非。想这样子的以台北凄凄切切完全是黑白片的味道,想整个中国整部中国的历史无非是一张黑白片子,片头到片尾,一直是这样下着雨的。这种感觉不知道是不是从安东尼奥尼那里来的。不过那一块地是久违了,二十五年,四分之一的世纪,即使有雨,也隔着千山万水,千伞万伞。二十五年,一切都断了,只有气候,只有气象报告还牵连在一起。大寒流从那块土地上弥天卷来,这种酷冷吾与古大陆分担。不能扑进她怀里,被她的裙边扫一扫吧,也算是安慰孺慕之情。

这样想时,严寒里竟有一点温暖的感觉了。这样想时,他希望这些狭长的巷子永远延伸下去,他的思路也可以延伸下去,不是金门街到厦门街,而是金门到厦门。他是厦门人,至少是广义的厦门人,二十年来,不住在厦门,住在厦门街,算是嘲弄吧,也算是安慰。不过说到广义,他同样也是广义的江南人,常州人,南京人,川娃儿,五陵少年[2]。杏花春雨江南,那是他的少年时代了。再过半个月就是清明。安东尼奥尼的镜头摇过去,摇过去又摇过来。残山剩水犹如是。皇天后土犹如是。纭纭黔首纷纷黎民从北到南犹如是。那里面是中国吗?那里面当然还是中国,永远是中国。只是杏花春雨已不再,牧童遥指已不再,剑门细雨渭城轻尘也都已不再。然则他日思夜梦的那片土地,究竟在哪里呢?

在报纸的头条标题里吗?还是香港的谣言里?还是傅聪的黑键白键、马思聪的跳弓拨弦?还是安东尼奥尼[3]的镜底勒马洲的望中[4]?还是呢,故宫博物院的壁头和玻璃橱内,京戏的锣鼓声中,太白和东坡的韵里?

杏花。春雨。江南。六个方块字,或许那片土就在那里面。而无论赤县也好神州也好中国也好,变来变去,只要仓颉的灵感不灭,美丽的中文不老,那形象,那磁石一般的向心力当必然长在。因为一个方块字是一个天地。太初有字,于是汉族的心灵,祖先的回忆和希望便有了寄托。譬如凭空写一个"雨"字,点点滴滴,滂滂沱沱,淅沥淅沥淅沥,一切云情雨意,就宛然其中了。礼堂上的这种美感,岂是什么rain也好pluie也好所能满足?翻开一部《辞源》或《辞海》,金木水火土[5],各成世界,而一入"雨"部,古神州的天颜千变万化,便悉在望中,美丽的霜雪云霞,骇人的雷电霹雹,展露的无非是神的好脾气与坏脾气,气象台百读不厌、门外汉百思不解的百科全书。

听听,那冷雨。看看,那冷雨。嗅嗅闻闻,那冷雨,舔舔吧,那冷雨。雨在他的伞上、这城市百万人的伞上、雨衣上、屋上、天线上。雨下在基隆港、在防波堤、在海峡的船上,清明这季雨。雨是女性,应该最富于感性。雨气空濛而迷幻,细细嗅嗅,清清爽爽新新,有一点点薄荷的香味,浓的时候,竟发出草和树沐发后特有的淡淡土腥气,也许那竟是蚯蚓的蜗牛的腥气吧,毕竟是惊蛰了啊。也许地上的地下的生命、也许古中国层层叠叠的记忆皆蠢蠢而蠕,也许是植物的潜意识和梦吧,那腥气。

第三次去美国,在高高的丹佛山居了两年。美国的西部,多山多沙漠,千里干旱。

天，蓝似安格罗·萨克逊人的眼睛；地，红如印地安人的肌肤；云，却是罕见的白鸟。落基山簇簇耀目的雪峰上，很少飘云牵雾。一来高，二来干，三来森林线以上，杉柏也止步，中国诗词里"荡胸生层云"，或是"商略黄昏雨"的意境，是落基山上难睹的景象。落基山岭之胜，在石，在雪。那些奇岩怪石，相叠互倚，砌一场惊心动魄的雕塑展览，给太阳和千里的风看。那雪，白得虚虚幻幻，冷得清清醒醒，那股皑皑不绝一仰难尽的气势，压得人呼吸困难，心寒眸酸。不过要领略"白云回望合，青霭入看无"的境界，仍须回中国。台湾湿度很高，最饶云气氤氲雨意迷离的情调。两度夜宿溪头，树香沁鼻，宵寒袭肘，枕着润碧湿翠、苍苍交叠的山影和万籁都歇的岑寂，仙人一样睡去。山中一夜饱雨，次晨醒来，在旭日未升的原始幽静中，冲着隔夜的寒气，踏着满地的断柯折枝和仍在流泻的细股雨水，一径探入森林的秘密，曲曲弯弯，步上山去。溪头的山，树密雾浓，翁郁的水气从谷底冉冉升起，时稠时稀，蒸腾多姿，幻化无定，只能从雾破云开的空处，窥见乍现即隐的一峰半壑，要纵览全貌，几乎是不可能的。至少入山两次，只能在白茫茫里和溪头诸峰玩捉迷藏的游戏，回到台北世人问起，除了笑而不答心自闲，故作神秘之外，实际的印象，也无非在虚无之间罢了。云缭烟绕，山隐水迢的中国风景，由来予人宋画的韵味。那天下也许是赵家的天下，那山水却是米家的山水。而究竟，是米氏父子[6]下笔像中国的山水，还是中国的山水上纸像宋画。恐怕是谁也说不清楚了吧？

雨不但可嗅，可观，更可以听。听听那冷雨。听雨，只要不是石破天惊的台风暴雨，在听觉上总是一种美感。大陆上的秋天，无论是疏雨滴梧桐，或是骤雨打荷叶，听去总有一点凄凉，凄清，凄楚。于今在岛上回味，则在凄楚之外，更笼上一层凄迷了。饶你多少豪情侠气，怕也经不起三番五次的风吹雨打。一打少年听雨，红烛昏沉。二打中年听雨，客舟中，江阔云低。三打白头听雨在僧庐下。这便是亡宋之痛，一颗敏感心灵的一生，楼上，江上，庙里，用冷冷的雨珠子串成。十年前，他曾在一场摧心折骨的鬼雨[7]中迷失了自己。雨，该是一滴湿漓漓的灵魂，在窗外喊谁。

雨打在树上和瓦上，韵律都清脆可听。尤其是铿铿敲在屋瓦上，那古老的音乐，属于中国。王禹偁[8]在黄冈，破如椽的大竹为屋瓦。据说住在竹楼上面，急雨声如瀑布，密雪声比碎玉。而无论鼓琴，咏诗，下棋，投壶[9]，共鸣的效果都特别好。这样岂不像住在竹筒里面，任何细脆的声响，怕都会加倍夸大，反而令人耳朵过敏吧。

雨天的屋瓦，浮漾湿湿的流光，灰而温柔，迎光则微明，背光则幽黯，对于视觉，是一种低沉的安慰。至于雨敲在鳞鳞千瓣的瓦上，由远而近，轻轻重重轻轻，夹着一股股的细流沿瓦槽与屋檐潺潺泻下，各种敲击音与滑音密织成网，谁的千指百指在按摩耳轮。"下雨了"，温柔的灰美人来了，她冰冰的纤手在屋顶拂弄着无数的黑键啊灰键，把晌午一下子奏成了黄昏。

在古老的大陆上，千屋万户是如此。二十多年前，初来这岛上，日式的瓦屋亦是如此。先是天黯了下来，城市像罩在一块巨幅的毛玻璃里，阴影在户内延长复加深。然后凉凉的水意弥漫在空间，风自每一个角落里旋起，感觉得到，每一个屋顶上呼吸沉重都覆盖着灰云。雨来了，最轻的敲打乐敲打这城市，苍茫的屋顶，远远近近，一张张敲过去，古老的琴，那细细密密的节奏，单调里自有一种柔婉与亲切，滴滴点点滴滴，似幻似真，若孩时在摇篮里，一曲耳熟的童谣摇摇欲睡，母亲吟哦鼻音与喉音。或是在江南的泽国水乡，一大筐绿油油的桑叶被啮于千百头蚕，细细琐琐屑屑，口器与口器咀咀嚼嚼。雨来了，雨来的时候瓦这么说，一片瓦说，千亿片瓦说，轻轻地奏吧沉沉地弹，徐徐地叩吧挞挞地打，间间歇歇敲一个雨季，即兴演奏从惊蛰到清明，在零落的坟上冷冷奏挽歌，一片瓦吟千亿片瓦吟。

在日式的古屋里听雨，听四月，霏霏不绝的黄梅雨，朝夕不断，旬月绵延，湿粘粘的苔藓从石阶下一直侵到他舌底，心底。到七月，听台风台雨在古屋顶上一夜盲奏，千寻海底的热浪沸沸被狂风挟来，掀翻整个太平洋只为向他的矮屋檐重重压下，整个海在他的蜗壳上哗哗泻过。不然便是雷雨夜，白烟一般的纱帐里听羯鼓一通又一通，滔天的暴雨滂滂沛沛扑来，强劲的电琵琶忐忐忑忑忐忐忑忑，弹动屋瓦的惊悸腾腾欲掀起。不然便是斜斜的西北雨斜斜，刷在窗玻璃上，鞭在墙上打在阔大的芭蕉叶上，一阵寒濑[10]泻过，秋意便弥漫日式的庭院了。

在日式的古屋里听雨，春雨绵绵听到秋雨潇潇，从少年听到中年，听听那冷雨。雨是一种单调而耐听的音乐，是室内乐是室外乐，户内听听，户外听听，冷冷，那音乐。雨是一种回忆的音乐，听听那冷雨，回忆江南的雨下得满地是江湖下在桥上和船上，也下在四川在秧田和蛙塘，下肥了嘉陵江下湿布谷咕咕的啼声。雨是潮潮润润的音乐下在渴望的唇上，舔舔那冷雨。

因为雨是最最原始的敲打乐从记忆的彼端敲起。瓦是最最低沉的乐器灰蒙蒙的温柔覆盖着听雨的人，瓦是音乐的雨伞撑起。但不久公寓的时代来临，台北，你怎么一下子长高了，瓦的音乐竟成了绝响。千片万片的瓦翩翩，美丽的灰蝴蝶纷纷飞走，飞入历史的记忆。现在雨下下来，下在水泥的屋顶和墙上，没有音韵的雨季。树也砍光了，那月桂，那枫树，柳树和擎天的巨椰，雨来的时候不再有丛叶嘈嘈切切[11]，闪动湿湿的绿光迎接。鸟声减了啾啾，蛙声沉了阁阁，秋天的虫吟也减了唧唧。七十年代的台北不需要这些，一个乐队接一个乐队便遣散尽了。要听鸡叫，只有去《诗经》的韵里找。现在只剩下一张黑白片，黑白的默片。

正如马车的时代去后，三轮车的时代也去了。曾经在雨夜，三轮车的油布篷挂起，送她回家的途中，篷里的世界小得多可爱，而且躲在警察的辖区以外。雨衣的口袋越大越好，盛得下他的一只手里握一只纤纤的手。台湾的雨季这么长，该有人发明一种宽宽的双人雨衣，一人分穿一只袖子，此外的部分就不必分得太苛。而无论工业如何发达，一时似乎还废不了雨伞。只要雨不倾盆，风不横吹，撑一把伞在雨中仍不失古典的韵味。任雨点敲在黑布伞或是透明的塑胶伞上，将骨柄一旋，雨珠向四方喷溅，伞缘便旋成了一圈飞檐。跟女友共一把雨伞，该是一种美丽的合作吧。最好是初恋，有点兴奋，更有点不好意思，若即若离之间，雨不妨下大一点。真正初恋，恐怕是兴奋得不需要伞的，手牵手在雨中狂奔而去，把年轻的长发和肌肤交给漫天的淋淋漓漓，然后向对方的唇上颊上尝凉凉甜甜的雨水。不过那要非常年轻且激情，同时，也只能发生在法国的新潮片里吧。

　　大多数的雨伞想不会为约会张开。上班下班，上学放学，菜市来回的途中。现实的伞，灰色的星期三。握着雨伞，他听那冷雨打在伞上。索性更冷一些就好了，他想。索性把湿湿的灰雨冻成干干爽爽的白雨，六角形的结晶体在无风的空中回回旋旋地降下来。等须眉和肩头白尽时，伸手一拂就落了。二十五年，没有受故乡白雨的祝福，或许发上下一点白霜是一种变相的自我补偿吧。一位英雄，经得起多少次雨季？他的额头是水成岩削成还是火成岩？他的心底究竟有多厚的苔藓？厦门街的雨巷走了二十年与记忆等长，一座无瓦的公寓在巷底等他，一盏灯在楼上的雨窗子里，等他回去，向晚餐后的沉思冥想去整理青苔深深的记忆。前尘隔海，古屋不在。听听那冷雨。

（选自《中国散文精典：当代卷》，刘锡庆、蔡渝嘉主编，中国工人出版社，1996年）

注　释

　　[1] 余光中（1928—2017），当代著名诗人、作家、文学评论家和翻译家。生于南京，祖籍福建，1949年随父母去香港，1950年迁居台湾。之后一直在台湾、香港和美国之间辗转漂泊。1974年，他到香港中文大学任教，并写下散文《听听那冷雨》，正如文章中所说，他离开中国大陆已经25年了。1992年，终于得以回到他思念已久的中国大陆。[2] 五陵少年：指京都富豪子弟。五陵：汉代五个皇帝的陵墓，即长陵、安陵、阳陵、茂陵、平陵，在长安附近。当时富家豪族和外戚都居住在五陵附近，因此后世诗文常以五陵为富豪人家聚居长安之地。[3] 安东尼奥尼：意大利导演，也是公认的在电影美学上最有影响力的导演之一。1972年，他到中国拍摄了一部纪录片，名为《中国》，影片讲述"文化大革命"时期城乡民众的生活情况，在当时引起很大轰动。[4] 勒马洲的望中：勒马洲又名落马洲，邻近深圳河。望中：视野之中。[5] 金木水火土：统称为五行。五行是中国古代的一种物质观。多用于哲学、中医学和占卜等方面。五行学说认为宇宙万物，都由木火土金水五种基本物质的运行（运动）和变化所构成。它强调世界万物的起源和多样性的统一。于是产生了"五谷""五方""五星""五色""五味"等说法。[6] 米氏父子：指宋代书法家、画家米芾及其长子——书法家、画家米友仁，并以姓氏称其山水画。[7] 鬼雨：1963年冬天，余光中刚诞生的儿子仅三天即夭折。作者写了《鬼雨》，以哀悼殇子，控诉死亡阴影对生命的威胁，以沉郁凝重的悲悯慨叹追溯古今中外。在本文中是对文化凄迷感的人生化，也就是说，游子被迫远离文化母体之伤，一如父亲遭遇幼子夭折之痛，正是在这共同的骨肉分离的伤痛上，作者写尽了"文化乡愁"的切肤感。[8] 王禹偁：北宋诗文革新运动的先驱，在诗、文两方面的创作较为突出，因直言敢谏，曾被贬黄州（今湖北黄冈）。其散文《黄州新建小竹楼记》有竹屋听雨的文句："夏宜急雨，有瀑布声；冬宜密雪，有碎玉声。宜鼓琴，琴调虚畅；宜咏诗，诗韵清绝；宜围棋，子声丁丁然；宜投壶，矢声铮铮然：皆竹楼之所助也。"虚畅，高扬流畅。清绝，高亢美妙。[9] 投壶：古代一种用箭投酒壶来代替请客人射箭的宴宾娱乐。[10] 寒濑（lài）：寒凉湍急的水。[11] 嘈嘈切切：象声词，形容杂乱的声音。也形容重浊与轻细的乐器声错杂喧响。白居易《琵琶行》："大弦嘈嘈如急雨，小弦切切如私语。嘈嘈切切错杂弹，大珠小珠落玉盘。"

思考与练习

一、阅读全文,思考作者为何要选"雨"作为自己的情感寄托?为什么要加"冷"字?

二、这篇散文以听雨为主线,表现的主题是什么?

三、文中写到少年听雨、中年听雨和白头听雨,这三次听雨的内心感受有何不同?

四、这篇文章的语言很有特色,为人称道,请试作赏析。

五、生命如此珍贵,有谁期盼死亡;除非可以带着灵魂回故乡。常人把死亡与痛苦相系,游子诗人把死亡与满足相提并论,只因为,他有这样的一系列遐想……请诵读余光中的《当我死时》,体味诗歌抒发的爱国深情和思乡愁绪。

当我死时

当我死时,葬我,在长江与黄河之间,
枕我的头颅,白发盖着黑土。
在中国,最美最母亲的国度,
我便坦然睡去,睡整张大陆,
听两侧,安魂曲起自长江,黄河
两管永生的音乐,滔滔,朝东。
这是最纵容最宽阔的床,
让一颗心满足地睡去,满足地想,
从前,一个中国的青年,
曾经在冰冻的密西根向西了望,
想望透黑夜看中国的黎明,
用十七年未餍中国的眼睛,
饕餮地图,从西湖到太湖,
到多鹧鸪的重庆,代替回乡。

温一壶月光下酒

林清玄[1]

解 题

林清玄有着佛教文化情怀,将佛学智慧融入文学创作而自成风格。《温一壶月光下酒》围绕"下酒"这一主题展开,在浓郁的传统文化气息中,将月与酒的关系,描绘得有声有色，温润生香。"将月光装在酒壶里，用文火一起温来喝"，这实质上是作者倡导用一种充满灵性的情怀去珍藏和感悟人生。

　　煮雪如果真有其事，别的东西也可以留下，我们可以用一个空瓶把今夜的桂花香装起来，等桂花谢了，秋天过去，再打开瓶盖，细细品尝。
　　把初恋的温馨用一个精致的琉璃盒子盛装，等到青春过尽垂垂老矣的时候，掀开盒盖，扑面一股热流，足以使我们老怀堪慰。
　　这其中还有许多意想不到的情趣，譬如将月光装在酒壶里，用文火一起温来喝……此中有真意，乃是酒仙的境界。
　　有一次与朋友住在狮头山，每天黄昏时候在刻着"即心是佛"的大石头下开怀痛饮，常喝到月色满布才回到庙里睡觉，过着神仙一样的生活。最后一天我们都喝得有点醉了，携着酒壶下山，走到山下时顿觉胸中都是山香云气，酒气不知道跑到何方，才知道喝酒原有这样的境界。
　　有时候抽象的事物也可以让我们感知，有时候实体的事物也能转眼化为无形，岁月当是明证，我们活的时候真正感觉到自己是存在的，岁月的脚步一走过，转眼便如云烟无形。但是，这些消逝于无形的往事，却可以拿来下酒，酒后便会浮现出来。
　　喝酒是有哲学的，准备许多下酒菜，喝得杯盘狼藉是下乘的喝法；几粒花生米和一盘豆腐干，和三五好友天南地北是中乘的喝法；一个人独斟自酌，举杯邀明月，对影成三人，是上乘的喝法。
　　关于上乘的喝法，春天的时候可以面对满园怒放的杜鹃细饮五加皮；夏天的时候，在满树狂花中痛饮啤酒；秋日薄暮，用菊花煮竹叶青，人与海棠俱醉；冬寒时节则面对篱笆间的忍冬花，用腊梅温一壶大曲。这种种，就到了无物不可下酒的境界。
　　当然，诗词也可以下酒。
　　俞文豹在《历代诗余引吹剑录》谈到一个故事，提到苏东坡有一次在玉堂日，有一幕士善歌，东坡因问曰："我词何如柳七（即柳永）?"幕士对曰："柳郎中词，只合十七八女郎，执红牙板，歌'杨柳岸，晓风残月'。学士词，须关西大汉、铜琵琶、铁棹板，唱'大江东去'。"东坡为之绝倒。
　　这个故事也能引用到饮酒上来，喝淡酒的时候，宜读李清照；喝甜酒时，宜读柳永；喝烈酒则大歌东坡词。其他如辛弃疾，应饮高粱小口；读放翁，应大口喝大曲；读李后主，要用马祖老酒煮姜汁到出怨苦味时最好；至于陶渊明、李太白则浓淡皆宜，狂饮细品皆可。
　　喝纯酒自然有真味，但酒中别掺物事也自有情趣。范成大在《骏鸾录》里提到："番禺人作心字香，用素茉莉未开者，着净器，薄劈沉香，层层相间封，日一易，不待花萎，花过香成。"我想，应做茉莉心香的法门也是掺酒的法门，有时不必直掺，斯能有纯酒的真味，也有纯酒所无的余香。我有一位朋友善做葡萄酒，酿酒时以秋天桂花围塞，酒成之际，桂香袅袅，直似天品。

我们读唐宋诗词,乃知饮酒不是容易的事,遥想李白当年斗酒诗百篇,气势如奔雷,作诗则如长鲸吸百川,可以知道这年头饮酒的人实在没有气魄。现代人饮酒讲格调,不讲诗酒。袁枚在《随园诗话》里提过杨诚斋的话:"从来天分低拙之人,好谈格调,而不解风趣,何也?格调是空架子,有腔口易描,风趣专写性灵,非天才不辨。"在秦楼酒馆饮酒作乐,这是格调,能把去年的月光温到今年才下酒,这是风趣,也是性灵,其中是有几分天分的。

《维摩经》里有一段天女散花的记载,正是菩萨为弟子讲经的时候,天女出现了,在菩萨与弟子之间遍洒鲜花,散布在菩萨身上的花全落在地上,散布在弟子身上的花却像粘糊那样粘在他们身上,弟子们不好意思,用神力想使它掉落也不掉落。仙女说:

"观诸菩萨花不著者,已断一切分别想故。譬如,人畏时,非人得其便。如是弟子畏生死故,色、声、香、味,触得其便也。已离畏者,一切五欲皆无能为也。结习未尽,花著身耳。结习尽者,花不著也。"[2]

这也是非关格调,而是性灵。佛家虽然讲究酒、色、财、气四大皆空,我却觉得,喝酒到处几可达佛家境界。试问,若能忍把浮名,换作浅酌低唱,即使天女来散花也不能著身,荣辱皆忘,前尘往事化成一缕轻烟,尽成因果,不正是佛家所谓苦修深修的境界吗?

(选自林清玄:《林清玄散文精选》,长江文艺出版社,2016年)

注 释

[1] 林清玄(1953—2019),笔名秦情、林漓、林大悲等。台湾高雄人。他的散文文笔流畅清新,表现了醇厚、浪漫的情感,在平易中有着感人的力量。作品有散文集《莲花开落》《冷月钟笛》《温一壶月光下酒》《鸳鸯香炉》《金色印象》《白雪少年》等。林清玄的文章一向以思想深刻,见解平稳,文笔自然流畅而闻名于海内外,他的作品,题材领域广阔,思想境界高雅,大多探讨人生的意义,始终追求"真""善""美",被喻为"台湾文化的良心"。[2] 这段话的意思是:你们看诸位菩萨,花不著于他们,是因为他们都已经断了分别的想法,就如同人害怕生死之时就找不到佛的方便之门了。可见,大弟子们还有畏惧生死之故,虽然色香味触各种方便的大门已经打开,不再存有这些畏惧,一切五欲也不再有了,但是修行还没有完成,所以花还会落在他们身上。等到修行彻底完成时,那些花就也不会附着在他们身上了。

思考与练习

一、作者写自己与朋友在狮头山喝酒,有什么目的?

二、从课文内容看,作者认为"上乘的喝法"有哪三类?其中最后一类尤其具有怎样的特点?

三、作者说"喝淡酒的时候,宜读李清照","喝烈酒则大歌东坡词","至于陶渊明、李太白则浓淡皆宜，狂饮细品皆可"。据此，请概括地谈谈四位诗人的诗词风格。

四、这篇文章反映了作者怎样的审美理想？

风雨天一阁

余秋雨[1]

解题

本文并非传统的游记散文，而是以游记的形式，从山水景致所承载的文化视角切入，通过层层递进的短章手法组织布局，对中国的漫长历史与悠久文化进行探寻、思考与推广，体现了中国文化的深厚意蕴和作者匠心独具的思想光芒。天一阁指范氏藏书阁，全文围绕这一楼阁的建立和维护挥毫泼墨，天一阁的主要意义已不是以书籍的实际内容给社会以知识，而是作为一种古典文化事业的象征存在着，成为中国文化的一个缩影，影射出中国历史的壮丽恢弘与跌宕起伏。它们有同样的呼吸和命运，我们都应对其生存、延续和传扬承担责任，倾注思考和行动。

一

不知怎么回事，天一阁[2]对于我，一直有一种奇怪的阻隔。

照理，我是读书人，它是藏书楼，我是宁波人，它在宁波城，早该频频往访的了，然而却一直不得其门而入。一九七六年春到宁波养病，住在我早年的老师盛钟健先生家。盛先生一直有心设法把我弄到天一阁里去看一段时间书，但按当时的情景，手续颇烦人，我也没有读书的心绪，只得作罢。后来情况好了，宁波市文化艺术界的朋友们总要定期邀我去讲点课，但我每次都是来去匆匆，始终没有去过天一阁。

是啊，现在大批到宁波作几日游的普通上海市民回来都在大谈天一阁，而我这个经常钻研天一阁藏本重印书籍、对天一阁的变迁历史相当熟悉的人却从未进过阁，实在说不过去。直到一九九〇年八月我再一次到宁波讲课，终于在讲完的那一天支支吾吾地向主人提出了这个要求。主人是文化局副局长裴明海先生，天一阁正属他管辖，在对我的这个可怕缺漏大吃一惊之余立即决定，明天由他亲自陪同，进天一阁。

但是，就在这天晚上，台风袭来，暴雨如注，整个城市都在柔弱地颤抖。第二天上午如约来到天一阁时，只见大门内的前后天井、整个院子全是一片汪洋。打落的树叶在水面上翻卷，重重砖墙间透出湿冷冷的阴气。

看门的老人没想到文化局长会在这样的天气陪着客人前来，慌忙从清洁工人那里借来半高统雨鞋要我们穿上，还递来两把雨伞。但是，院子里积水太深，才下脚，鞋统已经进水，唯一的办法是干脆脱掉鞋子，挽起裤管趟水进去。本来浑身早已被风雨搅得冷飕飕的了，赤脚进水立即通体一阵寒噤。就这样，我和裴明海先生相扶相持，高一脚低一脚地向藏书楼走去。天一阁，我要靠近前去怎么这样难呢？明明已经到了跟前，还把风雨大水作为最后一道屏障来阻拦。我知道，历史上的学者要进天一阁看书是难乎其难的事，或许，我今天进天一阁也要在天帝的主持下举行一个狞厉的仪式？

天一阁之所以叫天一阁，是创办人取《易经》中"天一生水"之义，想借水防火，来免去历来藏书者最大的忧患火灾。今天初次相见，上天分明将"天一生水"的奥义活生生地演绎给了我看，同时又逼迫我以最虔诚的形貌投入这个仪式，剥除斯文，剥除参观式的悠闲，甚至不让穿着鞋子踏入圣殿，背躬曲膝、哆哆嗦嗦地来到跟前。今天这里再也没有其他参观者，这一切岂不是一种超乎寻常的安排？

二

不错，它只是一个藏书楼，但它实际上已成为一种极端艰难、又极端悲怆的文化奇迹。

中华民族作为世界上最早进入文明的人种之一，让人惊叹地创造了独特而美丽的象形文字，创造了简帛，然后又顺理成章地创造了纸和印刷术。这一切，本该迅速地催发出一个书籍海洋，把壮阔的华夏文明播扬翻腾。但是，野蛮的战火几乎不间断地在焚烧着脆薄的纸页，无边的愚昧更是在时时吞食着易碎的智慧。一个为写书、印书创造好了一切条件的民族竟不能堂而皇之地拥有和保存很多书，书籍在这块土地上始终是一种珍罕而又陌生的怪物，于是，这个民族的精神天地长期处于散乱状态和自发状态，它常常不知自己从哪里来，到哪里去，自己究竟是谁，要干什么。

只要是智者，就会为这个民族产生一种对书的企盼。他们懂得，只有书籍，才能让这么悠远的历史连成缆索，才能让这么庞大的人种产生凝聚，才能让这么广阔的土地长存文明的火种。很有一些文人学士终年辛劳地以抄书、藏书为业，但清苦的读书人到底能藏多少书，而这些书又何以保证历几代而不流散呢？"君子之泽，五世而斩"，功名资财、良田巍楼尚且如此，更遑论区区几箱书？宫廷当然有不少书，但在清代之前，大多构不成整体文化意义上的藏书规格，又每每毁于改朝换代之际，是不能够去指望的。鉴于这种种情况，历史只能把藏书的事业托付给一些非常特殊的人物了。这种人必得长期为官，有足够的资财可以搜集书籍；这种人为官又最好各地迁移，使他们有可能搜集到散落四处的版本；这种人必须有极高的文化素养，对各种书籍的价值有迅捷的敏感；这种人必须有清晰的管理头脑，从建藏书楼到设计书橱都有精明的考虑，从借阅规则到防火措施都有周密的安排；这种人还必须有超越时间的深入谋划，对如何使自己的后代把藏书保存下去有预先的构想。当这些苛刻的条件全都集于一身时，他才有可能成为古代中国的一名藏书家。

这样的藏书家委实也是出过一些的，但没过几代，他们的事业都相继萎谢。他们的名字可以写出长长一串，但他们的藏书却早已流散得一本不剩了。那么，这些名字也就组合成了一种没有成果的努力，一种似乎实现过而最终还是未能实现的悲剧性愿望。

能不能再出一个人呢，哪怕仅仅是一个，他可以把上述种种苛刻的条件提升得更加苛刻，他可以把管理、保存、继承诸项关节琢磨到极端，让偌大的中国留下一座藏书楼，一座，只是一座！上天，可怜可怜中国和中国文化吧。

这个人终于有了，他便是天一阁的创建人范钦[3]。

清代乾嘉时期的学者阮元说："范氏天一阁，自明至今数百年，海内藏书家，唯此岿然独存。"

这就是说，自明至清数百年广阔的中国文化界所留下的一部分书籍文明，终于找到了一所可以稍加归拢的房子。

明以前的漫长历史，不去说它了，明以后没有被归拢的书籍，也不去说它了，我们只向这座房子叩个头致谢吧，感谢它为我们民族断残零落的精神史，提供了一个小小的栖脚处。

三

范钦是明代嘉靖年间人，自二十七岁考中进士后开始在全国各地做官，到的地方很多，北至陕西、河南，南至两广、云南，东至福建、江西，都有他的宦迹。最后做到兵部右侍郎，官职不算小了。这就为他的藏书提供了充裕的财力基础和搜罗空间。在文化资料十分散乱又没有在这方面建立起像样的文化市场的当时，官职本身也是搜集书籍的重要依凭。他每到一地做官，总是非常留意搜集当地的公私刻本，特别是搜集其他藏书家不甚重视、或无力获得的各种地方志、正书、实录以及历科试士录，明代各地士人刻印的诗文集，本是很容易成为过眼烟云的东西，他也搜得不少。这一切，光有搜集的热心和资财就不够了。乍一看，他是在公务之暇把玩书籍，而事实上他已经把人生的第一要务看成是搜集图书，做官倒成了业余，或者说，成了他搜集图书的必要手段。他内心隐潜着的轻重判断是这样，历史的宏观裁断也是这样。好像历史要当时的中国出一个藏书家，于是把他放在一个颠簸九州的官位上来成全他。

一天公务，也许是审理了一宗大案，也许是弹劾了一名贪官，也许是调停了几处官场恩怨，也许是理顺了几项财政关系，衙堂威仪，朝野声誉，不一而足。然而他知道，这一切的重量加在一起也比不过傍晚时分差役递上的那个薄薄的蓝布包袱，那里边几册按他的意思搜集来的旧书，又要汇入行箧。他那小心翼翼翻动书页的声音，比开道的鸣锣和吆喝都要响亮。

范钦的选择，碰撞到了我近年来特别关心的一个命题：基于健全人格的文化良知，或者倒过来说，基于文化良知的健全人格。没有这种东西，他就不可能如此矢志不移，轻常人之所重，重常人之所轻。他曾毫不客气地顶撞过当时在朝廷权势极盛的皇亲郭勋，因而遭到廷杖之罚，并下过监狱。后来在仕途上仍然耿直不阿，公然冒犯权奸严氏家族，严世藩想加害于他，而其父严嵩却说："范钦是连郭勋都敢顶撞的人，你参了他的官，反而会让他更出名。"结果严氏家族竟奈何范钦不得。我们从这些事情可以看到，一个成功的藏家在人格上至少是一个强健的人。

这一点我们不妨把范钦和他身边的其他藏书家作个比较。与范钦很要好的书法大师丰坊也是一个藏书家，他的字毫无疑问要比范钦写得好，一代书家董其昌曾非常钦佩地把他与文徵明并列，说他们两人是"墨池董狐"，可见在整个中国古代书法史上，他也是一个耀眼的星座。他在其他不少方面的学问也超过范钦，例如他的专著《五经世学》，就未必是范钦写得出来的。但是，作为一个地道的学者艺术家，他太激动，太天真，太脱世，太不考虑前后左右，太随心所欲。起先他也曾狠下一条心变卖掉家里的千亩良田来换取书法名帖和其他书籍，在范钦的天一阁还未建立的时候他已构成了相当的藏书规模，但他实在不懂人情世故，不懂口口声声尊他为师的门生们也可能是巧取豪夺之辈，更不懂得藏书楼防火的技术，结果他的全部藏书到他晚年已有十分之六被人拿走，又有一大部分毁于火灾，最后只得把剩余的书籍转售给范钦。范钦既没有丰坊的艺术才华，也没有丰坊的人格缺陷，因此，他以一种冷峻的理性提炼了丰坊也会有的文化良知，使之变成一种清醒的社会行为。相比之下，他的社会人格比较强健，只有这种人才能把文化事业管理起来。太纯粹的艺术家或学者在社会人格上大多缺少旋转力，是办不好这种事情的。

另一位可以与范钦构成对比的藏书家正是他的侄子范大澈。范大澈从小受叔父影响，不少方面很像范钦，例如他为官很有能力，多次出使国外，而内心又对书籍有一种强烈的癖好；他学问不错，对书籍也有文化价值上的裁断力，因此曾被他搜集到一些重要珍本。他藏书，既有叔父的正面感染，也有叔父的反面刺激。据说有一次他向范钦借书而范钦不甚爽快，便立志自建藏书楼来悄悄与叔父争胜，历数年努力而楼成，他就经常邀请叔父前去作客，还故意把一些珍贵秘本放在案上任叔父随意取阅。遇到这种情况，范钦总是淡淡的一笑而已。在这里，叔侄两位藏书家的差别就看出来了。侄子虽然把事情也搞得很有样子，但背后却隐藏着一个意气性的动力，这未免有点小家子气了。在这种情况下，他的终极性目标是很有限的，只要把楼建成，再搜集到叔父所没有的版本，他就会欣然自慰。结果，这位作为后辈新建的藏书楼只延续几代就合乎逻辑地流散了，而天一阁却以一种怪异的力度屹立着。

实际上，这也就是范钦身上所支撑着的一种超越意气、超越嗜好、超越才情，因此也超越时间的意志力。这种意志力在很长时间内的表现常常让人感到过于冷漠、严峻，甚至不近人情，但天一阁就是靠着它延续至今的。

四

藏书家遇到的真正麻烦大多是在身后，因此，范钦面临的问题是如何把自己的意志力变成一种不可动摇的家族遗传。不妨说，天一阁真正堪称悲壮的历史，开始于范钦死后。我不知道保住这座楼的使命对范氏家族来说算是一种荣幸，还是一场延绵数百年的苦役。

活到八十高龄的范钦终于走到了生命尽头，他把大儿子和二儿媳妇（二儿子已亡故）叫到跟前，安排遗产继承事项。老人在弥留之际还给后代出了一个难题，他把遗产分成两份，一份是万两白银，一份是一楼藏书，让两房挑选。

这是一种非常奇怪的遗产分割法。万两白银立即可以享用，而一楼藏书则除了沉重的负担没有任何享用的可能，因为范钦本身一辈子的举止早已告示后代，藏书绝对不能有一本变卖，而要保存好这些藏书每年又要支付一大笔费用。为什么他不把保存藏书的责任和万两白银都一分为二让两房一起来领受呢？为什么他要把权利和义务分割得如此彻底要后代选择呢？

我坚信这种遗产分割法老人已经反复考虑了几十年。实际上这是他自己给自己出的难题：要么后代中有人义无反顾、别无他求地承担艰苦的藏书事业，要么只能让这一切都随自己的生命烟消云散！他故意让遗嘱变得不近情理，让立志继承藏书的一房完全无利可图。因为他知道这时候只要有一丝掺假，再隔几代，假的成分会成倍地扩大，他也会重蹈其他藏书家的覆辙。他没有丝毫意思讥刺或鄙薄要继承万两白银的那一房，诚实地承认自己没有承接这项历史性苦役的信心，总比在老人病榻前不太诚实地信誓旦旦好得多。但是，毫无疑问，范钦更希望在告别人世的最后一刻听到自己企盼了几十年的声音。他对死神并不恐惧，此刻却不无恐惧地直视着后辈的眼睛。

大儿子范大冲立即开口，他愿意继承藏书楼，并决定拨出自己的部分良田，以田租充当藏书楼的保养费用。

就这样，一场没完没了的接力赛开始了。多少年后，范大冲也会有遗嘱，范大冲的儿子又会有遗嘱……后一代的遗嘱比前一代还要严格。藏书的原始动机越来越远，而家族的繁衍却越来越大，怎么能使后代众多支脉的范氏世谱中每一家每一房都严格地恪守先祖范钦的规范呢？这实在是一个值得我们一再品味的艰难课题。在当时，一切有历史跨度的文化事业只能交付给家族传代系列，但家族传代本身却是一种不断分裂、异化、自立的生命过程。让后代的后代接受一个需要终生投入的强硬指令，是十分违背生命的自在状态的；让几百年之后的后裔不经自身体验就来沿袭几百年前某位祖先的生命冲动，也难免有许多憋气的地方。不难想象，天一阁藏书楼对于许多范氏后代来说几乎成了一个宗教式的朝拜对象，只知要诚惶诚恐地维护和保存，却不知是为什么。按照今天的思维习惯，人们会在高度评价范氏家族的丰功伟绩之余随之揣想他们代代相传的文化自觉，其实我可肯定此间埋藏着许多难以言状的心理悲剧和家族纷争，这个在藏书楼下生活了几百年的家族非常值得同情。

后代子孙免不了会产生一种好奇，楼上究竟是什么样的呢？到底有哪些书，能不能借来看看？亲戚朋友更会频频相问，作为你们家族世代供奉的这个秘府，能不能让我们看上一眼呢？

范钦和他的继承者们早就预料到这种可能，而且预料藏书楼就会因这种点滴可能而崩坍，因而已经预防在先。他们给家族制定了一个严格的处罚规则，处罚内容是当时视为最大屈辱的不予参加祭祖大典，因为这种处罚意味着在家族血统关系上亮出了"黄牌"，比杖责鞭笞之类还要严重。处罚规则标明：子孙无故开门入阁者，罚不与祭三次；私领亲友入阁及擅开书橱者，罚不与祭一年；擅将藏书借出外房及他姓者，罚不与祭三年；因而典押事故者，除追惩外，永行摈逐，不得与祭。

在此，必须讲到那个我每次想起都很难过的事件了。嘉庆年间，宁波知府丘铁卿的内侄女钱绣芸是一个酷爱诗书的姑娘，一心想要登天一阁读点书，竟要知府作媒嫁给了范家。现代社会学家也许会责问钱姑娘你究竟是嫁给书还是嫁给人，但在我看来，她在婚姻很不自由的时代既不看重钱也不看重势，只想借着婚配来多看一点书，总还是非常令人感动的。但她万万没有想到，当自己成了范家媳妇之后还是不能登楼，一种说法是族规禁止妇女登楼，另一种说法是她所嫁的那一房范家后裔在当时已属于旁支。反正钱绣芸没有看到天一阁的任何一本书，郁郁而终。

今天，当我抬起头来仰望天一阁这栋楼的时候，首先想到的是钱绣芸那忧郁的目光。我几乎觉得这里可出一个文学作品了，不是写一般的婚姻悲剧，而是写在那很少有人文主义气息的中国封建社会里，一个姑娘的生命如何强韧而又脆弱地与自己的文化渴求周旋。

从范氏家族的立场来看，不准登楼，不准看书，委实也出于无奈。只要开放一条小缝，终会裂成大隙。但是，永远地不准登楼，不准看书，这座藏书楼存在于世的意义又何在呢？这个问题，每每使范氏家族陷入困惑。

范氏家族规定，不管家族繁衍到何等程度，开阁门必得各房一致同意。阁门的钥匙和书橱的钥匙由各房分别掌管，组成一环也不可缺少的连环，如果有一房不到是无法接触到任何藏书的。既然每房都能有效地行使否决权，久而久之，每房也都产生了终极性的思考：被我们层层叠叠堵住了门的天一阁究竟是干什么用的？

就在这时，传来消息，大学者黄宗羲[4]先生想要登楼看书！这对范家各房无疑是一个巨大的震撼。黄宗羲是"吾乡"余姚人，与范氏家族没有任何血缘关系，照理是严禁登楼的，但无论如何他是靠自己的人品、气节、学问而受到全国思想学术界深深钦佩的巨人，范氏各房也早有所闻。尽管当时的信息传播手段非常落后，但由于黄宗羲的行为举止实在是奇崛响亮，一次次在朝野之间造成非凡的轰动效应。他的父亲本是明末东林党重要人物，被魏忠贤宦官集团所杀，后来宦官集团受审，十九岁的黄宗羲在廷质时竟义愤填膺地锥刺和痛殴漏网余党，后又追杀凶手，警告阮大铖，一时大快人心。清兵南下时他与两个弟弟在家乡组织数百人的子弟兵"世忠营"英勇抗清，抗清失败后便潜心学术，边著述边讲学，把民族道义、人格道德溶化在学问中启世迪人，成为中国古代学术天域中第一流的思想学和历史学家。他在治学过程中已经到绍兴钮氏"世学楼"和祁氏"淡生堂"去读过书，现在终于想来叩天一阁之门了。他深知范氏家族的森严规矩，但他还是来了，时间是康熙十二年，即一六七三年。

出乎意外，范氏家族的各房竟一致同意黄宗羲先生登楼，而且允许他细细地阅读楼上的全部藏书。这件事，我一直看成是范氏家族文化品格的一个验证。他们是藏书家，本身在思想学术界和社会政治领域都没有太高的地位，但他们毕竟为一个人而不是为其他人，交出他们珍藏严守着的全部钥匙。这里有选择，有裁断，有一个庞大的藏书世家的人格闪耀。黄宗羲先生长衣布鞋，悄然登楼了。铜锁在一具具打开，一六七三年成为天一阁历史上特别有光彩的一年。

黄宗羲在天一阁翻阅了全部藏书，把其中流通未广者编为书目，并另撰《天一阁藏书记》留世。由此，这座藏书楼便与一位大学者的人格联结起来了。

从此以后，天一阁有了一条可以向真正的大学者开放的新规矩，但这条规矩的执行还是十分苛严，在此后近二百年的时间内，获准登楼的大学者也仅有十余名，他们的名字，都是上得了中国文化史的。

这样一来，天一阁终于显现本身的存在意义，尽管显现的机会是那样小。封建家族的血缘继承关系和社会学术界的整体需求产生了尖锐的矛盾，藏书世家面临着无可调和的两难境地：要么深藏密裹使之留存，要么发挥社会价值而任之耗散。看来像天一阁那样经过最严格的选择作极有限的开放是一个没办法中的办法。但是，如此严格地在全国学术界进行选择，已远远超出了一个家族的职能范畴了。

直到乾隆决定编纂《四库全书》，这个矛盾的解决才出现了一些新的走向。乾隆谕旨各省采访遗书，要各藏书家，特别是江南的藏书家积极献书。天一阁进呈珍贵古籍六百余种，其中有九十六种被收录在《四库全书》中，有三百七十余种列入存目。乾隆非常感谢天一阁的贡献，多次褒扬奖赐，并授意新建的南北主要藏书楼都仿照天一阁格局营建。

天一阁因此而大出其名，尽管上献的书籍大多数没有发还，但在国家级的"百科全书"中，在钦定的藏书楼中，都有了它的生命。我曾看到好些著作文章中称乾隆下令天一阁为《四库全书》献书是天一阁的一大浩劫，颇觉言之有过。藏书的意义最终还是要让它广泛流播，"藏"本身不应成为终极的目的。连堂堂皇家编书都不得不大幅度地动用天一阁的珍藏，家族性的收藏变成了一种行政性的播扬，这证明天一阁获得了大成功，范钦获得了大成功。

五

天一阁终于走到了中国近代。什么事情一到中国近代总会变得怪异起来，这座古老的藏书楼开始了自己新的历险。

先是太平军进攻宁波时当地小偷趁乱拆墙偷书，然后当废纸论斤卖给造纸作坊。曾有一人出高价从作坊买去一批，却又遭大火焚毁。

这就成了天一阁此后命运的先兆，它现在遇到的问题已不是让某位学者上楼的问题了，竟然是窃贼和偷儿成了它最大的对手。

一九一四年，一个叫薛继渭的偷儿奇迹般地潜入书楼，白天无声无息，晚上动手偷书，每日只以所带枣子充饥，东墙外的河上，有小船接运所偷书籍。这一次几乎把天一阁的一半珍贵书籍给偷走了，它们渐渐出现在上海的书铺里。

薛继渭的这次偷窃与太平天国时的那些小偷不同，不仅数量巨大、操作系统，而且最终与上海的书铺挂上了钩，显然是受到书商的指使。近代都市的书商用这种办法来侵吞一个古老的藏书楼，我总觉得其中蕴含着某种象征意义。把保护藏书楼的种种措施都想到了家的范钦确实没有在防盗的问题上多动脑筋，因为这对在当时这样一个家族的院落来说构不成一种重大威胁。但是，这正像范钦想象不到会有一个近代降临，想象不到近代市场上那些商人在资本的原始积累时期会采取什么手段。一架架的书橱空了。钱绣芸小姐哀怨地仰望终身而未能上的楼板，黄宗羲先生小心翼翼地踩踏过的楼板，现在只留下偷儿吐出的一大堆枣核在上面。

当时主持商务印书馆的张元济先生听说天一阁遭此浩劫，并得知有些书商正准备把天一阁藏本卖给外国人，便立即拨巨资抢救，保存于东方图书馆的"涵芬楼"里。涵芬楼因有天一阁藏书的润泽而享誉文化界，当代不少文化大家都在那里汲取过营养。但是，如所周知，它最终竟又全部焚毁于日本侵略军的炸弹之下。

这当然更不是数百年前的范钦先生所能预料的了。他"天一生水"的防火秘咒也终于失效。

六

然而毫无疑问，范钦和他后代的文化良知在现代并没有完全失去光亮。除了张元济先生外，还有大量的热心人想努力保护好天一阁这座"危楼"，使它不要全然成为废墟。这在现代无疑已成为一个社会性的工程，靠着一家一族的力量已无济于事。幸好，本世纪三十年代、五十年代、六十年代直至八十年代，天一阁一次次被大规模地修缮和充实着，现在已成为重点文物保护单位，也是人们游览宁波时大多要去访谒的一个处所。天一阁的藏书还有待于整理，但在文化沟通便捷的现代，它的主要意义已不是以书籍的实际内容给社会以知识，而是作为一种古典文化事业的象征存在着，让人联想到中国文化保存和流传的艰辛历程，联想到一个古老民族对于文化的渴求是何等悲怆和神圣。

我们这些人，在生命本质上无疑属于现代文化的创造者，但从遗传因子上考察又无可逃遁地是民族传统文化的子遗，因此或多或少也是天一阁传代系统的繁衍者，尽管在范氏家族看来只属于"他姓"。登天一阁楼梯时我的脚步非常缓慢，我不断地问自己：你来了吗？你是哪一代的中国书生？

很少有其他参观处所能使我像在这里一样心情既沉重又宁静。阁中一位年老的版本学家颤巍巍地捧出两个书函，让我翻阅明刻本，我翻了一部登科录，一部上海志，深深感到，如果没有这样的孤本，中国历史的许多重要侧面将杳无可寻。由此想到，保存这些历史的天一阁本身的历史，是否也有待于进一步发掘呢？裴明海先生递给我一本徐季子、郑学溥、袁元龙先生写的《宁波史话》的小册子，内中有一篇介绍了天一阁的变迁，写得扎实而清晰，使我知道了不少我原先不知道的史实。但在我看来，天一阁的历史是足以写一部宏伟的长篇史诗的。我们的文学艺术家什么时候能把他们的目光投向这种苍老的屋宇和庭园呢？什么时候能把范氏家族和其他许多家族数百年来的灵魂史祖示给现代世界呢？

（选自余秋雨：《余秋雨的历史散文》，河南文艺出版社，2003年）

注　释

[1] 余秋雨，1946 年生于浙江余姚，中国著名文化学者，理论家、文化史学家、散文家。1966 年毕业于上海戏剧学院戏剧文学系。1980 年陆续出版了《戏剧理论史稿》《中国戏剧文化史述》《戏剧审美心理学》。著有系列散文集《文化苦旅》《山居笔记》《霜冷长河》《千年一叹》《行者无疆》《摩挲大地》《寻觅中华》等，长篇记忆文学《借我一生》《我等不到了》等。[2] 天一阁建于明朝嘉靖年间，是我国最古老的私人藏书楼，保护起来难度很大。[3] 范钦（1506—1585），字尧卿，一作安钦，号东明。明代著名藏书家，浙江鄞县（今浙江省宁波市鄞州区）人。官至兵部右侍郎，酷爱典籍，为官多年，每至一地，广搜图书。嘉靖四十至四十五年（1561—1566），建藏书楼名天一阁。阁四面临水，上通六间为一，中以书橱间隔；其下分六间。为古代藏书楼建筑典范。[4] 黄宗羲，浙江余姚人，明末清初经学家、史学家、思想家、地理学家、天文历算学家、教育家。"东林七君子"之一黄尊素长子。与顾炎武、王夫之、唐甄并称"明末清初四大启蒙思想家"。黄宗羲学问极博，思想深邃，著作宏富，有《明儒学案》《宋元学案》《明夷待访录》等多部著作。

思考与练习

一、"风雨天一阁"中的"风雨"二字的含义是什么？

二、范钦及其后代为建立和保护天一阁做出了哪些努力和牺牲？他们身上体现出了文化守护人怎样的文化良知和人格？

三、从以下三个方面延伸思考，概括文章的主题。

1. 赞扬以范钦为代表的优秀传统知识分子的文化良知和人格。

2. 回顾中国文化保存和流传的艰辛历程，感叹一个古老民族对于文化渴求的悲怆和神圣。

3. 呼吁保护、传播天一阁乃至整个中国的优秀文化，思考传统文化到底该用何种方式健康地传承。

四、阅读余秋雨的《都江堰》《苏东坡突围》《青云谱随想》《白发苏州》等文章，理解李冰、苏东坡、徐渭、唐伯虎等中国古代文人的文化风骨与性情。

麦浪摇

吉布鹰升[1]

解　题

本文语言质朴、清新、充满诗意，情节优美，想象丰富，文笔细腻。本文主要描述了小女孩阿依一家在深秋时节收割燕麦的情景，表现了小女孩天真、可爱、活泼、善良、好奇、懂事等美好品质，又不失对未来的希望和憧憬；体现了纯朴的大山里，人与人、人与大自然之间和谐包容的美好形态；展现了迷人的山地自然风光及其人文景观。可谓语言美，画面美，情感美。

  初秋时节，风儿习习，掀起了一阵阵的麦浪荡漾开来。
  小女孩儿阿依望着风中一波一波的麦浪出神。那些麦浪像柔和的碧波，又像一匹匹徐徐舒展的绸缎。她不禁感叹眼中所见的景色是多么奇妙、多么令人舒畅。
  燕麦种子播撒在地里才三四个月就已经灌浆，现在已没过阿依的头，比她高出了一截。
  当微风带着蒿草淡淡的清香味一阵阵掠过阿依的脸时，她的心里有种莫名的愉悦——这像是个秘密似的，不可言说。
  山里藏有多少不为人知的秘密呢？花儿开了又凋谢，云彩挂在天上又消失……
  云雀的啼啭此起彼伏，不过，进入秋天后就渐渐沉寂了。
  青草已不再如春天时那般鲜嫩，而是露出一点点儿枯黄。
  阿依望望天，天际飘过朵朵白云。
  她想，有些时候天上的白云真像是白羊。她抿着嘴微笑，仰望朵朵白云，想象自己正在放牧白羊。
  如果朵朵白云能扯下来当羊毛，让父亲擀制成毡子，那该多好呀！
  她明知那是不可能的，可还是把小手高高地举了起来，想要把云朵摘下来——虽然永远够不到天空，但这种感觉很美妙。
  一阵子过去，朵朵白云又渐渐化为其他形状，朝四方飘逝。山里的孩子在寂寞的时光里习惯了仰望天空。
  阿依的心灵和瓦蓝的天空一样，空明澄澈。
  日子转瞬即逝。转眼，青青的麦浪已染上金黄——燕麦快要收割了！
  阿依想：多美的麦子啊，简直不能用言语来形容。
  开镰收割了。
  微风掀起金色的麦浪。人们弯腰收麦时，麦子倒伏的景象多么令人迷醉。
  割麦人左手揽着一束麦秆，右手挥舞镰刀。当手中的麦秆累积到一定数量，再用蒿草把麦秆捆扎成一束束的，轻轻抛在身边。
  麦地里惊飞一只鸟，划过湛蓝的天空，啼叫着消失在远方。
  阿依想：一块被收割完的燕麦地像一只被剪了毛的羊，好有趣。
  她的心里虽有收获的快乐，但也有因为一片片美丽的麦田风景即将消失而生发的怅然。
  她的父母割倒了一束束麦子。
  父亲一边捆扎麦子，一边不时地望望天，也望望阿依："阿依，你把麦捆捡起来放在一块儿吧！"
  "我会好好完成任务的！"说完，阿依弯腰捡拾一捆一捆的麦秆。

绑着绿头巾的母亲笑意盈盈:"阿依,你饿了就盛一碗炒面吃吧!"

阿依瞅了母亲一眼:"没事,我现在还不饿。父亲、母亲,你们累了就歇一下。"

……

"炒面真香!"阿依咂咂嘴。炒面在嘴里咀嚼时,麦香味如丝如缕地溢出唇齿。

阿依折了几根麦穗,手顺着麦秆,捋了麦粒,接着开始揉搓,使麸皮脱落。她让脱了麸皮的麦粒在手里滚来滚去,用嘴对着吹气。随着"扑扑"几声,脱落的麸皮被轻轻吹掉了。

这时,她把麦粒倒进嘴里,咀嚼起来。麦香萦绕在她舌尖,香香的。

"父亲,为什么麦子这样香?"

"阿依,一颗颗鲜嫩饱满的麦粒是土地和雨露滋养出来的,是阳光沐浴出来的,当然香了。"

"那些草叶也很香,如蕨草、蒿草……还有很多不知名的草也很香。可是,它们的香味和麦子的香味却是不一样的。"

"每种植物当然有区别于其他植物的地方。"父亲脸上露出笑容。

"燕麦和苦荞的香味也不同。苦荞的香中带有苦味,但那种味道沁人心脾……父亲,这真是太有趣了。"阿依忍不住感叹。

父母身后留下了一片光秃秃的麦茬,田地上遗落了一些残余的麦穗。阿依望着父亲微笑:"我要捡麦穗来赚取学费,我要上学。"

母亲开玩笑说:"女孩子读什么书?长大了要嫁人的哟!"

阿依嘟哝:"我不!我要读书……"

母亲笑了:"那么,你可得好好识字呀!"

"那当然,我将来还要上大学呢!"阿依清澈的眼里带着笑意,"不读书,会什么都不知道的。"她憧憬着未来的美好。

父亲接过话茬:"阿依,你去把麦穗捡拾好。不过,也不能捡拾得太干净了,要给过往的鸟儿留点儿。"秋末,有些候鸟在这里待一段时日后才飞往遥远的异地。来年春天,它们再如约而至,把歌声又带回大山里。

没有鸟鸣的日子,山也寂寞。

阿依蹲在地上,像拾荒者一样捡拾麦穗。

"父亲,我知道,不给鸟儿留一点儿,它们就没有食物。"

"你说得对。这片土地不仅属于我们,也属于那些小鸟和其他生灵。山里的很多植物是被小鸟和风从遥远的地方带来的。"

"蒲公英就是借助风的翅膀来到这里的……"

"还有你不知道的呢!你看,"父亲指着前方不远处的树林说,"那种结出了小小红果子的树就是由小鸟带来这里的。小鸟吃了果子,无法消化坚硬的果核,把它同鸟粪一起排出来。果核落在土里,遇到雨露的滋润,就破壳发芽了。"

"这真有意思!"阿依很佩服父亲的学问,"那么,我们该给小鸟多留点儿麦穗才好呢！以后，这里肯定还会长出很多树木！"她想象着，一棵棵树形成了一片茂密的树林，引来鸟儿快乐地歌唱。

微风轻吻着阿依的脸，她的刘海也被风轻轻吹起。

她抬眼望去，远方的麦浪不由让她唱起了童年的歌谣："麦浪摇啊摇……麦子荡漾，麦香飘盈……"

这是多么美妙幸福的时光。

她多么希望这样的日子慢下来，再慢下来……

（选自吉布鹰升：《麦浪摇》，晨光出版社，2020年）

注　释

[1] 吉布鹰升，中国作家协会会员，出版有《自然课》《麦浪摇》等作品，曾获冰心儿童文学奖、孙犁散文奖等。吉布鹰升擅长以充满诗性的文字，展现大凉山地区独有的美丽传说、纯朴的当地人以及令人神往的自然风光。他的笔下有中国西南地区特有的民族风情，字里行间充溢着诗性的善和美。

思考与练习

一、文中多次提到了鸟儿，它在文中具有怎样的意义？
二、请找出描写小女孩心理活动的句子，体会其内涵。
三、作者如何表现小女孩阿依的形象？
四、文中哪个段落体现了人与自然的和谐相处？
五、你最喜欢课文中的哪一段？请朗读并谈谈为什么。
六、阅读吉布鹰升的另一篇散文《苦荞飘香的时节》，比较它与本文的异同。

傅雷家书（两则）

傅　雷[1]

解　题

《傅雷家书》是由文艺评论家、美术评论家傅雷及其夫人写给儿子的书信编纂而成的一本家信集，书中摘编了傅雷先生在1954年至1966年5月间写就的186封书信，其中最长的一封信长达七千多字。这些书信的字里行间，充满了父亲对儿子的挚爱、期望以及对国家和世界的高尚情感。

一九五四年十月二日

收到九月二十二晚发的第六信,很高兴。我们并没为你前信感到什么烦恼或是不安。我在第八封信中还对你预告,这种精神消沉的情形,以后还是会有的。我是过来人,决不至于大惊小怪。你也不必为此担心,更不必硬压在肚里不告诉我们。心中的苦闷不在家信中发泄,又哪里去发泄呢?孩子不向父母诉苦向谁诉呢?我们不来安慰你,又该谁来安慰你呢?人一辈子都在高潮低潮中浮沉,惟有庸碌的人,生活才如死水一般;或者要有极高的修养,方能廓然无累,真正的解脱。只要高潮不过分使你紧张,低潮不过分使你颓废,就好了。太阳太强烈,会把五谷晒焦;雨水太猛,也会淹死庄稼。我们只求心理相当平衡,不至于受伤而已。你也不是栽了筋斗爬不起来的人。我预料国外这几年,对你整个的人也有很大的帮助。这次来信所说的痛苦,我都理会得;我很同情,我愿意尽量安慰你、鼓励你。克利斯朵夫不是经过多少回这种情形吗?他不是一切艺术家的缩影与结晶吗?慢慢的你会养成另外一种心情对付过去的事:就是能够想到而不再惊心动魄,能够从客观的立场分析前因后果,做将来的借鉴,以免重蹈覆辙。一个人惟有敢于正视现实,正视错误,用理智分析,彻底感悟,终不至于被回忆侵蚀。我相信你逐渐会学会这一套,越来越坚强的。我以前在信中和你提过感情的 ruin[2],就是要你把这些事当作心灵的灰烬看,看的时候当然不免感触万端,但不要刻骨铭心的伤害自己,而要像对着古战场一般的存着凭吊的心怀。倘若你认为这些话是对的,对你有些启发作用,那末将来在遇到因回忆而痛苦的时候(那一定免不了会再来的),拿出这封信来重读几遍。

说到音乐的内容,非大家指导见不到高天厚地的话,我也有另外的感触,就是学生本人先要具备条件:心中没有的人,再经名师指点也是枉然的。

一九五五年一月二十六日

元旦一手扶杖,一手搭在妈妈肩上,试了半步,勉强可走,这两日也就半坐半卧。但和残废一样,事事要人服侍,单独还是一步行不得。大概再要养息一星期方能照常。

早预算新年中必可接到你的信,我们都当作等待什么礼物一般的等着。果然昨天早上收到你(波10)来信,而且是多少可喜的消息。孩子!要是我们在会场上,一定会禁不住涕泗横流的。世界上最高的最纯洁的欢乐,莫过于欣赏艺术,更莫过于欣赏自己的孩子的手和心传达出来的艺术!其次,我们也因为你替祖国增光而快乐!更因为你能借音乐而使多少人欢笑而快乐!想到你将来一定有更大的成就,没有止境的进步,为更多的人更广大的群众服务,鼓舞他们的心情,抚慰他们的创痛,我们真是心都要跳出来了!能够把不朽的大师的不朽的作品发扬光大,传布到地球上每一个角落去,真是多神圣、多光荣的使命!孩子,你太幸福了,天待你太厚了。我更高兴的更安慰的是:多少过分的谀辞与夸奖,都没有使你丧失自知之明,众人的掌声、拥抱,名流的赞美,都没有减少你对艺术的谦卑!总算我的教育没有白费,你二十年的折磨没有白受!你能坚强(不为胜利冲昏了头脑是坚强的最好的证据),只要你能坚强,我就一辈子放了心!成就的大

小、高低，是不在我们掌握之内的，一半靠人力，一半靠天赋，但只要坚强，就不怕失败，不怕挫折，不怕打击——不管是人事上的、生活上的、技术上的、学习上的——打击；从此以后你可以孤军奋斗了。何况事实上有多少良师益友在周围帮助你，扶掖你。还加上古今的名著，时时刻刻给你精神上的养料！孩子，从今以后，你永远不会孤独的了，即使孤独也不怕的了！

赤子之心这句话，我也一直记住的。赤子便是不知道孤独的。赤子孤独了，会创造一个世界，创造许多心灵的朋友！永远保持赤子之心，到老也不会落伍，永远能够与普天下的赤子之心相接相契相抱！你那位朋友说得不错，艺术表现的动人，一定是从心灵的纯洁来的！不是纯洁到像明镜一般，怎能体会到前人的心灵？怎能打动听众的心灵？

斯曼齐安卡说的萧邦协奏曲的话，使我想起前二信你说 Richter[3] 弹柴可夫斯基的协奏曲的话。一切真实的成就，必有人真正的赏识。

音乐院长说你的演奏像流水、像河，更令我想到克利斯朵夫的象征。天舅舅说你小时候常以克利斯朵夫自命，而你的个性居然和罗曼·罗兰的理想有些相像了。河，莱茵，江声浩荡……钟声复起，天已黎明……中国正到了"复旦"的黎明时期，但愿你做中国的——新中国的——钟声，响遍世界，响遍每个人的心！滔滔不竭的流水，流到每个人的心坎里去，把大家都带着，跟你一块到无边无岸的音响的海洋中去吧！名闻世界的扬子江与黄河，比莱茵的气势还要大呢！……黄河之水天上来，奔流到海不复回！……无边落木萧萧下，不尽长江滚滚来！……有这种诗人灵魂的传统的民族，应该有气吞牛斗的表现才对。

你说常在矛盾与快乐之中，但我相信艺术家没有矛盾不会进步，不会演变，不会深入。有矛盾正是生机蓬勃的明证。眼前你感到的还不过是技巧与理想的矛盾，将来你还有反复不已更大的矛盾呢：形式与内容的枘凿，自己内心的许许多多不可预料的矛盾，都在前途等着你。别担心，解决一个矛盾，便是前进一步！矛盾是解决不完的，所以艺术没有止境，没有 perfect[4] 的一天，人生也没有 perfect 的一天！唯其如此，才需要我们日以继夜，终生地追求、苦练；要不然大家做了羲皇上人，垂手而天下治，做人也太腻了！

（选自傅雷：《傅雷家书》，傅敏编，天津社会科学院出版社，2015 年）

注　释

[1] 傅雷（1908—1966），字怒安，号怒庵，中国著名翻译家、作家、教育家、美术评论家。傅雷早年留学法国巴黎大学。他翻译了大量的法文作品，其中包括巴尔扎克、罗曼·罗兰、伏尔泰等名家的著作。[2] ruin：创伤、覆灭。[3] Richter：李赫特，乌克兰钢琴家，被公认为是 20 世纪最伟大的钢琴大师之一。[4] perfect：完美、十全十美。

一、《傅雷家书》传递了家长对后代的教导与期许，两封家书的写作背景分别是什么？告诫了傅聪怎样做人的道理？

二、解析下面句子的含义。

1. 人一辈子都在高潮—低潮中浮沉，唯有庸碌的人，生活才如死水一般；或者要有极高的修养，方能廓然无累，真正的解脱。

2. 太阳太强烈，会把五谷晒焦；雨水太猛，也会淹死庄稼。

三、结合家书内容，说说傅雷心目中"坚强"的含义是什么。

四、作者在第二封信中的喜悦分为哪三个层次？把相应的原文语句找出来。

五、对文中提到的"赤子之心"和"孤独"，你怎么理解？

六、你了解文中提到的克利斯朵夫这个人吗？请查找相关资料了解这一人物。

七、本文是父亲写给孩子的信，请你以孩子的角度给父母写一封坦诚恳切的信。

中国人与山水

罗 兰[1]

解 题

罗兰欣赏中国传统知识分子在自然山水中悟得的人生境界，她认为中国人与自然山水是一个最为和谐的统一，因为他们懂得如何与自然合作，而人类真正的成功不正在于"与自然合作而善用自然"吗？文章洋溢着对中国传统文化的热爱，这在各种文化现象芜杂的当代实属难得。文章优美深刻，清雅灵动，情怀旷达大气。

中国人对山水的看法和西方人有所不同。中国人游山玩水，是持着纯欣赏的态度，而不是持着运动的态度。而西方人则是抱着健行和征服的"壮志"。现在我们也有了这种风气。

过去中国人谈游山，从未见有人说他"征服"了某个冰封雪冻的高山而引以为傲。中国人游山是欣赏它的深邃幽缈、高不可攀、深不可测的含蓄之美，所以说是"寻幽探胜"。"寻"与"探"，都意味着一种小心翼翼的赞叹激赏之情，即使不得不越过穷山恶水，也不以自己此举是一种"征服"。

中国人对山的欣赏，是欣赏它林木森森的含蓄，和人迹罕至的空灵。唐代诗人常用山林来造境，以表达他们的禅思和对大自然的喜爱。因此，他们笔下的山是"石泉淙淙若风雨，桂花松子常满地"的生机，是"只在此山中，云深不知处"的幽谧，是"落叶满空山，何处寻行迹"的隐逸，是在入世的生活中，奋斗浮沉之余，给自己的心灵寻访一个自由逍遥、无人干扰的空间，使人间桎梏得到解脱。所以，中国人游山是纯然精神上的快乐与解脱，绝无一丝欲要"征服"而后快的敌意。

寒山子有诗形容他被认为隐入寒岩的实际境界是：

君问寒山道，寒山路不通。
夏天冰未释，日出雾朦胧。
似我何由届，与君心不同。
君心若似我，还得到其中。

人们不去体会他这首偈语般的诗，而误以为他真的隐入寒岩去了。于是，美国嬉皮起而仿效，结果无功而返。

寒山子并没有去"征服"寒岩，他的"隐入寒岩"是"与君心不同"。所以你要问他"似我何由届"？那就是不懂得中国人所重视的"心境"了。"隐"是心的事，而不是实际行动的事。没有人能在"夏天冰未释，日出雾朦胧"的寒岩生存。寒山子只是不想让人知道他在人世间的某一个角落，避开扰攘纷争的纠缠而已。

如果他真是能在寒岩生存，那他岂不就是今天世界上的登山专家，可以去征服额非尔士峰而毫不费力了？但那又岂是中国诗哲所赞赏追求的境界？

中国诗人都爱山，"五岳寻仙不辞远"，而他们的态度是谦和的，心情是轻松的，出发点是爱与诚服的。他们不觉得山有去"征服"的必要。除非你是像西方侵略者那样，要去别国的边境，偷偷插上一面属于他们自己的国旗。那便不是游山，也不是健行，而变成侵略与偷袭了。

再看中国人对水的态度，也与西方人有所不同。我常觉得中国人都是天生的道家，而道家哲学的具体象征就是"水"。从老子的"上善若水，水善利万物而不争"到"江海所以能为百谷王者，以其善下之"，到庄子《秋水篇》，借河伯与海若来比喻见识的小与大，《渔父篇》，借江上渔父来象征一种不屑世俗义节的超然，都是用"水"来给人造成浩阔博大的思想境界，然后才对照出个人的渺小。因此，中国人游山玩水的"玩"，是"玩味"的玩，而不是介入其中的玩。文人乘月泛舟，静态多于动态，用心灵多于用体力。最高境界的"玩水"，是像苏东坡《赤壁赋》里的玩法，是静观的。由观赏"澄江似练"和"月出于东山之上，徘徊于斗牛之间"而想象到自己可以"羽化而登仙"，最后体悟到"逝者如斯而未尝往也，盈虚者如彼，而卒莫消长也。盖将自其变者而观之，则天地曾不能以一瞬，自其不变者而观之，则物与我皆无尽也……"的哲思。用这种哲思来面对世界宇宙，则不会演变成杀伐黩武或破坏自然生态的可怕结局。

中国人是天生的哲学家，我们几乎可以从日常一切活动之中提炼出令人感动的意义。即使游玩，也不强调表面的体力活动。历来文人与武人都不鼓励匹夫之勇，诗人李白好任侠，喜登山，却不曾听他夸耀过自己"征服"了多少山头，而只是说"五岳寻仙不辞远，一生好入名山游"。他爱水，"举杯邀明月，对影成三人"，甚至传说他醉后想向水中捞月而淹死，不曾听说他创了游过某条长河的纪录。他们饮酒是为了赋诗，游山是为了寻真，玩水是为了旷怀，郊游是为了陶冶性灵。名登山旅行家徐霞客或许比较特殊，他是为了探寻地理山形，不是纯欣赏，但也未闻他以"征服某山"自我夸耀，他只是向大地求知而已。

中国人欣赏山水的态度也可以从山水画中看出。世界各国的画家，除日、韩等亚洲国家，受中国的影响，有专门的山水画家之外，西方国家并不以山水画作为一个画派。也说明了东西两方对世界的看法角度之不同。国画中绝少穷山恶水，纵使孤峰插云，仍不会给人险恶的感觉。多数山水画，在层峦叠嶂之间，细看总有曲径通幽，所谓"已通樵径行还碍，似有人声近却无"。在涧水之上，或有小桥可通山径，隐约可达茅屋一椽，想象当是隐者的居处。即使怪石嶙峋，仍有草木点缀其间。雪景则温柔如堆絮，故宫博物院收藏的后人临摹王维的"雪石图"、燕肃的"寒岩积雪图"，都只使人觉得幽静之至，却又深藏着生机，而不使人感到惊惧可畏，望而却步。五代人所绘"雪渔图"中的渔父，在水滨竹林间，冒雪瑟缩，画家却把他的衣服衬以彩笔着色，立刻使人感到寒中有暖，这渔父，不是无家可归，这是中国古人借艺术所表达的对世界的善意与爱惜，显现温柔敦厚之美。使人无论读诗看画，在孤高超诣之中却能感到无限的温和与安慰。说明尽管文人雅士向往离群索居的隐逸生涯，却并不是真的厌恨人间。王维的《终南别业》，虽然"终年无客常闭关，终日无心常自闲"，但是仍然邀约好友"可以饮酒复垂钓，君但能来相往还"。这样的隐入山中，是十分有感情的。

你也许会说，那是因为写诗作画的人是文人的缘故，所以不以攀登高山去强调勇气与体力。不过，如果你细读中国各式武侠小说，其中却更不乏山中的高人隐士、武林的大侠。他们隐居山林，志节高蹈，是武人中的智者，其生活情调典雅悠闲，是中国人对侠客最崇仰的一项因素。武人也不逞匹夫之勇。武侠小说中之逞强斗力的角色都是配角。在中国武人心中，大自然也是宗师，而不是要求征服的对象。中国武术招式常采取动物的动作，也是以自然为宗师之一例。

"征服"山头，是人与自然站在敌对立场，来显示人类的强大。事实上，人类只可以"到达"某些山头，却并不能"征服"它。中国诗人笔下的"寻幽探胜"是"认识"二字的美化。现代登山者的成功是在于表现艰苦卓绝，克服万难的勇气，但往往因此丧命，可说是"无谓"的牺牲。尤其有些人毫无准备，仅凭血气之勇，逞强入山，结果迷途其中，狼狈呼救，奔命而归，又有什么"英勇"之可言呢？

用"征服"的心情，专找穷山恶水去冒险，和中国式的游山玩水，在趣味上和格调上，是截然不同的两回事。前者是敌对，后者是爱惜。

人类登月是伟大的成功，但与其说这是"征服"了月亮，不如说是超越了自己，创造了历史和进一步了解了大自然。因为月亮上尽管有了人类的足迹，但在人类的世界里，仍然是"何处春江无月明"。

人类有史以来，确实克服了无数自然界的阻力，创造了文明，这是值得夸耀的一面，但人类真正的成功，还是要与自然合作而善用自然，因"征服"而贬损了对自然界的欣赏，固非人类之福；因"征服"破坏了自然界运行的秩序，恐怕更是人类之祸了。

（节选自罗兰：《生命之歌》，海天出版社，1998年）

注　释

[1] 罗兰（1919—2015），原名靳佩，台湾散文家。1919年出生于河北省宁河县芦台镇（今属天津市宁河区），1948年只身到台湾。著有《罗兰小语》《罗兰散文》等多种作品。

思考与练习

一、中国人对山水的"纯欣赏"态度有哪些表现？请结合文章概括作答。

二、文章举旅行家徐霞客一例的作用是什么？请简要分析。

三、文章结尾作者说"人类真正的成功，还是要与自然合作而善用自然"，你怎么看待这个观点？

四、本文行文自然，层次清楚，请具体分析文章的行文思路与层意。

光荣的荆棘路

安徒生[1]

解　题

《光荣的荆棘路》以叙述故事的语言方式，给我们展示了一种存在于人类生活中的无奈现象。作者在文中列举了数个历史人物，并为读者展示了他们生前死后的真实生存际遇。在人类历史中，他们都是曾经或将产生深远影响的一些人，被作者称为"天才的殉道者"。这些人在死后被认为是伟大的人物或是造福人类的善人，而他们生前却往往被看成是另类的、不合时宜的人。他们为了探求真理或人类的幸福之路，不惜与时代抗争，这在后人看来是"光荣"的壮举，但对于其个人却是一条充满血泪的荆棘路。科学进步和历史的前进永远是艰难的，在通向真理的道路上，总有人付出惨重的代价和牺牲。这条路，作者称之为"光荣的荆棘路"，他说"这条光荣的荆棘路，跟童话不同，并不在这个人走到一个辉煌和快乐的终点，但它却超越时代，走向永恒"，这是作者对逝去者的告慰。

　　从前有一个古老的故事："光荣的荆棘路：一个叫做布鲁德的猎人得到了无上的光荣和尊严，但是他却长时期遇到极大的困难和冒着生命的危险。"我们大多数的人在小时已经听到过这个故事，可能后来还谈到过它，并且也想起自己没有被人歌颂过的"荆棘路"和"极大的困难"。故事和真实没有什么很大的分界线。不过故事在我们这个世界里经常有一个愉快的结尾，而真事常常在今生没有结果，只好等到永恒的未来。

　　世界的历史像一个幻灯。它在现代的黑暗背景上，放映出明朗的片子，说明那些造福人类的善人和天才的殉道者在怎样走着荆棘路。

这些光耀的图片把各个时代,各个国家都反映给我们看。每张片子只映几秒钟,但是它却代表整个的一生——充满了斗争和胜利的一生。我们现在来看看这些殉道者行列中的人吧——除非这个世界本身遭到灭亡,这个行列是永远没有穷尽的。

我们现在来看看一个挤满了观众的圆形剧场吧。讽刺和幽默的语言像潮水一般地从阿里斯托芬[2]的"云"喷射出来。雅典最了不起的一个人物,在人身和精神方面,都受到了舞台上的嘲笑。他是保护人民反抗三十个暴君[3]的战士。他名叫苏格拉底[4],他在混战中救援了阿尔西比亚得和生诺风,他的天才超过了古代的神仙。他本人就在场。他从观众的凳子上站起来,走到前面去,让那些正在哄堂大笑的人可以看看,他本人和戏台上嘲笑的那个对象究竟有什么相同之点。他站在他们面前,高高地站在他们面前。

你,多汁的,绿色的毒胡萝卜,雅典的阴影不是橄榄树而是你[5]!

七个城市国家[6]在彼此争辩,都说荷马是在自己城里出生的——这也就是说,在荷马死了以后!请看看他活着的时候吧!他在这些城市里流浪,靠朗诵自己的诗篇过日子。他一想起明天的生活,他的头发就变得灰白起来。他,这个伟大的先知者,是一个孤独的瞎子。锐利的荆棘把这位诗中圣哲的衣服撕得稀烂。

但是他的歌仍然是活着的;通过这些歌,古代的英雄和神仙也获得了生命。

图画一幅接着一幅地从日出之国,从日落之国现出来。这些国家在空间和时间方面彼此的距离很远,然而它们却有着同样的光荣的荆棘路。生满了刺的蓟只有在它装饰着坟墓的时候,才开出第一朵花。

骆驼在棕榈树下面走过。它们满载着靛青和贵重的财宝。这些东西是这个国家的君主送给一个人的礼物——这个人是人民的欢乐,是国家的光荣。嫉妒和毁谤逼得他不得不从这国家逃走,只有现在人们才发现他。这个骆驼队现在快要走到他避乱的那个小镇。人们抬出一具可怜的尸体走出城门,骆驼队停下来了。这个死人就正是他们所要寻找的那个人:费尔杜西[7]——光荣的荆棘路在这儿告一结束!

在葡萄牙的京城里,在王宫的大理石台阶上,坐着一个圆面孔、厚嘴唇、黑头发的非洲黑人,他在向人求乞。他是加莫恩[8]的忠实的奴隶。如果没有他和他求乞得到的许多铜板,他的主人——叙事诗《路西亚达》的作者——恐怕早就饿死了。

现在加莫恩的墓上立着一座贵重的纪念碑。

还有一幅图画!

铁栏杆后面站着一个人。他像死一样的惨白,长着一脸又长又乱的胡子。

"我发明了一件东西——一件许多世纪以来最伟大的发明,"他说,"但是人们却把我放在这里关了二十多年!"

"他是谁呢?"

"一个疯子!"疯人院的看守说,"这些疯子的怪想头才多呢!他相信人们可以用蒸汽推动东西!"

这人名叫萨洛蒙·得·高斯[9],黎显留[10]读不懂他的预言性的著作,因此他死在疯人院里。

现在哥伦布出现了。街上的野孩子常常跟在他后面讥笑他,因为他想发现一个新世界——而且他也就居然发现了。欢乐的钟声迎接着他的胜利的归来,但嫉妒的钟敲得比这还要响亮。他,这个发现新大陆的人,这个把美洲黄金的土地从海里捞起来的人,这个把一切贡献给他的国王的人,所得到的酬报是一条铁链。他希望把这条链子放在他的棺材上,让世人可以看到他的时代所给予他的评价[11]。

图画一幅接着一幅的出现,光荣的荆棘路真是没有尽头。

在黑暗中坐着一个人,他要量出月亮里山岳的高度。他探索星球与行星之间的太空。他这个巨人懂得大自然的规律。他能感觉到地球在他的脚下转动。这人就是伽利略[12]。老迈的他,又聋又瞎,坐在那儿,在尖锐的苦痛中和人间的轻视中挣扎。他几乎没有气力提起他的一双脚:当人们不相信真理的时候,他在灵魂的极度痛苦中曾经在地上跺着这双脚,高呼道:"但是地在转动呀!"

这儿有一个女子,她有一颗孩子的心,但是这颗心充满了热情和信念。她在一个战斗的部队前面高举着旗帜;她为她的祖国带来胜利和解放。空中起了一片狂乐的声音,于是柴堆烧起来了:大家在烧死一个巫婆——冉·达克[13]。是的,在接着的一个世纪中人们唾弃这朵纯洁的百合花,但智慧的鬼才伏尔泰却歌颂"拉·比塞尔"[14]。

在魏堡的宫殿里,丹麦的贵族烧毁了国王的法律。火焰升起来,把这个立法者和他的时代都照亮了,同时也向那个黑暗的囚楼送进一点彩霞。他的头发斑白,腰也弯了;他坐在那儿,用手指在石桌上刻出许多线条。他曾经统治过三个王国。他是一个民众爱戴的国王;他是市民和农民的朋友:克利斯仙二世[15]。他是一个莽撞时代的一个有性格的莽撞人。敌人写下他的历史。我们一方面不忘记他的血腥的罪过,一方面也要记住:他被囚禁了二十七年。

有一艘船从丹麦开出去了。船上有一个人倚着桅杆站着,向汶岛作最后的一瞥。他是杜却·布拉赫[16]。他把丹麦的名字提升到星球上去,但他所得到的报酬是讥笑和伤害。他跑到国外去。他说:"处处都有天,我还要求什么别的东西呢?"他走了;我们这位最有声望的人在国外得到了尊荣和自由。

"啊,解脱!只愿我身体中不可忍受的痛苦能够得到解脱!"好几世纪以来我们就听到这个声音。这是一张什么画片呢?这是格里芬菲尔德[17]——丹麦的普洛米修士——被铁链锁在木克荷尔姆石岛上的一幅图画。

我们现在来到美洲,来到一条大河的旁边。有一大群人集拢来,据说有一艘船可以在坏天气中逆风行驶,因为它本身具有抗拒风雨的力量。那个相信能够做到这件事的人名叫罗伯特·富尔登[18]。他的船开始航行,但是它忽然停下来了。观众大笑起来,并且还"嘘"起来——连他自己的父亲也跟大家一起"嘘"起来:

"自高自大!糊涂透顶!他现在得到了报应!就该把这个疯子关起来才对!"

一根小钉子摇断了——刚才机器不能动就是因了它的缘故。轮子转动起来了,轮翼在水中向前推进,船在开行。蒸汽机的杠杆把世界各国间的距离从钟头缩短成为分秒。

人类啊，当灵魂懂得了它的使命以后，你能体会到在这清醒的片刻中所感到的幸福吗？在这片刻中，你在光荣的荆棘路上所得到的一切创伤——即使是你自己所造成的——也会痊愈，恢复健康、力量和愉快；噪音变成谐声；人们可以在一个人身上看到上帝的仁慈，而这仁慈通过一个人普及到大众。

光荣的荆棘路看起来像环绕着地球的一条灿烂的光带。只有幸运的人才被送到这条带上行走，才被指定为建筑那座联接上帝与人间的桥梁的、没有薪水的总工程师。

历史拍着它强大的翅膀，飞过许多世纪，同时在光荣的荆棘路的这个黑暗背景上，映出许多明朗的图画，来鼓起我们的勇气，给予我们安慰，促进我们内心的平安。这条光荣的荆棘路，跟童话不同，并不在这个人世间走到一个辉煌和快乐的终点，但是它却超越时代，走向永恒。

（选自《外国名家散文经典》，于文心编选，叶君健译，长江文艺出版社，2003年）

注 释

[1] 安徒生（1805—1875），丹麦19世纪著名童话作家，世界文学童话创始人。生于丹麦菲英岛欧登塞的贫民区，没有受过正规教育，一生主要靠稿费维持生活。14岁告别家乡到哥本哈根，下决心要当一个艺术家。1827年，他创作的诗剧《阿尔芙索尔》在皇家艺术剧院演出，引起轰动。安徒生终生未成家室，1875年8月4日因肝癌病逝于朋友——商人麦尔乔家中。代表作品有《丑小鸭》《国王的新衣》《豌豆公主》等。[2] 阿里斯托芬（约公元前446—前385），古代希腊喜剧家。他在剧本《云》里猛烈攻击苏格拉底。[3] 三十个暴君：指用武力夺取政权而建立的个人统治。公元前7至前6世纪，希腊各城邦形成时期，较广泛地出现过这种政权形式。公元前404年，斯巴达打败雅典，在雅典扶植一个30人的委员会，后来被称为"三十僭主政府"。[4] 苏格拉底（公元前470—前399），古代希腊哲学家。他曾在一次战争中救过雅典政治家和军事家阿尔基比阿德斯（约公元前450—前404）的性命。在另一次战争中又救过他的学生希腊的历史学家、军事家和政论家色诺芬（约公元前444—前354）的性命。[5] 雅典政府逼迫苏格拉底喝毒葡萄酒自杀。[6] 古代希腊的每个城市都是一个国家。[7] 这是波斯伟大诗人曼苏尔（Abul Kasim Mansur，940—1020?）的笔名，叙事诗《王书》（Shahnama）的作者。这部诗有六万行，是波斯国王请他写的，并且答应给他每行一块金币。但是诗完成后，国王的大臣却给他每行一块银币。他在盛怒之下写了一首诗讽刺国王的恶劣。这首诗现在就成了《王书》的序言。待国王追捕他时，他已经逃出了国境。[8] 加莫恩（1524?—1580），葡萄牙诗人。他的叙事诗《路西亚达》是葡萄牙最伟大的史诗。生前曾多次被关进监狱。[9] 高斯，法国科学家，著有《动力与各种机器的关系》。[10] 黎塞留（1585—1642），法国首相，曾有一段时间拥有国家最高的权力。[11] 1500年8月24日西班牙政府派人到美洲去把哥伦布逮捕起来，用铁链子把他套着，送回西班牙。[12] 伽利略（1564—1642），意大利著名天文学家。[13] 冉·达克（1412—1431），一译贞德，法国女英雄，她在1429年带领6000人打退英国侵略者，后被人出卖给英国人，被当作巫婆烧死。[14] 伏尔泰（1694—1778），法国著名作家，《拉·比塞尔》是他写的一部关于贞德的史诗。[15] 丹麦的国王克利斯仙二世（1481—1559），联合农民和市民反对贵族专权，但终于被贵族推翻，囚禁起来。他曾经连年对外进行战争。[16] 布拉赫（1546—1601），丹麦著名天文学家，丹麦在汶岛的天文台就是他建立的，"杜却星球"也是他发现的。[17] 格里

芬菲尔德（1635—1699），丹麦大政治家。他的政策是发展工商业以增加国家财富；但首要的条件是保持国际间的和平，特别是与丹麦的邻邦瑞典保持和平。1675年丹麦对瑞典宣战，次年格里芬菲尔德被捕，被判处死刑，后改为终身囚禁。[18] 富尔登（1765—1815），美国发明家，他设计和建造了美国第一艘用蒸汽机推动的轮船。

思考与练习

一、文中作者为我们描述了哪些历史人物？这些人物有何共同特点？

二、安徒生对笔下的人物既感到悲悯，但同时又认为他们非常幸运和幸福，从他们的身上你体会到"荆棘"的含义了吗？你怎么理解作者的说法？

三、本文是一篇独具魅力的历史性散文，请从语言的角度分析本文的写作特色。

四、话题交流：苦难当前我该怎样？（书面完成后口头交流或直接口头作文。）

五、王小波说："人文的事业就是一片着火的荆棘，智者仁人就在这火里走着。"中国的历史发展、文明进程也是一条光荣的荆棘路。在曾经走过"光荣的荆棘路"的古今中外的仁人志士中，选择一两个人物的传记作品进行阅读，体会他们充满曲折而又辉煌的造福于人类的一生。

像山那样思考

奥尔多·利奥波德[1]

解题

山，是永恒的。它沉稳、冷峻、阔大、包容，是大自然智慧的化身；它纵览古今，深刻而冷静地见证着地球上的一切。我们怎样像大山那样去思考呢？本文是一篇文笔简洁洗练的说理性散文，作者选取个性化的角度，以小见大，借着对狼的嗥叫内涵的思考表现人类如何与自然相处这一重大主题，从文中既可以体验到哲人的深刻，又可以领略到诗人的激情和想象。

一声深沉的、骄傲的嗥叫，从一个山崖回响到另一个山崖，荡漾在山谷中，渐渐地消失在漆黑的夜色里。这是一种不驯服的、对抗性的悲哀，和对世界上一切苦难的蔑视情感的迸发。

每一种活着的东西（大概还有很多死了的东西），都会留意这声呼唤。对鹿来说，它是死亡的警告；对松林来说，它是半夜里在雪地上混战和流血的预言；对郊狼来说，它是就要来临的拾遗的允诺；对牧牛人来说，是银行里赤字的坏兆头；对猎人来说，是狼牙抵制弹丸的挑战。然而，在这些明显的、直接的希望和恐惧之后，还隐藏着更加深刻的含义，这个含义只有这座山自己才知道。只有这座山长久地存在着，从而能够客观地去听取一只狼的嗥叫。

不过，那些不能辨别其隐藏的含义的人也都知道这声呼唤的存在，因为在所有有狼的地区都能感到它，而且，正是它把有狼的地方与其他地方区别开来的。它使那些在夜里听到狼叫，白天去察看狼的足迹的人毛骨悚然。即使看不到狼的踪迹，也听不到它的声音，它也是暗含在许多小小的事件中的：深夜里一匹驮马的嘶鸣，滚动的岩石的嘎啦声，逃跑的鹿的砰砰声，云杉下道路的阴影。只有不堪教育的初学者才感觉不到狼是否存在，和认识不到山对狼有一种秘密的看法这一事实。

我自己对这一点的认识，是自我看见一只狼死去的那一天开始的。当时我们正在一个高高的峭壁上吃午饭。峭壁下面，一条湍急的河蜿蜒流过。我们看见一只雌鹿——当时我们是这样认为——正在涉过这条急流，它的胸部淹没在白色的水中。当它爬上岸朝向我们，并摇晃着它的尾巴时，我们才发觉我们错了：这是一只狼。另外还有六只显然是正在发育的小狼也从柳树丛中跑了出来，它们喜气洋洋地摇着尾巴，嬉戏着搅在一起。它们确确实实是一群就在我们的峭壁之下的空地上蠕动和互相碰撞着的狼。

在那些年月里，我们还从未听说过会放过打死一只狼的机会那种事。在一秒钟之内，我们就把枪弹上了膛，而且兴奋的程度高于准确：怎样往一个陡峭的山坡下瞄准，总是不大清楚的。当我们的来复枪膛空了时，那只狼已经倒了下来，一只小狼正拖着一条腿，进入到那无动于衷的静静的岩石中去。

当我们到达那只老狼的所在时，正好看见在它眼中闪烁着的、令人难受的、垂死时的绿光。这时，我察觉到在这双眼睛里，有某种对我来说是新的东西，是某种只有它和这座山才了解的东西，而且以后一直是这样想。当时我很年轻，而且正是不动扳机就感到手痒的时期。那时，我总是认为，狼越少，鹿就越多，因此，没有狼的地方就意味着是猎人的天堂。但是，在看到这垂死的绿光时，我感到，无论是狼，或是山，都不会同意这种观点。

自那以后，我亲眼看见一个州接一个州地消灭了它们所有的狼。我看见过许多刚刚失去了狼的山的样子，看见南面的山坡由于新出现的弯弯曲曲的鹿径而变得皱皱巴巴。我看见所有可吃的灌木和树苗都被吃掉，先变成无用的东西，然后则死去。我看见每一棵可吃的、失去了叶子的树只有鞍角那么高。这样一座山看起来就好像什么人给了上帝一把大剪刀，并禁止了所有其他的活动。结果，那原来渴望着食物的鹿群的饿殍，和死去的艾蒿丛一起变成了白色，或者就在高于鹿头的部分还留有叶子的刺柏下腐烂掉。这些鹿是因其数目太多而死去的。

我现在想，正像当初鹿群在对狼的极度恐惧中生活着那样，那一座山将要在对它的鹿的极度恐惧中生活。而且，大概就比较充分的理由来说，当一只被狼拖去的公鹿在两年或三年就可得到补替时，一片被太多的鹿拖疲惫了的草原，可能在几十年里都得不到复原。

牛群也是如此，清除了其牧场上的狼的牧牛人并未意识到，他取代了用以调整牛群数目的狼以适应其牧场的工作。他不知道像山那样来思考。正因为如此，我们才有了尘

暴,河水把未来冲刷到大海去。

我们大家都在为安全、繁荣、舒适、长寿和平静而奋斗着。鹿用轻快的四肢奋斗着,牧牛人用套圈和毒药奋斗着,政治家用笔,而我们大家则用机器、选票和美金。所有这一切带来的都是同一种东西:我们这一时代的和平。用这一点去衡量成就,全部是很好的,而且大概也是客观的思考所不可缺少的,不过,太多的安全似乎产生的仅仅是长远的危险。也许,这也就是梭罗的名言[2]潜在的含义:这个世界的启示在野性中。大概,这也是狼的嗥叫中隐藏的内涵,它已被群山所理解,却还极少为人类所领悟。

(选自[美]奥尔多·利奥波德:《沙乡年鉴》,侯文蕙译,商务印书馆,2019年)

注　释

[1]奥尔多·利奥波德(1887—1948),美国著名生态学家和环境保护主义先驱,被誉为美国新环境理论的创始者、生态伦理之父。[2]指亨利·戴维·梭罗在其《步行》(*Walking*)中的一句话:"在野性中保留着一个世界。"(In wildness is the preservation of the world.)。

思考与练习

一、"我"对狼的认识态度经过了四个阶段,请分别在文章找到相关提示并进行概括。

二、自然界一旦失去了狼会怎么样呢?请用生物链进行展示。

三、"像山那样思考"究竟是怎样的思考?"人的思考"和"山的思考"有什么不同?据此概括文章主题。

四、分小组收集有关中国当代生态现状的资料,了解日本、美国等发达国家的生态环境变化发展的历史,制作PPT,派小组代表在课堂上进行讲解。

五、课外查找以下资料进行阅读或观看,在此基础上以生态环境保护为主题,写一篇短文(500字以内),文体不限。

1. 《流血的狼》,美国歌手马修·连恩创作的歌词。
2. 诗歌《小鸟在天空消失的日子》,日本诗人谷川俊太郎的作品。
3. 散文《瓦尔登湖》,美国作家亨利·梭罗的作品。

湖　泊

亨利·梭罗[1]

解　题

19世纪中期,美国工业化快速发展给自然环境造成严重破坏,物质主义的泛滥也给人们带来精神危机。不向现实妥协的梭罗走向瓦尔登湖，走向自然，开始了自己的精神探索和生活实践。他将自己的一生奉献给了自然，写下了大量反思人与自然关系的文学作品。他独自在瓦尔登湖畔自己建造的小木屋里渔猎、耕耘、沉思、写作，隐居了两年，以此为题材写成长篇散文集《瓦尔登湖》。"《瓦尔登湖》是一本超凡入圣的好书，严重的污染使人们丧失了田园的宁静，所以梭罗的著作便被整个世界阅读和怀念了。"（乔治·艾略特）

  瓦尔登湖的风景不很起眼，虽然很美，却谈不上壮丽，不常来的人，或不在湖边居住的人也不会对它有多大的兴趣。然而这个湖是这样深，这样纯净，值得加以特别的描写。这是一个清澈的绿色的深池，半英里长，周长一又四分之三英里，面积约六十一英亩半；松树和栎树林中一片四季长存的水源，除了云带来的雨水和蒸发之外，没有任何别的明显的注入和流出。四周的山从水面陡然耸起，高四十到八十英尺，不过在东南和东面的山则分别达到了一百和一百五十英尺，离湖只有四分之一英里和三分之一英里的距离。山上完全被森林覆盖。我们康科德所有的水面至少有两种颜色，一种是从远处看的，另一种是近看的、更接近天然的颜色。前者更多取决于光线，按天空的颜色而变。在晴朗的夏天，从稍远处看是一片蔚蓝色，特别是波浪大的时候，如果距离很远，则显得都是一样的了。在暴风雨的天气，有时呈现出深石板蓝色。不过，据说大海今天蓝，明天绿，而并不是因为天气有了什么感觉得到的变化。我在大雪覆盖大地的时候看见过我们的河流，水和冰都绿得几乎像青草一样。有的人认为蓝色"是纯净的水的颜色，无论是液态还是固态的水"。但是，从船上直接往下看我们的水，会看到有许多不同的颜色。即便从同一个角度看去，瓦尔登湖有时是蓝色，有时是绿色。它置身于地球和天空之间，共享着两者的颜色。从山顶上看，它反射出天空的颜色，但是在近处，在接近湖岸能够看见沙子的地方，水带上了微黄色，然后逐渐呈浅绿色，再加深，到湖的主体部分一律呈深绿色。在有的光线之下，即使从山顶看去，近岸处也是一片鲜绿色。有人认为这是由于青葱的草木的反射；但是挨着铁路沙坝的地方，湖水也一样鲜绿，在春天，树叶没有伸展开之前，这可能只是主导的蓝色和沙子的黄色混合后的结果。这就是湖的彩虹色泽。春天，也是这块地方，冰被湖底反射的及大地传播的太阳的热量晒暖，首先融化，在仍然封冻的湖心周围形成了一条窄窄的水道。和我们其他的水面一样，在晴朗的天气下，浪大的时候，波浪的表面会以直角的角度反映出天空的颜色，或许因为更多的光线混在一起，在一定的距离之外显得水色比天空的蓝色要深一些；在这样的时候在湖上四处眺望水上的倒影，我注意到了一种无可比拟、难以描述的浅蓝色，像轧上波纹的丝绸或闪光丝绸和剑锋的色彩，比天空本身还要湛蓝，与波浪另一面原来的深绿色交相闪现，相比之下，深绿色显得朦胧暗淡了。在我的记忆中，这是一种玻璃般的绿蓝色，就像冬季日落前西边云团之间露出的片片蓝天。然而把一杯湖水举在亮光中看，它就像同量的空气一样无色。众所周知，一大块厚玻璃会带上点绿色，据制造玻璃的人说，那是因为它的"量"的关系，而一小块同样的玻璃就会是无色的。我从来没有能够证实过，

需要多大的量的瓦尔登湖湖水，才能泛出这样的绿色来。如果直接往下看，我们的河水的颜色是黑色或非常深的棕色，和多数湖泊里的水一样，会使在里面洗澡的人身上发黄；但是瓦尔登湖的水是如此晶莹纯净，使洗澡人的身体显得像雪花石膏般洁白，更为反常的是，四肢在水里被放大和扭曲了，产生了一种怪异的效果，值得像米开朗基罗这样的人去研究。

湖水清澈得可以很容易地看到二十五或三十英尺下的湖底。在湖面上划船，你可以看到在水面许多英尺以下有大群的小鲈鱼和小银鱼，也许只有一英寸长，但是可以通过它们身上的横纹很容易把前者识别出来，你会认为在那里寻求生存的必定是苦行鱼。许多年前的冬天，有一次，我为了捕捉狗鱼在冰上凿洞，上岸的时候，我把斧子扔回到冰面上，但是，仿佛有什么妖魔作怪，斧子出溜了四五杆后直接落进了一个冰洞里，那里的水有二十五英尺深。出于好奇，我平躺在冰面上往洞里张望，直到看见了那把斧子头朝下稍偏一点地立在那里，斧柄直直地随着湖水的节奏微微晃动；如果我没有去动它，它可能会一直立在那里晃动，直到岁月使斧柄腐烂脱落。我用我的一把凿冰的凿子在斧子的正上方又凿了一个洞，用刀子砍下了在附近能够找得到的最长的桦树条，做了一个活结套，绑在桦树条的一头，然后小心地放下去，套在斧子柄端的圆疙瘩上，用沿桦树条放下的一根绳子拉住，把斧子提了上来。

湖岸是由像铺路石一样光滑的白色圆石头构成的狭长的一条，只有一两处短短的沙滩，湖滨很陡，在许多地方，只要纵身一跳，就能把你带进没顶深的水里；如果不是由于湖水出奇的清澈，就要到对岸湖底上升的地方才能再看见湖底了。有人认为这湖深得没有底。湖水没有一处是浑浊的，一个漫不经心的观察者会说，湖里根本没有水草；至于看得见的植物，除了在新近被淹没的那些小片草地里有，而这些草地并不真正是湖的一部分，在别的地方再仔细查看也发现不了一棵菖蒲或一根灯芯草，甚至连睡莲——无论是黄色的还是白色的——都没有，最多只有几片小小的心形叶子和河蓼草，也许还有一两棵水盾草；然而一个洗澡的人不一定看得见这些；这些植物和它们生长其中的水一样清亮。岩石伸进水中约一两杆，然后水底就完全是细沙了，只有在最深的地方才常会有一些沉积物，也许是多少个秋季飘到水面的落叶腐烂沉淀的结果，而且即使在隆冬时节，起锚时也会带上鲜绿色的水草来。

我们还有另外一个和它一样的小湖，是坐落在往西大约两英里半的叫做九英亩角地方的白湖；但是，虽然我熟悉以瓦尔登湖为中心，方圆十二英里之内的大多数湖泊，却找不出第三个有这样清纯和矿泉般特点的湖。也许一个又一个民族都相继喝过它的水，赞赏过、探测过它，又一个个地消失了，而它的水依然那样绿，那样清澈透明。每个春天是如此，无一例外！也许在那个春天的早晨，当亚当和夏娃被逐出伊甸园的时候，瓦尔登湖就已经存在了，甚至在那时，随着薄雾和南风下起了绵绵春雨，湖水起了浪，湖面布满了大群的野鸭和大雁，它们并不知道人被逐出伊甸园一事，有这样清纯的湖就足够了。即使在那时，湖水已开始涨落，变得晶莹纯净，并使它染上了现在的这个颜色，拥有了上天给与的专利，成为世界上独一无二的瓦尔登湖，以及天国露水的蒸馏器。有谁知道，在多少个被忘却的民族的文学作品中，这个湖都一直是卡斯塔利亚[2]诗歌灵感之泉？又有谁知道，什么样的山林水泽的仙女，在古代神话中的黄金时代里曾是这里的主人？它是康科德皇冠上一颗最为璀璨的宝石。

（节选自［美］梭罗：《瓦尔登湖》中《湖泊》篇，王家湘译，北京十月文艺社出版，2019年。有删节）

注　释

[1] 亨利·梭罗（1817—1862），美国著名作家、自然主义者、改革家和哲学家。他于1845年春天在老家康科德城的瓦尔登湖边建起一座木屋，过起自耕自食的生活，并在那里写下了著名的《瓦尔登湖》一书。[2] 卡斯塔利亚泉是希腊神话中帕纳塞斯山上的一处清泉，被看作太阳神和文艺女神们的圣地。

思考与练习

一、文章第一段的"瓦尔登湖虽然很美，但并不宏伟，……未必被它吸引住"这句话有什么作用？

二、瓦尔登湖的颜色有怎样细腻而丰富的变化？请分条列述。"斧子掉到湖中又钩起来"这一细节描写在文中有什么作用？

三、通过作者所描写的瓦尔登湖纯净的湖水，可以看出作者什么样的心境？

四、推荐阅读《瓦尔登湖》。有人说《瓦尔登湖》有五种读法：①作为一部自然的书籍；②作为自力更生、简单生活的指南；③作为批评现代生活的一部讽刺作品；④作为一部文学名著；⑤作为一本神圣的书。谈谈你的看法并简述理由。

第三篇 小 说

一、小说的含义

小说是一种以刻画人物形象为中心，通过描述相对完整的故事情节和具体的环境来反映社会生活的叙事性文学体裁。在我国，小说的最初形式为上古的神话传说和先秦的寓言故事，中经魏晋南北朝时期志怪小说、志人小说的产生期、唐代传奇的成熟期，宋代开始以小说作为故事性文体的专称，有白话小说话本，至明清则是小说的繁荣期，以四大名著为代表的小说发展到了顶峰状态。小说在反映生活的广度和深度方面，在描写和表现生活的容量方面，都长于其他体裁的文学作品。而且，由于小说是以人物塑造为中心的一种文学样式，在人物性格刻画、环境描写、情节叙述、结构安排、语言运用等方面都有突出的特点，与诗歌、散文相比有明显的区别。由于这些原因，小说这一体裁在世界各国都获得了高度的发展，成为最流行的一种文学体裁。

二、小说的分类

按照不同的标准，可将小说分为不同的种类。例如，按照写作体制，可分为章回体、日记体、书信体、自传体；按照小说作品题材的性质，可分为历史小说、科幻小说、武侠小说、言情小说、侦探小说等；按照语言形式，可分为文言小说、白话小说。各种分类都是相对的，并无截然的界限。一般情况下，人们按照小说的篇幅及容量将其分为长篇小说、中篇小说、短篇小说。

（一）长篇小说

长篇小说一般为10万字以上的小说。由于篇幅浩大，长篇小说能深刻广泛地反映社会生活，面广量大，人物形象众多，描写细致深刻，可以多方面、多角度地刻画人物性格，甚至细致入微地展现人物性格曲折的发展变化过程。如《水浒传》就塑造了上百个人物形象，其中林冲、武松、鲁智深、李逵等不少梁山好汉的形象称得上是具有高度概括性的典型人物。作家正是通过这些不同人物所构成的各种复杂的社会关系来展示社会生活的。另外，长篇小说为了与广阔的生活场景和众多的人物相适应，设置了较多的线索和复杂的情节结构，它们之间相互穿插贯连，方式多样。

（二）中篇小说

中篇小说一般有3万~10万字，虽取材范围较宽，但一般只是展示人物人生长河中的一个片断，不宜多线索发展。情节也可以曲折复杂，但场景难以铺展开来。人物亦不宜过多，否则难以细化人物性格的发展演变。但与短篇小说相比，中篇小说仍有较多的人物、事件和较丰富的情节，可以较全面地反映一定范围的社会生活。如鲁迅的中篇小说《阿Q正传》虽篇幅不长，但通过描写阿Q的生活经历和"精神胜利法"的思想特点，高度概括地表现了几千年来在封建文化的压制下形成的中国国民性的弱点，表现了资产阶级旧民主主义革命阶段的历史面貌。

（三）短篇小说

短篇小说篇幅短小，一般为3万字以内，人物较少，情节单纯，场景也不能太杂，往往只截取一个生活片断，集中塑造个别人物形象，来反映社会生活本质，可谓"以小见大"。如契诃夫的《小公务员之死》，通过日常生活的一个笑话，无情嘲讽和揭露专制制度和小市民的奴性心理，揭示了普遍的社会问题，使简单的一个场景、一些片断、一个侧面包含了巨大的社会意义和深刻的思想内涵。

近年来，又兴起了比短篇小说更短的小小说，又称千字小说、微型小说等，一般在千字以内。它聚焦于生活中的一个小"镜头"，在生活的一鳞半爪中表达一定的思想见解，可谓"见微知著"。小小说出场的人物少，主要人物更少；一般不作细致的环境描写，情节集中，头绪不多，章法与结构简洁明快。

三、小说的特点

小说是一种以相对完整的艺术形象体系，细致、逼真地反映社会人生的散文体文学样式。和诗歌、戏剧、散文等其他种类的文学样式相比，小说的容量较大，既可以细致深入、多方位地刻画人物思想性格，展示人物命运；又可以通过完整的情节表现错综复杂的社会人生的矛盾冲突；同时还可以具体形象地描绘人物生活的环境。总体来说，人物、故事情节、环境（自然环境和社会环境）是小说的三个基本要素，小说需在三者的有机融合中，充分展示广阔丰富的社会生活。因此，小说的基本特征表现为以下三点。

（一）细致而多方面地刻画人物形象

人是现实世界的主人公，也是小说世界的主人公。人物是小说的核心要素。小说反映社会生活的主要手段就是塑造人物形象。小说中的人物，我们称为典型人物。这个人物是作者根据现实生活创作出来的，他不同于真人真事，"杂取种种，合成一个"，通过典型的人物形象反映生活，更集中、更有普遍的代表性。塑造人物形象是小说反映社会生活的主要手段。为了塑造栩栩如生的人物形象，小说可运用多种手法来表现人物性格。常见的塑造人物形象的方法有肖像描写、心理描写、行动描写、语言描写。如在钱锺书的小说《围城》中，大哲学家褚慎明自称一生最恨女人，眼睛近视而不配眼镜是因为怕看清女人的脸，同时声称自己人性里只有天性没有兽性，但苏小姐一出现，他"害眼馋痨地看着苏小姐，大眼珠仿佛哲学家谢林的'绝对观念'，像'手枪里的弹出的子弹'，险的突出眼眶，迸碎眼镜"。对人物神态的传神刻画，活生生再现了一个色鬼卑鄙下流的丑相，揭示出其肮脏的灵魂。更可笑的是，因为美貌的苏文纨跟他讲"心"，大哲学家竟激动过头，"夹鼻眼镜泼剌一声直掉在牛奶杯里"。这一生动的细节，大大嘲笑了这个道貌岸然的伪君子。作者就是通过对人物入木三分的刻画，塑造了出既有个性又有共性的褚慎明之类的上层知识分子的丑陋形象，使艺术形象以其鲜明独特的个性形式揭示了社会生活中"无毛两足动物的基本根性"，反映了普遍的、超越时代的共同的人性与生活世态。

从另外的角度看，对人物的描写还有正面描写与侧面描写、细描与白描等。小说塑造人物的手段可以是概括介绍，可以是具体的描写，可以写人物的外貌，也可以刻画人物的心理活动；既可以写人物的行动对话，也可以适当插入作者的议论；既可以正面起笔，也可以侧面烘托。总之，作家可以灵活自由地运用多种表现手段，多角度、精细地刻画人物典型性格，为主题思想服务。

（二）生动而完整地叙述故事情节

小说主要是通过故事情节来展现人物性格、表现中心思想的。情节是文学作品中所描写的以表现主题或人物性格的一系列有组织的生活事件的发展过程，情节的基础是人物性格，它是人物性格斗争和发展的过程。小说的主题就是小说通过对现实生活的描绘和艺术形象的塑造所表现出来的中心思想。小说情节起着展示人物性格、表现作品主题的作用。因此，生动丰富的情节是小说的特点，通过它，小说才能充分展示人物之间、人物与环境之间的复杂关系，细致地刻画人物性格，从而反映深广的社会生活。《水浒传》中北宋末年的各种复杂的社会关系就是通过大量生动的情节描写得以体现的，如"豹子头误入白虎节堂""林冲雪夜上梁山""鲁智深大闹野猪林"等情节就生动地展现了林冲与高俅的矛盾斗争，凸现了林冲的鲜明性格，表现了"逼上梁山"的深刻思想意义。

情节的基本组成部分是开端、发展、高潮、结局，有的还包括序幕、尾声。故事情节来源于生活，但它通过整理、提炼和安排，就比现实生活中发生的真事更集中，更完整，更具有代表性。

（三）充分而具体地展示人物活动的环境

小说中的环境是形成人物性格、驱使其行动的特定场所，是围绕着人物、形成其性格、驱使其行动的一切外部条件的总和。因此，环境对人物性格的体现起着强化作用。

环境既是人物生活的背景，也是小说艺术的重要描写对象。现实主义小说把环境描写视为塑造好人物形象的必要条件，"真实地再现典型环境中的典型人物"是现实主义小说的原则。小说的环境描写与人物的塑造及中心思想的表现有着极其重要的关系。环境包括自然环境和社会环境两方面。其中，社会环境是重点，主要交代作品的时代背景，揭示种种复杂的社会关系，如人物的身份、地位、成长的历史背景等，从而充分地刻画人物和表现作品的社会意义。自然环境主要包括人物活动的时间、地点、景物，用以烘托气氛，表现人物的感情等。环境最终还是为揭示人物性格、表现主题服务的。如郁达夫的《迟桂花》在"我"和翁莲上山一段，为我们描绘了多彩的景致和细腻的感情，创造了引人入胜的优美情境。"早晨的空气，实在鲜澄得可爱""小路两旁的细草上，露水还没有干，而一味清凉触鼻的绿色草气，和人在桂花香味之中，闻了好像是宿梦也能摇醒的样子""一片如同呵了一气的湖光"等运用移觉的手法营造了清幽怡人的人物活动环境。这里，景物并不是片断的孤立之物，而是作者通过渲染环境来表现心境、衬托人物性格的依托。无论是空气、香风、湖雾，都和人物密切相关。作者正是用澄鲜的空气、幽香的清风，以至触目的野景等一系列山乡风物，营造出清幽灵秀、超尘脱俗的境界，来烘托和大自然融合为一的翁莲那自然、优美、健全、本真的人性，在她那洋溢着乡土气息的率直天真、纤毫无染的品性的浸染下，任何世俗的卑念最终都会荡然无存。随着"我"和翁莲兄妹相称，卑念向纯净转化，小说的境界更为悠远清澈，这样，山间清幽恬静的景致与天然本真的人物性格、与纯洁无邪的情感世界巧妙融合，自然美衬托着人物的精神美，人物的这种内在的美又增加了自然美，使文章充溢着震撼人心的透彻纯净之美。

当然，随着现代主义思潮的影响，小说的观念也在不断更新，小说的审美特征也在不断发展变化，如出现了由外在性格特征的描绘转向内心情绪、意识、潜意识的描绘，情节萎缩而对人物感觉的描绘膨胀，象征寓意取代对客观世界的真实模拟再现，意境的营造取代对客观环境充分而实在的描绘等趋势，我们不宜用统一固定的观念模式来看待小说。

四、小说的鉴赏

经过长期的发展，古今小说形成了一定的差异，特别是现代派小说有很多反传统的主张和做法。但从小说在典型环境中、在故事情节的发展中塑造典型性格这一表达主题的方式来看，基本还是相同的。因此，鉴赏小说还应从人物、情节、环境这三方面入手。

（一）鉴赏典型性格

鉴赏小说，主要是鉴赏典型性格，要分析小说中的人物，尤其要重点分析主要人物的性格特征。分析人物，首先可以分析人物外貌、动作、细节、语言、心理活动的直接描写，从多方面准确地把握人物形象的特征。当然，小说创作也常用间接描写的方法塑造典型性格，以描写其他人物来衬托、表现主要人物的性格特征。其次，应联系作品背景，着重分析人物与人物、人物与环境的矛盾冲突。最后，还需思考和发掘人物形象的思想意义。

（二）熟悉故事情节

可采用朗读、编写提纲、复述内容等方式，在此基础上分析情节。分析时既要掌握情节发展的连贯性和完整性，从开端、发展、高潮、结局的全过程来全面地理解作品的思想内容，又不能对情节发展的各个阶段平均用力，应当把主要精力放在分析情节的发展和高潮部分。鉴赏小说的故事情节，要紧紧联系人物的典型性格，因为小说的任何一个情节都是为塑造人物和表现主题服务的。应着意体会故事情节中体现的矛盾斗争，为鉴赏典型性格做好铺垫。要扣住故事情节的发展，着意体会作品对人物所作诸多描写的表现力量。可以在脑海中展开故事情节，展现生活图景，浮现人物形象，展开人物活动，铺开相关人物语言、行动所体现的矛盾斗争，着意体会典型人物在这矛盾斗争中的语言、行动等的表现意义，深刻理解典型人物的性格特征；从接触活生生的人物形象当中受到形象的感染，从体会人物个性当中理解人物性格的典型意义，理解作品的主题及其社会意义。这是鉴赏故事情节的目的，也是鉴赏典型性格的前提条件。

（三）分析环境描写

小说中的人物与环境有着很密切的关系。人物所处的时代背景、阶级关系、社会风貌以及自然景物等都是通过环境描写展现出来的。分析环境描写，可以加强对人物性格的理解和把握，从而更好地理解作品的思想意义。因此，分析环境描写，不应当孤立地进行，而应当与人物形象的分析结合在一起，即使是自然景物的描写，也是与人物的心理状态乃至性格特征相对应的。

另外，鉴赏小说还可从作品的章法结构、作家独特的语言风格及表现手法等方面进行。总之，对于一部好的小说，我们不仅要清楚它的人物性格、故事情节、主题思想等基本要素，还应学习它独具特色的优秀之处。

一、小说的基本要素是什么？各自体现出怎样的特点？

二、人物是小说的灵魂，分析人物的典型性格、理解人物形象的典型意义是鉴赏小说的中心任务。利用课余时间阅读《围城》一书，写一篇评论，分析书中主要人物的个性特征，理解知识社会中这些病态人物的形象意义，谈谈《围城》这部作品的思想意义。

三、作文练习。

写一篇一千字以内的微型小说。要求：1. 思想健康、内容充实。2. 情节简单、结构简洁、线索分明。3. 用简笔勾勒的方式集中塑造一两个人物形象，借以反映生活的一鳞半爪。

俞伯牙摔琴谢知音

冯梦龙[1]

解 题

　　这篇明代话本小说是冯梦龙编纂的短篇小说集"三言"中第二部《警世通言》的第一篇，讲述春秋时期（小说中统称为"春秋战国时"）俞伯牙和钟子期偶然相识并结为"知音"的故事。这个故事歌颂了文人雅士超尘脱俗的友谊，传达出"声气相求"的"知音"的理念，与"三言"中其他写市井交谊的作品相比，具有封建士大夫阶层注重精神交往的空灵特质。

　　　　浪说[2]曾分鲍叔金，谁人辨得伯牙琴！
　　　　于今交道奸如鬼，湖海[3]空悬一片心。

　　古来论交情至厚，莫如管鲍。管是管夷吾，鲍是鲍叔牙。他两个同为商贾，得利均分。时管夷吾多取其利，叔牙不以为贪，知其贫也；后来管夷吾被囚，叔牙脱之，荐为齐相。这样朋友，才是个真正相知。这相知有几样名色：恩德相结者，谓之知己；腹心相照者，谓之知心；声气相求[4]者，谓之知音，总来叫做相知。今日听在下说一桩俞伯牙的故事。列位看官们，要听者，洗耳而听；不要听者，各随尊便。正是：

　　　　知音说与知音听，不是知音不与谈。

　　话说春秋战国时，有一名公，姓俞名瑞字伯牙，楚国郢都人氏，即今湖广荆州府之地也。那俞伯牙身虽楚人，官星[5]却落于晋国，仕至上大夫之位。因奉晋主之命，来楚国修聘[6]。伯牙讨这个差使，一来是个大才，不辱君命；二来就便省视乡里，一举两得。当时从陆路至于郢都，朝见了楚王，致了晋主之命。楚王设宴款待，十分相敬。那郢都乃是桑梓[7]之地，少不得去看一看坟墓，会一会亲友。然虽如此，各事其主，君命在身，不敢迟留。公事已毕，拜辞楚王。楚王赠以黄金彩缎，高车驷马[8]。伯牙离楚一十二年，思想故国江山之胜，欲得恣情观览，要打从水路大宽转[9]而回。乃假奏楚王道："臣不幸有犬马之疾[10]，不胜车马驰骤。乞假臣舟楫，以便医药。"楚王准奏，命水师拨大船二只，一正一副。正船单坐晋国来使，副船安顿仆从行李。都是兰桡画桨，锦帐高帆，甚是齐整。群臣直送至江头而别。

　　　　只因览胜探奇，不顾山遥水远。

　　伯牙是个风流才子，那江山之胜，正投其怀。张一片风帆，凌千层碧浪，看不尽遥山叠翠，远水澄清。不一日，行至汉阳江口。时当八月十五日，中秋之夜，偶然风狂浪涌,大雨如注。舟楫不能前进,泊于山崖之下。不多时,风恬浪静,雨止云开,现出一轮明月。那雨后之月,其光倍常。伯牙在船舱中,独坐无聊,命童子:"焚香炉内,待我抚琴一操[11],以遣情怀。"童子焚香罢,捧琴囊置于案间。伯牙开囊取琴,调弦转轸[12],弹出一曲。曲犹未终,指下"刮剌"的一声响,琴弦断了一根。伯牙大惊,叫童子去问船头:"这住船所在是甚么去处?"船头[13]答道:"偶因风雨,停泊于山脚之下,虽然有些草树,并无人家。"伯牙惊讶,想道:"是荒山了。若是城郭村庄,或有聪明好学之人,盗听吾琴,所以琴声忽变,有弦断之异。这荒山下,那得有听琴之人?哦,我知道了,想是有仇家差来刺客;不然,或是贼盗伺候更深,登舟劫我财物。"叫左右:"与我上崖搜检一番。不在柳阴深处,定在芦苇丛中!"

左右领命,唤齐众人,正欲搭跳[14]上崖。忽听岸上有人答应道:"舟中大人,不必见疑。小子并非奸盗之流,乃樵夫也。因打柴归晚,值骤雨狂风,雨具不能遮蔽,潜身岩畔。闻君雅操,少住听琴。"伯牙大笑道:"山中打柴之人,也敢称'听琴'二字!此言未知真伪,我也不计较了。左右的,叫他去罢。"那人不去,在崖上高声说道:"大人出言谬矣!岂不闻'十室之邑,必有忠信。''门内有君子,门外君子至。'大人若欺负山野中没有听琴之人,这夜静更深,荒崖下也不该有抚琴之客了。"

伯牙见他出言不俗,或者真是个听琴的,亦未可知。止住左右不要啰唣,走近舱门,回嗔作喜的问道:"崖上那位君子,既是听琴,站立多时,可知道我适才所弹何曲?"那人道:"小子若不知,却也不来听琴了。方才大人所弹,乃孔仲尼叹颜回,谱入琴声。其词云:'可惜颜回命蚤亡,教人思想鬓如霜。只因陋巷箪瓢乐[15],……'到这一句,就断了琴弦,不曾抚出第四句来,小子也还记得:'留得贤名万古扬。'"伯牙闻言大喜道:"先生果非俗士,隔崖弯远[16],难以问答。"命左右:"掌跳,看扶手,请那位先生登舟细讲。"左右掌跳,此人上船,果然是个樵夫:头戴箬笠,身披蓑衣,手持尖担,腰插板斧,脚踏芒鞋。手下人哪知言谈好歹,见是樵夫,下眼相看:"咄,那樵夫下舱去,见我老爷叩头,问你甚么言语,小心答应。官尊着哩。"樵夫却是个有意思的,道:"列位不须粗鲁,待我解衣相见。"除了斗笠,头上是青布包巾;脱了蓑衣,身上是蓝布衫儿;搭膊[17]拴腰,露出布裈[18]下截。那时不慌不忙,将蓑衣、斗笠、尖担、板斧,俱安放舱门之外。脱下芒鞋,跐[19]去泥水,重复穿上,步入舱来。官舱内公座上灯烛辉煌。樵夫长揖而不跪,道:"大人,施礼了。"俞伯牙是晋国[20]大臣,眼界中那有两接的布衣[21]。下来还礼,恐失了官体,既请下船,又不好叱他回去。伯牙没奈何,微微举手道:"贤友免礼罢。"叫童子看坐的。童子取一张杌坐儿[22]置于下席。伯牙全无客礼,把嘴向樵夫一弩,道:"你且坐了。"你我之称,怠慢可知。那樵夫亦不谦让,俨然坐下。

伯牙见他不告而坐,微有嗔怪之意,因此不问姓名,亦不呼手下人看茶。默坐多时,怪而问之:"适才崖上听琴的,就是你么?"樵夫答言:"不敢。"伯牙道:"我且问你,既来听琴,必知琴之出处。此琴何人所造?抚他有甚好处?"正问之时,船头来禀话:"风色顺了,月明如昼,可以开船。"伯牙分付:"且慢些!"樵夫道:"承大人下问。小子若讲话絮烦,恐担误顺风行舟。"伯牙笑道:"惟恐你不知琴理。若讲得有理,就不做官,亦非大事，何况行路之迟速乎！"

樵夫道："既如此，小子方敢僭谈[23]。此琴乃伏羲氏所琢，见五星[24]之精，飞坠梧桐，凤皇来仪[25]。凤乃百鸟之王，非竹实不食，非梧桐不栖，非醴泉不饮。伏羲以知梧桐乃树中之良材，夺造化之精气，堪为雅乐，令人伐之。其树高三丈三尺，按三十三天之数；截为三段，分天、地、人三才。取上一段叩之，其声太清，以其过轻而废之；取下一段叩之，其声太浊，以其过重而废之；取中一段叩之，其声清浊相济，轻重相兼。送长流水中，浸七十二日，按七十二候[26]之数。取起阴干，选良时吉日，用高手匠人刘子奇制成乐器。此乃瑶池[27]之乐，故名瑶琴。长三尺六寸一分，按周天三百六十一度；前阔八寸，按八节[28]；后阔四寸，按四时；厚二寸，按两仪[29]。有金童头、玉女腰、仙人背[30]、龙池、凤沼[31]、玉轸、金徽[32]。那徽有十二，按十二月；又有一中徽，按闰月。先是五条弦在上，外按五行：金、木、水、火、土；内按五音：宫、商、角、徵、羽[33]。尧舜时操五弦琴，歌《南风》诗，天下大治。后因周文王被囚于羑里，吊子伯邑考[34]，添弦一根，清幽哀怨，谓之文弦。后武王伐纣，前歌后舞，添弦一根，激烈发扬，谓之武弦。先是宫、商、角、徵、羽五弦，后加二弦，称为文武七弦琴。此琴有六忌、七不弹、八绝。何为六忌？一忌大寒，二忌大暑，三忌大风，四忌大雨，五忌迅雷，六忌大雪。何为七不弹？闻丧者不弹，奏乐不弹，事冗不弹，不净身不弹，衣冠不整不弹，不焚香不弹，不遇知音者不弹。何为八绝？总之清奇幽雅，悲壮悠长。此琴抚到尽美尽善之处，啸虎闻而不吼，哀猿听而不啼。乃雅乐之好处也。"

伯牙听见他对答如流，犹恐是记问之学。又想道："就是记问之学，也亏他了。我再试他一试。"此时已不似在先你我之称了，又问道："足下既知乐理，当时孔仲尼鼓琴于室中，颜回自外入，闻琴中有幽沉之声，疑有贪杀之意，怪而问之。仲尼曰：'吾适鼓琴，见猫方捕鼠，欲其得之，又恐其失之。此贪杀之意，遂露于丝桐[35]。'始知圣门音乐之理，入于微妙。假如下官抚琴，心中有所思念，足下能闻而知之否？"樵夫道："《毛诗》云：'他人有心，予忖度之。'大人试抚弄一过，小子任心[36]猜度。若猜不着时，大人休得见罪。"伯牙将断弦重整，沉思半晌，其意在于高山，抚琴一弄。樵夫赞道："美哉洋洋乎！大人之意，在高山也。"伯牙不答。又凝神一会，将琴再鼓，其意在于流水。樵夫又赞道："美哉汤汤[37]乎！志在流水。"只两句，道着了伯牙的心事。伯牙大惊，推琴而起，与子期施宾主之礼。连呼："失敬！失敬！石中有美玉之藏，若以衣貌取人，岂不误了天下贤士！先生高名雅姓？"樵夫欠身而答："小子姓钟，名徽，贱字子期。"伯牙拱手道："是钟子期先生。"子期转问："大人高姓？荣任何所？"伯牙道："下官俞瑞，仕于晋朝，因修聘上国[38]而来。"子期道："原来是伯牙大人。"伯牙推子期坐于客位，自己主席相陪，命童子点茶[39]。茶罢，又命童子取酒共酌。伯牙道："借此攀话，休嫌简亵[40]。"子期称："不敢。"

童子取过瑶琴，二人入席饮酒。伯牙开言又问："先生声口是楚人了，但不知尊居何处？"子期道："离此不远，地名马安山集贤村，便是荒居。"伯牙点头道："好个集贤村。"又问："道艺[41]何为？"子期道："也就是打柴为生。"伯牙微笑道："子期先生，下官也不该僭言,似先生这等抱负,何不求取功名,立身于廊庙,垂名于竹帛[42]?却乃赍志[43]林泉,混迹樵牧,与草木同朽?窃为先生不取也。"子期道:"实不相瞒,舍间上有年迈二亲,下无手足相辅。采樵度日,以尽父母之馀年。虽位为三公[44]之尊,不忍易我一日之养也。"伯牙道:"如此大孝,一发难得。"

　　二人杯酒酬酢[45]了一会。子期宠辱无惊,伯牙愈加爱重。又问子期:"青春多少?"子期道:"虚度二十有七。"伯牙道:"下官年长一旬。子期若不见弃,结为兄弟相称,不负知音契友。"子期笑道:"大人差矣!大人乃上国名公,钟徽乃穷乡贱子,怎敢仰扳[46]?有辱俯就!"伯牙道:"'相识满天下,知心能几人?'下官碌碌风尘,得与高贤结契,实乃生平之万幸。若以富贵贫贱为嫌,觑俞瑞为何等人乎!"遂命童子重添炉火,再爇名香,就船舱中与子期顶礼八拜。伯牙年长为兄,子期为弟。今后兄弟相称,生死不负。拜罢,复命取暖酒再酌。子期让伯牙上坐,伯牙从其言,换了杯箸,子期下席,兄弟相称,彼此谈心叙话。正是:

　　　　　　合意客来心不厌,知音人听话偏长。

　　谈论正浓,不觉月淡星稀,东方发白。船上水手都起身收拾篷索,整备开船。子期起身告辞,伯牙捧一杯酒递与子期,把子期之手,叹道:"贤弟,我与你相见何太迟,相别何太早!"子期闻言,不觉泪珠滴于杯中。子期一饮而尽,斟酒回敬伯牙。二人各有眷恋不舍之意。伯牙道:"愚兄馀情不尽,意欲曲延贤弟同行数日,未知可否?"子期道:"小弟非不欲相从。怎奈二亲年老,'父母在,不远游'。"伯牙道:"既是二位尊人在堂,回去告过二亲,到晋阳来看愚兄一看,这就是'游必有方了'[47]。"子期道:"小弟不敢轻诺而寡信,许了贤兄,就当践约。万一禀命于二亲,二亲不允,使仁兄悬望于数千里之外,小弟之罪更大矣。"伯牙道:"贤弟真所谓至诚君子。也罢,明年还是我来看贤弟。"子期道:"仁兄明年何时到此?小弟好伺候尊驾。"伯牙屈指道:"昨夜是中秋节,今日天明,是八月十六日了。贤弟,我来仍在仲秋中五六日奉访。若过了中旬,迟到季秋[48]月分,就是爽信,不为君子。"叫童子:"分付记室[49],将钟贤弟所居地名及相会的日期,登写在日记簿上。"子期道:"既如此,小弟来年仲秋中五六日,准在江边侍立拱候,不敢有误。天色已明,小弟告辞了。"伯牙道:"贤弟且住。"命童子取黄金二笏[50],不用封帖,双手捧定,道:"贤弟,些须薄礼,权为二位尊人甘旨[51]之费。斯文骨肉,勿得嫌轻。"子期不敢谦让,即时收下。再拜告别,含泪出舱,取尖担挑了蓑衣、斗笠,插板斧于腰间,掌跳搭扶手上崖。伯牙直送至船头,各各洒泪而别。

　　不题子期回家之事。再说俞伯牙点鼓开船,一路江山之胜,无心观览,心心念念,只想着知音之人。又行了几日,舍舟登岸。经过之地,知是晋国上大夫,不敢轻慢,安排车马相送。直至晋阳,回复了晋主,不在话下。

　　光阴迅速,过了秋冬,不觉春去夏来。伯牙心怀子期,无日忘之。想着中秋节近,奏过晋主,给假还乡。晋主依允。伯牙收拾行装,仍打大宽转,从水路而行。下船之后,分付水手,但[52]是湾泊所在,就来通报地名。事有偶然,刚刚八月十五夜,水手禀复,此去马安山不远。伯牙依稀还认得去年泊船相会子期之处。分付水手,将船湾泊,水底抛锚，崖边钉橛。其夜晴明，船舱内一线月光，射进朱帘。伯牙命童子将帘卷起，步出舱门，立于船头之上，仰观斗柄[53]。水底天心，万顷茫然，照如白昼。思想去岁与知己相逢，雨止月明。今夜重来，又值良夜。他约定江边相候，如何全无踪影，莫非爽信？又等了一会，想道："我理会得了。江边来往船只颇多。我今日所驾的，不是去年之船了。吾弟急切如何认得？去岁我原为抚琴惊动知音。今夜仍将瑶琴抚弄一曲，吾弟闻之，必来相见。"命童子取琴桌安放船头，焚香设座。伯牙开囊，调弦转轸，才汎[54]音律，商弦中有哀怨之声。伯牙停琴不操："呀！商弦哀声凄切，吾弟必遭忧在家。去岁曾言父母年高。若非父丧，必是母亡。他为人至孝，事有轻重，宁失信于我，不肯失礼于亲，所以不来也。来日天明，我亲上崖探望。"叫童子收拾琴桌，下舱就寝。

  伯牙一夜不睡。真个巴明不明，盼晓不晓。看看月移帘影，日出山头。伯牙起来梳洗整衣，命童子携琴相随，又取黄金十镒[55]带去："傥吾弟居丧，可为赙[56]礼。"蹁跹登崖，行于樵径，约莫十数里，出一谷口，伯牙站住。童子禀道："老爷为何不行？"伯牙道："山分南北，路列东西。从山谷出来，两头都是大路，都去得。知道那一路往集贤村去？等个识路之人，问明了他，方才可行。"伯牙就石上少憩，童儿退立于后。不多时，左手官路上有一老叟，髯垂玉线，发挽银丝，箬冠野服，左手举藤杖，右手携竹篮，徐步而来。伯牙起身整衣，向前施礼。那老者不慌不忙，将右手竹篮轻轻放下，双手举藤杖还礼，道："先生有何见教？"伯牙道："请问两头路，那一条路，往集贤村去的？"老者道："那两头路，就是两个集贤村。左手是上集贤村，右手是下集贤村，通衢[57]三十里官道。先生从谷出来，正当其半。东去十五里，西去也是十五里。不知先生要往那一个集贤村？"

  伯牙默默无言，暗想道："吾弟是个聪明人，怎么说话这等糊涂！相会之日，你知道此间有两个集贤村，或上或下，就该说个明白了。"伯牙却才沉吟，那老者道："先生这等吟想，一定那说路的，不曾分上下，总说了个集贤村，教先生没处抓[58]寻了。"伯牙道："便是。"老者道："两个集贤村中，有一二十家庄户，大抵都是隐遁避世之辈。老夫在这山里，多住了几年，正是'土居二十载，无有不亲人'。这些庄户，不是舍亲，就是敝友。先生到集贤村必是访友，只说先生所访之友，姓甚名谁，老夫就知他住处了。"伯牙道："学生要往钟家庄去。"老者闻"钟家庄"二字，一双昏花眼内，扑簌簌掉下泪来，道："先生别家可去，若说钟家庄，不必去了。"伯牙惊问："却是为何？"老者道："先生到钟家庄，要访何人？"伯牙道："要访子期。"老者闻言，放声大哭道："子期钟徽，乃吾儿也。去年八月十五采樵归晚，遇晋国上大夫俞伯牙先生。讲论之间，意气相投，临行赠黄金二笏。吾儿买书攻读，老拙无才，不曾禁止。且则采樵负重，暮则诵读辛勤，心力耗废，染成怯疾[59]，数月之间，已亡故了。"

  伯牙闻言，五内崩裂，泪如涌泉，大叫一声，傍山崖跌倒，昏绝于地。钟公用手搀扶，回顾小童道，"此位先生是谁？"小童低低附耳道："就是俞伯牙老爷。"钟公道："元来是吾儿好友。"扶起伯牙苏醒。伯牙坐于地下，口吐痰涎，双手捶胸，恸哭不已。道："贤弟呵，我昨夜泊舟，还说你爽信，岂知已为泉下之鬼！你有才无寿了！"钟公拭泪相劝。伯牙哭罢起来，重与钟公施礼，不敢呼老丈，称为老伯，以见通家兄弟之意。伯牙道："老伯，令郎还是停柩在家，还是出瘗[60]郊外了？"钟公道："一言难尽！亡儿临终，老夫与拙荆坐于卧榻之前。亡儿遗语嘱付道：'修短[61]由天，儿生前不能尽人子事亲之道，死后乞葬于马安山江边。与晋大夫俞伯牙有约，欲践前言耳。'老夫不负亡儿临终之言。适才先生来的小路之右，一丘新土，即吾儿钟徽之冢。今日是百日之忌，老夫提一陌[62]纸钱，往坟前烧化。何期与先生相遇！"伯牙道："既如此，奉陪老伯，就坟前一拜。"命小童代太公提了竹篮。

钟公策杖引路，伯牙随后，小童跟定，复进谷口。果见一丘新土，在于路左。伯牙整衣下拜："贤弟在世为人聪明，死后为神灵应。愚兄此一拜，诚永别矣！"拜罢，放声又哭。惊动山前山后，山左山右黎民百姓，不问行的住的、远的近的，闻得朝中大臣来祭钟子期，回绕坟前，争先观看。伯牙却不曾摆得祭礼，无以为情。命童子把瑶琴取出囊来，放于祭石台上，盘膝坐于坟前，挥泪两行，抚琴一操。那些看者，闻琴韵铿锵，鼓掌大笑而散。伯牙问："老伯，下官抚琴，吊令郎贤弟，悲不能已，众人为何而笑？"钟公道："乡野之人，不知音律。闻琴声以为取乐之具，故此长笑。"伯牙道："原来如此。老伯可知所奏何曲？"钟公道："老夫幼年也颇习。如今年迈，五官半废，模糊不懂久矣。"伯牙道："这就是下官随心应手一曲短歌，以吊令郎者，口诵于老伯听之。"钟公道："老夫愿闻。"伯牙诵云：

忆昔去年春，江边曾会君。今日重来访，不见知音人。但见一抔土[63]，惨然伤我心！伤心伤心复伤心，不忍泪珠纷。来欢去何苦，江畔起愁云。子期子期兮，你我千金义，历尽天涯无足语。此曲终兮不复弹，三尺瑶琴为君死！

伯牙于衣袂间取出解手刀[64]，割断琴弦，双手举琴，向祭石台上用力一摔，摔得玉珍抛残，金徽零乱。钟公大惊，问道："先生为何摔碎此琴？"伯牙道：

摔碎瑶琴凤尾[65]寒，子期不在对谁弹！
春风满面皆朋友，欲觅知音难上难。

钟公道："原来如此，可怜！可怜！"伯牙道："老伯高居，端的[66]在上集贤村，还是下集贤村？"钟公道："荒居在上集贤村第八家就是。先生如今又问他怎的？"伯牙道："下官伤感在心，不敢随老伯登堂了。随身带得有黄金二镒，一半代令郎甘旨之奉，一半买几亩祭田，为令郎春秋扫墓之费。待下官回本朝时，上表告归林下。那时却到上集贤村，迎接老伯与老伯母，同到寒家，以尽天年。吾即子期，子期即吾也。老伯勿以下官为外人相嫌。"说罢，命小僮取出黄金，亲手递与钟公，哭拜于地。钟公答拜，盘桓半晌而别。

这回书，题作《俞伯牙摔琴谢知音》。后人有诗赞云：

势利交怀势利心，斯文谁复念知音！
伯牙不作钟期逝，千古令人说破琴。

（选自［明］冯梦龙：《三言·警世通言》，吴书荫校注，中华书局，2014年）

注　释

　　[1] 冯梦龙（1574—1646），明代通俗文学家、戏曲家。字犹龙，又字子犹，别号龙子犹、墨憨斋主人、顾曲散人、词奴等。长洲（今江苏省苏州市）人，出身士大夫家庭。兄梦桂，善画。弟梦熊，太学士，曾从冯梦龙治《春秋》，有诗传世。他们兄弟三人并称"吴下三冯"。编《喻世明言》《警世通言》《醒世恒言》，合称"三言"。[2] 浪说：信口说，妄说。[3] 湖海：意同"江海""江湖"，这里指"湖海之士"，即具有豪侠气概的人。《三国志·魏志·陈登传》："陈元龙湖海之士，豪气不除。"[4] 声气相求：指志同道合，有共同语言，情意相投。[5] 官星：犹官运。迷信说法，做高官的人都与天上的星宿相应，故称官星。[6] 修聘：古代诸侯之间互相派遣使臣访问。[7] 桑梓：语出《诗经·小雅·小牟》："维桑与梓，必恭敬止。"古人宅旁常栽种的桑树和梓树，为父母所种植，对桑梓一定要恭敬，后代用"桑梓"作为故乡的代称。[8] 高车驷马：显贵者的车乘。高车：指车盖高，可立乘的车子。驷马：一辆车套四匹马。[9] 大宽转：绕路，迂回，兜个大圈子。[10] 犬马之疾：对人谦称自己的疾病。[11] 一操：犹言一曲。也作"一弄"。[12] 轸：弦乐上系弦线的小柱，可以转动调节弦的松紧，以定音的高低。[13] 船头：船工的头目。[14] 跳：上下船用的跳板。[15] 颜回家住陋巷，箪食瓢饮，那种贫困的生活是一般人难以忍受的，但他却安贫乐道，深为孔子所赞赏。[16] 窎（diào）远：遥远。[17] 搭膊："褡"，又称"褡裢"。一种中间开口的长方形布袋，两端可装钱物，系在腰间，也可以搭在肩上或手提。[18] 裈：同"裤"，有裆的裤子。[19] 蹝（xǐ）：踩。这里是倒出或抖落的意思。[20] 晋国：原刻本作"楚国"，据上下文意改。[21] 两接的布衣：指穿短衫和裤子的普通百姓。两接：即两截；布衣：指平民。[22] 杌（wù）坐儿：小矮凳。[23] 僭（jiàn）谈：谦词，指超越身份的妄谈。[24] 见五星：见，同"现"，体现。五星：金、木、水、火、土五大行星。[25] 凤皇来仪：皇，同"凰"。仪，与"来"同义。来仪：犹降临。古代认为这是一种瑞应。[26] 七十二候：古代以五天为一候，一月六候，三候为一节气，一年二十四个节气，共七十二候。[27] 瑶池：相传是昆仑山上的天池，西王母所居的地方。[28] 八节：古代以立春、立夏、立秋、立冬、春分、夏至、秋分、冬至为八节。[29] 两仪：指天地。[30] 金童头、玉女腰、仙人背：对琴身不同部位的美称。[31] 龙池、凤沼：古琴底板有二孔，上为龙池，下为凤沼，供出音用。[32] 金徽：琴上金饰的标帜，在琴面的外侧，共有十三个，指明泛音的位置。[33] 宫、商、角、徵、羽：中国传统五声音节上的五个音级，相当于现行简谱上的1、2、3、5、6。[34] 伯邑考：周文王的长子。[35] 丝桐：指琴。[36] 任心：用心，凭心。[37] 汤汤：水流盛大的样子。[38] 上国：春秋时称齐晋等中原诸侯国为上国，这里是对楚国的尊称。[39] 点茶：古人泡茶的一种方法，相当于后来的沏茶。[40] 简亵：怠慢，不恭敬。[41] 道艺：道德与学艺（指学问和技能）。这里指平素的技能、专长。《论语·述而》中孔子说："志于道，据于德，依于仁，游于艺。"[42] 竹帛：竹简和白绢，古代用以书写文字。后指书册、史籍。[43] 赍（jī）志：怀抱大志。[44] 三公：秦汉时代中央政府三种最高的官职，一般指丞相、太尉、御史大夫或司马、司徒、司空。这里泛指高官显爵。[45] 酬酢：主客互相敬酒。主敬客曰酬，客还敬称酢。[46] 仰扳：同"攀"。[47] 游必有方：如果远游，要有一定的去处。语出《论语·里仁》。[48] 季秋：秋季的最后一个月，即农历九月。[49] 记室：掌管章表、文书的官，相当于现在的秘书。[50] 笏（hù）：笏是古代人朝见时执在手中的一种仪式用具，这里指黄金的样式。古代使用黄金的单位称为镒，一镒二十四两，因铸成笏形，故一镒又称一笏。[51] 甘旨：这里指奉养双亲的食物。[52] 但：只要。[53] 斗柄：即斗，北斗七星的前三颗星。[54] 才泛（fàn）：才能体现在。指弹奏琴。[55] 镒：古代重量单位。一镒二十两或二十四两。[56] 赗

(fù)：用财物帮助别人办丧事。[57] 通衢（qú）：四通八达的大道。[58] 抓：音义同"找"。[59] 怯疾：痨病。也作"怯症"。[60] 瘗（yì）：埋葬品或尸体、随葬物。[61] 修短：指寿命的长短。[62] 一陌：陌的本意，在计算上是百的成数。一陌本是一百张，通常指的一刀或是一垛，这里作一串或一挂解释。[63] 一抔（póu）土：指坟墓。一抔，即一捧。[64] 解手刀：日常应用的小佩刀。[65] 凤尾琴的别称。这里指琴摔坏后剩下的尾端。[66] 端的：到底，究竟。

 思考与练习

一、这篇话本小说为什么一开始先讲了管仲和鲍叔牙的故事？各用一首绝句开头、结尾有什么作用？

二、试从言行上分析"伯牙"这个人物思想感情发展变化的轨迹。

三、你如何看待"俞伯牙摔琴谢知音"的故事结局？

四、友情是人生最珍贵美好的情感之一，收集关于友情的名篇佳句，谈谈你对友情的理解，讲述你关于友情的经历或见闻一二事。

迟桂花（节选）

郁达夫

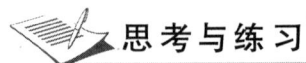 解 题

《迟桂花》写于1932年，在这篇小说中，郁达夫没有注重对性的描写，而给我们展示了一个纯朴自然，有着儿童般的活泼天真，极具原始美的女性形象。这种近似佛教般的清静很是令人神往。小说以"我"应邀到杭州满觉垅翁家山参加朋友的婚礼为线索，歌颂了芬香不衰的"迟桂花"精神。在此，"我"遇见新寡而被迫回到娘家的年轻女子莲。莲是朋友的妹妹，"我"在陪莲游五云山时，竟为她纯朴的举止和丰满的体态而动心，不禁产生"一念邪心"。但当触及莲那像"高山深雪"般的纯洁，"我"的心灵得到了净化。小说构思精巧，富有诗意，被认为是郁达夫在艺术上最精致成熟的小说。

山中的清晓，又是一种特别的情景。我因为昨天夜里多喝了一点酒，上床去一睡，就同大石头掉下海里似的，一直就酣睡到了天明。窗外面吱吱喳喳的鸟声喧噪得厉害，我满以为还是夜半，月明将野鸟惊醒了，但睁开眼掀开帐子来一望，窗内窗外已饱浸着晴天爽朗的清晨光线，窗子上面的一角，却已经有一缕朝阳的红箭射到了。急忙滚出了被窝，穿起衣服，跑下楼去一看，他们母子三人，也已梳洗得妥妥贴贴，说是已经在做了个把钟头的事情之后，平常他们总是于五点钟前后起床的。这一种日出而作，日入而息的山中住民的生活秩序，又使我对他们感到了无穷的敬意。四人一道吃过了早餐，我和则生的妹妹，就整了一整行装，预备出发。临行之际，他娘又叫我等一下子，她很迅

速地跑上楼去取了一支黑漆手杖下来,说,这是则生生病的时候用过的,走山路的时候,用它来撑扶撑扶,气力要省得多。我谢过了她的好意,就让则生的妹妹上前带路,走出了他们的大门。

早晨的空气,实在澄鲜得可爱。太阳已经升高了,但它的领域,还只限于屋檐,树梢,山顶等突出的地方。山路两旁的细草上,露水还没有干,而一味清凉触鼻的绿色草气,和入在桂花香味之中,闻了好像是宿梦也能摇醒的样子。起初还在翁家山村内走着,则生的妹妹,对村中的同性,三步一招呼,五步一立谈的应接得忙不暇给。走尽了这村子的最后一家,沿了入谷的一条石板路走上下山的斜面的时候,遇见的人也没有了,前面的眺望,也转换了一个样子。朝我们去的方向看去,原又是冈峦的起伏和别墅的纵横,但稍一住脚,掉头向东面一望,一片同呵了气的镜子似的湖光,却躺在眼下了。远远从两山之间的谷顶望去,并且还看得出一角城里的人家,隐约藏躲在尚未消尽的湖雾当中。

我们的路先朝西北,后又向西南,先下了山坡,后又上了山背,因为今天有一天的时间,可以供我们消磨,所以一离了村境,我就走得特别的慢。每这里看看,那里看看的看个不住。若看见了一件稍可注意的东西,那不管它是风景里的一点一堆,一山一水,或植物界的一草一木与动物界的一鸟一虫,我总要拉住了她,寻根问底的问得它仔仔细细。说也奇怪,小时候只在村里的小学校里念过四年书的她——这是她自己对我说的——对于我所问的东西,却没有一样不晓得的。关于湖上的山水古迹,庙宇楼台哩,那还不要去管它,大约是生长在西湖附近的人,个个都能够说出一个大概来的,所以她知道得那么详细,倒还在情理之中,但我觉得最奇怪的,却是她的关于这西湖附近的区域之内的种种动植物的知识。无论是如何小的一只鸟,一个虫,一株草,一棵树,她非但各能把它们的名字叫出来,并且连几时孵化,几时他迁,几时鸣叫,几时脱壳,或几时开花,几时结实,花的颜色如何,果的味道如何等,都说得非常有趣而详尽,使我觉得仿佛是在读一部活的桦候脱的《赛儿鹏自然史》(G. White's Natural History and Antiquities of Selborne)。而桦候脱的书,却决没有叙述得她那么朴质自然而富于刺激,因为听听她那种舒徐清澈的语气,看看她那一双天生成像饱使过耐吻胭脂棒般的红唇,更加上以她所特有的那一脸微笑,在知识分子之外还不得不添一种情的成分上去,于书的趣味之上更要兼一层人的风韵在里头。我们慢慢的谈着天,走着路,不上一个钟头的光景,我竟恍恍惚惚,像又回复了青春时代似的完全为她迷倒了。

她的身体,也真发育得太完全,穿的虽是一件乡下裁缝做的不大合式的大绸夹袍,但在我的前面一步一步的走去,非但她的肥突的后部,紧密的腰部,和斜圆的胫部的曲线,看得要簇生异想,就是她的两只圆而且软的肩膊,多看一歇,也要使我贪鄙起来。立在她的前面和她讲话哩,则那一双水汪汪的大眼,那一个隆正的尖鼻,那一张红白相间的椭圆嫩脸,和因走路走得气急,一呼一吸涨落得特别快的那个高突的胸脯,又要使我恼杀。还有她那一头不曾剪去的黑发哩,梳的虽然是一个自在的懒髻,但一映到她那个圆而且白的额上,和短而且腴的颈际,看起来,又格外的动人。总之,我在昨天晚上,不曾在她身上发见的康健和自然的美点,今天因这一回的游山,完全被我观察到了。

此外我又在她的谈话之中，证实了翁则生也和我曾经讲到过的她的生性的活泼和天真。譬如我问她今年几岁了？她说，二十八岁。我说这真看不出，我起初还以为你只有二十三四岁，她说，女人不生产是不大会老的。我又问她，对于则生这一回的结婚，你有点什么感触？她说，另外也没有什么，不过以后长住在娘家，似乎有点对不起大哥和大嫂。像这一类的纯粹真率的谈话，我另外还听取了许多许多，她的朴素的天性，真真如翁则生之所说，是一个永久的小孩子的天性。

爬上了龙井狮子峰下的一处平坦的山顶，我于听了一段她所讲的如何栽培的茶叶，如何的摘取焙烘，与那时候山家的生活的如何紧张而有趣的故事之后，便在路旁的一块大岩石上坐下了。遥对着在晴天下太阳光里躺着的杭州城市，和近水遥山，我的双眼只凝视着苍空的一角，有半晌不曾说话。一边在我的脑里，却只有在回想着德国的一位名延生（Jenson）的作家所著的一部小说《野紫薇爱立喀》（*Die Braune Erika*）。这小说后来又有一位英国的作家哈特生（Hodson）摹仿了，写了一部《绿荫》（*Green Mansions*）。两部小说里所描写的，都是一个极可爱的生长在原野里天真的女性，而女主人公的结果，后来都是不大好的。我沉默着痴想了好久，她却从我背后用了她那只肥软的右手很自然地搭上了我的肩膀。

"你一声也不响的在那里想什么？"

我就伸上手去把她的那只肥手捏住了，一边就扭转了头微笑着看入了她的那双大眼，因为她是坐在我的背后的。我捏住了她的手又默默对她注视了一分钟，但她的眼里脸上却丝毫也没有羞惧兴奋的痕迹出现，她的微笑，还依旧同平时一点儿也没有什么的笑容一样。看了我这一种奇怪的形状，她过了一歇，反又很自然地问我说：

"你究竟在那里想什么？"

倒是我被她问得难为情起来了，立时觉得两颊就潮热了起来。先放开了那只被我捏住在那儿的她的手，然后干咳了两声，最后我就鼓动了勇气，发了一声同被绞出来似的答语：

"我……我在这儿想你！"

"是在想我的将来如何的和他们同住么？"

她的这句反问，又是非常的率真而自然，满以为我是在为她设想的样子。我只好沉默着把头点了几点，而眼睛里却酸溜溜的觉得有点热起来了。

"啊，我自己倒并没有想得什么伤心，为什么，你，你却反而为我流起眼泪来了呢？"

她像吃了一惊似的立了起来问我，同时我也立起来了，且在将身体起立的行动当中，乘机拭去了我的眼泪。我的心地开朗了，欲情也净化了，重复向南慢慢走上岭去的时候，我就把刚才我所想的心事，尽情告诉了她。我将那两部小说的内容讲给了她听，我将我自己的邪心说了出来，我对于我刚才所触动的那一种自己的心情，更下了一个严正的批判，末后，便这样的对她说：

"对于一个洁白得同白纸似的天真小孩，而加以玷污，是不可赦免的罪恶。我刚才的一念邪心，几乎要使我犯下大罪了。幸亏是你的那颗纯洁的心，那颗同高山上的深雪似的心,却救我出了这一个险。不过我虽则犯罪的形迹没有,但我的心,却是已经犯过罪的。所以你要罚我的话,就是处我以死刑,我也毫无悔恨。你若以为我是那样卑鄙,而将来永没有改善的希望的话,那今天晚上回去之后,向你大哥母亲,将我的这一种行为宣布了也可以。不过你若以为这是我的一时糊涂,将来是永也不会再犯的话,那请你相信我的誓言,以后请你当我做你大哥一样那么的看待,你若有急有难,有不了的事情,我总情愿以死来代替着你。"

当我在对她做这些忏悔的时候,两人起初是慢慢在走的,后来又在路旁坐下了。说到了最后的一节,倒是她反同小孩子似的发着抖,捏住了我的两手,倒入了我的怀里,呜呜咽咽的哭了起来。我等她哭了一阵之后,就拿出了一块手帕替她揩干了眼泪,将我的嘴唇轻轻地搁到了她的头上。两人偎抱着沉默了好久,我又把头俯了下去,问她,我所说的这段话的意思,究竟明白了没有。她眼看着了地上,把头点了几点。我又追问了她一声:

"那么你承认我以后做你的哥哥了不是?"

她又俯视着把头点了几点,我撒开了双手,又伸出去把她的头捧了起来,使她的脸正对着了我。对我凝视了一会,她的那双泪珠还没有收尽的水汪汪的眼睛,却笑起来了。我乘势把她一拉,就同她搀着手并立了起来。

"好,我们是已经决定了,我们将永久地结作最亲爱最纯洁的兄妹。时候已经不早了,让我们快一点走,赶上五云山去吃午饭去。"

我这样说着,搀着她向前一走,她也恢复了早晨刚出发的时候的元气,和我并排着走向了前面。

两人沉默着向前走了几十步之后,我侧眼向她一看,同奇迹似地忽而在她的脸上看出了一层一点儿忧虑也没有的满含着未来的希望和信任的圣洁的光耀来。这一种光耀,却是我在这一刻以前的她的脸上从没有看见过的。我愈看愈觉得对她生起敬爱的心思来了,所以不知不觉,在走路的当中竟接连着看了她好几眼。本来只是笑嘻嘻地在注视着前面太阳光里的五云山的白墙头的她,因为我的脚步的迟乱,似乎也感觉到了我的注意力的分散了,将头一侧,她的双眼,却和我的视线接成了两条轨道。她又笑起来了,同时也放慢了脚步。再向我看了一眼,她才腼腆地开始问我说:

"那我以后叫你什么呢?"

"你叫则生叫什么,就叫我也叫什么好了。"

"那么——大哥!"

大哥的两字,是很急速的紧连着叫出来的,听到了我的一声高声的"啊!"的应声之后,她就涨红了脸,撒开了手,大笑着跑上前面去了。一面跑,一面她又回转头来,"大哥!""大哥!"的接连叫了我好几声。等我一面叫她别跑,一面我自己也跑着追上了她背后的时候,我们的去路已经变成了一条很窄的石岭,而五云山的山顶,看过去也似乎是很近了。仍复了平时的脚步,两人分着前后,在那条窄岭上缓步的当中,我才觉得真是成了她的哥哥的样子,满含着慈爱,很正经地吩咐她说:

"走得小心,这一条岭多么险啊!"

走到了五云山的财神殿里,太阳刚当正午,庙里的人已经在那里吃中饭了。我们因为在太阳底下的半天行路,口已经干渴得像旱天的树木一样,所以一进客堂去坐下,就教他们先起茶来,然后再开饭给我们吃。洗了一个手脸,喝了两三碗清茶,静坐了十几分钟,两人的疲劳兴奋,都已平复了过去,这时候饥饿却抬起头来了,于是就又催他们快点开饭。这一餐只我和她两人对食的五云山上的中餐,对于我正敌得过英国诗人所幻想着的亚历山大王的高宴。若讲到心境的满足,和谐,与食欲的高潮亢进,那恐怕亚历山大王还远不及当时的我。

(选自郁达夫:《沉沦》,经济日报出版社,2002年)

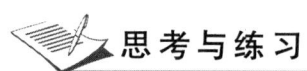

一、小说在"我"和翁莲上山一段,集中笔墨为我们描绘了多彩的景致和细腻的感情,创造了引人入胜的优美情境。品味小说的意境美,分析自然环境如何为衬托人物性格、表现主题服务。

二、结合翁莲的形象,谈谈小说定名为"迟桂花"的寓意。

三、面对"迟桂花"纯净的品性,"我"有怎样微妙而自然的情感变化?

四、小说创造了一个令人神往的美的世界,请从"景美""人美""情美"三个方面谈谈你的理解。

围城(节选)

钱锺书[1]

解题

本文选自《围城》第三章。小说的整个情节,是知识界青年男女在爱情、事业、婚姻三重"围城"人生中的围困与逃离。但此部分选段则侧重于作者以幽默、辛辣的笔锋对上层知识分子的人性病态作入木三分地描写,揭开了他们文明掩饰下的种种人性庸俗,嘲讽了他们的懦弱、虚荣、自私、功利以及欺骗性。作者在《围城》初版的序言里曾自述创作意图说:"我想写现代的某一部分社会,某一类人物。我没忘记他们是人类,只是人类,具有无毛两足动物的基本根性。"在这个意义上,《围城》是中国现代文学史上一部风格独特的讽刺小说,被赞誉为"新儒林外史"。

明天下午,鸿渐买了些花和水果到苏家来。一见苏小姐,他先声夺人地嚷道:"昨天是怎么一回事?你也病,她也病,这病是传染的?还是怕我请客菜里下毒药?真气得我半死！我一个人去吃了，你们不来，我满不在乎。好了，好了，总算认识了你们这两位大架子小姐，以后不敢碰钉子了。"

苏小姐抱歉道："我真病了，到下半天才好，不敢打电话给你，怕你怪我跟你开玩笑，一会儿这样，一会儿那样。我昨天通知晓芙的时候，并没有叫她不去。让我现在打电话请她过来。这次都是我不好，下次我做主人。"便打电话问唐小姐病好了没有，请她就来，说鸿渐也在这里。苏小姐打完电话，捧了鸿渐送的花嗅着，叫用人去插在卧室中瓶里，回头问鸿渐道："你在英国，认识有一位曹元朗么？"鸿渐摇头。"——他在剑桥念文学，是位新诗人，新近回国。他家跟我们世交，他昨天来看我，今天还要来。"

鸿渐道："好哇！怪不得昨天不赏面子了，原来跟人谈诗去了，我们是俗物呀！根本就不配认识你。那位曹先生堂堂剑桥出身，我们在后起大学里挂个名，怎会有资格结交他？我问你，你的《十八家白话诗人》里好像没讲起他，是不是准备再版时补他进去？"

苏小姐似嗔似笑，左手食指在空中向他一点道："你这人就爱吃醋，吃不相干的醋。"她的表情和含意吓得方鸿渐不敢开口，只懊悔自己气愤装得太像了。一会儿，唐小姐来了。苏小姐道："好架子！昨天晚上我打电话问候你，你今天也没回电话，这时候又要我请了才来。方先生在问起你呢。"

唐小姐道："我们配有架子么？我们是听人家叫来唤去的。就算是请了才来，那有什么希奇？要请了还不肯去，才够得上伟大呢！"

苏小姐怕她讲出昨天打三次电话的事来，忙勾了她腰，抚慰她道："瞧你这孩子，讲句笑话，就要认真。"便剥个鸿渐送的桔子，跟她同吃。门房领了个滚圆脸的人进来，说"曹先生"。鸿渐吓了一跳，想去年同船回国那位孙太太的孩子怎长得这样大了，险的叫他"孙世兄"。天下竟有如此相像的脸！做诗的人似乎不宜肥头胖耳，诗怕不会好。忽然记起唐朝有名的寒瘦诗人贾岛也是圆脸肥短身材，曹元朗未可貌相。介绍寒暄已毕，曹元朗从公事皮包里拿出一本红木夹板的法帖，郑重递给苏小姐道："今天特带来请教。"鸿渐才知道不是法帖，是荣宝斋精制蓑衣裱的宣纸手册。苏小姐接过来，翻了翻，说："曹先生，让我留着细看，下星期奉还，好不好？——鸿渐，你没读过曹先生的大作罢？"

鸿渐正想，什么好诗，要录在这样讲究的本子上。便恭敬地捧过来，打开看见毛笔写的端端正正宋体字，第一首十四行诗的题目是《拼盘姘伴》，下面小注个"一"字。仔细研究，他才发现第二页有作者自注，这"一""二""三""四"等等是自注的次序。自注"一"是："Mélange adultère"[2]。这诗一起道：

昨夜星辰今夜摇漾于飘至明夜之风中（二）
圆满肥白的孕妇肚子颤巍巍贴在天上（三）
这守活寡的逃妇几时有了个新老公？（四）
Jug! Jug![3]（五）污泥里——E fango è il mondo!（六）——夜莺歌唱（七）……

鸿渐忙跳看最后一联：

雨后的夏夜，灌饱洗净，大地肥而新的，
最小的一棵草参加无声的呐喊："Wir sind!"[4]（三十）

诗后细注着字名的出处，什么李义山、爱利恶德（T. S. Eliot）、拷背延耳（Tristan Corbière）、来屋拜地（Leopardi）、肥儿飞儿（Franz Werfel）[5]的诗篇都有。鸿渐只注意到"孕妇的肚子"指满月，"逃妇"指嫦娥，"泥里的夜莺"指蛙。他没脾胃更看下去，便把诗稿搁在茶几上，说："真是无字无来历，跟做旧诗的人所谓'学人之诗'差不多了。这作风是不是新古典主义？"

曹元朗点头，说"新古典的"那个英文字。苏小姐问是什么一首，便看《拼盘姘伴》一遍，看完说："这题目就够巧妙了。一结尤其好；'无声的呐喊'五个字真把夏天蠢动怒发的生机全传达出来了。Tout y fourmille de vie[6]，亏曹先生体会得出。"诗人听了，欢喜得圆如太极的肥脸上泛出黄油。鸿渐忽然有个可怕的怀疑，苏小姐是大笨蛋，还是撒谎精。唐小姐也把那诗看了，说："曹先生，你对我们这种没有学问的读者太残忍了。诗里的外国字，我一个都不认识。"

曹元朗道："我这首诗的风格，不认识外国字的人愈能欣赏。题目是杂拌儿、十八扯的意思，你只要看忽而用这个人的诗句，忽而用那个人的诗句，中文里夹了西文，自然有一种杂凑乌合的印象。唐小姐，你领略到这个拉杂错综的印象，是不是？"唐小姐只好点头。曹元朗脸上一圈圈的笑痕，像投了石子的水面，说："那就是捉摸到这诗的精华了，不必去求诗的意义。诗有意义是诗的不幸！"

苏小姐道："对不住，你们坐一会，我去拿件东西来给你们看。"苏小姐转了背，鸿渐道："曹先生，苏小姐那本《十八家白话诗人》再版的时候，准会添进了你算十九家了。"

曹元朗道："那决不会，我跟他们那些人太不同了，合不起来。昨天苏小姐就对我说，她为了得学位写那本书，其实她并不瞧得起那些人的诗。"

"真的么？"

"方先生，你看过那本书没有？"

"看过忘了。"鸿渐承苏小姐送了一本，只略翻一下，看十八家是些什么人。

"她序上明明引着Jules Tellier的比喻，说有个生脱发病的人去理发，那剃头的对他说不用剪发，等不了几天，头毛压根儿全掉光了；大部分现代文学也同样的不值批评。这比喻还算俏皮。"

鸿渐只好说："我倒没有留心到。"想亏得自己不要娶苏小姐，否则该也把苏小姐的书这样熟读。可惜赵辛楣法文程度不够看书，他要像曹元朗那样，准会得苏小姐欢心。

唐小姐道："表姐书里讲的诗人是十八根脱下的头发，将来曹先生就像一毛不拔的守财奴的那根毛。"

大家笑着，苏小姐拿了一只紫檀扇匣进来，对唐小姐做个眼色，唐小姐微笑点头。苏小姐抽开匣盖，取出一把雕花沉香骨的女用折扇，递给曹元朗道："这上面有首诗，请你看看。"

元朗摊开扇子，高声念了一遍，音调又像和尚施食，又像戏子说白。鸿渐一字没听出来，因为人哼诗跟临死呓语，二者都用乡音。元朗朗诵以后，又猫儿念经似的，嘴唇翻拍着默诵一遍，说："好，好！素朴真挚，有古代民歌的风味。"

苏小姐似有忸怩之色，道："曹先生眼光真厉害，你老实说，那诗还过得去么？"

方鸿渐同时向曹元朗手里接过扇子，一看就心中作恶。好好的飞金扇面上，歪歪斜斜地用紫墨水钢笔写着——

> 难道我监禁你？
> 还是你霸占我？
> 你闯进我的心，
> 关上门又扭上锁。
> 丢了锁上的钥匙，
> 是我，也许你自己。
> 从此无法开门，
> 永远，你关在我心里。

诗后小字是："民国二十六年秋，为文纨小姐录旧作。王尔恺。"这王尔恺是个有名的青年政客，在重庆做着不大不小的官。两位小姐都期望地注视方鸿渐，他放下扇子，撇嘴道："写这种字就该打手心！我从没看见用钢笔写的折扇，他倒不写一段洋文！"

苏小姐忙道："你不要管字的好坏，你看诗怎样？"

鸿渐道："王尔恺那样热中做官的人还会做好诗么？我又不向他谋差使，没有恭维歪诗的义务。"他没注意唐小姐向自己皱眉摇头。

苏小姐怒道："你这人最讨厌，全是偏见，根本不配讲诗。"便把扇子收起来。

鸿渐道："好，好，让我平心静气再看一遍。"苏小姐虽然撅嘴说"不要你看了"，仍旧让鸿渐把扇子拿去。鸿渐忽然指着扇子上的诗大叫道："不得了！这首诗是偷来的。"

苏小姐铁青着脸道："别胡说！怎么是偷的？"唐小姐也睁大了眼。

"至少是借的，借的外债。曹先生说它有古代民歌的风味，一点儿不错。苏小姐，你记得么？咱们在欧洲文学史班上就听见先生讲起这首诗。这是德国十五六世纪的民歌，我到德国去以前，跟人补习德文，在初级读本里又念过它，开头说：'我是你的，你是我的，'后面大意说：'你已关闭，在我心里；钥匙遗失，永不能出。'原文字句记不得了，可是意思决不会弄错。天下断没有那样暗合的事。"

苏小姐道："我就不记得欧洲文字史班上讲过这首诗。"

鸿渐道："怎么没有呢？也许你上课的时候没留神，没有我那样有闻必录。这也不能怪你，你们上的是本系功课，不做笔记只表示你们学问好；先生讲的你们全知道了。我们是中国文学系来旁听的，要是课堂上不动笔呢，就给你们笑程度不好，听不懂，做不来笔记。"

苏小姐说不出话，唐小姐低下头。曹元朗料想方鸿渐认识的德文跟自己差不多，并且是中国文学系学生，更不会高明——因为在大学里，理科学生瞧不起文科学生，外国语文系学生瞧不起中国文学系学生，中国文学系学生瞧不起哲学系学生，哲学系学生瞧不起社会学系学生，社会学系学生瞧不起教育系学生，教育系学生没有谁可以给他们瞧不起了，只能瞧不起本系的先生。曹元朗顿时胆大说："我也知道这诗有来历，我不是早说古代民歌的作风么？可是方先生那种态度，完全违反文艺欣赏的精神。你们弄中国文学的，全有这个'考据癖'的坏习气。诗有出典，给识货人看了，愈觉得滋味浓厚，读着一首诗就联想到无数诗来烘云托月。方先生，你该念念爱利恶德的诗，你就知道现代西洋诗人的东西，也是句句有来历的，可是我们并不说他们抄袭。苏小姐，是不是？"

方鸿渐恨不能说："怪不得阁下的大作也是那样斑驳陆离。你们内行人并不以为奇怪，可是我们外行人要报告捕房捉贼起赃了。"只对苏小姐笑道："不用扫兴。送给女人的东西，很少是真正自己的，拆穿了都是借花献佛。假如送礼的人是个做官的，那礼物更不用说是从旁人身上剥削下来的了。"说着，奇怪唐小姐何以不甚理会。

苏小姐道："我顶不爱听你那种刻薄话。世界上就只你方鸿渐一个人聪明！"

鸿渐略坐一下，瞧大家讲话不起劲，便告辞先走，苏小姐也没留他。他出门后浮泛地不安，知道今天说话触犯了苏小姐，那王尔恺一定又是个她的爱慕者。但他想到明天是访唐小姐的日子，兴奋得什么都忘了。

……

方鸿渐到馆子，那两个客人已经先在。一个躬背高额，大眼睛，苍白脸，戴夹鼻金丝眼镜，穿的西装袖口遮没手指，光光的脸，没胡子也没皱纹，而看来像个幼稚的老太婆或者上了年纪的小孩子。一个气概飞扬，鼻子直而高，侧望像脸上斜搁了一张梯，颈下打的领结饱满齐整得使鸿渐绝望地企羡。辛楣了见鸿渐，热烈欢迎。彼此介绍之后，鸿渐才知道那位躬背的是哲学家褚慎明。另一位叫董斜川，原任捷克中国公使馆军事参赞，内调回国，尚未到部，善做旧诗，是个大才子。这位褚慎明原名褚家宝，成名以后，嫌"家宝"这名字不合哲学家身分，据斯宾诺沙改名的先例[7]，换称"慎明"，取"慎思明辨"的意思。他自小负神童之誉，但有人说他是神经病。他小学，中学，大学都不肯毕业，因为他觉得没有先生配教他考他。他最恨女人，眼睛近视得利害而从来不肯配眼镜，因为怕看清楚了女人的脸，又常说人性里有天性跟兽性两部分，他自己全是天性。他常翻外国哲学杂志，查出世界大哲学家的通信处，写信给他们，说自己如何爱读他们的书，把哲学杂志书评栏里赞美他们著作的话，改头换面算自己的意见。外国哲学家是知识分子里最牢骚不平的人，专门的权威没有科学家那样高，通俗的名气没有文学家那样大，忽然几万里外有人写信恭维，不用说高兴得险的忘掉了哲学。他们理想中国是个不知怎样闭塞落伍的原始国家，而这个中国人信里说几句话，倒有分寸，便回信赞褚慎明是中国新哲学的创始人，还有送书给他的。不过褚慎明再写信去，就收不到多少复信，缘故是那些虚荣的老头子拿了他第一封信向同行卖弄，不料彼此都收到他的这样一封信，彼此都是他认为"现代最伟大的哲学家"，不免扫兴生气了。褚慎明靠着三四十封这类回信，吓倒了无数人，有位爱才的阔官僚花一万金送他出洋。西洋大哲学家不回他信的只有柏格森[8]；柏格森最怕陌生人去缠他，住址严守秘密，电话簿上都没他名字。褚慎明到了欧洲，用尽心思，写信到柏格森寓处约期拜访，谁知道原信退回，他从此对直觉主义痛心疾首。柏格森的敌人罗素[9]肯敷衍中国人，请他喝过一次茶，他从此研究数理逻辑。他出洋时，为方便起见，不得不戴眼镜，对女人的态度逐渐改变。杜慎卿[10]厌恶女人，跟她们隔三间屋还闻着她们的臭气[11]，褚慎明要女人，所以鼻子同样的敏锐。他心里装满女人，研究数理逻辑的时候，看见 a posteriori[12]那个名词会联想到 posterior[13]，看见×记号会联想到 kiss[14]，亏得他没细读柏拉图的太米蔼斯对话(Timaeus)[15]，否则他更要对住×记号出神。他正把那位送他出洋的大官僚讲中国人生观的著作翻成英文，每月到国立银行里领一笔生活费，过极闲适的日子。董斜川的父亲董沂孙是个老名士，虽在民国做官而不忘前清。斜川才气甚好，跟着老子作旧诗。中国是出儒将的国家，不比法国有一两个提得起笔的将军，就要请进国家学院去高供着。斜川的将略跟一般儒将相去无几，而他的诗即使不是儒将作的，也算得好了。文能穷人，所以他官运不好，这对于士兵，倒未始非福。他作军事参赞，不去讲武，倒批评上司和同事们文理不通，因此内调。他回国不多几天，想另谋个事。

方鸿渐见董斜川像尊人物，又听赵辛楣说是名父之子，不胜倾倒，说："老太爷沂孙先生的诗，海内闻名。董先生不愧家学渊源，更难得的是文武全才。"他自以为这算得恭维周到了。

董斜川道："我作的诗，路数跟家严不同。家严年轻时候的诗取径没有我现在这样高。他到如今还不脱黄仲则[16]，龚定盦[17]那些乾嘉人习气，我一开笔就做的同光体。"

方鸿渐不敢开口。赵辛楣向跑堂要了昨天开的菜单，予以最后审查。董斜川也向跑堂的要了一枝秃笔，一方砚台，把茶几上的票子飞快的书写着，方鸿渐心里诧异。褚慎明危坐不说话，像内视着潜意识深处的趣事而微笑，比了他那神秘的笑容，蒙娜丽莎(Mona Lisa)的笑算不得什么一回事。鸿渐攀谈道："褚先生最近研究些什么哲学问题？"

褚慎明神色慌忙，瞥了鸿渐一眼，别转头叫赵辛楣道："老赵，苏小姐该来了。我这样等女人，生平是破例。"

辛楣把菜单给跑堂，回头正要答应，看见董斜川在写，忙说："斜川，你在干什么？"

董斜川头都不抬道："我在写诗。"

辛楣释然道："快多写几首，我虽不懂诗，最爱看你的诗。我那位朋友苏小姐，新诗做得非常好，对旧诗也很能欣赏。回头把你的诗给她看。"

斜川停笔，手指拍着前额，像追思什么句子，又继续写，一面说："新诗跟旧诗不能比！我那年在庐山跟我们那位老世伯陈散原[18]先生聊天，偶尔谈起白话诗，老头子居然看过一两首新诗。他说还算徐志摩的诗有点意思，可是只相当于明初杨基[19]那些人的境界，太可怜了。女人做诗，至多是第二流，鸟里面能唱的都是雄的，譬如鸡。"

辛楣大不服道："为什么外国人提起夜莺，总说它是雌的？"

褚慎明对雌雄性别，最有研究，冷冷道："夜莺雌的不会唱，会唱的是雄夜莺。"

说着，苏小姐来了。辛楣利用主人职权，当鸿渐的面向她专利地献殷勤。斜川一拉手后，正眼不瞧她，因为他承受老派名士对女人的态度，或者谑浪玩弄，这是对妓女的风流；或者眼观鼻，鼻观心，不敢平视，这是对朋友内眷的礼貌。褚哲学家害馋痨地看着苏小姐，大眼珠仿佛哲学家谢林的"绝对观念"[20]，像"手枪里弹出的子药"，险的突

破眼眶，迸碎眼镜。辛楣道："今天本来也请董太太，董先生说她有事不能来。董太太是美人，一笔好中国画，跟我们这位斜川兄真是珠联璧合。"

斜川客观地批判说："内人长得相当漂亮，画也颇有家法。她画的《斜阳萧寺图》，在很多老辈的诗集里见得到题咏。她跟我逛龙树寺，回家就画这个手卷，我老太爷题两首七绝，有两句最好：'贞元朝士今谁在，无限僧寮旧夕阳！'的确，老辈一天少似一天，人才好像每况愈下，'不须上溯康乾世，回首同光已惘然！'"说时摇头慨叹。

方鸿渐闻所未闻，甚感兴味。只奇怪这样一个英年洋派的人，何以口气活像遗少，也许是学同光体诗的缘故。辛楣请大家入席，为苏小姐杯子里斟满了法国葡萄汁，笑说："这是专给你喝的，我们另有我们的酒。今天席上慎明兄是哲学家，你跟斜川兄都是诗人，方先生又是哲学家又是诗人，一身兼两长，更了不得。我一无所能，只会喝两口酒，方先生，我今天陪你喝它两斤酒，斜川兄也是洪量。"

方鸿渐吓得跳起来道："谁讲我是哲学家和诗人？我更不会喝酒，简直滴酒不饮。"

辛楣按住酒壶，眼光向席上转道："今天谁要客气推托，我们就罚他两杯，好不好？"

斜川道："赞成！这样好酒，罚还是便宜。"

鸿渐拦不住道："赵先生，我真不会喝酒，也给我葡萄汁，行不行？"

辛楣道："哪有不会喝酒的留法学生？葡萄汁是小姐们喝的。慎明兄因为神经衰弱戒酒，是个例外。你别客气。"

斜川呵呵笑道："你既不是文纨小姐的'倾国倾城貌'，又不是慎明先生的'多愁多病身'，我劝你还是'有酒直须醉'罢。好，先干一杯，一杯不成，就半杯。"

苏小姐道："鸿渐好像是不会喝酒——辛楣这样劝你，你就领情稍微喝一点罢。"辛楣听苏小姐护惜鸿渐，恨不得鸿渐杯里的酒滴滴都化成火油。他这愿望没实现，可是鸿渐喝一口，已觉一缕火线从舌尖伸延到胸膈间。慎明只喝茶，酒杯还空着。跑堂拿上一大瓶匡耐牌A字牛奶，说已经隔水温过。辛楣把瓶给慎明道："你自斟自酌罢，我不跟你客气了。"慎明倒了一杯，尖着嘴唇尝了尝，说："不凉不暖，正好。"然后从口袋里掏出个什么外国补药瓶子，数四粒丸药，搁在嘴里，喝一口牛奶咽下去。苏小姐道："褚先生真知道养生！"慎明透口气道："人没有这个身体，全是心灵，岂不更好；我并非保重身体，我只是哄乖了它，好不跟我捣乱——辛楣，这牛奶还新鲜。"

辛楣道："我没哄你罢？我知道你的脾气，这瓶奶送到我家以后，我就搁在电气冰箱里冻着。你对新鲜牛奶这样认真，我有机会带你去见我们相熟的一位徐小姐，她开牛奶场，请她允许你每天凑着母牛的奶直接吸一个饱——今天的葡萄汁、酒、牛奶都是我带来的，没叫馆子里预备。文纨，吃完饭，我还有一匣东西给你。你爱吃的。"

苏小姐道："什么东西？——哦，你又要害我头痛了。"

方鸿渐道："我就不知道你爱吃什么东西，下次也可以买来孝敬你。"

辛楣又骄又妒道："文纨，不要告诉他。"

苏小姐又为自己的嗜好抱歉道："我在外国想吃广东鸭肫肝，不容易买到。去年回来，大哥买了给我吃，咬得我两太阳酸痛了好几天。你又要来引诱我了。"

鸿渐道:"外国菜里从来没有鸡鸭肫肝,我在伦敦看见成箱的鸡鸭肫肝贱得一文不值,人家买了给猫吃。"

辛楣道:"英国人吃东西远比不上美国人花色多。不过,外国人的吃胆总是太小,不敢冒险,不像我们中国人什么肉都敢吃。并且他们的烧菜原则是'调',我们是'烹',所以他们的汤菜尤其不够味道。他们白煮鸡,烧了一滚,把汤丢了,只吃鸡肉,真是笑话。"

鸿渐道:"这还不算冤呢!茶叶初到外国,那些外国人常把整磅的茶叶放在一锅子水里,到水烧开,泼了水,加上胡椒和盐,专吃那叶子。"

大家都笑。斜川道:"这跟樊樊山[21]把鸡汤来沏龙井茶的笑话相同。我们这位老世伯光绪初年做京官的时候,有人外国回来送给他一罐咖啡,他以为是鼻烟,把鼻孔里的皮都擦破了。他集子里有首诗讲这件事。"

鸿渐道:"董先生不愧系出名门!今天听到不少掌故。"

慎明把夹鼻眼镜按一下,咳声嗽,说:"方先生,你那时候问我什么一句话?"

鸿渐糊涂道:"什么时候?"

"苏小姐还没来的时候,"——鸿渐记不起——"你好像问我研究什么哲学问题,对不对?"对这个照例的问题,褚慎明有个刻板的回答,那时候因为苏小姐还没来,所以他留到现在表演。

"对,对。"

"这句话严格分析起来,有点毛病。哲学家碰见问题,第一步研究问题:这成不成问题,不成问题的是假问题 pesudoquestion,不用解决,也不可解决。假使成问题呢,第二步研究解决,相传的解决正确不正确,要不要修正。你的意思恐怕不是问我研究什么问题,而是问我研究什么问题的解决。"

方鸿渐惊奇,董斜川厌倦,苏小姐迷惑,赵辛楣大声道:"妙,妙,分析得真精细,了不得!了不得!鸿渐兄,你虽然研究哲学,今天也甘拜下风了,听了这样好的议论,大家得干一杯。"

鸿渐经不起辛楣苦劝,勉强喝了两口,说:"辛楣兄,我只在哲学系混了一年,看了几本指定参考书。在褚先生前面只能虚心领教做学生。"

褚慎明道:"岂敢,岂敢!听方先生的话好像把一个个哲学家为单位,来看他们的著作。这只算研究哲学家,至多是研究哲学史,算不得研究哲学。充乎其量,不过做个哲学教授,不能成为哲学家。我喜欢用自己的头脑,不喜欢用人家的头脑来思想。科学文学的书我都看,可是非万不得已决不看哲学书。现在许多号称哲学家的人,并非真研究哲学,只研究些哲学上的人物文献。严格讲起来,他们不该叫哲学家 philosophers,该叫'哲学家学家'philophilosophers。"

鸿渐说:"philophilosophers 这个字很妙,是不是先生用自己头脑想出来的?"

"这个字是有人在什么书上看见了告诉 Bertie,Bertie 告诉我的。"

"谁是 Bertie?"

"就是罗素了。"

世界有名的哲学家,新袭勋爵[22],而褚慎明跟他亲狎得叫他乳名,连董斜川都羡服了,便说:"你跟罗素很熟?"

"还够得上朋友,承他瞧得起,请我帮他解答许多问题。"天知道褚慎明并没吹牛,罗素确问过他什么时候到英国、有什么计划、茶里要搁几块糖这一类非他自己不能解决的问题——"方先生,你对数理逻辑用过功没有?"

"我知道这东西太难了,从没学过。"

"这话有语病,你没学过,怎会'知道'它难呢?你的意思是:'听说这东西太难了。'"

辛楣正要说"鸿渐兄输了,罚一杯",苏小姐为鸿渐不服气道:"褚先生可真精明厉害哪!吓得我口都不敢开了。"

慎明说:"不开口没用,心里的思想照样的混乱不合逻辑,这病根还没有去掉。"

苏小姐撅嘴道:"你太可怕了!我们心里的自由你都要剥夺了。我瞧你就没本领钻到人心里去。"

褚慎明有生以来,美貌少女跟他讲"心",今天是第一次。他非常激动,夹鼻眼镜泼刺一声直掉在牛奶杯子里,溅得衣服上桌布上都是奶,苏小姐胳膊上也沾润了几滴。大家忍不住笑。赵辛楣揿电铃叫跑堂来收拾。苏小姐不敢皱眉,轻快地拿手帕抹去手臂上的飞沫。褚慎明红着脸,把眼镜擦干,幸而没破,可是他不肯就戴上,怕看清了大家脸上逗留的余笑。

董斜川道:"好,好,虽然'马前泼水',居然'破镜重圆',慎明兄将来的婚姻一定离合悲欢,大有可观。"

辛楣道:"大家干一杯,预敬我们大哲学家未来的好太太。方先生,半杯也喝半杯。"——辛楣不知道大哲学家从来没有娶过好太太,苏格拉底的太太就是泼妇,褚慎明的好朋友罗素也离了好几次婚。

鸿渐果然说道:"希望褚先生别像罗素那样的三四次闹离婚。"

慎明板着脸道:"这就是你所学的哲学!"苏小姐道:"鸿渐,我看你醉了,眼睛都红了。"斜川笑得前仰后合。辛楣嚷道:"岂有此理!说这种话非罚一杯不可!"本来敬一杯,鸿渐只需喝一两口,现在罚一杯,鸿渐自知理屈,挨了下去,渐渐觉得另有一个自己离开了身子在说话。

慎明道:"关于Bertie结婚离婚的事,我也和他谈过。他引一句英国古话,说结婚仿佛金漆的鸟笼,笼子外面的鸟想住进去,笼内的鸟想飞出来;所以结而离,离而结,没有了局。"

苏小姐道:"法国也有这么一句话。不过,不说是鸟笼,说是被围困的城堡 fortress assiégée,城外的人想冲进去,城里的人想逃出来。鸿渐,是不是?"鸿渐摇头表示不知道。

辛楣道:"这不用问,你还会错么!"

慎明道："不管它鸟笼罢，围城罢，像我这种一切超脱的人是不怕被围困的。"

鸿渐给酒摆布得失掉自制力道："反正你会摆空城计。"结果他又给辛楣罚了半杯酒，苏小姐警告他不要多说话。斜川像在寻思什么，忽然说道："是了，是了。中国哲学家里，王阳明[23]是怕老婆的。"——这是他今天第一次没有叫"老世伯"的人。

辛楣抢说："还有什么人没有？方先生，你说，你念过中国文学的。"

鸿渐忙说："那是从前的事，根本没有念通。"辛楣欣然对苏小姐做个眼色，苏小姐忽然变得很笨，视若无睹。

"大学里教你国文的是些什么人？"斜川无兴趣地问。

鸿渐追想他的国文先生都叫不响，不比罗素，陈散原这些名字，像一支上等哈瓦那雪茄烟，可以挂在口边卖弄，便说："全是些无名小子，可是教我们这种不通的学生，已经太好了。斜川兄，我对诗词真的一窍不通，叫我做呢，一个字都做不出。"苏小姐嫌鸿渐太没面子了，心痒痒地要为他挽回体面。

斜川冷笑道："看的是不是燕子龛[24]、人境庐[25]两家的诗？"

"为什么？"

"这是普通留学生所能欣赏的二毛子旧诗。东洋留学生捧苏曼殊，西洋留学生捧黄公度。留学生不知道苏东坡、黄山谷[26]，心目间只有这一对苏黄。我没说错罢？还是黄公度好些，苏曼殊诗里的日本味儿，浓得就像日本女人头发上的油气。"

苏小姐道："我也是个普通留学生，就不知道近代的旧诗谁算顶好。董先生讲点给我们听听。"

"当然是陈散原第一。这五六百年来，算他最高。我常说唐以后的大诗人可以把地理名字来包括，叫'陵谷山原'。三陵[27]：杜少陵，王广陵——知道这个人么？——梅宛陵；二谷[28]：李昌谷，黄山谷；四山[29]：李义山，王半山，陈后山，元遗山；可是只有一原，陈散原。"说时，翘着左手大拇指。鸿渐懦怯地问道："不能添个'坡'字么？"

"苏东坡，他差一点。"

鸿渐咋舌不下，想苏东坡的诗还不入他法眼，这人做的诗不知怎样好法，便问他要刚才写的诗来看。苏小姐知道斜川写了诗，也向他讨；因为只有做旧诗的人敢说不看新诗，做新诗的人从不肯说不懂旧诗的。斜川把四五张纸，分发同席，傲然靠在椅背上，但觉得这些人都不懂诗，决不能领略他句法的妙处，就是赞美也不会亲切中肯。这时候，他等待他们的恭维，同时知道这恭维不会满足自己，仿佛鸦片瘾发的时候只找到一包香烟的心理。纸上写着七八首近体诗，格调很老成。辞军事参赞回国那首诗有："好赋归来看妇靥，大惭名字止儿啼"；愤慨中日战事的诗有："直疑天似醉，欲与日偕亡"；此外还有："清风不必一钱买，快雨瑞宜万户封"；"石齿漱寒濑，松涛泻夕风"；"未许避人思避世，独扶浅醉赏残花"。可是有几句像："泼眼空明供睡鸭，蟠胸秘怪媚潜虬"；"数子提携寻旧迹，哀芦苦竹照凄悲"；"秋气身轻一雁过，鬓丝摇影万鸦窠"；意思非常晦涩。鸿渐没读过《散原精舍诗》，还竭力思索这些字句的来源。他想芦竹并没起火，照东西不甚可能，何况"凄悲"是探海灯都照不见的。"数子"明明指朋友并非小孩子，朋友怎可以

"提携"？一万只乌鸦看中诗人几根白头发，难道"乱发如鸦窠"，要宿在他头上？心里疑惑，不敢发问，怕斜川笑自己外行人不通。

大家照例称好，斜川客气地淡漠，仿佛领袖受民众欢迎时的表情。辛楣对鸿渐道："你也写几首出来，让我们开开眼界。"鸿渐极口说不会做诗。斜川说鸿渐真的不能做诗，倒不必勉强。辛楣道："那么，大家喝一大杯，把斜川兄的好诗下酒。"鸿渐要喉舌两关不留难这口酒，溜税似地直咽下去，只觉胃里的东西给这口酒激的要冒上来，好比已塞的抽水马桶又经人抽一下水的景象。忙搁下杯子，咬紧牙齿，用坚强的意志压住这阵泛溢。

苏小姐道："我没见过董太太，可是我想象得出董太太的美。董先生的诗：'好赋归来看妇靥'，活画出董太太的可爱的笑容，两个深酒涡。"

赵辛楣道："斜川有了好太太不够，还在诗里招摇，我们这些光杆看了真眼红。"说时，仗着酒勇，涎着脸看苏小姐。

褚慎明道："酒涡生在他太太脸上，只有他一个人看。现在写进诗里，我们都可以仔细看个饱了。"

斜川生气不好发作，板着脸说："跟你们这种不通的人，根本不必谈诗。我这一联是用的两个典，上句梅圣俞，下句杨大眼[30]，你们不知道出处，就不要穿凿附会。"

辛楣一壁斟酒道："抱歉抱歉！我们罚自己一杯。方先生，你应该知道出典，你不比我们呀！为什么也一窍不通？你罚两杯，来！"

鸿渐生气道："你这人不讲理，为什么我比你们应当知道？"

苏小姐因为斜川骂"不通"，有自己在内，甚为不快，说："我也是一窍不通的，可是我不喝这杯罚酒。"

辛楣已有酒意，不受苏小姐约束道："你可以不罚，他至少也得还喝一杯，我陪他。"说时，把鸿渐杯子里的酒斟满了，拿起自己的杯子来一饮而尽，向鸿渐照着。

鸿渐毅然道："我喝完这杯，此外你杀我头也不喝了。"举酒杯直着喉咙灌下去，灌完了，把杯子向辛楣一扬道："照——"他"杯"字没出口，紧闭嘴，连跌带撞赶到痰盂边，"哇"的一声，菜跟酒冲口而出，想不到肚子里有那些呕不完的东西，只吐得上气不接下气，鼻涕眼泪胃汁都赔了。心里只想："大丢脸！亏得唐小姐不在这儿。"胃里呕清了，恶心不止，旁茶几坐下，抬不起头，衣服上都溅满脏沫。苏小姐要走近身，他疲竭地做手势阻止她。辛楣在他吐得厉害时，为他敲背。斜川叫跑堂收拾地下，拿手巾，自己先倒杯茶给他漱口。褚慎明掩鼻把窗子全打开，满脸鄙厌，可是心上高兴，觉得自己泼的牛奶，给鸿渐的呕吐在同席者的记忆里冲掉了。

斜川看鸿渐好了些，笑说："'凭阑一吐，不觉筌筚'，怎么饭没吃完，已经忙着还席了！没有关系，以后拚着吐几次，就学会喝酒了。"

辛楣道："酒，证明真的不会喝了。希望诗不是真的不会做，哲学不是真的不懂。"

苏小姐发狠道："还说风凉话呢！全是你不好，把他灌到这样，明天他真生了病，瞧你做主人的有什么脸见人？——鸿渐，你现在觉得怎么样？"把手指按鸿渐的前额，看得辛楣悔不曾学过内功拳术，为鸿渐敲背的时候，使他受致命伤。

鸿渐头闪开说："没有什么，就是头有点痛。辛楣兄，今天真对不住你，各位也给我搅得扫兴，请继续吃罢。我想先回家去了，过天到辛楣兄府上来谢罪。"

苏小姐道："你多坐一会，等头不痛了再走。"

辛楣恨不能立刻撵鸿渐滚蛋，便说："谁有万金油？慎明，你随身带药的，有没有万金油？"

慎明从外套和裤子袋里掏出一大堆瓶儿盒儿，保喉、补脑、强肺、健胃、通便、发汗、止痛的药片、药丸、药膏全有。苏小姐拣出万金油，伸指蘸了些，为鸿渐擦在两太阳。辛楣一肚皮的酒，几乎全成酸醋，忍了一会，说："好一点没有？今天我不敢留你，改天补请。我分付人叫车送你回去。"

苏小姐道："不用叫车，他坐我的车，我送他回家。"

辛楣惊骇得睁大了眼，口吃说："你，你不吃了？还有菜呢。"鸿渐有气无力地恳请苏小姐别送自己。

苏小姐道："我早饱了，今天菜太丰盛了。褚先生，董先生请慢用，我先走一步。辛楣，谢谢你。"

辛楣哭丧着脸，看他们俩上车走了。他今天要鸿渐当苏小姐面出丑的计划，差不多完全成功，可是这成功只证实了他的失败。鸿渐斜靠着车垫，苏小姐问他要不要把领结解松，他摇摇头，苏小姐叫他闭上眼歇一会。在这个自造的昏天黑地里，他觉得苏小姐凉快的手指摸他的前额，又听她用法文低声自语："Pauvre petit[31]！"他力不从心，不能跳起来抗议。汽车到周家，苏小姐命令周家的门房帮自己汽车夫扶鸿渐进去。到周先生周太太大惊小怪赶出来认苏小姐，要招待她进去小坐，她汽车早开走了。老夫妇的好奇心无法满足，又不便细问蒙头躺着的鸿渐，只把门房考审个不了，还嫌他没有观察力，骂他有了眼睛不会用，为什么不把苏小姐看个仔细。

（选自钱锺书：《围城》，人民文学出版社，1991年。有删节）

注 释

[1] 钱锺书（1910—1998），字默存，号槐聚。江苏无锡人，著名学者、作家。著有长篇小说《围城》和短篇小说集《人·兽·鬼》。散文大都收入《写在人生边上》一书。文集《谈艺录》《管锥编》具有很高的学术价值。《围城》一书不仅探讨了主人公方鸿渐的爱情、婚姻、事业的三重"围城"人生，亦以锐利独到的眼光对一个特定的阶层——上层知识社会里的知识分子的人性弱质进行了酣畅淋漓的大幅度讽刺性描写。本选段通过对曹元朗、苏小姐、董斜川、褚慎明等具有代表性的人物的细致刻画，让读者从中窥见上层知识社会病态知识分子的众生相。[2] Mélange adultère：杂拌。[3] Jug! Jug!：艾略特诗里夜莺的啼声。E fango è il mondo：世界只是泥淖。[4] Wir sind!：我们存在着。[5] 肥儿飞儿等：李义山即晚唐诗人李商隐。其《嫦娥》诗有"嫦娥应悔偷灵药，碧海青天夜夜心"之句。曹元朗"逃妇"即由此而来。爱利恶德（T. S. Eliot），即艾略特，英籍美国著名现代派诗人和文艺评论家。艾略特主张

用典、用事，以古代的事和眼前的事错杂着、对较着，把古今的知觉和情绪融混为一，组成一个同时局面。曹元朗奉行其诗歌理论观念。拷背延耳（Tristan Corbière），法国象征派诗人科比耶（1845—1875）。来屋拜地（Leopardi），意大利著名诗人、哲学家贾科莫·莱帕尔德。肥儿飞儿（Franz Werfel），犹太裔德国诗人韦尔佛。引用这些外国人的名字本身是没有什么实在意义的。但作者为了讽刺曹元朗附庸风雅，实则一窍不通，故意选择爱利恶德、拷背延耳、来屋拜地、肥儿飞儿等词来翻译人名，这几个词在汉语里都能组合出新的意义，构成有意义的短语，因其贬义浓烈，读者马上形成恶俗、低贱、痴肥的印象。强烈讽刺了曹元朗借新诗之名，崇洋媚外的行为。[6] Tout y fourmille de vie：一切充满了生命。[7] 17世纪荷兰哲学家，后改名为贝内迪特·斯宾诺莎（Benedictus Spinoza）。[8] 20世纪法国哲学家，文笔优美，思想富于吸引力，曾获诺贝尔文学奖。[9] 20世纪英国哲学家、数学家和逻辑学家。1950年获得诺贝尔文学奖。在罗素的哲学思想发展中，逻辑原子论是他的哲学观点转变的一个标志。罗素用"逻辑原子论"这种哲学对抗当时流行的柏格森等的进化论哲学。[10]《儒林外史》中人物，说他"和妇人隔着三间屋就闻见其臭气"。外表飘逸潇洒，矫揉世故是内瓤，歪才点点，非大奸大恶之徒，实蝇营狗苟之流，不过仗着家中的一定财产，附庸风雅，实则酒色财气一点也不少的假名士真俗人。[11] a posteriori：从后果推测前因。[12] posterior：后臀。[13] kiss：接吻。[14] 同光体：近代学古诗派之一。"同光"指清代同治、光绪两个年号。同光体的诗主要学宋，也学唐，趋向学中唐的韩愈、孟郊、柳宗元。[15] Timaeus，蒂迈欧篇，为柏拉图的晚期著作，后世缮写该著作在表明段落次序时使用罗马数字，如Ⅸ（9）、Ⅹ（10）、Ⅺ（11）、Ⅻ（12）等。柏拉图是古希腊重要的思想家，也是西方文化中最伟大的思想家和哲学家之一。[16] 黄仲则：清代诗人，字汉镛，一字仲则，自称黄庭坚后裔。[17] 龚定盦：龚自珍，清朝中后期著名思想家、文学家、哲学家。[18] 陈散原，中国近代著名的历史学家、诗人。1937年秋，抗战全面爆发，北平沦陷。日伪政权对陈散原百般劝说，要他效忠日伪，遭到他严词斥逐，后绝食五日而死，表现了铁骨铮铮的民族正气。是晚清同光体赣派的代表。其子陈寅恪，是中国著名历史学家，清华大学教授。[19] 杨基，元末明初著名诗人、画家，明初十才子之一，诗风清俊纤巧，其中五言律诗《岳阳楼》境界开阔，时人称杨基为"五言射雕手"。[20] 谢林是18世纪德国著名哲学家。他的"绝对观念"认为主体与客体的绝对统一，观念与实在的绝对统一。[21] 樊樊山，即樊增祥，清代官员、文学家，嗜好鼻烟，离不得。[22] 勋爵只是一种称呼，不是爵位。英国的贵族爵位有侯爵、伯爵、子爵和男爵，都可以称为勋爵。[23] 即王守仁，字伯安，自号阳明子，学者称之为阳明先生，亦称王阳明。明代著名的思想家、文学家、哲学家和军事家，是中国古代哲学史上的"心学大师"。[24] 燕子盦：指苏曼殊，清末民初诗人、作家、画家、翻译家，著有《燕子盦诗》。[25] 人境庐是清末爱国诗人黄遵宪（字公度，别号人境庐主人）的故居。取意于东晋大诗人陶渊明"结庐在人境，而无车马喧"的名句。黄遵宪晚年蛰居人境庐，创作大量诗歌，并自选和编订了《人境庐诗草》。[26] 即黄庭坚，北宋书法家、文学家，字鲁直，号山谷道人。[27] 杜少陵，即杜甫，字子美，自号少陵野老。王广陵，即王令，北宋诗人，字逢源。5岁丧父母，随其叔祖王乙居广陵（今江苏扬州）。王令诗文由其外孙吴说编为《广陵集》。梅宛陵，即梅尧臣，字圣俞，世称宛陵先生，北宋著名诗人。[28] 李昌谷，即李贺，字长吉，家居福昌之昌谷（今河南省洛阳市），后人因称李昌谷。黄山谷，即黄庭坚。[29] 李义山，即李商隐，字义山，晚唐著名诗人。王半山，即王安石，字介甫，号半山，北宋政治家、文学家。陈后山，即陈师道，号后山居士，北宋官员、诗人。元遗山，即元好问，字裕之，号遗山，世称遗山先生，金代杰出诗人。[30] 北魏悍将。"大惭名字止儿啼"，典出《魏书·杨大眼传》"传言淮、泗之间，有童儿啼者，恐之云'杨大眼至'，无不即止"。是说杨大眼魁梧勇猛，让人畏惧，常用来吓唬啼哭的小孩。[31] Pauvre petit：可怜的小东西。

思考与练习

一、作者善于通过细节描写一针见血、入木三分地凸现人物的本质特征。结合小说分析曹元朗、苏小姐、董斜川、褚慎明四人的形象。

二、钱锺书本人曾说过:"我想写现代中国某一部分社会、某一类人物。我没忘记他们是人类,只是人类,具有无毛两足动物的基本根性。"联系这段话,综合上述人物的性格特征,充分理解《围城》揭露上层知识分子文明掩饰下的种种人性的庸俗与卑劣,对病态的知识社会进行讽刺和批判的主题。

三、钱锺书的作品语言锐利冷峭、犀利劲捷,常用调侃、揶揄的口吻奚落、挖苦、讽刺对象,既尖刻又俏皮。这使他的作品形成一种妙趣横生而又充满智慧的语言风格。找到课文中体现这一独特的机智讽刺艺术的地方,仔细品味。

四、钱锺书本人学贯中西、博闻强记,其作品包含着令人心折的巨大知识容量,行文中常旁征博引,举凡中外文化、风俗、道德、政治、艺术方面的知识随手拈来、汇贯其中,议论风生,洋溢着浓厚的知识氛围,因而被国内外评论界称为"学者式的作家"。以本文为例,谈谈这一独创性风格。

五、利用课余时间阅读《围城》一书或观看十集电视连续剧《围城》,讨论该小说的另一深邃主题意蕴——爱情、婚姻、事业的三重"围城"人生。

尘埃落定(节选)

阿 来[1]

解 题

《尘埃落定》以曲折动人的情节、饱含激情的笔墨、超然物外的视角展现了土司制度的兴衰。小说借麦其土司家"傻瓜"儿子的独特视角,兼用写实与象征表意的手法,轻巧而富有魅力地写出了藏族的一支——康巴人在土司制度下延续了多代的沉重生活。作者以对人性的深入开掘,揭示出各土司集团间、土司家族内部、土司与受他统治的人民以及土司与国民党军阀间错综的矛盾和争斗;并从对各类人物命运的关注中,呈现了土司制度走向衰亡的必然性,肯定了人的尊严。小说有浓郁的藏族风情和丰厚的藏族文化意蕴。一层轻淡的魔幻色彩,增强了艺术表现开合的力度。语言颇多通感成分,充满灵动的诗意,显示了作者出色的艺术才华。

那是个下雪的早晨,我躺在床上,听见一群野画眉[2]在窗子外边声声叫唤。

母亲正在铜盆中洗手,她把一双白净修长的手浸泡在温暖的牛奶里,吁吁地喘着气,好像使双手漂亮是件十分累人的事情。她用手指叩叩铜盆边沿，随着一声响亮，盆中的牛奶上荡起细密的波纹，鼓荡起嗡嗡的回音在屋子里飞翔。

然后，她叫了一声桑吉卓玛。

侍女桑吉卓玛应声端着另一个铜盆走了进来。那盆牛奶给放到地上。母亲软软地叫道："来呀，多多。"一条小狗从柜子下面咿咿唔唔地钻出来，先在地下翻一个跟斗，对着主子摇摇尾巴，这才把头埋进了铜盆里边。盆里的牛奶噎得它几乎喘不过气来。土司太太很喜欢听见这种自己少少一点爱，就把人淹得透不过气来的声音。她听着小狗喝奶时透不过气来的声音，在清水中洗手。一边洗，一边吩咐侍女卓玛，看看我——她的儿子醒了没有。昨天，我有点发烧，母亲就睡在了我房里。我说："阿妈，我醒了。"

她走到床前，用湿湿的手摸摸我的额头，说："烧已经退了。"

说完，她就丢开我去看她白净却有点掩不住苍老的双手。每次梳洗完毕，她都这样。现在，她梳洗完毕了，便一边看着自己的手一日日显出苍老的迹象，一边等着侍女把水泼到楼下的声音。这种等待总有点提心吊胆的味道。水从高处的盆子里倾泻出去，跌落在楼下石板地上，分崩离析的声音会使她身子忍不住痉挛一下。水从四楼上倾倒下去，确实有点粉身碎骨的味道，有点惊心动魄。

但今天，厚厚的积雪吸掉了那声音。

该到声音响起时，母亲的身子还是抖动了一下。我听见侍女卓玛美丽的嘴巴在小声嘀咕：又不是主子自己掉下去了。我问卓玛："你说什么？"

母亲问我："这小蹄子她说什么？"

我说："她说肚子痛。"

母亲问卓玛："真是肚子痛吗？"

我替她回答："又不痛了。"

母亲打开一只锡罐，一只小手指伸进去，挖一点油脂，擦在手背上，另一只小手指又伸进去，也挖一点油脂擦在另一只手背上。屋子里立即弥漫开一股辛辣的味道。这种护肤用品是用旱獭[3]油和猪胰子加上寺院献上的神秘的印度香料混合而成。土司太太，也就是我母亲很会做表示厌恶的表情。她做了一个这样的表情，说："这东西其实是很臭的。"

桑吉卓玛把一只精致的匣子捧到她面前，里面是土司太太左手的玉石镯子和右手的象牙镯子。太太戴上镯子，在手腕上转了一圈说："我又瘦了。"

侍女说："是。"

母亲说："你除了这个你还会说什么？"

"是，太太。"

我想土司太太会像别人一样顺手给她一个嘴巴，但她没有。侍女的脸蛋还是因为害怕变得红扑扑的。土司太太下楼去用早餐。卓玛侍立在我床前，侧耳倾听太太踩着一级级梯子到了楼下，便把手伸进被子狠狠掐了我一把，她问："我什么时候说肚子痛？我什么时候肚子痛了？"

我说:"你肚子不痛,只想下次泼水再重一点。"

这句话很有作用,我把腮帮鼓起来,她不得不亲了我一口。亲完,她说,可不敢告诉主子啊。我的双手伸向她怀里,一对小兔一样撞人的乳房就在我手心里了。我身体里面或者是脑袋里面什么地方很深很热地震荡了一下。卓玛从我手中挣脱出来,还是说:"可不敢告诉主子啊。"

这个早上,我第一次从女人身上感到令人愉快的心旌摇荡。

桑吉卓玛骂道:"傻瓜!"

我揉着结了眵[4]的双眼问:"真的,到底谁是那个傻……傻瓜?"

"真是一个十足的傻瓜!"

说完,她也不服侍我穿衣服,而在我胳膊上留下一个鸟啄过似的红斑就走开了。她留给我的疼痛是叫人十分新鲜又特别振奋的。

窗外,雪光的照耀多么明亮!传来了家奴的崽子们追打画眉时的欢叫声。而我还在床上,躺在熊皮褥子和一大堆丝绸中间,侧耳倾听侍女的脚步走过了长长的回廊,看来,她真是不想回来侍候我了。于是,我一脚踢开被子大叫起来。

在麦其土司辖地上,没有人不知道土司第二个女人所生的儿子是一个傻子。

那个傻子就是我。

除亲生母亲,几乎所有人都喜欢我是现在这个样子。要是我是个聪明的家伙,说不定早就命归黄泉,不能坐在这里,就着一碗茶胡思乱想了。土司的第一个老婆是病死的。我的母亲是一个毛皮药材商买来送给土司的。土司醉酒后有了我,所以,我就只好心甘情愿当一个傻子了。

虽然这样,方圆几百里没有人不知道我,这完全因为我是土司儿子的缘故。如果不信,你去当个家奴,或者百姓的绝顶聪明的儿子试试,看看有没有人会知道你。

我是个傻子。

我的父亲是皇帝册封的辖制数万人众的土司。

所以,侍女不来给我穿衣服,我就会大声叫嚷。

侍候我的人来迟半步,我只一伸腿,绸缎被子就水一样流淌到地板上。来自重叠山口以外的汉地丝绸是些多么容易流淌的东西啊。从小到大,我始终弄不懂汉人地方为什么会是我们十分需要的丝绸、茶叶和盐的来源,更是我们这些土司家族权力的来源。有人对我说那是因为天气的缘故。我说:"哦,天气的缘故。"心里却想,也许吧,但肯定不会只是天气的缘故。那么,天气为什么不把我变成另一种东西?据我所知,所有的地方都是有天气的。起雾了。吹风了。风热了,雪变成了雨。风冷了,雨又变成了雪。天气使一切东西发生变化,当你眼鼓鼓地看着它就要变成另一种东西时,却又不得不眨一下眼睛了。就在这一瞬间,一切又变回了原来的样子。可又有谁能在任何时候都不眨巴一下眼睛?祭祀的时候也是一样。享受香火的神祇在缭绕的烟雾背后,金面孔上彤红的嘴唇就要张开了,就要欢笑或者哭泣,殿前猛然一阵鼓号声轰然作响,吓得人浑身哆嗦,一眨眼间,神祇们又收敛了表情,回复到无忧无乐的庄严境界中去了。

这天早晨下了雪，是开春以来的第一场雪。只有春雪才会如此滋润绵密，不至于一下来就被风给刮走了，也只有春雪才会铺展得那么深远，才会把满世界的光芒都汇聚起来。

满世界的雪光都汇聚在我床上的丝绸上面。我十分担心丝绸和那些光芒一起流走了。心中竟然涌上了惜别的忧伤。闪烁的光锥子一样刺痛了心房，我放声大哭。听见哭声，我的奶娘德钦莫措跌跌撞撞地从外边冲了进来。她并不是很老，却喜欢做出一副上了年纪的样子。她生下第一个孩子后就成了我的奶娘，因为她的孩子生下不久就死掉了。那时我已经三个月了，母亲焦急地等着我做一个知道自己来到这个世界的表情。

一个月时我坚决不笑。

两个月时任何人都不能使我的双眼对任何呼唤做出反应。

土司父亲像他平常发布命令一样对他的儿子说："对我笑一个吧。"见没有反应，他一改温和的口吻，十分严厉地说："对我笑一个，笑啊，你听到了吗？"他那模样真是好笑。我一咧嘴，一汪涎水从嘴角掉了下来。母亲别过脸，想起有我时父亲也是这个样子，泪水止不住流下了脸腮。母亲这一气，奶水就干了。她干脆说："这样的娃娃，叫他饿死算了。"

父亲并不十分在意，叫管家带上十个银元和一包茶叶，送到刚死了私生子的德钦莫措那里，使她能施一道斋僧茶，给死娃娃做个小小的道场。管家当然领会了主子的意思。早上出去，下午就把奶娘领来了。走到寨门口，几条恶犬狂吠不已，管家对她说："叫它们认识你的气味。"

奶娘从怀里掏出块馍馍，分成几块，每块上吐点口水，扔出去，狗们立即就不咬了，跳起来，在空中接住了馍馍。之后，它们跑过去围着奶娘转了一圈，用嘴撩起她的长裙，嗅嗅她的脚，又嗅嗅她的腿，证实了她的气味和施食者的气味是一样的，这才竖起尾巴摇晃起来。几只狗开口大嚼，管家拉着奶娘进了官寨大门。

土司心里十分满意。新来的奶娘脸上虽然还有悲痛的颜色，但奶汁却溢出来打湿了衣服。

这时，我正在尽我所能放声大哭。土司太太没有了奶水，却还试图用那空空的东西堵住傻瓜儿子的嘴巴。父亲用拐杖在地上拄出很大的声音，说："不要哭了，奶娘来了。"我就听懂了似的止住了哭声。奶娘把我从母亲手中接过去。我立即就找到了饱满的乳房。她的奶水像涌泉一样，而且是那样的甘甜。我还尝到了痛苦的味道，和原野上那些花啊草啊的味道。而我母亲的奶水更多的是五颜六色的想法，把我的小脑袋涨得嗡嗡嗡作响。

我那小胃很快就给装得满满当当了。为表示满意，我把一泡尿撒在奶娘身上。奶娘在我松开奶头时，背过身去哭了起来。就在这之前不久，她夭折的儿子由喇嘛们念了超度经，用牛毛毯子包好，沉入深潭水葬了。

母亲说："晦气，呸！"

奶娘说："主子，饶我这一回，我实在是忍不住了。"母亲叫她自己打自己一记耳光。

如今我已经十三岁了。这许多年里，奶娘和许多下人一样，洞悉了土司家的许多秘密，就不再那么规矩了。她也以为我很傻，常当着我的面说："主子，呸！下人，呸！"同时，把随手塞进口中的东西——被子里絮的羊毛啦，衣服上绽出的一段线头啦，和着唾液狠狠地吐在墙上。只是这一二年，她好像已经没有力气吐到原来的高度上去了。于是，她就干脆做出很老的样子。

我大声哭喊时，奶娘跌跌撞撞地跑了进来："求求你少爷，不要叫太太听到。"

而我哭喊，是因为这样非常痛快。

奶娘又对我说："少爷，下雪了啊。"

下雪跟我有什么关系呢？但我确实就不哭了。从床上看出去，小小窗口中镶着一方蓝得令人心悸的天空。她把我扶起来一点，我才看见厚厚的雪重重地压在树枝上面。我嘴一咧又想哭。

她赶紧说："你看，画眉下山来了。"

"真的？"

"是的，它们下山来了。听，它们在叫你们这些娃娃去和它们玩耍。"

于是，我就乖乖地叫她穿上了衣服。

天啊，你看我终于说到画眉这里来了。天啊，你看我这一头的汗水。画眉在我们这地方都是野生的。天阴时谁也不知道它们在什么地方。天将放晴，它们就全部飞出来歌唱了，歌声婉转嘹亮。画眉不长于飞行，它们只会从高处飞到低处，所以轻易不会下到很低的地方。但一下雪可就不一样了，原来的居处找不到吃的，就只好来到有人的地方。

画眉是给春雪压下山来的。

和母亲一起吃饭时，就有人不断进来问事了。

先是跛子管家进来问等会儿少爷要去雪地里玩，要不要换双暖和的靴子，并说，要是老爷在是要叫换的。母亲就说："跛子你给我滚出去，把那破靴子挂在脖子上给我滚出去！"管家出去了，当然没有把靴子吊在脖子上，也不是滚出去的。

不一会儿，他又拐进来报告，说科巴寨里给赶上山去的女麻风在雪中找不到吃的，下山来了。

母亲赶紧问："她现在到了哪里？"

"半路上跌进抓野猪的陷阱里去了。"

"会爬出来的。"

"她爬不出来，正在洞里大声叫唤呢。"

"那还不赶紧埋了！"

"活埋吗？"

"那我不管，反正不能叫麻风闯进寨子里来。"

之后是布施寺庙的事，给耕种我家土地的百姓们发放种子的事。屋里的黄铜火盆上燃着旺旺的木炭，不多久，我的汗水就下来了。

办了一会儿公事，母亲平常总挂在脸上的倦怠神情消失了。她的脸像有一盏灯在里面点着似的闪烁着光彩。我只顾看她熠熠生辉的脸了，连她问我句什么都没有听见。于是，她生气了，加大了声音说："你说你要什么？"

我说："画眉叫我了。"

土司太太立即就失去了耐心，气冲冲地出去了。我慢慢喝茶，这一点上，我很有身为一个贵族的派头。喝第二碗茶的时候，楼上的经堂铃鼓大作，我知道土司太太又去关照僧人们的营生了。要是我不是傻子就不会在这时扫了母亲的兴。这几天，她正充分享受着土司的权力。父亲带着哥哥到省城告我们的邻居汪波土司。最先，父亲梦见汪波土司捡走了他戒指上脱落的珊瑚。喇嘛说这不是个好梦。果然，不久就有边界上一个小头人率领手下十多家人背叛了我们，投到汪波土司那边去了。父亲派人执了厚礼去讨还被拒绝。后一次派人带了金条，言明只买那叛徒的脑袋，其他百姓、土地就奉送给汪波土司了。结果金条给退了回来。还说什么，汪波土司要是杀了有功之人，自己的人也要像麦其土司的人一样四散奔逃。

麦其土司无奈，从一个镶银嵌珠的箱子里取出清朝皇帝颁发的五品官印和一张地图，到中华民国四川省军政府告状去了。

我们麦其一家，除了我和母亲，还有父亲，还有一个同父异母的哥哥，之外，还有一个同父异母的姐姐和经商的叔叔去了印度。后来，姐姐又从那个白衣之邦去了更加遥远的英国。都说那是一个很大的国家，有一个外号是叫做日不落帝国。我问过父亲，大的国家就永远都是白天吗？

父亲笑笑，说："你这个傻瓜。"

现在他们都不在我身边，我很寂寞。

我就说："画眉啊。"

说完就起身下楼去了。刚走到楼下，几个家奴的孩子就把我围了起来。父母亲经常对我说，瞧瞧吧，他们都是你的牲口。我的双脚刚踏上天井里铺地的石板，这些将来的牲口们就围了过来。他们脚上没有靴子，身上没有皮袍，看上去却并不比我更怕寒冷。他们都站在那里等我发出命令呢。我的命令是："我们去逮画眉。"

他们的脸上立即泛起了红光。

我一挥手，喊一嗓子什么，就带着一群下人的崽子，一群小家奴冲出了寨门。我们从里向外这一冲，一群看门狗受到了惊吓，便疯狂地叫开了，给这个早晨增加了欢乐气氛。好大的雪！外面的天地又亮堂又宽广。我的奴隶们也兴奋地大声鼓噪。他们用赤脚踢开积雪，捡些冻得硬邦邦的石头揣在怀里。而画眉们正翘着暗黄色的尾羽蹦来蹦去，顺着墙根一带没有积雪的地方寻找食物。

我只喊一声："开始！"

就和我的小奴隶们扑向了那些画眉。画眉们不能往高处飞，急急忙忙窜到挨近河边的果园中去了。我们从深过脚踝的积雪中跌跌撞撞地向下扑去。画眉们无路可逃，纷纷被石头击中。身子一歪，脑袋就扎进蓬松的积雪中去了。那些侥幸活着的只好顾头不顾腚[5]，把小小的脑袋钻进石缝和树根中间，最后落入了我们手中。

这是我在少年时代指挥的战斗，这样地成功而且完美。

我又分派手下人有的回寨子取火，有的上苹果树和梨树去折干枯的枝条，最机灵最胆大的就到厨房里偷盐。其他人留下来在冬天的果园中清扫积雪，我们必须要有一块生一堆野火和十来个人围火而坐的地方。偷盐的索郎泽郎算是我的亲信。他去得最快也来得最快。我接过盐，并且吩咐他，你也帮着扫雪吧。他就喘着粗气开始扫雪。他扫雪是用脚一下一下去踢，就这样，也比另外那些家伙快了很多。所以，当他故意把雪踢到我脸上，我也不怪罪他。即使是奴隶，有人也有权更被宠爱一点。对于一个统治者，这可以算是条真理。是一条有用的真理。正是因为这个，我才容忍了眼下这种犯上的行为，被钻进脖子的雪弄得格格地笑了起来。

火很快生起来。大家都给那些画眉拔毛。索郎泽郎不先把画眉弄死就往下拔毛，活生生的小鸟在他手下吱吱惨叫，弄得人起一身鸡皮疙瘩，他却一副若无其事的样子。好在火上很快就飘出了使人心安的鸟肉香味。不一会儿，每人肚子里都装进了三五只画眉，野画眉。

（选自阿来：《尘埃落定》，人民文学出版社，1998 年）

注 释

[1] 阿来（1957—），当代作家，藏族，祖籍四川阿坝藏族自治州马尔康市，1982 年开始诗歌创作，20 世纪 80 年代中后期转向小说创作。主要作品有诗集《棱磨河》，短篇小说集《月光下的银匠》，中篇小说《蘑菇圈》，长篇小说《尘埃落定》《空山》《云中记》，散文集《语自在》《阿来散文集》，先后荣获第五届茅盾文学奖、第七届鲁迅文学奖等。[2] 栖息于山丘的灌丛和村落附近的灌丛或竹林中，机敏而胆怯，常在林下的草丛中觅食，不善作远距离飞翔。雄鸟在繁殖期常单独藏匿在杂草及树枝间，极善鸣啭，声音十分洪亮，歌声悠扬婉转，非常动听。杂食性，主要取食昆虫，特别在繁殖季节嗜食昆虫；兼食草籽、野果。[3] 旱獭，松鼠科中体型最大的一种，常称为土拨鼠。栖息于草原、低山丘陵区，是陆生和穴居的草食性动物，主要食物为草、浆果、地衣、苔藓、根和花。[4] 眵，眼睛分泌出来的液体凝结成的淡黄色分泌物，俗称眼屎。[5] 腚，臀部，屁股。

思考与练习

一、细节描写是指抓住生活中某个细微而又具体的典型情节，加以生动描绘，从而增强作品的真实感和艺术感染力。结合本文体会细节描写的表达作用及叙述方法。

二、小说在描述"我"和小伙伴们捉画眉的情境时，读来使人身临其境，不仅展现了作者的文字驾驭能力，更渲染了欢乐的气氛，试结合文本分析。

三、结合小说分析和认识"傻子"这一形象。

华威先生

张天翼[1]

解 题

《华威先生》是张天翼最杰出的短篇讽刺小说。小说讲述的是国民党基层官僚华威先生表面上看似忙碌着为抗战做"贡献"——到各个组织开会、讲话，参加各种活动，然而总是讲不了两句，就匆忙赶到下一个会场。其行为完全是阻碍人民的抗日生活，为了自己的权利，他拉拢关系、忙于酒肉应酬、媚上欺下、费尽心思到处钻营，进行着各种卑鄙无耻的反动活动。小说刻画了一个"包而不办"，名义上为抗战奔波、实际上到处参会抢权的文化官僚形象，深刻揭露了民族矛盾掩盖下的阶级矛盾，鞭挞了国民党竭力破坏抗日统一战线的反动政策。

小说结构紧凑、完整，语言精炼、畅达、幽默、讽刺，细节描写精微，运用了夸张、对照等手法进一步提升了小说的艺术力量。

  转弯抹角算起来——他算是我的一个亲戚。我叫他"华威先生"。他觉得这种称呼不大好。

  "嗳，你真是！"他说，"为什么一定要个'先生'呢。你应当叫我'威弟'。再不然叫我'阿威'。"

  把这件事交涉过了之后，他立刻戴上了帽子：

  "我们改日再谈好不好？我总想畅畅快快跟你谈一次——唉，可总是没有时间。今天刘主任起草了一个县长公余工作方案，硬要叫我参加意见，叫我替他修改。三点钟又还有一个集会。"

  这里他摇摇头，没奈何地苦笑了一下。他声明他并不怕吃苦：在抗战时期大家都应当苦一点。不过——时间总要够支配呀。

  "王委员又打了三个电报来，硬要请我到汉口去一趟。这里全省文化界抗敌总会又成立了，一切抗战工作都要领导起来才行。我怎么跑得开呢，我的天！"

  于是匆匆忙忙跟我握了握手，跨上他的包车。

  他永远挟着他的公文皮包。并且永远带着他那根老粗老粗的黑油油的手杖。左手无名指上戴着他的结婚戒指。拿着雪茄的时候就叫这根无名指微微地弯着，而小指翘得高高的，构成一朵兰花的图样。

  这个城市里的黄包车谁都不作兴跑，一脚一脚挺踏实地踱着，好像饭后千步似的。可是包车例外：叮当，叮当，叮当，——一下子就抢到了前面。黄包车立刻就得往左边躲开，小推车马上打斜，担子很快地就让到路边，行人赶紧就避到两旁的店铺里去。

包车踏铃不断地响着。钢丝在闪着亮。还来不及看清楚——它就跑得老远老远的了,像闪电一样地快。

而——据这里有几位抗战工作者的上层分子的统计——跑得顶快的是那位华威先生的包车。

他的时间很要紧。他说过——

"我恨不得取消晚上睡觉的制度。我还希望一天不止二十四小时。抗战工作实在太多了。"

接着掏出表来看一看,他那一脸丰满的肌肉立刻紧张了起来。眉毛皱着,嘴唇使劲撮着,好像他在把全身的精力都要收敛到脸上似的。他立刻就走:他要到难民救济会去开会。

照例——会场里的人全到齐了坐在那里等着他。他在门口下车的时候总得顺便把踏铃踏它一下:叮!

同志们彼此看看:嗯,华威先生到会了。有几位透了一口气。有几位可就拉长了脸瞧着会场门口。有一位甚至于要准备决斗似的——抓着拳头瞪着眼。

华威先生的态度很庄严,用一种从容的步子走进去,他先前那副忙劲儿好像被他自己的庄严态度消解掉了。他在门口稍微停了一会儿,让大家好把他看个清楚,仿佛要唤起同志们的一种信任心,仿佛要给同志们一种担保——什么困难的大事也都可以放下心来。他并且还点点头。他眼睛并不对着谁,只看着天花板。他是在对整个集体打招呼。

会场里很静,会议就要开始。有谁在那里翻着什么纸张,窸窸窣窣的。

华威先生很客气地坐到一个冷角落里,离主席位子顶远的一角,他不大肯当主席。

"我不能当主席,"他拿着一支雪茄烟打手势,"工人救亡工作协会的指导部今天开常会。通俗文艺研究会的会议也是今天。伤兵工作团也要去的,等一下。你们知道我的时间不够支配:只容许我在这里讨论十分钟。我不能当主席。我想推举刘同志当主席。"

说了就在嘴角上闪起一丝微笑,轻轻地拍几下手板。

主席报告的时候,华威先生不断地在那里刮洋火点他的烟。把表放在面前,时不时像计算什么似的看看它。

"我提议!"他大声说,"我们的时间是很宝贵的:我希望主席尽可能报告得简单一点。我希望主席能够在两分钟之内报告完。"

他刮了两分钟洋火之后,猛地站了起来,对那正在哇啦哇啦的主席摆摆手:

"好了,好了。虽然主席没有报告完,我已经明白了。我现在还要赴别的会,让我先发表一点意见。"

停了一停。抽两口雪茄,扫了大家一眼。

"我的意见很简单,只有两点,"他舔舔嘴唇,"第一点,就是——每个工作人员不能够怠工。而是相反,要加紧工作。这一点不必多说,你们都是很努力的青年,你们都能热心工作。我很感谢你们。但是还有一点——你们要时时刻刻不能忘记,那就是我要说的第二点。"

他又抽了两口烟，嘴里吐出来的可只有热气。这就又刮了一根洋火。

"这第二点呢就是：青年工作人员要认定一个领导中心。你们只有在这一个领导中心的领导之下，大家团结起来，统一起来。也只有在一个领导中心的领导之下，抗战工作才能够展开。青年是努力的，是热心的，但是因为理解不够，工作经验不够，常常容易犯错误。要是上面没有一个领导中心，往往要弄得不可收拾。"

瞧瞧所有的脸色，他脸上的肌肉耸动了一下——表示一种微笑。他往下说：

"你们都是青年同志，所以我说得很坦白，很不客气。大家都要做抗战工作，没有什么客气可讲。我想你们诸位青年同志一定会接受我的意见。我很感激你们。好了，抱歉得很，我要先走一步。"

把帽子一戴，把皮包一挟，瞧着天花板点点头，挺着肚子走了出去。

到门口可又想起了一件什么事。他把当主席的同志拽开，小声儿谈了几句。

"你们工作——有什么困难没有？"他问。

"我刚才的报告提到了这一点，我们……"

华威先生伸出个食指顶着主席的胸脯：

"嗯，嗯，嗯。我知道我知道。我没有多余的时间来谈这件事。以后——你们凡是想到的工作计划，你们可以到我家里去找我商量。"

坐在主席旁边那个长头发青年注意地看着他们，现在可忍不住插嘴了：

"星期三我们到华先生家里去过三次，华先生不在家……"

那位华先生冷冷地瞅他一眼，带着鼻音哼了一句——"嗯，我有别的事。"又对主席低声说下去：

"要是我不在家，你们跟密司黄接头也可以。密司黄知道我的意见，她可以告诉你们。"

密司黄就是他的太太。他对第三者说起她来，总是这么称呼她的。

他交代过了这才真的走开。这就到了通俗文艺研究会的会场。他发现别人已经在那里开会，正有一个人在那里发表意见。他坐了下来，点着了雪茄，不高兴地拍了三下手板。

"主席！"他叫，"我因为今天另外还有一个集会，我不能等到终席。我现在有点意见，想要先提出来。"

于是他发表了两点意见：第一，他告诉大家——在座的人都是当地的文化人，文化人的工作是很重要的，应当加紧地做去。第二，文化人应当认清一个领导中心，文化人在文抗会的领导中心的领导之下团结起来，统一起来。

五点三刻他到了文化界抗敌总会的会议室。

这回他脸上堆上了笑容，并且对每一个人点头。

"对不住得很，对不住得很：迟到了三刻钟。"

主席对他微笑一下，他还笑着伸了伸舌头，好像闯了祸怕挨骂似的。他四面瞧瞧形势，就拣在一个小胡子的旁边坐下来。

他带着很机密很严重的脸色——小声儿问那个小胡子：

"昨晚你喝醉了没有？"

"还好，不过头有点子晕。你呢？"

"我啊——我不该喝了那三杯猛酒，"他严肃地说，"尤其是汾酒，我不能猛喝。刘主任硬要我干掉——嗨，一回家就睡倒了。密司黄说要跟刘主任去算账呢：要质问他为什么要把我灌醉。你看！"

一谈了这些，他赶紧打开皮包，拿出一张纸条——写几个字递给了主席。

"请你稍微等一等，"主席打断了一个正在发言的人的话，"华威先生还有别的事情要走。现在他有点意见，要求先让他发表。"

华威先生点点头站了起来。

"主席！"腰板微微地一弯，"各位先生！"腰板微微地一弯，"兄弟首先要请求各位原谅：我到会迟了点，而又要提前退席……"

随后他说出了他的意见。他声明——这个文化界抗敌总会的常务理事会，是一切救亡工作的领导机关，应该时时刻刻起领导中心作用。

"群众是复杂的。工作又很多。我们要是不能起领导作用，那就很危险，很危险。事实上，此地各方面的工作也非有个领导中心不可。我们的担子真是太重了，但是我们不怕怎样的艰苦，也要把这担子担起来。"

他反复地说明了领导中心作用的重要，这就戴起帽子去赴一个宴会。他每天都这么忙着。要到刘主任那里去联络。要到各学校去演讲。要到各团体去开会。而且每天——不是别人请他吃饭，就是他请别人吃饭。

华威太太每次遇到我，总是代替华威先生诉苦。

"唉，他真苦死了！工作这么多，连吃饭的工夫都没有。"

"他不可以少管一点，专门去做某一种工作吗？"我问。

"怎么行呢？许多工作都要他去领导呀。"

可是有一次，华威先生简直吃了一大惊。妇女界有些人组织了一个战时保婴会，竟没有去找他！

他开始打听，调查。他设法把一个负责人找来。

"我知道你们委员会已经选出来了。我想还可以多添加几个。由我们文化界抗敌总会派人来参加。"

他看见对方在那里踌躇，他把下巴挂了下来：

"问题是在这一点：你们委员是不是能够真正领导这工作？你能不能够对我担保——你们会内没有汉奸，没有不良分子？你能不能担保——你们以后工作不至于错误，不至于怠工？你能不能担保，你能不能？你能够担保的话，那我要请你写个书面的东西，给我们文抗会常务理事会。以后万一——如果你们的工作出了毛病，那你就要负责。"

接着他又声明：这并不是他自己的意思。他不过是一个执行者。这里他食指点点对方胸脯：

"如果我刚才说的那些你们办不到，那不是就成了非法团体了吗？"

这么谈判了两次，华威先生当了战时保婴会的委员。于是在委员会开会的时候，华威先生挟着皮包去坐这么五分钟，发表了一两点意见就跨上了包车。

有一天他请我吃晚饭。他说因为家乡带来了一块腊肉。

我到他家里的时候，他正在那里对两个学生样的人发脾气。他们都挂着文化界抗敌总会的徽章。

"你昨天为什么不去，为什么不去？"他吼着，"我叫你拖几个人去的。但是我在台上一开始演讲，一看——连你都没有去听！我真不懂你们干了些什么？"

"昨天——我去出席日本问题座谈会的。"

华威先生猛地跳起来了。

"什么！什么！——日本问题座谈会？怎么我不知道，怎么不告诉我？"

"我们那天部务会议决议了的。我来找过华先生，华先生又是不在家——"

"好啊，你们秘密行动！"他瞪着眼，"你老实告诉我——这个读书会到底是什么背景，你老实告诉我！"

对方似乎也动了火：

"什么背景呢，都是中华民族！部务会议议决的，怎么是秘密行动呢。……华先生又不到会，开会也不终席，来找又找不到……我们总不能把部里的工作停顿起来。"

华威先生把雪茄一摔，狠命在桌上捶了一拳：咚！

"混蛋！"他咬着牙，嘴唇在颤抖着，"你们小心！你们，哼，你们！你们！……"他倒到了沙发上，嘴巴痛苦地抽得歪着。"妈的！这个这个——你们青年！……"

五分钟之后他抬起头来，害怕地四面看一看。那两个客人已经走了。他叹一口长气，对我说：

"唉，你看你看！现在的青年怎么办，现在的青年！"

这晚他没命地喝了许多酒，嘴里咝咝地骂着那些小伙子。他打碎了一只茶杯。密司黄扶着他上了床，他忽然打个寒噤说：

"明天十点钟有个集会……"

（选自张天翼：《张天翼小说》，浙江文艺出版社，2018 年）

注　释

[1] 张天翼（1906—1985），又名元定，字汉弟，号一之，笔名张天净、铁池翰等，生于江苏南京，毕业于北京大学。中国著名现代小说家、儿童文学作家、编剧。代表作品有《华威先生》《金鸭帝国》《大林和小林》《宝葫芦的秘密》《秃秃大王》等，有《张天翼小说选》和《张天翼文集》（10 卷）。他曾参加中国左翼作家联盟，从事抗日救亡运动，做过家庭教师、会计、记者、机关办事员、文书等。继鲁迅之后，张天翼和老舍被称为中国现代讽刺小说领域的"双璧"。

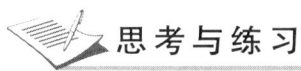

一、张天翼小说以讽刺和幽默见长,本小说如何表现"讽刺"艺术?

二、通过对小说中人物的语言、动作、细节的领悟和分析,理解"华威"先生的性格特征和人物形象。

三、华威先生处处宣扬自己很忙,没有时间,你如何看待华威先生的"忙"?

四、华威先生给你留下的最深的印象是什么?他有怎样的现实意义?

平凡的世界(节选)

路 遥[1]

解 题

《平凡的世界》是中国作家路遥创作的一部百万字的小说。这是一部全景式地表现中国当代城乡社会生活的长篇小说,全书共三部。该书以中国20世纪70年代中期到80年代中期为背景,通过复杂的矛盾纠葛,以孙少安和孙少平两兄弟为中心,刻画了当时社会各阶层众多普通人的形象。劳动与爱情、挫折与追求、痛苦与欢乐、日常生活与巨大社会冲突纷繁地交织在一起,深刻地展示了普通人在大时代历史进程中所走过的艰难曲折的道路。

孙少平上这学实在是太艰难了。像他这样十七八岁的后生,正是能吃能喝的年龄。可是他每顿饭只能啃两个高粱面馍。以前他听父亲说过,旧社会地主喂牲口都不用高粱——这是一种最没营养的粮食。可是就这高粱面他现在也并不充足。按他的饭量,他一顿至少需要四五个这样的黑家伙。现在这一点吃食只是不至于把人饿死罢了。如果整天坐在教室里还勉强能撑得住,可这年头"开门办学",学生们除过一群一伙东跑西颠学工学农外,在学校里也是半天学习,半天劳动。至于说到学习,其实根本就没有课本,都是地区发的油印教材,课堂上主要是念报纸上的社论。开学这些天来,还没正经地上过什么课,全班天天在教室里学习讨论无产阶级专政理论。当然发言的大部分是城里的学生,乡里来的除过个别胆大的外,还没人敢说话。

每天的劳动可是雷打不动的,从下午两点一直要干到吃晚饭。这一段时间是孙少平最难熬的。每当他从校门外的坡底下挑一担垃圾土,往学校后面山地里送的时候,只感到两眼冒花,天旋地转,思维完全不存在了,只是吃力而机械地蠕动着两条打颤的腿一步步在山路上爬蜒。

但是对孙少平来说,这些也许都还能忍受。他现在感到最痛苦的是由于贫困而给自

尊心所带来的伤害。他已经十七岁了，胸腔里跳动着一颗敏感而羞怯的心。他渴望穿一身体面的衣裳站在女同学的面前；他愿自己每天排在买饭的队伍里，也能和别人一样领一份乙菜，并且每顿饭能搭配一个白馍或者黄馍。这不仅是为了嘴馋，而是为了活得尊严。他并不奢望有城里学生那样优越的条件，只是希望能像大部分乡里来的学生一样就心满意足了。

可是这绝对不可能。家里能让他这样一个大后生不挣工分白吃饭，让他到县城来上高中，就实在不容易了。大哥当年为了让他和妹妹上学，十三岁高小毕业，连初中也没考，就回家务了农。至于大姐，从小到大连一天书也没有念过。他现在除过深深地感激这些至亲至爱的人们，怎么再能对他们有任何额外的要求呢？

少平知道，家里的光景现在已经临近崩溃。老祖母年近八十，半瘫在炕上；父母亲也一大把岁数，老胳膊老腿的，挣不了几个工分；妹妹升入了公社初中，吃穿用度都增加了；姐姐又寻了个不务正业的丈夫，一个人拉扯着两个幼小的孩子，吃了上顿没下顿，还要他们家经常接济一点救命的粮食——他父母心疼两个小外孙，还常常把他们接到家里来喂养。

家里实际上只有大哥一个全劳力——可他也才二十三岁啊！亲爱的大哥从十三岁起就担起了家庭生活的重担；没有他，他们这家人不知还会破落到什么样的境地呢！

按说，这么几口人，父亲和哥哥两个人劳动，生活是应该能够维持的。但这多少年来，庄稼人苦没少受，可年年下来常常两手空空。队里穷，家还能不穷吗？再说，父母亲一辈子老实无能，老根子就已经穷到了骨头里。年年缺空，一年更比一年穷，而且看来再没有任何好转的指望了……

在这样的情况下，他能上到高中，还有什么可说的呢？话说回来，就是家里有点好吃的、好穿的，也要首先考虑年迈的祖母和年幼的妹妹；更何况还有姐姐的两个嗷嗷待哺的小生命！

他在眼前的环境中是自卑的。虽然他在班上个子最高，但他感觉他比别人都低了一头。

而贫困又使他过分地自尊。他常常感到别人在嘲笑他的寒酸，因此对一切家境好的同学内心中有一种变态的对立情绪。就说现在吧，他对那个派头十足的班长顾养民，已经产生了一种强烈的反感情绪。每当他看见他站在讲台上，穿戴得时髦笔挺，一边优雅地点名，一边扬起手腕看表的神态时，一种无名的怒火就在胸腔里燃烧起来，压也压不住。点名的时候，点到谁，谁就答个到。有一次点到他的时候，他故意没有吭声。班长瞪了他一眼，又喊了一声他的名字，他还是没有吭声。如果在初中，这种情况说不定立即就会引起一场暴力性的冲突。大概是因为大家刚升入高中，相互不摸情况，班长对于他这种侮辱性的轻蔑，采取了克制的态度，接着去点别人的名了。

点完名散场后，他和他们村的金波一同走出教室。这家伙喜眉笑脸地对他悄悄伸出一个大拇指，说："好！"

"我担心这小子要和我打架。"孙少平事后倒有点后悔他刚才的行为了。

"他小子敢!"金波瞪起一双大花眼睛,拳头在空中晃了晃。

金波和他同龄,个子却比他矮一个头。他皮肤白皙,眉目清秀,长得像个女孩子。但这人心却生硬,做什么事手脚非常麻利。平静时像个姑娘,动作时如同一只老虎。

金波他父亲是地区运输公司的汽车司机,家庭情况比孙少平要好一些,生活方面在班里算是属于较高层次的。少平和这位"富翁"的关系倒特别要好。他和他从小一块耍大,玩性很投合。以后又一直在一起上学。在村里,金波的父亲在门外工作,他家里少不了有些力气活,也常是少平他父亲或哥哥去帮忙。另外,金波的妹妹也和他妹妹一块上学,两个孩子好得形影不离。至于金波对他的帮助,那就更不用说了。他们在公社上初中时,离村十来里路,为了省粮省钱,都是在家里吃饭——晚上回去,第二天早上到校,顺便带着一顿中午饭。每天来回二十里路,与他一块上学的金波和大队书记田福堂的儿子润生都有自行车,只有他是两条腿走路。金波就和他共骑一辆车子。两年下来,润生的车子还是新的,金波的车子已经破烂不堪了。他父亲只好又给他买了一辆新的。现在到了县城,离家六七十里路,每星期六回家,他更是离不开金波的自行车了。另外,到这里来以后,金波还好几次给他塞过白面票。不过,他推让着没有要——因为这年头谁的白面票也不宽裕;再说,几个白面馍除顶不了什么事,还会惯坏他的胃口的……

唉,尽管上这学是如此艰难,但孙少平内心深处还是有一种说不出的高兴滋味。他现在已经从山乡圪崂里来到了一个大世界。对于一个贫困农民的儿子来说,这本身就是一件多么了不起的事啊!

每天,只要学校没什么事,孙少平就一个人出去在城里的各种地方转:大街小巷,城里城外,角角落落,反正没去过的地方都去。除过几个令人敬畏的机关——如县革委会、县武装部和县公安局外,他差不多在许多机关的院子里都转过了——大多是假装上厕所而哄过门房老头进去的。由于人生地不熟,他也不感到这身破衣服在公众场所中的寒酸,自由自在地在这个城市的四面八方逛荡。他在这期间获得了无数新奇的印象,甚至觉得弥漫在城市上空的炭烟味闻起来都是别具一格的。当然,许许多多新的所见所识他都还不能全部理解,但所有的一切无疑都在他的精神上产生了影响。透过城市生活的镜面,他似乎更清楚地看见了他已经生活过十几年的村庄——在那个他所熟悉的古老的世界里,原来许多有意义的东西,现在看起来似乎有点平淡无奇了。而那里许多本来重要的事物过去他却并没有留心,现在倒突然如此鲜活地来到了他的心间。

除过这种漫无目的的转悠,他现在还养成了一种看课外书的习惯。这习惯还是在上初中的最后一年开始的。有一次他去润生家,发现他们家的箱盖上有一本他妈夹鞋样的厚书,名字叫《钢铁是怎样炼成的》。起先他没在意——一本炼钢的书有什么意思呢?他随便翻了翻,又觉得不对劲。明明是一本炼钢的书,可里面却不说炼钢炼铁,说的全是一个叫保尔·柯察金的苏联人的长长短短。他突然对这本奇怪的书产生了强烈的好奇心。他想看看这本书倒究是怎么回事。润生说这书是他姐的——润生他姐在县城教书,很少回家来;这书是润生他妈从城里拿回来夹鞋样的。

润生妈同意后,他就拿着这本书匆匆地回到家里,立刻看起来。

  他一下子就被这书迷住了。记得第二天是星期天，本来往常他都要出山给家里砍一捆柴；可是这天他哪里也没去，一个人躲在村子打麦场的麦秸垛后面，贪婪地赶天黑前看完了这本书。保尔·柯察金，这个普通外国人的故事，强烈地震撼了他幼小的心灵。
  天黑严以后，他还没有回家。他一个人呆呆地坐在禾场边上，望着满天的星星，听着小河水朗朗的流水声，陷入了一种说不清楚的思绪之中。这思绪是散乱而飘浮的，又是幽深而莫测的。他突然感觉到，在他们这群山包围的双水村外面，有一个辽阔的大世界。而更重要的是，他现在朦胧地意识到，不管什么样的人，或者说不管人在什么样的境况下，都可以活得多么好啊！在那一瞬间，生活的诗情充满了他十六岁的胸膛。他的眼前不时浮现出保尔瘦削的脸颊和他生机勃勃的身姿。他那双眼睛并没有失明，永远蓝莹莹地在遥远的地方兄弟般地望着他。当然，他也永远不能忘记可爱的富人的女儿冬妮娅。她真好。她曾经那样地热爱穷人的儿子保尔。少平直到最后也并不恨冬妮娅。他为冬妮娅和保尔的最后分手而热泪盈眶。他想：如果他也遇到一个冬妮娅该多么好啊！
  这一天，他忘了吃饭，也没有听见家人呼叫他的声音。他忘记了周围的一切。一直等到回到家里，听见父亲的抱怨声和看见哥哥责备的目光，在锅台上端起一碗冰凉的高粱米稀饭的时候，他才回到了他生活的冷酷现实中……
  从此以后，他就迷恋上了小说，尤其爱读苏联书。在来高中之前，他已经看过了《卓娅和舒拉的故事》。
  现在，他在学校和县文化馆的图书室里千方百计搜寻书籍。眼下出的书他都不爱看，因为他已经读过几本苏联小说，这些中国的新书相比而言，对他来说已经没什么意思了。他只搜寻外国书和"文化大革命"前出的中国书。
  渐渐地，他每天都沉醉在读书中。没事的时候，他就躺在自己的一堆破烂被褥里没完没了地看。就是到学校外面转悠的时候，胳膊窝里也夹着一本——转悠够了，就找个僻静地方看。后来，竟然发展到在班上开会或者政治学习的时候，他也偷偷把书藏在桌子下面看。
  不久，他这种不关心无产阶级政治，光看"反动书"的行为就被人给班主任揭发了。告密者就是离他座位不远的跛女子侯玉英。这是一位爱关心别人私事的女同学。生理的缺陷似乎带来某种心理的缺陷：在生活中她最关注的是别人的缺点，好像要竭力证明这世界上所有的人都是不完整的——你们的腿比我好，但另外的地方也许并不如我！侯玉英讨论时常常第一个发言，像干部们一样头头是道地解释无产阶级专政理论。劳动时尽管腿不好，总是扑着干。当然也爱做一些好人好事，同时又像纪律监察委员会的书记一样监督着班上所有不符合革命要求的行为。
  那天班上学习《人民日报》社论《领导干部带头学好》的文章，班主任主持，班长顾养民念报纸。孙少平一句也没听，低着头悄悄在桌子下面看小说。他根本没有发现跛女子给班主任老师示意他的不轨行为。直等到老师走到他面前，把书从他手里一把夺过去后，他才猛地惊呆了。全班顿时哄堂大笑。顾养民不念报了，他看来似乎是一副局外人的样子，但孙少平觉得班长分明抱着一种幸灾乐祸的态度，看老师怎样处置他呀。

班主任把没收的书放在讲桌上,先没说什么,让顾养民接着往下念。

学习完了以后,老师把他叫到宿舍,意外地把书又还给了他,并且说:"《红岩》是一本好书,但以后你不要在课堂上看了。去吧……"

孙少平怀着感激的心情退出了老师的房子。他从老师的眼睛里没有看出一丝的谴责,反而满含着一种亲切和热情。这一件小小的事,使他对书更加珍爱了。是的,他除过一天几个黑高粱面馍以外,再有什么呢?只有这些书,才使他觉得活着还是十分有意义的,他的精神也才能得到一些安慰,并且唤起对自己未来生活的某种美好的向往——没有这一点,他就无法熬过眼前这艰难而痛苦的每一个日子。

而在他眼下的生活中,实际上还有一件令他无法言明的、给他内心带来一丝温暖和愉快的小小的事情。这件事实际上我们已经知道了,这就是:每天吃饭的时候,在众人散尽而他一个人去取自己那两个黑馍——每当这样的时候,他总能看见另外一个人做同样一件事。

当然,在起先的时候,他和那个叫郝红梅的女生都是毫不相干地各自拿了自己的馍就离开了。

不知是哪一天,她走过来的时候,看了他一眼。他也看了她一眼。尽管谁也没说话,但实际上说了。人们在生活中常常有一种没有语言的语言。从此以后,这种眼睛的"交谈"就越来越多了。

孙少平发现,郝红梅实际上是班里最漂亮的女生。只是因为她穿戴破烂,再加上一脸菜色,才使得所有的人都没有发现这一点。这种年龄的男青年,又刚刚有了一点文化,往往爱给一些"洋女生"献殷勤。尤其是刚从农村来的男生,在他们的眼里,城里干部的女儿都好像是下凡的仙女。当然,这般年龄的男女青年还说不上正经八百地谈恋爱,但他们无疑已经肤浅地懂得了这种事,并且正因为刚懂得,因此比那些有过经历的人具有更大的激情。唉,谁没有经过这样的年龄呢?在这个维特式的骚动不安的年龄里,异性之间任何微小的情感,都可能在一个少年的内心掀起狂风巨浪!

孙少平目前还没有到这样的地步。他只是感到,在他如此潦倒的生活中,有一个姑娘用这样亲切而善意的目光在关注他,使他感到无限温暖。她那可怜的、清瘦的脸颊,她那细长的脖项,她那刚能遮住羞丑的破烂衣衫,都在他的内心荡漾起一种春水般的波澜。

他们用眼睛这样"交谈"了一些日子后,终于有一天,她取完那两个黑面馍,迟疑地走到他跟前,小声问他:"那天,老师没收了你的那本书,叫什么名字?"

"《红岩》。我在县文化馆借的。"他拿黑面馍的手微微抖着,回答她。她离他这么近,他再也不敢看她了。他很不自在地把头低下,看着自己手里的那两个黑东西。

"那里面有个江姐……"她本来不紧张,但看他这样不自在,声音也有点不自然了。

他赶忙说:"是。后来牺牲了……很悲壮!"他加添了一个自认为很出色的词,头仍然低着。

"还有一个双枪老太婆。"她又说。

"你也看过这书?"他现在才敢抬起眼皮看了她一眼。

"我没看过。以前听我爸说过里面的故事。"

"你爸?你爸看过?"

"嗯。"

"你爸在?……"少平显然有点惊讶这位穿戴破烂的女生,她父亲竟然看过《红岩》,因此弄不明白她父亲是干什么的了。

"我爸是农民,成份不好,是地主,不,我爷爷是地主,所以……"

"那你爸上过学?"

"我爸没上过。我爷上过。我爸的字是我爷教的。我爷早死了……我没看过《红岩》小说,但我会唱《红岩》歌剧里的歌。我的名字就是我爸从这歌词里面取的。那歌剧里有一句歌词是:红岩上,红梅开……"

她这样轻声慢语地说着,他呆呆地听着。

她突然红着脸说:"你的书还了没有?"

他说:"还没。"

"能不能借我看一下?"

"能!"他爽快地回答。

于是,第二天他就把书交到了她的手里。

在这以后,只要孙少平看过的书,就借给郝红梅看。无论是他给她借书,还是她给他还书,两个人不约而同地都是悄悄进行的。他们都知道,一个男生和一个女生这样过分亲密的交往,如果让班里的同学们发现了,会引起什么样的反响——那他们也就别想安宁地过日子了!

(选自路遥:《平凡的世界》,北京十月文艺出版社,2018年)

注　释

[1] 路遥(1949—1992),本名王卫国,出生于陕北榆林清涧县,中国当代作家,代表作有长篇小说《平凡的世界》《人生》等。曾任中国作家协会陕西分会党组成员、副主席。1980年发表《惊人动魄的一幕》,获得第一届全国优秀中篇小说奖。1982年发表中篇小说《人生》,后被改编为电影。1991年完成百万字的长篇巨著《平凡的世界》,这部小说以恢宏的气势和史诗般的品格,全景式地表现了改革时代中国城乡的社会生活和人们思想情感的巨大变迁。路遥因此荣获茅盾文学奖。1992年11月17日,路遥因病在西安逝世,年仅42岁。

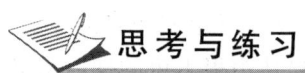 思考与练习

一、小说描述了孙少平在县城上高中期间的课余生活,似乎处处都与其他同学不同,他的这种"与众不同"表现在哪些方面?

二、怎么理解"小说写了平凡的世界平凡的人,却带给读者不平凡的感受"这句话?

三、品味小说中的心理描写和环境描写,分析其作用;归纳孙少平的性格特点。

四、阅读《平凡的世界》全文,写一篇读后感。

变形记(节选)

弗朗茨·卡夫卡[1]

解 题

卡夫卡是现代派表现主义大师。现代主义文学产生和发展的社会条件,是两次世界大战给人类带来的空前浩劫及由此产生的知识分子严重的信仰危机,作家们原有的理性、正义、博爱、信赖等价值观念全部倒塌……他们便一反传统文学的理性思维、有序组合和对事物的现实描写,而主张在非理性和反常规的格局下表现作家主观的直接体验;强调使用极度夸张乃至怪诞离奇的表现手法,描绘扭曲的人性,表现人的本能和无意识的主观感受,开掘个人的直觉、本能、无意识、梦幻、变态心理以至半疯狂、疯狂的言行、心理。它是处于信仰危机的西方知识分子对现实的曲折反映。卡夫卡的《变形记》,以其深邃的哲理、新颖的形式,表现了西方现代人的异化和人失去自我的严重危机,为世界读者瞩目。

一天清晨,格雷戈尔·萨姆沙从一串不安的梦中醒来时,发现自己在床上变成一只硕大的虫子。他朝天仰卧,背如坚甲,稍一抬头就见到自己隆起的褐色腹部分成一块块弧形硬片,被子快要盖不住肚子的顶部,眼看就要整个滑下来了。他那许多与身躯比起来细弱得可怜的腿正在他眼前无助地颤动着。

"我出什么事了?"他想。这不是梦,他的房间,一间一点儿也不假的人住的房间,只不过稍微小了一点,仍稳稳当当地围在四片他熟悉的墙壁之间,桌上摊开着货品选样——萨姆沙是一个旅行推销员——桌子上方的墙上挂着那张他不久前从一本画报上剪下来装在一个漂亮的金色镜框里的画,画上画着一位戴着裘皮帽围着裘皮围巾的女士,她端坐着,前臂整个插在厚重的裘皮手筒里,抬着手臂要将皮手筒递给看画的人。

格雷戈尔接着又将目光转向窗户,阴霾的天气——窗檐上雨滴声可闻——使他全然陷于忧郁之中。"如果我再继续睡一会儿,将所有这些蠢事忘个干净,这样会不会好一些呢?"他想,但他根本办不到,平时他习惯于向右侧躺着睡觉,在现在的状况下,他无法翻身侧卧,无论他用多大的气力翻向右侧,他总是又摇摇晃晃地转回仰卧的姿势。他试了大概有一百次,眼睛也闭上,以免看见那些动个不停的腿,直到在腰侧感到一种前所未有的轻微的钝痛他才停止。

"天啊,"他想,"我选了个多么累人的职业啊!日复一日奔波于旅途之中。生意上的

烦人事比在家坐店多得多，还得忍受旅行带来的痛苦，倒换火车老得提着心，吃饭不定时，饭菜又差，交往的人经常变换，相交时间不长，感情无法深入。让这一切都见鬼去吧！"他感到肚子上有点痒，便用背将身躯蹭到靠近床柱处，这样才比较容易抬起头来看。他看见发痒的地方布满白色小点，说不出那是些什么东西，想用腿去摸摸，但立刻就缩回来了，因为一接触全身就起一阵寒战。

他又滑回原来的地方。"这种提早起床的事，"他想，"会把人弄傻的。人需要睡眠。别的旅行推销员过的是后妃般的生活。譬如说，上午当我找好订户回旅馆来抄写订单时，这些先生们才坐在那儿吃早餐；若是我敢和老板也来这一套的话，会马上就被炒鱿鱼的。谁知道呢，说不定那样的话对我倒好，如果不是为了父母而强加克制的话，我老早就辞职不干了，我会到老板那儿去把心底话一吐为快，他听了定会从桌子上摔下来！那也真是一种怪异做法，自己高高地坐在桌子上对底下的职员说话，而他又耳背，人家不得不靠到他跟前去。还好，我还没有完全失去希望，一旦把父母欠他的钱存够了——大概还得五六年时间吧——我一定要做这事，到时候会有个大转机的，不过暂时还是得起床，我的火车五点就要开了。"

他看看柜子上滴滴答答响着的闹钟。"天哪！"他想，时间是六点半，而指针还在毫不迟疑地向前走着，六点半已过了，已经接近六点三刻。闹钟难道没有响？从床上看到闹钟是拨到四点钟的，这没错：它肯定是响过了，是的，但他怎么可能在那震耳欲聋的闹声中安静地睡着呢？噢，他睡得并不安宁，但可能因此睡得更熟吧。只是，现在该怎么办呢？下一班火车七点开，想搭上它，他就必须火速行动，而样品还没有收拾好，他自己也感到不怎么有精神，并且不怎么想动。就算他赶得上这班车，老板照样会大发雷霆，因为公司的差役等在五点那班车旁，早把他没赶上车的事报告上去了，那人是老板的走狗，没脊梁也没头脑。那么，请病假好不好呢？那将会很尴尬，而且也显得可疑，因为格雷戈尔工作五年以来还没生过一次病，老板一定会带着医疗保险公司的特约医生来，还会为他的懒惰而责怪他的父母。所有的借口都会因为医生的在场而被反驳掉，对这位医生而言，世界上根本就只有磨洋工泡病号的极为健康的人，况且，今天这事如果他这么认为的话，是不是就完全不对呢？除了昏昏欲睡，而这一点在睡了这么久之后简直是多余的，格雷戈尔感觉极佳，甚至感到特别饿。

他脑子里快速地想着这一切，下不了起床的决心——闹钟正敲六点三刻——这时靠他床头那边的门上传来小心翼翼的敲门声。"格雷戈尔，"有人叫他——那是妈妈——，"六点三刻了，你不是还得赶火车吗？"正是那柔和的声音！格雷戈尔听见自己的回答的声音时吓了一跳，这明明是他原来的声音，可是里面夹杂着一种好像是来自下面的、压制不了的痛苦的尖声，正是这高音使得他说出的话只有初时还听得清，紧接着就被搅乱了，使人不知道自己到底听对了没有。格雷戈尔本想详细回答，还想一一解释，但是在这种情况下，他只说了："是的，是的，谢谢，妈妈，我这就起床。"格雷戈尔声音的改变在木门外大概听不出来，因为母亲听了这一解释也就放心了，她踢踢踏踏地走开了，但是家里其他人由于这简短的对话注意到格雷戈尔还在家，这是出乎他们意料的。父亲这时已经在敲侧面那扇门了,轻轻敲,但用的是拳头。"格雷戈尔!格雷戈尔!"他叫道,"你怎么啦?"过了一会儿他用比较低沉的声音再次催促他:"格雷戈尔!格雷戈尔!"从另一侧的那扇门传来妹妹轻轻的带着担心的声音:"格雷戈尔?你是不是不舒服?你需要什么吗?"格雷戈尔同时回答着两边的话说:"我这就好了。"他极为小心地注意发音,每个字之间停顿得比较久,竭力使话听不出有什么异常。父亲也回去接着吃他的早餐了,妹妹却低声地说:"格雷戈尔,开开门,我求你了。"格雷戈尔却一点也不想开门,反而高兴自己由于经常旅行养成小心的习惯,晚上在家也锁上所有通向他房间的门。

首先他想安静而不受打扰地起床穿衣,最要紧的是吃早饭,然后,好好地想想下一步怎么做,因为他很清楚,躺在床上想是想不出什么好结果的。他想起,或许是由于睡觉姿势不对,平时他躺在床上时,身上常有隐隐作痛的感觉,起床之后就明白那只不过是想象的,他很想知道,今天的幻想会如何渐渐地消失。他的变声不是因为什么别的原因,而是重感冒的先兆,这是旅行推销员的职业病,对此他深信不疑。

将被子掀掉并不难,他只须涨大肚子,被子就会自动滑下去,不过下一步就难了,特别是因为他的身躯非同一般的宽,想坐起来就得用手和肘来撑,但他只有好多细小的腿,它们不停地乱动,而他又控制不住它们,当他想屈起某一条腿时,这条腿首先就是伸直;如果他成功地让这条腿听自己指挥了,这时所有其他的腿也就都好似被释放了,痛苦地在极度兴奋中扑腾起来。"可千万别无所事事地呆在床上。"格雷戈尔对自己说道。

起初,他想下半身先下床,可是他还没见过自己的下半身,想象不出他是什么样子,结果它是那么难以移动,整个进度十分缓慢,简直快把他急疯了。最后,当他不顾一切用尽全力向前冲去时,他选错了方向,重重地撞在床尾的柱子上。身上的灼痛让他明白,目前他身体最敏感的地方也许就是他的下半身。

因此他就设法让上半身先下床,他小心地把头转向床沿。这事倒容易,而且身躯虽然又宽又重,终于也跟着转过来了。但是当他终于能够把头伸到床外时,他不敢继续这样向前挪动了,因为如果他最后让自己就这样掉下床的话,脑袋不摔伤才怪呢,恰恰是现在,他是无论如何不能丧失知觉的;他觉得还是呆在床上比较好。

他又费尽力气恢复原来的姿势,喘着气躺着,当他看着自己那些细腿扑腾得更厉害,而他又毫无办法使这些胡来的东西安静下来时,他就再次告诉自己,不能就这么留在床上,最理智的做法是,只要有一线希望就要不顾一切离开床铺。同时他也不忘记不时提醒自己,冷静地、极其冷静地思考要远比乱拼瞎决定好。在这种时刻,他尽力注意看着窗外,可惜晨雾不能带给他多少信心和鼓励,它连窄窄街道对面的一切都遮住了。"已经七点了,"当闹钟又响起时,他对自己说,"已经七点了,雾还这么大。"他缓慢地呼吸着,静静地躺了一会儿,好似在这完全的寂静中或许可以期待一切恢复真实和自然的正常状态。

但是接着他又对自己说:"七点一刻之前我一定得下床。反正到那时候公司也一定会有人来找我的,因为公司在七点前开门。"现在他开始将整个身体完全均衡地向床边摇晃过去。如果以这种方式翻下床,而他在掉下去的一刹那用力抬起头的话,那么头部将不至于受伤。背部似乎是坚硬的，掉到地毯上大概也不会出事。他最大的顾虑是掉下地时会有很大的响声，这如果不使门外的人大吃一惊，也会令他们担忧的。不过也只好硬着头皮一试了。

当格雷戈尔半个身子伸出床外时——这新方法与其说是苦工，倒不如说是一种游戏，他只须一摇一晃地挪动就行——他忽然想到，如果有人来帮忙的话，一切会多么简单易行。只要两个强壮的人就够了——他想到他的父亲和女佣——他们只须将手臂伸到他隆起的背部下边，拉他离床，弯腰放下重负，然后小心而有耐心地等待他在地上翻个身就行了，但愿他的那些细腿到时会变得懂事。那么，先不说门都是锁着的，他是否真该叫人帮忙呢？虽然境况那么遭，但一想到这里，他就忍不住微微笑起来了。

当他用力摇晃时，身体已经快要失去平衡了，而他也必须马上作出最后的决定，因为还差五分就是七点一刻了——这时大门的门铃响起来了。"公司来人了。"他对自己说，身子几乎僵住了，而那些细腿却挥舞得更慌乱了。片刻之间家中一点声音也没有。"他们不去开门。"格雷戈尔怀着一种毫无道理的希望自言自语地说。但是，女佣自然还像往常一样踏着坚定的步子去开门。听到来客第一声问好的话，格雷戈尔马上就知道来的是谁了——法律全权代理亲自来了。怎么格雷戈尔就这么命定得到这么家公司干活，在这儿出了最小的差错马上就会遭受最大的怀疑。难道所有职员全都是无赖？难道在他们当中就没有一个忠心耿耿的，早上几小时没有为公司干活就受尽良心的折磨，并真的是下不了床的？难道叫个学徒来问问就真的不够吗？——假如真有必要来问的话——难道非得法律全权代理亲自前来，因而让无辜的全家都看到，这可疑的事情只有交给他这样有头脑的人才能调查清楚？格雷戈尔越想越激动，出于这激动而不是经由正确的决定，他一用力将自己甩下床去。声音很大，但也不是那种震耳欲聋的响声，地毯使他跌落的声音减弱了，另外，他背部的弹性也比他想的要好些，因此，发出的声音是那种不引人注意的钝声。只是他不够小心，没把头抬好，头给撞了，他又气又疼，转转头在地毯上磨蹭着。

"房里有东西掉下来了。"全权代理在左边的房间说。格雷戈尔努力想象，今天发生在他身上的事，是不是有朝一日也会发生在全权代理身上呢？严格说来，人们该承认是有这种可能的。但是，犹如给他的提问一个粗暴的回答，全权代理在隔壁房间走了几步，他的步子坚定有力，漆皮靴子在地板上踩得嘎嘎直响。妹妹在右边房间小声向他报信："格雷戈尔，全权代理来了。""我知道。"格雷戈尔喃喃自语着，但他不敢说得让妹妹听得见。

"格雷戈尔，"现在父亲在左边的房间里说，"全权代理先生来了。他是来问，为什么你没有搭早班火车走，我们不知道该怎么回答，况且，他要和你亲自谈，你就把门打开吧，他会宽宏大量原谅你房间的凌乱的。""早安，萨姆沙先生。"全权代理也很友好地插话叫他。"他不舒服，"当父亲还在门旁说话时，母亲对全权代理说，"他不舒服，相信我吧，代理先生，要不然他怎会误车呢！这孩子脑子里装的只有公司的生意。晚上从不外出娱乐，我都快为这生气了。最近这八天他都在城里，但他每天晚上都呆在家。他和我们在一起，安静地坐在桌旁看报，要不然就研究火车时刻表，做做木工活对他已经就是消遣了。譬如说，他用了两三个晚上刻了一个小镜框；它真漂亮，您看到了也一定会惊奇的；镜框就挂在他房里；等格雷戈尔开了门您马上就可以看到了。您来了真使我高兴，先生；我们自己真是没法叫他开门；他太固执了，他一定是不舒服，虽然早晨他否认有病。""我马上就来。"格雷戈尔缓慢而谨慎地说，可是他一步不动，这样才能听清谈话中的每个字。"如果不是生病就无法解释了，"全权代理说，"希望不是什么大病。虽然另一方面我得说，我们生意人为了顾及生意往往顾不得一些小病，——这是福是祸，就看人们怎么想了。""全权代理现在可以进去了吗？"父亲不耐烦地问着，又敲起门来了。"不行。"格雷戈尔说。左边房间出现了一阵尴尬的静默，右边房里妹妹啜泣起来了。

妹妹为什么不和别人在一起呢？或许她是才起床还没有穿衣服吧。她为什么哭呢？是因为他不起床，不让全权代理进屋吗？因为他有失去工作的危险，而老板又会来向父母讨债吗？大概眼前还不必担心这些吧，格雷戈尔人还在这儿，他根本就没有离家出走的念头。眼下他躺在地毯上，如果人家知道他的状况，是不会真的要他开门让全权代理进来的。可是格雷戈尔不会因为这点小小的失礼行为马上就被辞退的，今天这事以后总会找到合适的借口解释过去的。在格雷戈尔看来，如果现在让他安静，不用眼泪和劝说来打扰他，是比较理智的做法。可是大家不明详情，他们这么做也是无可厚非的。

"萨姆沙先生，"全权代理提高嗓门喊道，"到底是怎么回事？您将自己关在房里，只用行或不行来回答，引起您父母的极大担忧，这是毫无必要的。您还疏忽了——这只是顺便提提——您在公司的职责，您的做法事实上是闻所未闻的。我以您双亲和您老板的名义对您说话，十分严肃地请您马上把事情解释清楚。真叫我惊讶，真叫我惊讶。我一向认为您是位冷静有理智的人，而现在看来，您似乎突然闹起莫名其妙的情绪来了，今早老板已暗示过我，您旷职的原因可能是什么——指的是不久前交给您管的收账权——，但是，我真是差不多是用我的名誉为您担保了，我说这是不可能的，而现在我亲眼看到您执拗得不可理喻，再也不会有兴趣为您说任何话了。您在公司的职位并不是那么牢固的，原本我打算私下里把这些事告诉您，但您既然在这儿白白浪费我的时间，我就看不出有什么理由不让您的父母也知道这些事。近来您的成绩令人非常不满意；虽说这不是特别好做生意的季度，这点我们承认，但是整整一个季度没有生意，根本是不可能的，萨姆沙先生，是不允许的。"

"但是，代理先生，"格雷戈尔焦急万分地喊道，他太激动了，忘记了其他一切，"我马上，立刻来开门。一点点不舒服，一阵晕眩，使我起不了床。我现在还躺在床上。不过现在我又感觉有精神了。我正在下床呢。请耐心地稍等片刻！看来状况没有我想的那么好，不过我已经感到能行了。一个人怎么就突然发生这样的事呢！昨晚我还好好的，我的父母亲是知道的，或者说得准确些，昨晚我已稍稍有些预感了，是该看得出来的，为什么我偏偏就没有去向公司报告呢！只是，人一般总是想，一点小病能够顶过去，不需要留在家里休息。代理先生！体谅体谅我的父母吧！您刚才对我的那些指责是没有什么理由的；没人告诉过我这些事。您大概还没看到我最近寄回公司的那些订单吧。我还要搭八点的火车出差呢，休息了几个钟头我精神好多了。别让我耽误您的时间了，代理先生；一会儿我就会上班去的，劳您驾先去说一声，还请您代我问候老板！"

格雷戈尔一面慌乱而快速地说着这些话，其实自己都不知道说的是什么，一面不费什么力气就靠近了柜子，这大概是因为有了床上的那些练习，现在他想撑着柜子站起来。他是真的想打开门，想露面，想和代理说说话；人家现在这么急于见到他，看到他的样子后他们会怎么说呢，这他很想知道。如果他们大吃一惊，那么责任就不再在他这边了，他可以心安理得；如果他们镇定自若接受一切，那么他就没有理由慌张，动作快一点的话，还真能赶上八点那趟火车。柜子很滑，起先他滑下来好几次，但是最后用力一提劲，终于站起来了；下身灼痛得厉害，但他顾不得那么多了。现在他将身体靠在旁边的椅背上，用他的细腿紧抓住椅背的边。这么一来他就把握住自己的身体了，他一言不发，因为这时他听见全权代理的声音了。

"您二位听懂一个字了吗？"代理问他的父母，"他不至于把我们当傻瓜吧？""天啊，"母亲声泪俱下地喊起来了，"说不定他病得很厉害，而我们还在折磨他。葛蕾特！葛蕾特！"接着她大叫着。"什么事，妈妈？"妹妹从另一边喊道。她们就隔着格雷戈尔的房间对讲起来了。"你得马上去请医生，格雷戈尔病了，快去找医生。你听见他说话的声音了吗？""那是动物发出的声音。"全权代理说。他的声音同母亲的尖叫相比，显得特别低。"安娜！安娜！"父亲对着前厅朝厨房那边喊着，还拍手叫人，"立刻找个锁匠来！"话刚说出口，两个姑娘就已穿过门厅，她们的裙子嗖嗖地响——妹妹怎么这么快就穿好衣服了？——接着猛然打开单元门出去了，听不见关门的声音；她们大概是让门就这么开着，发生重大事故的人家总是这样让门开着的。

格雷戈尔现在则镇静多了。人家是听不懂他的话了，他自己听自己的话倒是很清楚，甚至比以前更加清楚，或许是因为耳朵适应了，不过至少现在人家相信他不完全对劲，而且准备来帮助他了。他们作这些初步的安排时显得很有把握，也充满信心，这使他感到舒服。他觉得自己重又被纳入人类圈子，但愿医生和锁匠能做出不寻常的成绩。事实上他并没有准确分清两者的差别。为了使在就要来到的关键性谈话中自己的声音尽可能地清晰，他清了清嗓子，自然是努力压低声音，因为很可能这声音听起来也不像人的咳嗽声了。这一点连他自己也没信心去分辨了。隔壁房里一片静默，或许是父母和代理正坐在桌旁低声谈话，或许大家都靠在门上听他的动静。

格雷戈尔撑着椅子移身向门口走去，到了门旁，放开椅子，将身体靠向门，借着门撑住自己——他那细腿的脚底有些粘性——，就这么休息了一会儿，接着他开始用嘴去转动锁孔中的钥匙，糟糕的是，他像是没有真正的牙齿——不用牙齿他能用什么去抓住钥匙呢？——不过下颚倒自然是很结实的；借助下颚他也真的转动钥匙了，但他肯定受了什么伤，因为从他嘴里流出了一些棕色液体，流过钥匙，滴到地上，对这，他一点也没去注意。"您二位听听，"代理在隔壁房里说，"他在转动钥匙。"这对格雷戈尔是个极大的鼓励；但是大家，连父亲母亲在内，都该为他高呼助威才对："加油，格雷戈尔，"他们应该这样高喊，"不要放松，坚持弄开门锁！"他想象他们都聚精会神地在注视着他的努力，便用尽力气不顾一切昏昏然地咬住钥匙，随着钥匙转动，他也绕着锁转动，现在他只用嘴撑住身体站立着；他根据需要，时而将自己贴靠着钥匙，时而用全身的重量去压下钥匙。锁终于打开了，响亮的咔哒声使格雷戈尔清醒过来。他松了一口气自言自语地说："那么我不用锁匠就打开锁了。"他把头靠在门把上去，想把门整个打开。

　　因为是用这种方式开的门，所以门已经开得很大而人家还看不到他，他得先慢慢地从那扇门后转出来，并且得十分小心，以免人们进房之前自己就四脚朝天摔倒在地。他还在忙于艰难地挪动，顾不上管别人，就听到代理"啊"地一声大叫起来——声音像刮风声——现在他也看得见他了。他靠门最近，手遮着张开的嘴正在慢慢地后退，好似有一股看不见的力量有规律地推动着他。母亲——虽然全权代理在场，她还披头散发——先是双手合起看着父亲，接着朝格雷戈尔走了两步就昏倒在地，她的裙子摊开在她的四周，脸垂到胸前完全看不见了。父亲充满敌意地握紧拳头，像是想把格雷戈尔推回房里，接着又疑惑不定地看看起居室，然后用手遮着眼睛哭了起来，哭得他壮实的胸膛也颤动起来了。

　　格雷戈尔并不进房去，他在里头靠在那半扇扣紧的门上，所以只能见到他半个身体和那侧探出来的头，他对着他们看。这时天亮了，可以清楚地看见街对面那幢没尽头的灰黑色房子——这是一家医院——房子临街的一边突出一排整齐一律的窗子；雨还在下着，不过只是一滴滴可见的落在地上的大雨点。桌上摆了许多早餐的杯盘，因为早餐是父亲最重要的一顿饭，他在早餐时看好几份报纸，一坐就是几小时。对面墙上挂着一张格雷戈尔服兵役时的照片，他穿着少尉军装，看他手握着剑，面带无忧无虑的微笑，样子像在要求人家尊敬他的姿势与制服。通往门厅的门是开着的，因为大门也开着，所以可以看到门前平台和通往下面的几级楼梯。

　　"好吧，"格雷戈尔说，他很明白他是惟一保持镇静的人，"我会马上穿好衣服，收拾好样品，然后动身上路。您愿意，您愿意让我去吗？是啊，代理先生，您看，我并非冥顽不化，我是很愿意工作的；出差旅行是苦差事，但我不出差就无法生活。您上哪儿去，代理先生？去公司吗？是吗？您会将所有事都照实报告上去吧？一个人可能暂时失去工作能力，但这时也是想着他以前做出的成绩的时候，还可以考虑到，当他排除障碍之后，他会比先前更加勤快更加尽力工作的。我对老板真是忠心耿耿，这您是很清楚的。另一方面我还得操心父母和妹妹。我还陷于困境中，但我会重新挣扎出来的。我已十分为难了，请不要再雪上加霜。在公司里请站在我这一边吧！我知道，公司里大家都不喜欢旅行推销员，以为他赚钱多日子美，他们没有什么特别的理由和机会可以比较仔细地去考虑这种成见的对错。但是，代理先生，您不同，您比其他同事更能全面掌握情况，私下说说，比老板本人更能通观全局，公司是老板的，因而他容易受误导而做出对职员不利的判断。您知道得很清楚，旅行推销员一年到头不在公司里，很容易成为流言蜚语和偶然事件的牺牲品，很容易受到无中生有的责怪，而他是根本不可能辩解自卫的，因为他对这些事一无所知，等到他精疲力竭结束旅行回到家里，这才亲身领会到那些可怕的后果，而原因是再也看不清摸不透了。代理先生，您先别走啊！总得说句话表示您觉得我还有一点儿是对的再走啊！"

可是全权代理才听了开头的几句话就转过身去了，他张大着嘴，颤抖着肩，侧过头去看格雷戈尔。在格雷戈尔说话时，他一刻也没站定，而是盯着格雷戈尔一小步一小步地朝门口走去，好像有一道神秘的禁令不准他离开房间似的。已经走入前厅了，他最后一脚踏离起居室时那种突然的快速动作，真让人以为他脚底着火了。在前厅，他把手长长地伸向楼梯，好像那儿有神灵等着救他似的。

格雷戈尔清楚，如果不想让自己的职位受到最严重的危害，无论如何是不能让代理带着这种情绪离开的。父母亲对这一切是不太清楚的，他们在这些年里已经建立起信心，以为格雷戈尔呆在这家公司，生活一辈子都有保障，何况他们眼下还有那么多叫人忧虑的事得应付，一点也无力去想将来的事了。但是格雷戈尔有先见之明。必得留下代理，安慰他，说服他，最后赢得他的信任；格雷戈尔和全家人的前途就在此一举了！如果妹妹在这儿就好了！她很聪明；当格雷戈尔还镇静地仰躺在地上时，她就已经哭了。而且，代理是个色鬼，他肯定会听她指挥的；她肯定会关上大门，在前厅里对他说话，说得他不再惊恐。但是妹妹偏偏不在，格雷戈尔必须自己采取行动了。他对自己目前的活动能力根本心中无数，也没有去想，人家可能，甚至相当肯定又会听不懂他的话，这些他都没想，就离开了那扇门，挤身过去，想要走到代理那儿去，代理这时正在屋前平台上可笑地用双手紧紧抓住楼梯栏杆；格雷戈尔刚这么一动就立刻倒下，一边找着可以支撑的东西一边轻轻叫了一声，那许多细腿已着地了，还没有整个趴下，他就感到身体舒适了，在今天早上这还是第一次；细腿在地下站得很稳，他十分高兴地注意到，它们完全听话，努力带他朝他想去的地方走去；他已相信，根本好转的时候已经到来了，但是就在这时，当他在离母亲不远的地方，趴在她对面的地板上，摇晃着想慢慢动作起来时，原先看起来一动不动的母亲，突然一下子跳了起来，伸开手臂，张开手指，喊了起来："救命啊，天啊，救命啊！"她低下头，好像想把格雷戈尔看得更仔细些，但却又事与愿违不知不觉地后退，忘了她后面有张摆满杯盘的桌子，到了桌旁，又恍恍惚惚地慌忙坐上去，似乎根本没有注意到桌上大咖啡壶已打翻，咖啡正在她身后大股地流到地毯上去。

"妈妈，妈妈。"格雷戈尔轻声地叫她，朝上望着她。此刻他已完全忘了全权代理；相反地，看到流下的咖啡时，他忍不住用嘴巴向空中咂了咂。这使他母亲重又尖叫起来，她逃离桌子，倒在急忙跑过来的父亲的怀里。但是格雷戈尔现在顾不上他的父母了；全权代理已踏上往下去的楼梯，下巴靠在栏杆上，还回头看了最后一眼。格雷戈尔想跑动起来，好尽可能追上他；代理一定是预感到什么，因为他一跳就跳下好几级楼梯，接着就消失了，但他还在发着"呼！"声，声音穿过整个楼梯过道。糟糕的是，到现在为止一直比较镇定的父亲由于代理的逃离也显得慌乱了，因为他不但自己不去追赶代理，或者至少不要阻挡格雷戈尔去追赶，反而右手抓住代理连同帽子、大衣和留在沙发上的手杖，左手抓起桌上的一大张报纸，一面跺着脚，一面挥动手杖和报纸要将格雷戈尔赶回房里去。格雷戈尔的恳求一点用也没有，他的恳求也不被理解，他再谦卑地转着头也没用，父亲反而把脚跺得更重。那边，母亲不管天气寒冷，用力打开一扇窗子，探身窗外，用手掩住脸。巷子和楼道之间刮起一阵穿堂风，窗帘吹起了，桌上的报纸簌簌地响，一张张被刮到地下去。父亲毫不松懈地赶着他，发出嘘嘘的叫声，像一个野人似的，只是格雷戈尔还没学过如何后退走路，实在走得很慢。假如情况允许他转身的话，他会马上退回到房间，但是转身很缓慢，他害怕这会使父亲不耐烦，而父亲手中那手杖随时都可能对着他背上或者头上给他致命的一击。最后格雷戈尔一点别的法子也没有，只有转身了，因为他惊恐地注意到，后退时连方向都弄不准，这样他就一边不断偷偷惶恐地侧眼盯着父亲，一边开始尽可能地快速掉转身体，事实上却转得很慢。也许是父亲注意到他良好的意愿了，因为他掉转身体时父亲不干扰他，而且还远远地用手杖尖端不时指挥他转身的动作。如果父亲不发出这无法忍受的嘘嘘声该多好啊！格雷戈尔快被这声音弄疯了。他一直用心地听着这嘘声，当他快要整个地转过身时，甚至于搞错了！又转回了一点。当他终于把头转到门口时，发现身躯太宽，要通过可不那么容易。父亲处在眼下这种心理状态中，自然一点也不会想到将另一扇门打开让格雷戈尔有足够的地方通过去。他心中只有一个念头，格雷戈尔必须尽快地进他自己的房间去，让他站立起来或许就进得去。但这得做许多麻烦的准备，父亲是绝不会允许的。他倒反而用更大的声音驱赶格雷戈尔向前走，好像什么障碍也不存在似的，在格雷戈尔后面的声音，听起来已一点也不像仅仅只是一个父亲发出的了；这可真不是闹着玩的了。于是格雷戈尔不顾一切挤进门去。他身躯的一边抬高起来，斜着身体躺在门洞里，身体的一侧擦伤了，白色的门上留下难看的斑迹，很快他就被夹紧了，靠他自己是一点也动弹不得了，向上一边的细腿挂在空中颤抖着，另一边的则被压在地上，十分疼痛——这时，父亲从后面重重地给了他解脱性的一脚，他跌进房间中间，身上流着血。门用手杖给关上了，屋里终于安静下来了。

（选自卡夫卡：《变形记》，韩瑞祥等译，人民文学出版社，2003 年）

注　释

[1] 弗朗茨·卡夫卡（Franz Kafka，1883—1924），奥地利作家，被誉为是现代派文学的主要奠基人之一，表现主义文学的先驱，主要作品有小说《审判》《城堡》《变形记》等。他对歌德、克莱斯特、福楼拜、陀思妥耶夫斯基、易卜生、托马斯·曼等人的作品很感兴趣。卡夫卡自幼爱好文学，1901 年进入布拉格大学读德国文学，后迫于父亲的意志转修法学，1906 年获法学博士学位，1908 年在一家半官方的工伤事故保险公司供职，1922 年因肺病离职，1924 年去世于维也纳近郊的基尔林疗养院。对社会的陌生感、孤独感与恐惧感是卡夫卡创作的永恒主题。著名英国作家奥登评价道："就作家与其所处时代的关系而论，卡夫卡完全可以与但丁、莎士比亚和歌德等相提并论。"

思考与练习

一、细读小说，归纳导致格雷戈尔异化为非人的原因。

二、结合小说中关于格雷戈尔的心理描写、动作描写、语言描写，细节描写，解读人物形象。

三、怎样理解作者对"变形"这一情节的构思意图和巧妙之处?

四、比较阅读本文与契诃夫短篇小说《小公务员之死》,探究两个小人物生存环境和性格内涵的异同。

五、观看卓别林《摩登时代》中工人们在机器大生产的流水线上变异为机器的片段。理解现代主义文学在思想内容方面的典型特征:在人与社会、人与人、人与自然、人与自我关系上表现出的全面的扭曲和严重的异化。

驿站长

普希金[1]

解 题

小说讲述了一个驿站长的故事:忠厚善良的驿站长维林,终日辛劳为旅客服务,遭到往来官吏的欺凌,只有单纯美丽的女儿是他惟一的欣慰。女儿被过路的骠骑兵军官拐走后,他十分伤心,想尽办法来到彼得堡,期望找回"迷途的羔羊"——他的女儿杜妮娅。可是狠心的军官明斯基却将他拒之门外。维林孤苦无靠,回去之后不久就悲愤而死。作者以同情和尊敬的心情描写了小职员的悲惨命运,控诉了沙皇专制政体和贵族封建制度,揭示了人性的丑陋,也表达了作家深刻的人民性和人道主义思想。

《驿站长》是普希金用笔名发表的短篇小说集《别尔金小说集》中的一篇,它被誉为俄罗斯短篇小说的典范,开创了俄国文学描写"小人物"的先河,对后来的赫尔岑、果戈理、陀思妥耶夫斯基、契诃夫等作家有着巨大的影响。《驿站长》结构严密紧凑,情节真实自然,语言简练准确,人物形象鲜明饱满,主题思想深刻突出。

十四品文官[2],
驿站的独裁者。

——维亚泽姆斯基公爵[3]

谁没有咒骂过驿站长,谁没有同他们吵过架?谁没有在盛怒之下向他们索取过那要命的本子以便在上面写下自己对他们的欺压、粗暴和怠慢的无济于事的控诉!谁不把他们当做人类的恶棍,犹如过去的恶讼师,或者,至少也和牟罗姆[4]的强盗无异?但是,我们如果公平一些,尽量为他们设身处地想一想,也许,我们责备他们的时候就会宽容得多。什么是驿站长呢?一个真正的十四级的受气包,他的官职仅仅能使他免于挨打,而且这也并非总能做到(请读者扪心自问)。维亚泽姆斯基开玩笑称他是独裁者,他的职务是怎样的呢?是不是真正的苦役?白天黑夜都不得安宁。旅客把在枯燥乏味的旅途中积聚起来的全部怨气都发泄在驿站长身上:天气恶劣,道路难行,车夫脾气犟,马不肯拉车——都成了驿站长的过错。旅客走进他的寒伧的住所，像望着仇人似的望着他。要是他能赶快打发掉这个不速之客，还好；但是如果正碰上没有马呢？……天哪！什么样的咒骂、什么样的威胁都会劈头盖脸而来！他得冒着雨、踩着泥泞挨家挨户奔走。遇上狂风暴雨天气或是受洗节前后的严寒日子，他得躲进穿堂，只是为了休息片刻，避开被激怒的投宿客人的叫嚷和推搡。来了一位将军，浑身发抖的驿站长就得给他最后的两辆三套马车，其中一辆是供信使专用的。将军连谢也不谢一声就走了。过了五分钟——又是铃声！……一个信使把自己的驿马使用证往桌上一扔……如果我们把这些都好好地想一想，我们心里的怒气就会消释而充满真挚的同情。我再说几句：我二十年来走遍了俄罗斯的东西南北，差不多所有的驿道我都知道；好几代的车夫我都认识；很少有驿站长我不面熟；很少有驿站长我不曾跟他们打过交道。我希望在不久的将来我所积累的饶有趣味的旅途见闻能够问世。目前我只想说，人们对驿站长这一类人的看法是极其错误的。这些备受诽谤的驿站长，一般说来都是和善的人，天生乐意为人效劳，容易相处，对荣誉看得很淡泊，不太爱钱财。从他们的言谈（过路的老爷们偏偏却瞧不起这些言谈）中，可以吸取许多有趣的东西，获益匪浅。至于我呢，老实说，我是宁愿听他们谈话，也不要听一位因公外出的六品文官的高谈阔论。

不难猜到，在可尊敬的驿站长这一类人中间就有我的朋友。真的，其中有一位给我留下了弥足珍贵的回忆。我们曾有机缘一度接近过，我现在准备同亲爱的读者谈谈他的故事。

一八一六年五月，我曾经乘车在一条现在已经废弃的驿道上经过某省。我官卑职小，只能在每个驿站换马，只付得起两匹驿马的租钱。因此驿站长们对我并不客气，我往往要经过力争才能得到我认为是名份应得到的东西。当时我由于少年气盛，要是驿站长把给我预备的三匹马套到一位官老爷的马车上，我对他的卑贱和怯懦就会感到愤慨；在省长设的宴会上，遇到善于辨别身份的奴才上菜时把我漏掉，我也总是耿耿于怀。如今呢，我却以为这两种情形都是理所当然的了。的确，小官尊敬大官是一条普遍适用的准则，要是用另一条准则，比方说，聪明人尊重聪明人来代替它，那我们会怎么样呢？岂不是要吵翻了天！仆人上菜又从谁开始呢？但是我还是来讲我的故事吧。

那是一个炎热的日子。离某驿站还有三俄里的时候开始落下稀疏的雨点。转眼之间，倾盆大雨已经把我淋得浑身湿透。到了驿站，第一件事就是赶快换衣服，第二件事是要一杯茶。"喂，杜尼娅[5]！"驿站长叫道，"拿茶炊来，再去拿点鲜奶油。"听到这话，从隔扇后面出来一个十四五岁的姑娘，跑到穿堂里去了。她的美使我吃惊。"这是你的女儿吗？"我问驿站长。"是我的女儿，"他带着得意的神气回答说，"她聪明伶俐，跟她去世的母亲一模一样。"这时他动手登记我的驿马使用证，我就欣赏起他装点他那简朴而整洁的住屋的图画来。这些画画的是浪子回头的故事：第一幅画着一个头戴尖顶帽、身穿长袍的可敬的老人在给一个神情不安的青年送行，那青年人急匆匆地接受他的祝福和一个钱袋。另一幅以鲜明的线条画出这个年轻人的放荡行为：他坐在桌旁，一群虚情假意的朋友和无耻的女人围着他。再往下，这个把钱财挥霍净尽的青年衣衫褴褛，戴着三角帽在喂猪,并且与猪分食;他脸上露出深切的悲痛和悔恨。最后画着他回到父亲那里。仍旧戴着尖顶帽、穿着长袍的慈祥老人跑出来迎接他。浪子跪着,远景是厨子在宰一头肥壮的牛犊,哥哥向仆人们询问如此欢乐的原因。在每一幅画下面我都读到与内容相配合的德文诗句。这一切,还有那几盆凤仙花、挂着花布幔帐的床以及当时我周围的其他物件,至今还保留在我的记忆中。这位五十来岁的主人精神饱满,容光焕发,绿色长礼服上用褪色的绶带挂着三枚奖章,至今他的模样还历历如在眼前。

我跟老车夫还没有把账算清,杜尼娅已经拿着茶炊回来了。这小妖精看了我第二眼就察觉了她给我的印象,她垂下了浅蓝色的大眼睛。我开始同她说话,她很大方地回答我,像个见过世面的姑娘。我请她父亲喝一杯潘趣酒,给杜尼娅一杯茶,我们三个人就聊起天来,仿佛认识了很久似的。

马匹早就准备好了,可是我仍旧不愿意同驿站长和他的女儿分手。最后我同他们告别了,做父亲的祝我一路平安,女儿送我上车。到穿堂里我停下来,请她允许我吻她一下。杜尼娅答应了……

从我做这事以来,我可以算得出许多次接吻,但是没有一次亲吻在我心中留下这样悠长、这样愉快的回忆。

过了几年,我又有机会经过那条驿道,使我重临旧地。我想起老站长的女儿,想到又可以看到她而感到高兴。但是我又想,老站长也许已经调离,杜尼娅可能已经出嫁。我的头脑里也闪过他或她会不会死去的念头。我怀着悲伤的预感走近那个驿站。

马匹在驿站的小屋前停下。我一走进房间,立刻认出了那几幅画着浪子回头的故事的画,桌子和床还放在原来的地方,但是窗台上已经没有花,四周的一切都显出败落和无人照管的景象。驿站长盖着皮袄睡着,我的到来把他吵醒,他欠起身来……这正是萨姆松·维林,但是他衰老得多厉害啊!在他准备抄下我的驿马使用证的时候,我望着他的白发,望着他那好久没刮胡子的脸上的深深的皱纹和他的驼背——不能不感到惊讶,怎么三四年的工夫竟把一个精力旺盛的汉子变成一个衰弱的老头。"您还认得我吗?"我问他,"咱们是老相识了。""可能是,"他阴沉地回答说,"这儿是大路,来往旅客到过我这里的很多。""你的杜尼娅好吗?"我继续问。老头皱起了眉头。"天晓得她。"他回答说。"这么说她是出嫁了?"我说。老头装做没有听见我的问话,继续轻声念我的驿马使用证。我不再问下去,叫人拿茶来。好奇心开始使我不得安宁,我指望潘趣酒能使我的老相识开口说话。

我没有想错,老头没有拒绝送过去的酒杯。我发现甜酒驱散了他的阴郁。一杯下肚,他的话多起来。不知他是记起了呢,还是装出记起我的样子,于是我便从他口中听到了当时使我非常感兴趣、又使我深受感动的故事。

"这么说,您认识我的杜尼娅?"他开始说,"有谁不认识她呢?唉,杜尼娅,杜尼娅!是个多好的姑娘啊!以前,凡是过路的人,谁都夸她,谁也不会说她不好。太太们有的送她一块小手帕,有的送她一副耳环。过路的老爷们故意停下来,好像要用午餐或是晚餐,其实只是为了多看她几眼。往往有这样的情形,不管老爷的火气多么大,一看见她就会平静下来,和颜悦色地和我谈话。先生,您信不信:信使们跟她一聊就是半个钟头。家由她管:收拾房子啦,做饭啦,样样都安排得妥妥当当。我这个老傻瓜,对她看也看不厌,有时连喜欢都喜欢不过来。是我不爱我的杜尼娅,不疼我的孩子呢,还是她的日子过得不称心呢?都不是,灾祸是躲不了的;命该如此,要逃也逃不了啊!"于是他开始详详细细地向我讲述他的伤心事。三年前,一个冬天的晚上,驿站长正在一本新簿子上画格子,他女儿在隔扇后面给自己缝衣服。这时来了一辆三套马车,一个头戴车尔凯斯帽、身穿军大氅、裹着披肩的旅客走进来要马。马都派出去了。一听说没马,旅客就提高嗓门,扬起了马鞭。见惯这种场面的杜尼娅从隔扇后面跑出来,殷勤地问那个旅客要不要吃点什么?杜尼娅的出现起了它惯有的效果。旅客的怒火烟消云散了,他同意等待马匹,还要了晚餐。旅客脱下毛茸茸的湿帽子,解下披肩,脱掉外套,原来这是一个体格匀称、蓄着黑口髭的年轻骠骑兵。他坐到驿站长旁边,高高兴兴地同他和他的女儿交谈起来。晚餐端上来了。这时有几匹马回来了,驿站长吩咐不用喂食,马上把它们套在旅客的车上。但是等他回来的时候,却发现那个年轻人躺在长凳上,几乎失去了知觉:他感到很不舒服,头痛得厉害,不能上路……怎么办呢!驿站长把自己的床让给他,如果病情不见好转,还准备第二天一早就派人到C城去请医生。

第二天,骠骑兵的病情更恶化了。他的仆人骑上马进城去请医生。杜尼娅用浸了醋的手帕包扎他的头,坐在他床边做针线活。当着驿站长的面,病人直哼,几乎一言不发,但却喝了两杯咖啡,并且哼哼着要了午餐。杜尼娅一直守着他。他不断要水喝,杜尼娅给他端来一大杯她做的柠檬水。病人润着嘴唇,每次递还杯子的时候,都用他的无力的手握握杜尼娅的手表示感谢。午饭前医生来了。他摸了摸病人的脉,用德语同他谈了几句,然后用俄语宣称,病人只是需要静养,过两天就可以上路。骠骑兵付给他二十五个卢布的出诊费,还请他用午餐。医生同意了,两人的胃口都很好,喝了一瓶酒,才彼此非常满意地分手。

又过了一天,骠骑兵完全恢复了。他非常高兴,不停地一会儿同杜尼娅,一会儿同驿站长开玩笑。他吹着曲子,同旅客们交谈,把他们的驿马使用证登记在驿站登记册上。他大大博得了好心的驿站长的喜欢。到第三天早上,驿站长竟舍不得同他那可爱的客人分别了。那天是星期日,杜尼娅预备去做礼拜。骠骑兵的马车拉来了。他为了在这里又吃又住,重重地酬谢了驿站长,才和他告别。他也同杜尼娅告别,表示愿意送她去村边的教堂。杜尼娅犹豫不决地站着……"你怕什么?"父亲对她说,"大人又不是狼,不会把你吃掉,你就坐车子去教堂吧。"杜尼娅上了车,挨着骠骑兵坐下,仆人跳上驭座,车夫一声唿哨,马儿就奔驰起来。

可怜的驿站长不明白,他怎能亲口允许他的杜尼娅同骠骑兵一同乘车走呢?他怎么会瞎了眼,怎么会鬼迷心窍?过了不到半小时,他觉得心里烦躁,六神不安,忍不住自己也跑去做礼拜。到了教堂跟前,他看到人们已经散去,但是杜尼娅既不在围墙边,也不在教堂门口。他急忙走进教堂:神父正从祭坛后面走出来,教堂执事在吹灭蜡烛,有两个老妇人还在角落里祈祷,但是杜尼娅却不在教堂里。可怜的父亲好容易才下决心去

问教堂执事，杜尼娅有没有来做过礼拜。教堂执事回答说没有来过。驿站长半死不活地走回家去。他只剩下一个希望：杜尼娅年轻做事轻率，也许忽然想起来乘着车子到下一站去看她的教母去了。他痛苦而焦急地等待他让她乘坐的那辆三驾马车回来。车夫老不回来，到傍晚时分，车夫终于一个人回来了，喝得醉醺醺的，带来一个吓死人的消息："杜尼娅跟着骠骑兵又从那一站往前走了。"

老头禁不住这不幸的打击，他立时倒在那个年轻骗子昨夜躺过的床上。现在驿站长回想起种种情况，才明白生病是假装的：可怜的老人患了极为厉害的热病；他被送到 C 城，派了一个人暂时来代替他。给他治病的就是来给骠骑兵看病的那个医生。他对驿站长确凿有据地说，那个年轻人身体完全健康，当时他就猜到他不怀好意，但是因为怕他的鞭子，所以没有做声。这个德国医生的话不知道是真的呢，还是想炫耀自己有先见之明，但是他的话丝毫安慰不了可怜的病人。驿站长的病体刚恢复，他就向 C 城的驿站局长请了两个月的假，对任何人都没提自己的打算，步行寻找女儿去了。他根据驿马使用证知道骑兵大尉明斯基是从斯摩棱斯克去彼得堡的。给他驾过车的车夫说："杜尼娅一路啼哭，尽管她好像是自己情愿去的。""也许，"驿站长想道，"我能把我那迷途的羔羊带回家来。"他怀着这个想法来到彼得堡，在伊兹梅尔团一个退位的上士，他的老同事家里住下，就开始四下寻找。不久就被他打听出来，骑兵大尉明斯基在彼得堡，住在德穆特饭店，驿站长决定去找他。

他一清早就来到明斯基的前室，请求禀报大人，说有个老兵求见。一个勤务兵在擦撑着鞋楦的皮靴，他说主人在睡觉，十一点钟以前不接见任何人。驿站长走了，到指定的时间又回来了。明斯基穿着晨衣，戴着红色小帽亲自出来见他。"老兄，你要什么？"他问他。老头的心沸腾起来，泪水涌到眼睛里。他用颤抖的声音只说出了："大人！……请行行好吧……"明斯基迅速地瞥了他一眼，脸一红，就抓住他的手把他带到书房里，随手把门关上。"大人！"老头接下去说，"过去的事情就算了；至少，请您把我可怜的杜尼娅还给我吧。您已经把她玩够了，别白白地毁了她。""生米已成熟饭，无法挽回了，"年轻人十分狼狈地说，"我对不起你，希望求得你的宽恕。可是你别以为我会抛弃杜尼娅，我可以向你保证，她会幸福的。你要她做什么？她爱我，她已经不习惯原先的处境了。无论你也好，她也好——你们都不会忘记已经发生的事。"接着，他把一样东西塞到老人的衣袖里，就把门打开。驿站长自己也不记得他是怎样到了大街上的。

他呆呆地站了好久，最后看到自己衣袖的折袖里有一卷纸。他取出来打开一看，原来是几张揉皱的五卢布和十卢布的钞票。泪水又涌到他的眼睛里，是愤懑的泪水啊！他把钞票揉做一团，扔在地上，还用鞋后跟踩了一脚，走了……走了几步，他停了下来，想了一想，又回转身来……但是钞票已经不见了，一个衣着考究的年轻人看见他，就奔向一辆出租马车，急忙坐上车，喊道："走！……"驿站长没有去追他。他决定回自己的驿站，但是先要看看他的可怜的杜尼娅，哪怕见一面也好。为了这，两天后他又到明斯基那里，但是勤务兵厉声告诉他，主人不接见任何人，胸一挺就把他挤出前厅，冲着他的脸砰地关上了门。驿站长站了一会儿，只好走了。

当天晚上,他在"一切悲伤的人们"教堂做过祷告,在铸造厂街上走着。突然他面前驶过一辆华丽的马车,驿站长认出了明斯基。马车在一座三层楼房的大门口停下,骠骑兵就跑上了台阶。驿站长的头脑里闪过一个侥幸的念头。他折了回来,走到车夫跟前。"老弟,是谁的马?"他问,"是明斯基的吗?""正是,"车夫回答,"你有什么事?""是这么回事:你家老爷吩咐我送一张字条给他的杜尼娅,可我把他的杜尼娅住在哪儿给忘记了。""就在这儿二层楼上。你的信送晚了,老兄,现在他本人已经在她那里了。""不要紧,"驿站长心里激动得不可名状,"多谢你的指点,可是我还是要把我的事办完。"说着他就走上楼梯。

门锁着。他按了铃,焦急地等了几秒钟。钥匙响了,给他开了门。"阿芙多吉娅·萨姆松诺夫娜[6]住在这里吗?"他问。"住在这儿,"年轻的女仆回答说,"你找她有什么事?"驿站长并不回答,径自走进大厅。"不行,不行!"女仆跟在他后面叫道,"阿芙多吉娅·萨姆松诺夫娜有客。"但是驿站长不理她,自顾往前走。头两间屋子很暗,第三个房间里有灯光。他走到开着的门边,停了下来。在布置得很精致的房间里,明斯基坐在那儿沉思。杜尼娅穿着极其华丽的时装,坐在他的手圈椅的扶手上,像女骑士坐在她的英国式马鞍上一样。她深情地望着明斯基,把他的乌黑的鬓发绕在她的闪闪发光的手指上。可怜的驿站长啊!他从不曾见过他的女儿有这么美,他情不自禁地叹赏起来。"是谁?"她问,并没有抬起头来。他仍旧不做声。杜尼娅没有听到回答,抬起头来一看……接着一声惊呼,就倒在地毯上了。明斯基吓了一跳,跑过去扶她,猛然看见老站长站在门口。他放下杜尼娅,走到他跟前,气得浑身发抖。"你要干什么?"他咬牙切齿地对他说,"你怎么像强盗似的到处悄悄地跟着我?你是想杀死我还是怎么的?你给我滚!"说着就用一只有力的手抓住老头的衣领,把他推到楼梯上。

老头回到自己的住处。他的朋友劝他去控告,但是驿站长想了想,把手一摆,决定就此罢休。两天后,他从彼得堡动身回到自己的驿站,重新履行自己的职责。"我失去杜尼娅,一个人生活到现在已经是第三个年头了,没有得到她一点消息。她是死是活,只有上帝知道。什么事都可能发生。被过路的浪子勾引的,她不是第一个,也不是最后一个,把她弄去供养一阵,然后就把她甩了。在彼得堡,这种年轻的傻丫头多的是,今天穿绸缎,穿天鹅绒;可是明天,你瞧吧,就会跟穷酒鬼在一起扫大街了[7]。有时一想到杜尼娅也许会流落在那边,我就不由得起了有罪的念头,希望她早点进坟墓……"

这就是我的朋友,年老的驿站长讲的故事;他的故事不止一次被泪水打断,——他像德米特里耶夫[8]绝妙的叙事诗里的辛勤的捷连季伊奇那样,样子非常感人地用衣裾拭着眼泪。他的眼泪部分是由于他在讲故事时喝的五杯潘趣酒所引起的,但是不管怎样,还是使我异常感动。同他分别后,我久久不能忘掉年老的驿站长,我久久想念着可怜的杜尼娅……

还在不久以前,我路过某地的时候,想起了我的朋友。我得悉他主管的驿站已经撤掉。对我的问题:"老站长还活着吗?"没有人能给我满意的答复。我决定去重访旧地,就租了私人的马匹,前往 H 村。

那时正值秋天。满天灰色的云朵,冷风从收割过的田野吹来,风过之处,树上的红

叶和黄叶都被吹走。我进村时太阳已经落山,我在驿舍前停下。从门道里(可怜的杜尼娅曾在那里吻过我)走出一个胖妇人,她回答我说,老站长已经死了快一年了,他的房子现在住进了一个做啤酒的师傅,她就是啤酒师傅的妻子。我开始为白跑一趟、白花了七个卢布而感到惋惜。"他是怎么死的?"我问啤酒师傅的妻子。"喝酒喝死的,老爷。"她回答说。"他葬在什么地方?""在村外,在他死去的妻子旁边。""能不能带我到他坟上去?""怎么不能。喂,万卡!你玩猫该玩够了。陪这位老爷到坟地去。指给他看老站长的坟在哪里。"

她这样说着,一个穿得破破烂烂、红头发、独眼的男孩跑到我面前,立即领我到村外去。

"你认识死去的站长吗?"路上我问他。

"怎么不认识!他教我削风笛。从前他(愿他进天国)从酒店出来,我们就跟着他:'老爷爷,老爷爷!给点胡桃!'他就把胡桃分给我们。从前他总是跟我们玩。"

"那么,过路的客人还记得他吗"

"现在过路的客人不多了。有时候陪审员顺路弯过来,他也没有谈起死去的人。夏天倒来了一位太太,她问起老站长,后来到他坟上去过。"

"什么样的太太?"我好奇地问。

"一位美极了的太太,"小男孩回答说,"她坐着一辆六驾马车,带着三个小少爷和一个奶妈,还有一只黑哈巴狗。她一听说老站长死了,就哭起来,对孩子们说:'你们乖乖地坐着,我到坟场去一下。'我说我愿意领她去。可是那位太太说:'我自己认得路。'她还给我一个五戈比的银币——真是个好心的太太!……"

我们来到墓地,一片光秃秃的地方,没有栅栏,满眼都是木头十字架,没有一棵小树遮荫。有生以来我不曾见过这样凄凉的墓地。

"这就是老站长的坟。"小男孩跳上一个砂墩告诉我说,那上面插着一个有铜质圣像的黑色十字架。

"那位太太也到这儿来过吗?"我问。

"来过,"万卡回答说,"我从远处望着她。她趴在这儿趴了好久。后来那位太太回到村子里,叫来了牧师,给了他一些钱,就上车走了。我呢,她给了一个五戈比的银币——真是个好太太!"

我也给了小男孩一枚五戈比银币,而且不再为这次旅行和花掉的七个卢布惋惜了。

(选自鲁迅、欧·亨利等著:《最好的短篇小说》,水夫译,黎娜主编,中国华侨出版社,2010年)

注 释

[1] 普希金(1799—1837),俄国浪漫主义文学的主要代表人物和俄国现实主义文学的奠基人。他的创作在俄国解放运动中起过重要作用,在俄国文学史上占有光辉的地位。高尔基赞誉普希金是"俄国文学之始祖",是"伟大的俄国人民诗人"。他是俄罗斯多余人和小人物传统的坚实缔造者,影响了整个俄

罗斯文学的历史进程。主要代表作品有：抒情诗《致恰达耶夫》《自由颂》《致大海》《我曾经爱过你》《茨冈》等，长篇小说《叶甫盖尼·奥涅金》《上尉的女儿》。由于法国公使馆丹特士男爵调戏诗人的妻子，1837年2月8日，普希金与丹特士决斗，负重伤于当月10日逝世。[2] 帝俄时代最低级的文官。[3] 维亚泽姆斯基（1792—1878），俄国诗人。引诗摘自他的《驿站》一诗。[4] 9至12世纪居住与奥卡河下流的一个部族。牟罗姆森林是强盗出没的地方。[5] 杜尼娅是阿芙多吉娅的小名。[6] 阿芙多尼娅·萨姆松诺夫娜是杜尼娅的本名和父名。[7] 晚间因酗酒在街上被拘留的人，次日清晨须在警察和看院子的人的监督下打扫道路。[8] 德米特里耶夫（1760—1837），普希金的同时代人，诗人，寓言作家。捷连季伊奇是他的诗《漫画》的主人公。

思考与练习

一、结合小说，分析文中人物驿站长、明斯基、杜尼娅三人各自的形象和特点。

二、在文章结尾，为什么说"我也给了小男孩一枚五戈比银币，而且不再为这次旅行和花掉的七个卢布惋惜了"？

三、小说以第一人称行文，结合文中内容简要分析其表达效果。

四、分析同一人物称谓在不同情节和段落中的变化，背后具有怎样的蕴意？

五、分析小说中的叙事者形象及其非叙事性话语。

挂　幅

夏目漱石[1]

解 题

《挂幅》是日本著名作家夏目漱石的短篇小说名作。小说讲述了一位老人为了给自己死去的妻子修筑一个墓碑而出卖自己的一张祖传下来的珍贵古画，但却没有人愿意欣赏，最后只得在好心人的帮助下把画转让出去。但在另一个方面，老人对此画却又有极深的感情，时刻担心着自己的珍贵古画是否得到了很好的珍藏。

小说虽篇幅短小，但是引人深思。语言拙朴，毫无夸饰。作者没有刻意追求情节的曲折离奇，只是叙事平凡的生活故事，却给我们塑造了一位富有多种内在品质和情感的人物形象——大刀老人，在艺术上达到了相当高的境界。

大刀老人决心在亡妻三周年忌辰之前，一定给她立一块墓碑。但是靠着儿子那点本事，只能勉强糊口度日，此外再也无力积蓄一文钱。春天又来到了，老人苦窘着脸对儿子道："那忌辰也是三月初八呢。"儿子只回答说："啊，是呀。"就不再做声了。大刀老人终于决定卖掉祖传的一幅珍贵的画来筹措费用，便和儿子商量道："行吗？"儿子以冷淡到可恨的态度赞成道："那行吧。"儿子在内务省社寺局工作，拿四十元的月薪，有妻子和两个孩子，而且还要奉养大刀老人，所以很吃力。老人若不在，这珍贵的挂幅早就变成通融的东西了。

这挂幅是一方尺左右的画绢，因为年深月久，颜色变得和熏过一般，如果挂在暗的房间里，就模糊到分辨不出画的是什么东西。老人说这是王若水[2]画的葵花，并且每月从壁橱里拿出两三次，拂去桐盒上的灰尘，恭恭敬敬地取出里面的东西，立即挂在三尺的墙壁上，凝望着。的确不错，定睛一看，那熏污的浊暗之中，确有淤血似的很大的花样。有的地方，还略微残留着疑是青绿色脱落的斑迹。老人面对这模糊的唐代的古画，就忘却了这个由于他活得过久简直住旧了的人世。有时候，一面注视着挂幅，一面吸烟或喝茶；不然就光是凝神看着。"爷爷，这是什么？"孩子走过来，说着就想用指头触。像刚想起时日似的，老人一面说"不要碰"，一面轻轻地站起，去卷挂幅。于是孩子便问："爷爷，糖球呢？""嗯，买糖球，可不要淘气了。"老人说着，慢慢地卷上挂幅，放进桐盒，送到壁橱里，然后上外面去散步。回来的时候，顺便到街上的糖店里买两袋薄荷糖球，递给孩子道："喂，糖球！"儿子晚婚，小孩儿是六岁和四岁。

和儿子商量的第二天，老人拿包袱皮包上桐盒，一清早就出去了。到四点钟，又拿着桐盒回来了。孩子跑到房门口问道："爷爷，糖球呢？"老人什么也不说，走进屋，从盒子里拿出挂幅，挂在墙上，失神地望起来，听说转了四五家古董店，有说无落款的，有说画剥落的，竟没有人像老人预期的那样对这挂幅表示敬重。

儿子说："古董店别去了。"老人也说："古董店是不成。"过了两个星期，老人又抱着桐盒出去了。这回是得到介绍，送请儿子的科长的朋友看一看。这回也没买回糖球来。儿子刚一到家，他便像儿子有失检点似的嗔怪说："那种没眼力的家伙，怎能卖给他！他那里的都是些赝本！"儿子苦笑着。

二月上旬，偶然来了个高明的经纪人，老人把画卖给了好事家。老人立刻到谷中去，给亡妻定做了像样的墓碑，余下的钱存进了邮局。过了五六天，老人又照例出去散步，但比平常晚两小时才回来，两手抱着两大袋糖球。说是由于不放心卖掉的挂幅，又去看了一回，见到静静地挂在四叠半的品茗室里，前面插着透明似的腊梅。老人说他在那里被招待了茗茶。"说不定比收藏在我手里还放心呢。"老人对儿子说。儿子答道："也许是这样吧。"一连三日，孩子们吃着糖球。

（选自鲁迅、欧·亨利等著：《最好的短篇小说》，李明非译，黎娜主编，中国华侨出版社，2010年）

注　释

[1] 夏目漱石（1867—1916），"漱石"为笔名，据说典故取自于中国的《晋书·孙楚传》。夏目在日本近代文学史上享有很高的地位，被称为"国民大作家"。夏目擅长运用对句、迭句、幽默的语言和新颖的形式，对人物心理的描写精确细微，开启了后世私小说的风气之先。其代表作有《我是猫》《草枕》《从此以后》《心》等。其作品很早就被鲁迅和周作人兄弟介绍入中国，对中国读者产生了影响。夏目自

幼喜欢汉学，14岁开始学习中国古籍，少年时曾立志以汉文出世。[2] 王若水：本名王渊，中国元代画家，号澹轩，钱塘（今属浙江省杭州市）人。主要成就在于花鸟和水墨竹石，堪称元代花鸟画巨擘，今存有《花竹集禽图》《秋景鹑雀图》《良常草堂图》。

思考与练习

一、小说运用了"反复"的技巧，文中哪些地方用了该手法，它具有什么样的作用？

二、有人认为在本小说中，"金钱不仅仅只是货币符号，而是一种引发沉思的载体"，为什么？

三、作者是如何表现"大刀老人"孤独者的形象的？哪些地方体现了他的孤独？

四、为什么说本小说在"语言和人物形象的塑造上达到了相当高的境界"？

第四篇

戏剧与影视文学

一、戏剧的概念和分类

戏剧是一种综合运用文学、音乐、舞蹈、美术等艺术手段，来反映社会生活中各种冲突的艺术，是一种通过舞台演出而诉诸观众感官的艺术形式，即通过演员装扮角色，在舞台上表演故事情节，塑造生动的舞台艺术形象，以达到直接感染观众，发挥社会作用的目的。

中国戏剧历史悠久，艺术技巧精湛、独特，具有鲜明的民族特色。然而，古代戏剧和现代戏剧却有很大的不同。

古代戏剧因以"戏"和"曲"为主要因素，所以称作"戏曲"，主要包括元杂剧、宋元南戏和明清传奇，也包括近代的京戏和川剧、越剧等各种地方戏曲。元杂剧具备了戏剧的基本特点，标志着中国传统戏剧艺术进入成熟阶段。它的结构一般是四折（幕）。角色主要分"旦""末"两类，"旦"扮女性，"末"扮男性。剧本由曲词、宾白（对话和独白）和科泛（动作和表情）三部分组成。关汉卿的《窦娥冤》、马致远的《汉宫秋》、王实甫的《西厢记》等都是元杂剧中的优秀作品。明清传奇是宋元时期南戏的进一步发展，兼用一些北曲。它结构更完善，不受四折（出）的限制；曲调更丰富，也不受一人唱到底的限制；角色分得更细，一出中的用韵也比较自由，风格上大都比较缠绵。明清传奇代表作有汤显祖的《牡丹亭》、洪升的《长生殿》和孔尚任的《桃花扇》等。

在中国，现代戏剧主要指的是20世纪以来从西方传入的话剧、歌剧、舞剧等。其中话剧是主体。郭沫若、田汉、曹禺、夏衍、老舍等都是中国现代杰出的剧作家，《屈原》《丽人行》《雷雨》《上海屋檐下》《茶馆》等都是著名的剧作。

外国戏剧一般专指话剧。莎士比亚、莫里哀、易卜生等都是世界著名的剧作家，《哈姆莱特》《罗密欧与朱丽叶》《威尼斯商人》《伪君子》《悭吝人》《玩偶之家》等都是世界名作。

戏剧在长期发展中，形成了很多种类。以表演形式划分，有话剧、歌剧、舞剧、歌舞剧等；以内容性质划分，有悲剧、喜剧、正剧等；以作品反映的时代划分，有现代剧、历史剧、科幻剧等；以演出场合划分，有舞台剧、街头剧、广播剧、电影剧等；以结构形式划分，有独幕剧、多幕剧等。因此，同一个剧本，根据不同的分类标准可以分为不同的种类。例如《屈原》，根据表演形式，属于话剧；根据内容性质，属于悲剧；根据作品反映的时代，属于历史剧；根据演出场合，属于舞台剧；根据结构形式，属于多幕剧。

二、戏剧文学的特征

戏剧文学，通常指剧本。它是戏剧艺术最基本和最重要的因素，是舞台演出的依据。剧本作为戏剧文学，是和诗歌、散文、小说并列的一种文学体裁。因此，它既具有文学作品的一般特征，又具有自己的特色。其特色主要表现在以下几个方面。

（一）戏剧文学要适合舞台表演

戏剧以创造完整的舞台艺术形象为目的，没有舞台就没有戏剧，所以不能不受到舞台条件和演出时间的限制。因此，剧本必须把人物、故事、时间、场景高度集中在有限的舞台空间和时间里，以较短的篇幅、较少的人物、较省的场景和较单纯的故事，艺术地再现于舞台上，突出地刻画人物形象，凝练地揭示生活矛盾。剧本的分场、分幕，正是它的集中性的具体表现。戏剧文学不能像小说那样连贯地记叙人物的行动和事件的进程，它必须突出主要的线索和主要的事件，而把次要的推到幕后——也就是通过出场人物的语言，把幕与幕之间发生的比较次要的事件交代清楚，使剧本的内容更紧凑、更简练、更具表现力。

（二）戏剧文学要有强烈的戏剧冲突

各种文学作品都要表现社会生活的矛盾冲突，而戏剧文学因受舞台演出的限制，其反映的矛盾冲突就更加尖锐突出。在戏剧文学中，只有通过这样或那样的冲突，人物性格才能鲜明地塑造出来，也只有在矛盾冲突的旋涡中，剧情的展开才能生动地表现出来。戏剧文学中各种性质的社会矛盾具体表现为剧中人物的性格冲突。因而，戏剧冲突便主要表现为人物间的性格冲突。换句话说，就是对立性格的人物发生的面对面的冲突构成了戏剧冲突。它是现实生活中人与人、人与环境以及人物内心的矛盾冲突在剧本中的反映。剧中人物由于阶级立场、政治观点、社会地位、文化教养、生活环境等不同，对同样的社会现实会采取不同的态度，从而形成了各种各样的矛盾冲突。有的反映阶级之间的矛盾，有的反映各个阶级或集团内部的矛盾，有的反映因人们所处地位或认识的不同而引起的矛盾，有的则反映人物内心的矛盾。《牡丹亭》的戏剧矛盾表现为"情"与"理"的矛盾。"情"指人们的真正感情，在这里表现为青年男女对自由的爱情生活的追求；"理"，指以程朱理学为基础的封建道德观念，在《牡丹亭》中表现为封建礼教和封建家长对青年一代婚姻自由的束缚。杜丽娘生活在理学泛滥、窒息人性的时代。但是，阴冷的世界终究无法冻结青春少女的生命欲望，违背人性的虚伪教育有时则收到了相反的效果。为了排遣愁闷，她在春香的鼓动下，不顾家训塾规走出深闺，来到春光明媚的后花园，大自然的无限春光也触动了她内心深处对美的渴望，唤起她青春意识的觉醒，迈开了她反抗和追求的叛逆之路的第一步。当然，她所追求的理想在当时的现实环境里是不可能实现的，最终只能借助幻想、梦游的境界来实现爱情与人性的自由，实现"情"对"理"的战胜。

戏剧冲突是曲折发展、逐步上升到高潮的戏剧运动。这种运动形成了剧情发展的线索和剧情结构。这个过程大体分为开端、发展、高潮、结局等部分。

戏剧冲突的表现形式是一系列的戏剧动作。戏剧动作既指能够看得见的人物外部形体动作，又指人物内心动作（往往通过外部动作和语言动作来表现）。在戏剧文学中，人物之间的矛盾只有通过戏剧动作才会成为冲突，人物的性格特征只有通过戏剧动作才能得以展示，剧情的发展也只能靠戏剧动作来推动。这样的戏剧动作所表现的戏剧冲突，比现实生活中的矛盾冲突更集中、更强烈、更富于戏剧性。《屈原》全剧形成了人物之间紧张、激烈、复杂、深刻的矛盾冲突，剧情发展极富吸引力和震撼力，其原因之一正是剧中的矛盾冲突高度集中和具有极强的动作性。

总之，戏剧文学应该在有限的舞台空间和时间内，通过人物与人物之间的各种矛盾和冲突，来展现情节、刻画人物、推动剧情的发展和揭示社会生活的本质。因而，"没有冲突就没有戏剧"，便成为戏剧文学的一般规律。

（三）戏剧文学要有鲜明生动的戏剧语言

为适应舞台演出的特点，戏剧语言有人物语言和舞台说明。舞台说明包括场景说明、背景介绍、人物动作和神态描写，以及画外音等叙述性文字。它是剧本中不可缺少的组成部分，但仅是一种辅助手段。对于戏剧文学而言，重要的是人物语言——台词。剧中情节的进展，人物性格的揭示和剧作家对人物事件的评价、态度，一般都依靠人物语言来完成。因此，我们所说的戏剧语言，往往指的是人物语言，即戏剧角色所说的话，包括对话、独白、旁白。

剧种不同，人物语言的形式也有差异。话剧以对话为主，语言比较接近生活，如《茶馆》；歌剧主要是以演员的歌唱来表现剧情，有的还辅以对话和独白，如民族歌剧《白毛女》；戏曲语言以歌唱（唱词）和说白（唱词以外的台词）并重，讲究押韵，多用文言，如《牡丹亭》。虽然人物语言的形式有所不同，但是都有一些共同的特性。

第一，人物语言是表达戏剧冲突的重要手段，因而台词必须富于动作性，能推动剧情的发展。这就是说，人物的语言流向要起着推动和暗示故事情节发展的作用。它不是静止的，而是人物性格在情节发展中的内在力量的表现，是主题思想寓于动作发展中的深刻表现。

第二，人物语言要高度个性化和有充分的表现力。个性化的语言是刻画人物达到合情性和真实性的重要手段。剧中人物的语言不仅要准确、生动地表达人物的思想感情和意图，而且要符合人物的身份、性格、年龄以及他们所处的特定环境。因此，剧作者应该让剧中人物都说有自己性格的语言。《牡丹亭》中，"步香闺怎便把全身现"一句唱词看似平常，却不能轻轻放过。在封建社会里，像杜丽娘那样的大家闺秀，是不能轻易出门的。在明朝，作为女子行为准则的《闺苑》里，就有这方面的规定。因此"步香闺怎便把全身现"这一句，既写杜丽娘的羞涩、腼腆，也反映出封建礼教对闺阁女子的严重束缚。

第三，人物语言应当精练，有丰富的潜台词。戏剧语言是经过作者提炼和加工的生活语言。好的台词往往意蕴丰富，有语言的多意现象，总是以最少的语言来表达最丰富的内容，给人以深刻的想象空间。

《牡丹亭》中的"皂罗袍"一段唱词"原来姹紫嫣红开遍，似这般都付与断井颓垣。良辰美景奈何天，赏心乐事谁家院"含义深刻，意蕴丰富。作者用"姹紫嫣红"的迷人春色与"断井颓垣"的荒废景象形成鲜明的对照，杜丽娘从"姹紫嫣红"看到了自己青春的生命，而这"断井颓垣"又使她百感交集，这"断井颓垣"也正象征着那阴冷的生活环境，如此明媚的春光竟被辜负，自己美丽的青春也只能在深闺中埋没！这段唱词言简意深，真正的含义未直接表现出来，表面写杜丽娘惜春伤春，实则写她对自己的美好生命、美丽青春被耽误、被辜负的幽怨与伤感。曲文的"景语"即"情语"，言中有言，意中有意，弦外有音。这样的潜台词，不仅充分体现了戏剧语言的魅力，而且通过它可以窥见人物丰富细腻的内心世界。

第四，戏剧语言还要动听、上口，通俗自然，简练明确。这样，演员宜于表演，观众容易接受，也能加强戏剧的艺术效果。

三、影视文学的概念和分类

影视文学是指通过电影、电视等声画媒介，以听觉和视觉传达设计为着眼点，运用文学创作的一般规律建构情节、塑造形象、营造氛围、抒发感情，给受众以文学审美情趣的文学类型。作为一种后起的文学样式，影视文学的历史并不长，远不及传统的小说、诗歌、戏剧、散文等，然而凭借电影、电视在当今社会生活中的巨大影响，影视文学在一个世纪以来迅猛发展，成为当代文学的一个重要分支。

影视文学有多种表现形式，包括剧本、影视故事、影视小说等，按照不同的标准和角度，又有不同的分类方法。按照片种，影视文学可以分为故事片、纪录片、科教片和美术片。

四、影视文学的基本特征

影视文学是文学创作的一种特殊形式，是影视与文学的结合，是用电影、电视的思维和艺术方式，又用文学的语言进行表达的一种文学类型。从外在语言形态、表达方式及读者阅读期待视野等方面考察，影视文学应该纳入叙事文学的范畴，较接近戏剧和小说。从文本结构方式上，其内部各要素之间的组合受到蒙太奇规律的制约而具有更大的灵活性和跳跃性，与诗歌艺术的意象组合相似。但是，与其他文学样式比较，影视文学

有其显著的特点。

（一）影视文学的动作性

动作性，即影视文学剧本对人物的描写具有清晰、丰富的动作画面。首先，动作性是影视艺术的本质属性，是影视艺术区别于其他静态造型艺术的根本要素。其次，动作性是影视作品揭示人物性格特征和心理状态的有效手段，能把一个人的性格、思想和目的最清楚地表现出来的是动作，人的最深刻方面只有通过动作才能见诸现实。最后，动作性是影视作品构成冲突、推进剧情的根本动力。情节是按照因果逻辑组织起来的一系列动作，动作的本质在于引起冲突。冲突使人物的动作具有明确的目的，动作则使冲突及其发展过程具体、直观地体现出来。

（二）影视文学的可视性特征

画面影像是影视艺术的基本构成要素，这也充分体现了文学与影视的接受差异，文学欣赏和影视欣赏都能逾越时空跨度，但前者以思维和想象，后者靠视觉感知。影视文学虽然不乏独立的阅读价值，但其最重要的功能是为把剧本中的文字符号迅速转化为可见的屏幕形象提供最大的可能性。除可视性之外，文字的简约性和说明性也是影视文学语言的特征。

（三）影视文学的跳跃性

作为影视艺术思维，蒙太奇实际上贯穿于影视艺术创作的全过程，既体现在镜头的组接中，也体现在影视剧本的写作中。蒙太奇结构方式，即指影视文学剧本把许多内容不同、场景各异的画面，按照创作的意图予以组接，使之产生连贯、对比、联想、衬托。夏衍曾对蒙太奇手法有过通俗的解释。他说："蒙太奇就是影片的连接法。整部片子有结构，每一章、每一大段、每一个小段也要有结构，在电影上，把这种连接的方法叫作蒙太奇。实际上，也就是将一个个的镜头组成一小段，再把一个个的小段组成一大段，再把一个个的大段组织成一部电影。这中间并没有什么神秘，也没有什么诀窍，只要合乎理性和感性的逻辑，合乎生活和视觉的逻辑，看上去'顺当、合理'，有节奏感、舒服，就是高明的蒙太奇，反之，就是不高明的蒙太奇了。"欣赏影视文学剧本，也要了解蒙太奇的特点和运用方法，这样可以通过想象更好地领略作者所创造的影视艺术形象。

五、影视艺术欣赏的基本要求和方法

（一）丰富知识积累，加强艺术修养

"外行看热闹，内行看门道。"影视艺术涉及音乐、舞蹈、建筑、美术、文学、摄影等诸多艺术门类，具有综合性的特点。

（二）正确解读影视语言，准确把握作品内容

欣赏影视作品，就要紧紧抓住画面、声音，分析导演对画面、声音的处理，探究导演的用意。

（三）抓住作品特点，突出欣赏重点

欣赏影视作品，可从不同角度进行分析。比如：分析作品类型，主要是就题材而言；分析作品风格，则应把握民族风格、时代风格、艺术风格；分析作品的结构，就是了解影视作品的组织骨架。分析作品的手法，就是观察影视作品所运用的艺术表现方法。

（四）及时整理，学写影评

影评，重在"评"，在挖掘了主题之后，应当对主题成功与否、主题表现所依赖的环境是否真实、人物形象的塑造是否符合现实生活以及电影语言的运用是否成功等方面展开评价与论述。和其他文艺评论一样，影视评论要解决的主要问题也是"评什么"和"怎么评"。在影片中可评的角度很多，"世事洞明皆学问，人情练达即文章"，就一部影片而言，可以评主题、评人物、评细节、评场面、评艺术特点、评电影语言的运用等。评价影片的方法也很多，可以从历史的角度来评价影片主题、人物形象；可以从美学的标准来评论影片的美感效果，可抓住细节，诠释其画面的深刻内涵；也可从影视艺术角度入手来评论影视语言的运用成功与否。

 思考与练习

一、戏剧文学的主要特点是什么？
二、什么是戏剧冲突？请举例说说其表现形式和作用。
三、什么是台词？它应该具备哪些特点？
四、整理你所了解的古代戏曲常识。
五、影视文学的主要特征是什么？
六、请结合影片体会蒙太奇手法的运用。
七、运用文学评论写作的相关知识，写一篇影片的赏析文章，题目自拟。

牡丹亭·游园

汤显祖[1]

解 题

《牡丹亭》是一部富于浪漫主义色彩的剧本,讲述了宋时南安太守杜宝之女杜丽娘和广州贫寒书生柳梦梅的爱情故事。剧本通过离奇曲折的情节,揭露了封建礼教与青年男女爱情生活的矛盾,歌颂了男女青年渴望摆脱封建礼教的束缚、执着追求自由美好生活的斗争精神。

《游园》主要写杜丽娘为了排遣愁闷,走出深闺,看到了一个崭新的天地。通过赏春—感春—伤春的感情变化,透露出杜丽娘青春的苦闷与精神的压抑,同时大自然的无限春光也触动了她内心深处对美的渴望,唤起她青春意识的觉醒。曲文优美典雅,富有诗情画意,而又意味深长,是整个故事中最具艺术魅力的精华部分。

[商调引子] [绕池游][2]〔旦上〕梦回莺啭,乱煞年光遍[3]。人立小庭深院。〔贴[4]〕炷尽沉烟[5],抛残绣线,恁今春关情似去年[6]?

〔乌夜啼[7]〕〔旦〕晓来望断梅关[8],宿妆残[9]。〔贴〕你侧着宜春髻子[10]恰凭栏。〔旦〕剪不断,理还乱[11],闷无端。〔贴〕已吩咐催花莺燕借春看[12]。〔旦〕春香,可曾叫人扫除花径?〔贴〕吩咐了。〔旦〕取镜台衣服来。〔贴取镜台衣服上〕云髻罢梳还对镜,罗衣欲换更添香[13]。镜台衣服在此。

[步步娇][14] 袅晴丝[15]吹来闲庭院,摇漾春如线。停半晌、整花钿[16]。没揣菱花,偷人半面,迤逗的彩云偏[17]。〔行介[18]〕步香闺怎便把全身现!
〔贴〕今日穿插[19]的好。

[醉扶归] 〔旦〕你道翠生生出落的裙衫儿茜[20],艳晶晶花簪八宝填[21],可知我常一生儿爱好[22]是天然。恰三春好处[23]无人见。不提防沉鱼落雁[24]鸟惊喧,则怕的羞花闭月花愁颤。
〔贴〕早茶时了,请行。〔行介〕你看:"画廊金粉半零星,池馆苍苔一片青。踏草怕泥[25]新绣袜,惜花疼煞小金铃[26]。"〔旦〕不到园林,怎知春色如许!

[皂罗袍] 原来姹紫嫣红开遍,似这般都付与断井颓垣[27]。良辰美景奈何天,赏心乐事谁家院[28]!怎般景致,我老爷和奶奶再不提起。〔合〕朝飞暮卷,云霞翠轩;雨丝风片,烟波画船[29]——锦屏人忒看的这韶光贱[30]!

〔贴〕是[31]花都放了,那牡丹还早。

[好姐姐]　〔旦〕遍青山啼红了杜鹃[32],荼蘼[33]外烟丝[34]醉软。春香啊,牡丹虽好,他春归怎占的先[35]!〔贴〕成对儿莺燕啊。〔合〕闲凝眄[36],生生燕语明如剪[37],呖呖莺歌溜的圆。

〔旦〕去罢。〔贴〕这园子委是观之不足[38]也。〔旦〕提他怎的!〔行介〕

（选自汤显祖：《牡丹亭》,崇文书局,2019 年）

注　释

[1] 汤显祖（1550—1616）,字义仍,号海若、若士,江西临川人,明代杰出戏曲家。政治态度开明,反对程朱理学,要求个性解放。在文艺创作上反对拟古,主张"文以意、趣、神、色为主"。其作品以《紫钗记》《牡丹亭》《南柯记》《邯郸记》最为著名,合称"临川四梦"。[2] 商调引子:"商调"是宫调名,相当于现代音乐中的 D 调。"引子"是南曲中专用的曲调,凡角色上场,一般先唱引子,"绕池游"（有版本作"绕地游"）属于引子的曲牌名。[3] 乱煞年光遍:到处都是撩人心弦的春天景象。[4] 贴:"贴旦"的省称。主要女角色为"旦",次要女角色为"贴"。[5] 炷尽沉烟:沉香的香炷烧尽了。炷:焚烧。沉烟:熏用的名贵香料,即下文提到的沉水香。[6] 怎:"怎么"的省文,即为什么。关情:牵动人的情怀。全句的意思是,为什么今年的春情比去年来得浓呢?[7] 乌夜啼:词牌名。明清传奇有时说白中也采用诗词的形式,交替吟诵。[8] 望断:望尽。梅关:江西的大庾岭（南安府南面）,从宋代开始,设有梅关,这里是虚指。[9] 宿妆残:隔夜的梳妆已有残乱的样子。此处用来表现无心梳理。[10] 宜春髻子:饰有宜春彩燕的发髻。相传立春那天,妇女剪彩绸为燕形,贴"宜春"字,戴在髻上。[11] "剪不断"两句:借用李煜词《相见欢》（一名《乌夜啼》）中的两句,形容空虚、寂寞、无聊的苦闷心情。[12] "已吩咐"句:已经吩咐催促花开的莺燕将春色借来观赏。[13] "云髻"两句:形容认真梳洗打扮。云髻:发髻卷曲如云。更添香:再熏些香料。[14] 步步娇:与上文"绕池游"同是曲牌名。[15] 袅晴丝:春天晴空中的游丝在随风飘曳。[16] 花钿（diàn）:泛指古代妇女戴的嵌有金花珠宝的首饰。[17] 没揣:"没揣的"省文,不料,蓦然。菱花:背面铸有菱花的镜子,借指铜镜。迤（tuō）逗:挑逗、引惹。彩云:妇女发髻的美称。这三句的意思是说,想不到镜子偷偷地照见了她,挑逗得她羞答答地把发卷也弄歪了。表现少女含情脉脉的微妙心理。[18] 介:戏曲里称角色的动作为"科",又称为"介"。[19] 穿插:穿戴。[20] 翠生生:形容光洁鲜艳。出落的:衬托出、显示出。茜:鲜红色。[21] 花簪八宝填:镶嵌着各种宝石的簪子。填:镶嵌。全句的意思是,戴着嵌有各种珍宝的光彩灿烂的簪子。[22] 爱好是天然:爱美是天性。天然:指天性。[23] 三春好处:比喻自己的青春美貌和情思。"三春"指孟春、仲春和季春。[24] 沉鱼落雁:小说、戏剧中常用来形容女人的美貌。下文"羞花闭月"同。[25] 泥:玷污。这里用作动词。[26] "惜花"句:因为惜花而常拉小金铃驱赶鸟鹊,把小金铃弄得很痛。形容极端珍惜花草。典出《开元天宝遗事》:"天宝初,宁王……于后园中纫红丝为绳,密缀金铃,系于花梢之上,每有鸟雀翔集,则令园吏掣铃索以惊之,盖惜花之故也。"[27] 断井颓垣:枯竭的井,倒塌的墙,形容破败冷寂的庭院。[28] "良辰"两句:大好春光,美丽景色,无人欣赏,有负苍天;赏心悦目,快意当前,又在哪家呢?意思是,虚度美好春光,赏心快意的事又在哪儿呢?[29] "朝飞"四句:概括地描写了春天的宜人景色。朝飞暮卷:借用王勃《滕王阁诗》"画栋朝飞南浦云,朱帘暮卷西山雨"诗意,形容楼台亭阁的壮丽。翠轩:华丽的楼台亭阁。雨丝风片:微风细雨。下句的"烟波"形容

水汽弥漫的情状。[30] 锦屏人：幽居深闺，不能领略自然美景的女子。一说"锦屏人"当指那些封建家长。忒（tuī，又 tēi）：太，即过于的意思。韶光：春光。[31] 是：凡是、所有的。[32] 啼红了杜鹃：开遍了红色的杜鹃花。由杜鹃泣血联想起来的。啼：开放。[33] 荼蘼（túmí）：花名，晚春时开放。[34] 烟丝：即游丝。[35] "牡丹"两句：牡丹在春末时才开花，故有此反问。意思是说，牡丹虽美，但它开得那么迟，怎能占春花中的第一呢？这里包含了杜丽娘对青春被耽误的幽怨和伤感。[36] 凝眄（miǎn）：注视。[37] "生生"句：乳燕柔美的叫声明快如剪。生生：燕子清脆的叫声。[38] 观之不足：看不厌。

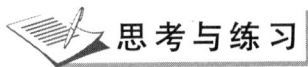

一、《游园》这出戏表现出来的杜丽娘的思想性格在当时具有怎样的社会意义？

二、《游园》写的是杜丽娘为大好春光所吸引，私自与婢女春香走出深闺，到后花园欣赏春景的心境。曲词优美典雅，具有强烈的抒情性。认真阅读，并思考以下问题：

1. 这部分由六支曲子组成，前三支与后三支各描写了杜丽娘怎样的思想感情？
2. 面对大好春光，杜丽娘为何会生出惆怅？其根源是什么？
3. 这六支曲子的语言清丽含蓄，富有情采，请举例分析其情景交融的艺术特点。

三、解释下列各句中加点的词。

1. 梦回莺啭，乱煞年光遍
2. 恁今春关情似去年
3. 遍青山啼红了杜鹃
4. 袅晴丝吹来闲庭院
5. 可知我常一生儿爱好是天然

四、收集有关中国传统戏曲艺术的相关常识资料，欣赏一些著名的昆曲片段，选取某一角度写一篇简短的赏析评论。

城南旧事[1]（节选）

原著：林海音　改编：伊　明

解　题

20世纪20年代末，六岁的小姑娘林英子住在北京城南的一条小胡同里。经常痴立在胡同口寻找女儿的"疯"女人秀贞，是英子结交的第一个朋友。秀贞曾与一个大学生相爱，大学生后来因参加学生运动被军警抓走，而他们的女儿小桂子也被人扔到齐化门城根底下，至今生死未卜。后来，英子意外得知小伙伴妞儿竟然是秀贞失散的女儿小桂子，母女团聚后，秀贞带着妞儿去寻找小桂子的生父，结果两人惨死在火车轮下。后英子一家迁居新帘子胡同。英子认识了一个厚嘴唇的年轻人，他为了供弟弟上学，不得不去偷东西。英子觉得他很善良,但又分不清他是好人还是坏人。不久,英子在荒草地上捡到一个小铜佛,被警察局暗探发现,带巡警来抓走了这个年轻人,这件事使英子非常难过。在英子的眼里他并不是坏人,又一个朋友离她远去……英子九岁那年,宋妈的丈夫冯大明来到林家。英子得知宋妈的儿子两年前掉进河里淹死,女儿也被丈夫卖给别人,英子听后十分伤心,扑倒在宋妈怀里痛哭起来。后来,英子的爸爸因肺病去世,英子和母亲、弟弟一起,把父亲埋在北京郊区山间的台湾义地里。他们要回台湾老家去了。宋妈被她乡下的丈夫用小毛驴驮走了。英子随家人乘上远行的马车,带着种种疑惑告别了童年。

电影《城南旧事》蕴含着一种怀旧的基调,它将其自身包含的多层次的情绪色彩,以一种自然的、不着痕迹的手段精细地表现出来,导演没有刻意追求直接的"戏剧性"效果,而是把力量放在影片那个无言的结尾上。本片获第三届中国电影金鸡奖最佳导演奖、最佳女配角奖和最佳音乐奖,菲律宾第二届马尼拉国际电影节最佳故事片金鹰奖等多项大奖。

  院子里。爸爸在观赏盆景,妈妈在收衣服。英子一边念着"我们看海去,我们看海去"跳进院子,又跳进房间。宋妈抱着小妹妹进了院子,她把街上听来的事讲给英子妈听。

宋 妈 太太,说个事儿你听听。

  房间里,英子坐在书桌前演算算术习题。画外传来了院子里宋妈和妈妈的说话。

宋 妈 斜对门张家闹贼了。
妈 妈 丢了什么东西?
宋 妈 有桌毯,还有自鸣钟。
妈 妈 在白天还是夜间?
宋 妈 不知道。

  英子听着,突然想起了什么。草堆里,铜盘下的桌毯和自鸣钟在她眼前闪了一下。英子抬起头转着念头。突然,一阵"啪""啪"的声音,她回过头去,她看到爸爸在旁门口用鞋掸子掸鞋。

英 子 爸爸,什么叫做贼?
爸 爸 偷人家东西的就叫贼。
英 子 他干吗要偷人家的东西?
爸 爸 他要吃饭,可是又没有钱。
英 子 他为什么没有钱?
爸 爸 嗨,你这孩子,你现在还不能懂,没有钱的原因多啦,比如说,不会做事,找不到生意,就没有钱,所以每个人都要学本事,懂么?
英 子 懂的,贼是好人坏人?

爸　　爸　比起强盗来，他还是好人。
英　　子　梁山泊的强盗么？
爸　　爸　你从哪儿知道梁山泊了？
英　　子　我积了好多洋画，（她奔到小床前的小柜，打开抽屉，取出一叠洋画）您看，这是武松，这是李逵，我已经有两张了，那是好汉，官兵才称他强盗呢。
爸　　爸　你这小脑瓜里已经藏了不少东西了。
英　　子　爸爸，贼也穿得这么好么？
　　　　　爸爸笑了。
英　　子　您笑什么？
爸　　爸　贼连吃都吃不上，怎么能穿好？那是做戏。
英　　子　贼是什么样子？
爸　　爸　一个鼻子，两个眼睛，同我一样，别跟我缠了，你的功课做完没有？
英　　子　没有呢。
爸　　爸　快做功课吧。
　　　　　英子唔了一声，回到桌子跟前坐下。

　　　　　课堂里，韩老师踏着风琴。孩子们端端正正地坐在课桌前朗声唱着：小麻雀呀，小麻雀呀，你的母亲，哪里去了？我的母亲，打食去了……

　　　　　校门口。放学时候。
　　　　　林英子背着书包，哼着《麻雀与小孩》的曲调，走在人行道上。

　　　　　胡同里。卖冰糖葫芦的叫卖声。英子慢步走来，老远看到一副收买破烂的空挑子停在一旁，她走到那片长满了杂草的断垣残壁前，停住脚步往里看去。英子跨过断垣，走进草丛中，突然惊奇地站住。她看到一双脚搁在地上，逐渐才看清楚是一个人，身子倚在树根上，双腿舒适地平放在地上。他听到声息，一骨碌转过身来，看到了英子。英子也看清楚了这个人。光头，圆圆的脸，嘴唇厚厚的，年约三十多岁，穿一件圆领短褂，系着裤腿，裤褂上都打了补丁。
厚嘴唇的人　小姑娘，你上这儿来干吗？
英　　子　我呀，我来找皮球。
厚嘴唇的人　皮球？是不是这个？（他从身背后一堆东西里拿出一个皮球，英子接过转身想走）嗯，小姑娘，你等等，咱们聊聊。你几岁啦，在哪儿上学？
英　　子　八岁，在厂甸小学。

厚嘴唇的人　在厂甸小学？我弟弟也在那念书。
英　　子　你弟弟几年级？
厚嘴唇的人　今年就毕业了。
英　　子　我才一年级，你一个人在这干吗？
厚嘴唇的人　你说呢？
英　　子　（摇摇头）你是来大便的吧？
厚嘴唇的人　大便？对啦。
英　　子　你不讲卫生。
厚嘴唇的人　咱们这路人，讲不了什么卫生（他从口袋里掏出一把玻璃球递给英子）给你玩儿。
英　　子　我不要。（厚嘴唇的人硬塞给她，她不拿，玻璃球落到了地上）我爸爸说人家给的不能随便要。
厚嘴唇的人　你家知道你来这里么？（英子摇摇头）你回去会说看到我了么？（英子又摇头）那好，千万别跟人说看见了我，我是好人，咱们交个朋友，往后我给你讲故事。
英　　子　你会讲故事？（厚嘴唇的人点点头）你是小说家么？
厚嘴唇的人　小说家？写封神榜的那种小说家么？我可当不起。
英　　子　我有好几张封神榜的画片，姜子牙，申公豹……
厚嘴唇的人　回去吧，快黑了。
英　　子　你呢？
厚嘴唇的人　我也就走了，咱们再见。
英　　子　再见。（返身走了）

　　　　　院子里，英子一边唱着"小麻雀呀，小麻雀呀"，一边跳着过来，走向北屋。

英　　子　妈妈，我告诉您一个好事儿。
妈　　妈　（在旁门口出现）什么好事儿？
英　　子　您猜。
妈　　妈　考了满分啦？
英　　子　才考过哪能又考啦？
宋　　妈　那就烤糊了。
英　　子　你别瞎胡说。
妈　　妈　快告诉我吧。
英　　子　韩老师说，欢送毕业同学的时候，要开游艺会，得早点准备。她从一、二、三年级选了几个人来表演《麻雀与小孩》，老师今天找了我，说"林英子，你当小麻雀"，我当是做梦，原来是真的，我高兴死了。韩

　　　　　　老师还说，"回去叫妈妈给准备一件小麻雀的披风，当翅膀"。妈妈，啊，您不是有块淡青色的头纱么？借给我跳舞用好么？

妈　　妈　　好，好，我找找看。
英　　子　　现在就找。
　　　　　　妈妈开抽屉拿出一块纱巾，英子立刻抢过来，披到身上，走到穿衣镜前左看右看。
宋　　妈　　这可不得了啦，英子要演戏啦，叫我去看么？
英　　子　　不知道，不知道学校里让不让？
　　　　　　宋妈抱着小妹妹高兴地欣赏着。
妈　　妈　　我给你四个角上缀上四个小铃儿，这就更好了。
英　　子　　（高兴得拍手）妈妈真好，好妈妈！

　　　　　　课堂里。同学们的课桌都堆在一边。
　　　　　　韩老师踏着风琴，《麻雀与小孩》的旋律缭绕着，夹杂着悦耳的小铃儿的响声。英子披着淡青色纱巾，装着小麻雀飞来飞去，周围站着几个参加演出的小学生，还有一些看热闹的同学。隐约有雷声，刮风了，窗外的树枝摇晃着。
小 同 学　　（望望天）要下雨了，快走！
　　　　　　沙沙的雨立刻洒了下来，天空打着闪。
韩 老 师　　不要乱，雷阵雨，很快会过去，练我们的。
　　　　　　课堂里的风琴声又嗡嗡响，"小麻雀呀"的歌声又唱了起来。
　　　　　　白云在飞奔，蓝色的天又露了出来，雷雨已过，又放晴了。
　　　　　　操场上，雨过天晴，天上有条虹。英子昂着头走了过来。后边，韩老师骑着辆女式自行车，微风吹拂着英子的童化型的头发，好漂亮。韩老师的车赶上了英子，英子转过头去喊了声："韩老师再见！"

　　　　　　胡同里。英子走进了胡同，她一面走，一面想起了草堆里的人。草堆里地上的包袱在眼前一闪。英子又走进了草堆，草叶还带着水，因为刚下过雨。那个人坐在那根横在地上的大梁上，嘴里咬了根青草。
厚嘴唇的人　放学啦？（招手让她坐到大梁上）怎么不回家？
英　　子　　我猜你在这里。
厚嘴唇的人　你怎么就能猜出来？
英　　子　　刚刚下过雨，我想你一定会来看看你的东西，另外，我想听你讲故事。
厚嘴唇的人　你的心真好，故事我一定会讲的，可是我还不知道你叫什么名儿呢。
英　　子　　英子。
厚嘴唇的人　英子、英子，这名儿好听，可是功课好么，考第几？

英	子	第十二名。
	厚嘴唇的人	才考十二名？应当考第一名，准是爱玩儿。
	英子不好意思地笑了。

厚嘴唇的人　我小时候就是贪玩，书没有念好，后悔也来不及了。我小兄弟是个好学生，年年考第一，有志气。他说小学毕业了还要进中学、大学，可凭我这没有出息的哥哥，什么能耐也没有，哪儿供得起呀？我们娘儿仨，奔窝头，还常常吃了上顿没有下顿，你们家吃窝窝头么？（英子摇摇头）我走这一步，也是事非得已，你明白我的话么？（英子似懂非懂地点点头又摇摇头）小英子，你说我是好人还是坏人？（英子摇摇头）不是好人？（指指自己的鼻子，英子又摇摇头）不是坏人？（他哭了，流出了眼泪。）

英　　　子　我不懂什么好人坏人，人太多了，挺难分。（她抬起头来）你分得清海跟天么？我分不清海跟天，我也分不清好人跟坏人。

厚嘴唇的人　小妹妹，你的头脑好，将来总有一天分得清楚的，我一定忘不了你。我的事别跟别人说，就连我兄弟算上。

画外，一阵乱轰的脚步声和嘈杂声："快，快，快去看——""来了，已经过琉璃厂[2]了"……

英子侧着头在听。眼前闪过许多人的脚在石板地上奔过。

胡同口。人挤得水泄不通。英子找了空隙钻了进去。

通过英子的眼睛看到，马路上，监斩官骑着高头大马慢悠悠地走过。敞车上背着枪穿灰制服的兵押解着几个学生模样的人，有的穿大褂，有的穿西装，头发胡子都长得长长的，五花大绑，嘴里塞着一团纸，颈项上插了法条，上面用朱砂笔打着勾。英子惊讶地看着，她听到人们悄悄的说话声："又是学生，""这阵子枪毙的人真多，""他们犯了什么罪？""谁知道？"

房间里。英子坐在桌前，桌上摊着课本，她把胳膊平放在桌上，头枕着胳膊，没有读也没有写。英子的爸爸注意到了她的神情。

爸　　　爸　英子，你在做功课么？
英　　　子　没有。
爸　　　爸　那么，你趴在桌上干什么？
英　　　子　我在想。
爸　　　爸　想什么？
英　　　子　好好的人为什么要把他枪毙？
爸　　　爸　你怎么忽然问这个？

英　　子		今天我看到出红差了，听人说都是学生。
爸　　爸		一定是犯了罪。
英　　子		犯什么罪？
爸　　爸		你还太小，不会懂的。
英　　子		是分不清好人和坏人么？
爸　　爸		（苦笑了一下）唔。
英　　子		爸爸，您能分得清么？
爸　　爸		有的能，有的也不能。
英　　子		为什么？
爸　　爸		等你长大了再告诉你，你现在好好念你的书吧。
英　　子		爸爸，我想玩一忽儿，行么？
爸　　爸		为什么不行？玩去吧。

　　英子拿起根绳子走出房间。

　　院子里。宋妈抱着小妹妹在葡萄架下喂奶糕，英子跳着绳。

宋　　妈　　别在这儿跳，把地下的土都扬起来了。

　　门外，传来打糖锣的声音。英子一边跳，一边往外去。

　　胡同里。打糖锣的老头儿歇在一旁，旁边围着几个小孩。英子在胡同里跳着绳，一口气跳了好几十次。一个戴草帽的人称赞她跳得真好。英子一眼又看到了那块草地。

　　她又跳过断垣，走了进去，忽然她发现地上有个闪亮的东西，捡起来一看，是一个小铜佛，就拿在手里了。同时她又看到草堆里有一个油布包袱，上面压了块大石头。英子对它看了一眼，就返身走了。

　　英子又到胡同里跳绳，那个戴草帽的人坐在人家台阶上吸烟。英子一边跳一边走，小铜佛捏在手里，一不小心，铜佛落到了地上。

　　戴草帽的人立刻把它捡了起来。

戴草帽的人　　小姑娘，这是哪儿来的？你们家的么？

英　　子　　不是，（指指那块空地）喏，那里捡来的。（他听了点点头，又笑眯眯地把铜佛还给英子）

英　　子　　给你吧，我不要。

戴草帽的人　　你拿去玩好了。

英　　子　　不，给爸爸知道了会骂我的。

戴草帽的人　　谢谢你呀，小姑娘。

　　英子笑嘻嘻地往回走了。

　　校门口。"长亭外，古道边，芳草碧连天"的歌声缭绕着。三个童子军拿着棍子把着大门，维持着秩序，来宾络绎进去。英子的爸爸妈妈一同来了。

学校礼堂里。四角交叉挂着万国旗，台上，正中悬挂着孙中山像和"革命尚未成功，同志仍须努力"的对联，上面是"天下为公"的匾额，三十来个少年排成三行，一位老师捧着一盘系着红绸带的毕业证书站在前面，校长走上前来拿起一卷毕业证书。

校　　　长　本届毕业第一名学生×××。

一个眉目清秀的少年出列走到校长面前一鞠躬。全场响起了热烈的掌声。

英子打扮成小麻雀同参加游艺节目的同学们坐在一起，她鼓着掌回过头去望着来宾席，看到爸爸妈妈已经坐在那里。妈妈也看见她了，她举起一个苹果向英子示意，英子就过来了。这时正好那个考第一名的学生从台上下来，回到座位上去，他好象听到有人叫他，回过头去，走到来宾席旁。英子看到那个在草堆里认识的人笑嘻嘻地伸出手来，从学生手里接过了那份用红绸带系着的毕业证书。

爸　　　爸　（对英子说）你以后也要考第一名才好，你看他爸爸多喜欢。
英　　　子　不是他爸爸，是哥哥。

后景里，拿了毕业证书的小学毕业生陆续走回自己的座位。

英　　　子　我们的节目快开始了。
妈　　　妈　快走吧，别误了事。

英子离开了来宾席。奏着《麻雀和小孩》的风琴声嗡嗡地响了。

台上，刘平扮着小孩，他唱着"小麻雀呀，小麻雀呀，你的母亲，哪里去了？"英子扮的小麻雀上台了，那块缀着小铃儿的淡青色包头纱，系在小拇指上当翅膀，随着她的跃动，发出很好听的声音。

英子的爸爸妈妈高兴地看着台上的英子。

那个厚嘴唇的人眼睛也盯着英子，认出了就是在草堆里认识的那个姑娘。

闪入一个画面：

英子：我不懂什么好人坏人，人太多了，挺难分。

厚嘴唇的人的脸上呈现出一副惭疚和尴尬的神情，目光落了下来。

草堆里。

那个厚嘴唇的人双手支着下巴，一副垂头丧气的样子，英子站在他面前。

厚嘴唇的人　小英子，我问你，昨天你有没有动过这包袱？（英子摇摇头）我想着也不是你，要是你倒好了。

英　　子	不是我，我也搬不动那块石头。
厚嘴唇的人	这地方我不能久待了，你明白不？（拉过英子的手）往后你不要再到这儿来找我了。小妹妹，我忘不了你，又聪明，又厚道，咱们也是好朋友一场哪！
英　　子	你今天好象特别不高兴，你昨天看到你弟弟的文凭多高兴。
厚嘴唇的人	（苦笑着，拍拍英子的肩膀）回去吧，小英子，这两天别再来了。
英　　子	你还有故事没跟我讲呢。
厚嘴唇的人	过些天一定讲。
英　　子	再见，叔叔。

英子从断垣爬了出来，刚往前走了几步，对面碰见了那个戴草帽的人，英子朝他看了一眼，他好象没有看到英子。英子又看到他后面还跟了两个穿黑衣服的警察，一直往空地那边走去。

英子站在自家门口发着愣。画外，群杂声：

"都在看什么？""看捉贼，""贼在哪里？""就在里边，快出来了。"

断垣前围了不少看热闹的人，家家户户的门口也都站满了人。英子向空草地那边望去。

一群人过来了，那个厚嘴唇的人低着头，他的手被捆上了白绳子，一个巡警牵着，一个巡警抱着那个油布包袱。戴草帽的人跟在后边。

英子的脸故意藏到妈妈身背后去了，她不愿意看。画外，群杂声：

"这小子不象做贼的样，好人坏人真看不出来了。"

"就是那个便衣破的案，他在这里憋了好几天。"

"说是一个小姑娘给他引的路才破的案。"

街上的人渐渐散去了，只剩下打糖锣的老头儿歇在那里打锣，可是没有一个孩子买糖吃。胡同显得分外寂静。

小学校的课堂里。

秋天了，窗外的落叶吹下来，落到了教室里，落到了林英子的课桌上。韩老师踏着风琴，小学生齐声唱着"长亭外，古道边，芳草碧连天……"

林英子一边唱，一边落下了泪珠。

韩老师走到英子身旁。

韩　老　师	为什么哭？
英　　子	我没有哭，我每次唱这支歌，眼睛都会发酸，眼泪就掉下来了，管也管不住。

韩老师点点头，拍了拍她的肩膀，走开了。

冬天了，操场周围和树枝上都积着雪。一年级学生正在排队，英子和一个同学争着前后。

同　　　学	我比你高。
英　　　子	我比你高。
韩　老　师	你们背靠背比比高低。

　　　　　英子和同学比着，英子高出了半个头，高兴得又跳又笑。韩老师吹了一下哨子，又用哨子吹着"一、一、一二一……"的节奏。孩子们转圈跑着步。

（选自林海音：《城南旧事》，伊明改编，中国电影出版社，1983 年）

注　释

[1] 林海音（1918—2001），台湾现代女作家，著有《城南旧事》《冬青树》《晓云》等。[2] 北京街市名，清乾隆年间开始在京城（今北京）形成的专卖古籍、古玩、字画等的文化街区。

思考与练习

一、阅读课文，思考课文节选的这部分内容都写了什么？据此确定剧本的结构。

二、剧本中反复出现了《麻雀与小孩》和《送别》两首歌曲，这些歌声在整个故事的叙述中反复出现有何作用？

三、通过小女孩"英子"的眼光进行观察和叙述，有何好处？

四、请结合文中有关语句，分析如何通过个性化的语言描写和心理描写塑造人物形象。

五、运用文学评论写作的相关知识，写一则影片的赏析文章，标题自拟。

辛德勒名单（节选）

原著：托马斯·科内雅雷斯　　导演：史蒂文·斯皮尔伯格

解　题

　　影片《辛德勒名单》根据澳大利亚小说家托马斯·科内雅雷斯所著的《辛德勒名单》改编而成，由史蒂文·斯皮尔伯格导演，荣获第 66 届奥斯卡最佳影片、最佳导演、最佳改编编剧、最佳美工指导、最佳摄影、最佳剪辑、最佳原作音乐等 7 项大奖。

　　影片真实再现了德国工厂主奥斯卡·辛德勒在第二次世界大战期间保护 1000 余名犹太人免遭法西斯杀害的历史事件。辛德勒原是纳粹分子，他利用与冲锋队头目的关系，大发战争财。在被占领的波兰，辛德勒在他创办的搪瓷厂雇佣犹太人作为最廉价的劳工。

1943年，目睹克拉科夫犹太人遭受血腥屠杀，辛德勒良心发现，便设法尽其所能保护犹太人。战争结束时，获救的1000多名犹太人把一份自发签名的证词交给他，以证明他并非战犯，并打制了一枚金戒指送给他，戒指上镌刻着一句犹太人的名言："救人一命就等于救全人类。"

101. 外景　街头　白天

　　天空中笼罩着一层浓重的黑雾，一群波兰儿童在街头无忧无虑地玩耍。雪花似的东西纷纷从天空飘落，在街道、汽车、行人身上布上了厚厚的一层。辛德勒走出他的寓所，他抬头看了看这莫名的东西，十分诧异。他走到轿车旁，从引擎盖上拢起一把在手里捻了捻。那不是什么雪，那是骨灰……

102. 外景　郊外　白天

　　（字幕）1944年4月，楚荷华革乐卡。德国当局命令高斯[1]挖出被屠杀的犹太人的尸体，进行焚化。普拉斯佐和克拉科夫被杀的犹太人超过1万。

　　焚烧尸体产生的浓烟遮天蔽日，德国官兵命令犹太人用铁镐挖掘自己同胞的尸体。这些尸体被送上传送带，投进焚尸炉。烧焦的尸体堆得像小山一样。一个德国军官目睹这一切，发疯似地狂吼着，他被眼前发生的事逼疯了，他只会握着手枪冲焚尸炉叭叭地开枪。只见一辆辆载着尸体的小推车来回奔跑。辛德勒和高斯站在小土丘上，这里可以俯视整个焚尸场。

　　高　　斯　你能相信吗？好像怕我闻不着似的，头儿叫我做这种事，我必须挖出这些尸体，然后进行焚化，这真没有搞头。顺便说一句，所有犹太人不久都要被送到奥斯威辛集中营。
　　　　　　　辛德勒一听这话，连忙转过身，注视着高斯。
　　辛　德　勒　什么时候动身？
　　高　　斯　我不知道。我一安排好运输工作就送他们走。这大约需要三四十天时间。
　　　　　　　辛德勒回过头，看着眼前正在发生的这一幕，陷入了沉思。

103. 内景　伊特兹哈克[2]的办公室　白天

　　　　　　　辛德勒又在偷偷与伊特兹哈克会面。
　　辛　德　勒　我和高斯谈过。
　　伊特兹哈克　我知道目的地，这次是撤退命令。我一安排好运输就搭最后一班列车走。
　　辛　德　勒　我本来不想告诉你，我让高斯答应我为你说情，到了那边你会受到特别待遇。

伊特兹哈克	（苦笑了一下）柏林传来的命令提到过所谓的"特别待遇"，你不是指那个吧？
辛　德　勒	现在暂时就讲"特别待遇"吧。难道一定要用新词汇吗？
伊特兹哈克	我想有这个必要，我猜你是要我留下来。
辛　德　勒	留在克拉科夫干什么？
伊特兹哈克	你有生意要经营。你要雇新的工人，当然是波兰人。工资虽然高，但是……（他停顿了一下）你今后打算做什么？
辛　德　勒	过去是你帮我经营。今后，我不会再做什么生意，我要回家。我想做的早已做到了，我赚的钱一辈子也花不完。

辛勒德点燃一支香烟，深情地望着这位老搭档。伊特兹哈克也用同样的目光凝视着他。

| 辛　德　勒 | 总有一天，这一切都会结束。我本来想说到时候，我们来喝一杯酒。 |

辛德勒眼中已噙满了泪水。

| 伊特兹哈克 | 我想还是现在喝比较好，要不然就来不及了。 |

辛德勒为二人倒了两杯酒，伊特兹哈克已不再像以前那样犹豫，一口就干掉了。

104. 内景　辛德勒的卧室　清晨

辛德勒的情妇半裸着躺在床上，收音机里传出无聊的乐曲。辛德勒默默走到整理好的几只箱子前，打开其中一只看了看，只见里面装满了成沓的钞票。他轻轻把箱子合上，转身走到窗前，凝视着窗外，不禁思绪万千。

105. 外景　高斯的阳台上　白天

辛德勒权衡良久，最终作出决定要尽力挽救那些即将遭灭顶之灾的犹太人。他先找到高斯，把自己早已想好的主意巧妙地告诉了他。

高　　　斯	（听后异常惊讶）我不明白现在你还要这些人干什么。
辛　德　勒	他们本来就是我的工人，我需要他们。
高　　　斯	得了吧。你以为自己是救世主摩西吗？
辛　德　勒	这会是一笔好生意，绝对能够赚钱。
高　　　斯	依你的主意，你必须把犹太人和设备通通搬到捷克，然后建立一个新营。这说不通。

辛德勒刚要开口解释，高斯抬头止住了他。

高　　　斯	你一定有事情瞒着我。
辛　德　勒	这事对我们大家都有好处，我了解他们，而且不必再训练他们。
高　　　斯	这说明不了什么。
辛　德　勒	对了，这对军方特别有利。

高	斯	这我清楚。
辛德勒		你知道我要生产什么?是炮弹。
高	斯	许多工厂都在制造这种东西,这不足为奇。
辛德勒		那我们就做坦克炮弹,这样皆大欢喜。
高	斯	皆大欢喜吗?可我除外。我的意思是,你在骗我。如果我赚40万,你一定会赚300万。如果你承认赚了300万,那一定是400万。
辛德勒		我刚才已经告诉过你原因了。
高	斯	你说的肯定不是真的。不过,你不用再跟我解释了,我同意你的计划,但我猜不透你的动机,这让我很恼火。
辛德勒		你告诉我什么对你最有价值?一条命能值多少钱?
高	斯	你觉得值多少呢?

106. 内景　伊特兹哈克的办公室　白天

(特写镜头)打字机啪啪地轻响,打印纸上,一个个熟悉的人名不断出现:卓斯纳、维恩、罗斯纳……辛德勒叼着香烟在一边口述,伊特兹哈克紧张地做着记录。

辛　德　勒　波尔德·费佛堡、蜜拉·费佛堡、保罗·史达吉……所有的儿童。(他走到伊特兹哈克的背后)有多少人了?

伊特兹哈克　400,不,450个。

辛　德　勒　不够,还要,还要。

107. 外景→内景　白天

　　　　　　辛德勒拎着一只皮箱从汽车中钻了出来。
　　　　　　[镜头切至106]
　　　　　　辛德勒仍在继续列他的名单。
　　　　　　[镜头切至105]
　　　　　　高斯的办公室里,他打开那只皮箱,用颤抖的双手抚摸着一沓沓崭新的钞票。
　　　　　　[镜头切至106]
　　　　　　伊特兹哈克和辛德勒忙得满头大汗。

辛　德　勒　现在有多少人了?

伊特兹哈克　大约有600人了。

辛　德　勒　还不够。

108. 内景　服装加工厂　白天

　　　　　　辛德勒正在劝说服装厂老板加入他的行列。
　　　　　　(辛德勒的声音提前进入)

| 辛　德　勒 | 你如果按我所说的去做，就会赚更多的钱。
| 老　　　板 | （使劲摇着头）我不相信。
| 辛　德　勒 | 你只需要为他们提供额外的衣食，可你我的人加起来能够达到4000。这样，他们就可以安全地生活了。
| 老　　　板 | 不行，这绝对不行。

［镜头切回至106］

屋里烟雾缭绕，桌上满是烟蒂，辛德勒在查看伊特兹哈克的名单，嘴里还叼着一根烟。

| 伊特兹哈克 | 你究竟抽了多少烟？
| 辛　德　勒 | 很多。
| 伊特兹哈克 | （不住地咳嗽）你抽一支，我至少吸了半支。

［镜头切回至108］

| 老　　　板 | 我已经尽力了。
| 辛　德　勒 | 你所做的还远远不够。
| 老　　　板 | 我已经山穷水尽了。
| 辛　德　勒 | 我对你很不满意。

［镜头切回至106］

| 辛　德　勒 | 报下数目。
| 伊特兹哈克 | 850人左右。
| 辛　德　勒 | 什么左右，数清楚，到底有多少？

辛德勒捏着伊特兹哈克递过来的名单，一张张仔细地查看。

| 辛　德　勒 | 把最后一张填满。

他把名单递给伊特兹哈克。

| 伊特兹哈克 | 对这件事，高斯会怎么说？你只告诉他需要多少人，事就成了？（他好像突然明白了什么，停下手里的活儿，扭过身，盯着辛德勒）
| 辛　德　勒 | 如果你还在我那儿做事，必然会劝我不要这样做。这事确实耗资巨大。好了，不谈这事儿了。哈克，把最后一页打完，留个空。

名单终于打印完毕。伊特兹哈克庄重地将最后一页取下，紧握着这叠名单放置在胸前。他表情严肃而神圣。

| 伊特兹哈克 | 这名单是绝对的好事，它就意味着生存。

109. 内景　高斯的办公室　白天

| 高　　　斯 | （提前进入）这页下面有个错误。

他指着辛德勒交给他的那份名单。

| 辛　德　勒 | 没有错。我是想补一个名字，像她这样的训练有素的犹太女佣（插入画面——海伦在地下室里忙这忙那）现在可不好找啊。

| 高 | 斯 | 不,绝对不行。 |

辛德勒没理会高斯的反应。他从兜里掏出一副扑克,慢条斯理地洗着,然后啪地扔到高斯的办公桌上。

辛德勒	赌一把21点怎么样?
高　斯	(坚决地)不。
辛德勒	你如果赢了,我给你7400马克。如果刚开牌就是21点,我给你14800马克。要是我运气好,那海伦就上我的名单。
高　斯	(站起身)不,我不能拿海伦作赌注。
辛德勒	为什么?
高　斯	这样做不道德。
辛德勒	难道你忍心让海伦在奥斯威辛集中营受折磨?
高　斯	不,我决不会那么做。我会带她回维也纳,我需要她,她能使我得到解脱。与她白头偕老是我的梦想。
辛德勒	你疯了?阿蒙,你不能带她回维也纳。
高　斯	(仿佛大梦初醒一般)噢!你看我在想些什么,这当然不可能。如果我是人,还有恻隐之心的话,就会在林子里给她一枪,免得她遭受更多痛苦。我想我力所能及的只有这些。

辛德勒失望至极,无可奈何地伸手去抓牌,高斯突然拦住他,用手指了指。

| 高　斯 | 你说开牌21点给多少来着?14800马克吗? |

110. 外景　集中营操场　白天

高斯的手下按着辛德勒的名单挑选符合条件的犹太人。人们满怀希望而又忐忑不安地来到登记台前核对姓名。"我们是卓斯纳一家","唐娜达查雅","我们是罗斯纳兄妹"……最后露面的是海伦……

单上有名的自然兴高采烈,因为他们清楚,上了名单等于挣脱了死神的怀抱。

(背景音——喇叭在不停地广播)男人上这列车,女人上那列车,脚步要小心。

黑压压的人群按次序挤进了车厢……

111. 外景→内景　转营途中　白天

满载犹太人的列车满载着希望在白茫茫的荒原上飞驰。车厢内黑暗寒冷,拥挤不堪。人们头顶上传递着一只杯子,最后递给了伊特兹哈克。奥立克[3]站在窗口,伸手掰下从车顶垂下的冰柱递给伊特兹哈克。

| 伊特兹哈克 | 干得好,奥立克。 |

他把冰块扔进杯子。

| 伊特兹哈克 | 我来教你一个化冰为水的诀窍。 |

他使劲摇晃着杯子。

伊特兹哈克　奥立克，再取块冰来。

112. 外景　捷克　布努利兹车站　白天

辛德勒的家乡。火车缓缓驶入小站。站台上，德国士兵全副武装。车门被打开了，刺眼的阳光照射进来，车里的人打量着这陌生的地方。在士兵的督促下，犹太人爬出狭小的车厢，列队站好。

这支小分队的指挥官讨好似的与辛德勒搭讪。

军　　官　看来这些工人让阁下很高兴。巴辛德集中营在我的指挥下，让每一位营区指挥官羡慕，当然俘虏在这里别想过好日子。

辛德勒没搭理他，找了个借口走开了。他示意站在高台上监视犹太人的德国士兵走开。辛德勒站在那里向人们宣布：满载妇女的列车已离开普拉斯佐集中营，很快就会到这儿。我知道你们长途劳累，但这儿离工厂还要走一段路，我们在那儿准备了热汤和面包。

113. 内景　满载妇女的车厢　白天

女人们心中充满了美丽的幻想，她们中有人甚至在谈论安息日的菜谱——豆子、面包、肉、洋芋、鸡蛋以及各种各样的作料。海伦独自望着窗外，她忽然看到车外的雪地上，一个男孩冲着她咧着嘴，做了个杀头的动作。她心中一颤，一种不祥之兆油然而生。

114. 外景　奥斯威辛集中营　入夜

满载妇女的列车鬼使神差般地驶入这个传说中的"地狱"，士兵们荷枪实弹早已在站台等候。车厢里一双双期待的眼睛充满了恐惧，她们感到有些不对劲儿，刚才的兴奋之情一下就烟消雾散了。狗在狂吠，人在喧哗。车外天寒地冻，飘着鹅毛大雪，妇女们披着单衣颤抖地钻出车厢。在德国士兵的呵斥声中，她们排成一行，低着头，大气都不敢出。有些胆大的女工偷偷环视四周，她们搞不明白，辛德勒和那些男人呢？那些名单又在哪儿？天漆黑一片，周围死气沉沉，只能听见狗吠以及人的吆喝声。远远可以看到冒着黑烟的烟囱。德国士兵开始逼着女人们加快脚步，她们小跑着，生怕掉队。她们不知道会跑到什么地方，更不知道这是什么所在，心中只感到阵阵恐惧，她们清楚这不是什么好地方。

［镜头切至辛德勒的办公室］

只见辛德勒急匆匆地跑出办公室，门外的女秘书和伊特兹哈克惊讶地看着他，不知道发生了什么事。

辛　德　勒　女工们被运到了奥斯威辛集中营。就因为文件上的错误，列车根本就没往这儿开。

他边穿着大衣，边赶了出去。

[镜头切回奥斯威辛集中营]

女工们先是在相貌凶恶的女军官的威逼下剪去长发。接着又不得不脱光衣服,在鞭子的驱赶下提心吊胆地相拥着挤进一间挂满水龙头的大棚屋。只见门牌上写着:"消毒清洗室"。

她们赤身裸体,抬头望着那些可怕而且神秘的水龙头,望着四周阴森可怖的棚壁,无法预料即将会发生什么。"嘭"的一声,铁门被重重地关上了。仅有的几盏灯突然熄灭,人群中响起一片尖叫声。女工们紧紧抱在一起,是绝望,还是濒临死亡的挣扎?她们颤抖着,是恐惧,还是寒冷?她们能做的只有紧闭双眼,紧咬嘴唇,默默祈祷。棚屋里猛然变得灯火通明,刺眼的聚光灯下,女工们的躯体显得那样苍白而无力。冰冷的水龙头仿佛一张张巨人的血盆大口要吞没这骚动的人群。冷不防,水龙头喷出一股股水流,女人们又发出一阵尖叫,只见水花四溅,女人们四处躲避,死神仿佛已经降临。可不一会儿,她们逐渐感到这只是普普通通的水,根本不是什么毒液。她们又如跃出了地狱的牢门,变得轻松自如。刚才还为之失色的"液体"一下子又像甘露一样变得那样可贵,许多人因又一次逃脱劫难而抱头痛哭。

115. 外景　奥斯威辛集中营操场　白天

死里逃生的女人们冒着大雪走出地狱般的消毒室,她们有如做了一场噩梦,不敢相信这是真的。铁丝网对面已有一群犹太人手牵手,悄无声息地走入那间消毒室。海伦深深地看了他们一眼,心里暗暗为他们祷告。他们有女工们这样幸运吗?

女工们在宿舍前排好队,接受新上司的"检阅"。

奥营的指挥官用手指点了点一位犹太老太太。

指 挥 官　("和蔼"地)老人家多大岁数了?

老　　　人　68了。

克 拉 娜　(偷偷地)他们说死在电网上算是善终。

卓 斯 纳　克拉娜,不要投电网自杀,否则你不会知道以后的遭遇。

指 挥 官　这位老妈妈,你多大了?

老 太 太　你们弄错了,我们不该到这来,我们是辛德勒的犹太人。

指 挥 官　(问身边的人)辛德勒是谁?

军　　　官　他在克拉科夫有工厂,是个做搪瓷的。

指 挥 官　(不屑地)哦!是个做锅子的。

116. 内景　主管犹太人事务官的办公室

将军正在翻阅辛德勒递过来的那些名单。辛德勒坐在他的对面冷冷地盯着他。他试图劝说这位将军交出那些女工们。

将　　　军　你怎么知道我会帮你?要知道,需要劳动力的工业家不只你一个,辛

|辛　德　勒|德勒先生。我记得，今年初有个法尔堡公司为化工厂订了整整一列车匈牙利人，可火车刚经过拱桥，负责挑选的军官命令立即停车，搞走两千人直接享受"特别待遇"。我从不干涉这里的作业过程。|

辛　德　勒　请允许我说明原因。

说着，他将一小袋钻石倒在将军面前的办公桌上。

辛　德　勒　我没有任何评判你的意思，我只知道在未来的几个月里，我们都需要发顺手财。

将　　　军　我可以下令逮捕你。

辛　德　勒　你应该知道我有强大的靠山。

将　　　军　我可没说我就一定能够帮你，我只是觉得这东西放在桌上令我不舒服。

将军忙不迭地仔细捏起一粒粒钻石，塞进自己兜里。

将　　　军　明天这里会运来一批俘虏，我分300人给你，他们都是新俘房，身强力壮，充满活力。等列车一到，我将命令火车掉头，他们就是你的了。

辛　德　勒　我只想要回我名单上的人，因为她们对我非常重要。

将　　　军　你不应指名要人。（他意味深长地看了辛德勒一眼）那会增加文书作业的负担。

117. 外景　奥斯威辛集中营的操场　白天

文书按手中的名单点名要人。核实过的人都在胸前做上了记号，然后在士兵的推搡下挤入列车。几个德国士兵正试图把孩子们从队伍中拉出来，卓斯纳猛然冲上去同德国士兵厮打起来，人们都奋不顾身地冲了上去。辛德勒看到这一幕，一个箭步冲了过去。两名士兵试图拦住他。

辛　德　勒　你们要干什么？这些都是我的人，我的工人应该上我的列车。她们都是熟练工人，对我极为有用。

他一把将丹嘉推到德国士兵面前，抓起她的手放在他们面前。

辛　德　勒　她们的手指可以伸进弹壳内上蜡，我们的手怎么伸得进去？你有本事告诉我，你的手也能伸得进去。

德　　　军　（无可奈何地）那就听您的吧。

看到他的人都安全地装运上车，辛德勒长出了口气。他目送着火车驶出这个人间地狱。

（选自《辛德勒名单》，晨光、唐宁编译，《当代电影》1995年第3期）

注 释

[1] 高斯：纳粹中校，管理克拉科夫犹太人居住区集中营的军官，贪婪凶残。[2] 伊特兹哈克：犹太人，战前在一家公司当会计。辛德勒筹办德国搪瓷公司的合作者，暗中帮助了许多犹太人。[3] 奥立克：犹太男孩。

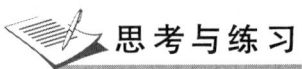

一、本文节选了电影剧本中的17个镜头，根据情节发展，可以分为五个部分，试概括各部分的内容。

二、辛德勒为什么能把自己从兽性中"解救"出来，让人性的善良又回归到自己的身上？

三、在影片中，纳粹军官高斯与辛德勒是构成对比的两个人物，结合文中有关情节，谈谈影片塑造这个人物对表现人性的复杂性有什么作用。

四、电影剧本常常通过场景描写展开情节、刻画人物和表现主题，试分析下列细节描写的表达作用。

1. 镜头101中白天一组街头景象的细节描写，其表达作用是什么？

2. 镜头103中有三个"特别待遇"，它们的内涵是否相同？

3. 镜头109中："辛德勒失望至极，无可奈何地伸手去抓牌，高斯突然拦住他，用手指了指。高斯说：你说开牌21点给多少来着？14800马克吗？"怎么理解高斯的最后决定？

下编　实用类文体

第五篇 议论文

一、议论文的含义

议论文是以剖析、论证事物的本质和规律，提高读者理性认识为主要特征的一种文体。它以议论为主要表达方式。所谓议论，就是作者对客观事物进行分析、评论，表明自己观点、见解、态度的一种表达方式。议论的特点在于"证明性"，即运用事实材料和事理，通过逻辑推理，阐发作者的观点。因此，议论文是一种摆事实、讲道理、论是非的文章。

二、议论文的分类

从功能用途看，议论文大体可以分为政论类、学术类、评论类、杂感类等。政论类议论文指那些针对国内外重大政治问题和其他政治、社会问题，发表意见，进行评论的文章。它包括马列主义经典著作以及代表党和国家各级领导机关发表的宣言、声明、重要报告、讲话、社论等。学术类议论文，指针对某一问题展开研讨和辩驳的文章，或针对某些事物或现象进行探讨的著作。评论类议论文，指思想评论和文艺评论，即对思想情绪和各种文艺现象、文艺实践活动进行分析、探讨和评价的文章。杂感类议论文，指那些篇幅短小、选题广泛、形式不拘，虽侧重于议论说理，又综合多种表现手法，融事、理、情、趣为一炉的文章。

从论点的证明这一角度看，议论文可分为立论文和驳论文两种基本类型。立论文针对一定的问题或事件，从正面提出自己的主张和见解，以"立"为主。驳论文针对一定的问题或事件，表示异议或否定并加以驳斥，以"破"为主，间接证明自己的观点正确。但立论和驳论并非截然分开，在具体实践中，常是相辅相成、相得益彰的。总体上属于立论性的文章，可通过批驳错误观点以充分申述正面观点；总体上属于驳论性的文章，一般也要在批驳错误观点的同时阐明自己的正面观点。判定一篇议论文是立论性的还是驳论性的，就看其侧重于"破"还是侧重于"立"。

三、议论文的要素

一般来说，议论文具有三个要素：论点、论据和论证。论点是核心，论据是基础，论证是连接论点和论据之间的桥梁。如果说论点是表明"要证明什么"，论据则是解决"用什么来证明"的问题，论证是解决"怎样进行证明"的问题，其目的在于揭示论点和论据之间的内在逻辑关系。三者紧密联系，就能构成一个完整的论证过程。下面对这三个方面分别加以阐述。

（一）论点

论点是议论文的作者对所论问题的见解和主张，是贯穿全文的论述中心，也是文章的中心思想。一篇议论文一般只有一个论点，叫作中心论点或者基本论点。有的议论文为了把复杂的内容论述得更加严密、透彻，把道理讲得更全面、深刻，就需要围绕中心论点分成几点或者几个方面来论述，提出一些证明、补充或者发挥中心论点的从属论点，这叫作分论点。分论点在说明中心论点时，一般以两种形式出现：一是并列式，即各分论点之间是并列关系，分论点在同一个层次上说明中心论点。与中心论点形成包含与被包含、统帅与被统帅的关系。二是层进式，即各分论点在意义上互相承接，逐层深入地说明中心论点。无论哪种形式，它们都应该服从全文的中心论点。

论点的位置：文章的论点可以安排在开头，也可以安排在文章的中间或结尾，即可以安排在文章的任何位置。有些甚至在题目中就显示出来。如《切勿放松农业》，文章的标题就是全文的中心论点，而文章的内容就是对标题的论证。

论点的呈现方式：有的议论文的论点在文章中用明确的语句表达出来，我们要善于寻找那些能统摄全文、表示肯定或否定的判断句式、明确的表态性的句子。有的则没有用明确的语句直接表述出来，需要读者自己去提取、概括。

论点的提出和确立：论点的提出和确立要注意四个方面。第一是正确性。论点的说服力根植于对客观事物的正确反映，而这又取决于作者的立场、观点、态度、方法是否符合事实、规律、道理或某种公认的标准。如果论点本身不正确，甚至是荒谬的，那么再怎么论证也不能说服人，甚至是害人。因此，论点正确是议论文的最基本的要求。第二是鲜明性。赞成什么、反对什么，要非常鲜明，而不能模棱两可，含混不清。第三是有针对性。论点的提出，首先要着眼于现实的需要，着眼于解决实际问题，所以，议论文应当有强烈的现实针对性。第四是新颖性。论点应该尽可能新颖、深刻，能超出他人的见解，不是重复他人的老生常谈，也不是无关痛痒、流于一般的泛泛而谈。如面对溜须拍马、讨领导欢心等现象，许多人认为不过是个人品质层面的问题，没什么危害，因而无须大惊小怪。然而《"精神贿赂"与"精神腐败"》一文却言人所未言，敏锐地洞察到了这是精神领域的贿赂与腐败现象，尖锐地指出其严重危害性，给人以深刻的警示。

（二）论据

论据是作者用来证明论点、支撑论点的正确的事实、道理或根据。光有论点或者空发议论，不容易使人理解，也不容易说服人，还得用适当的材料作为论点的论据，它是论点成立的基础，是为论点服务的。可以作为论据的材料是多种多样的，主要有理论论据和事实论据。

理论论据指一切经过实践证明的为人们所公认的真理，例如革命领袖的言论、前人的经典著作、至理名言、民间的谚语和俗语、科学上的原理和定理等。这样的论据具有权威性，可以使论证有力。例如，《切勿放松农业》一文引用了江泽民同志在党的十四大报告中的论述，十分明确地指出了"把加强农业放在首位，全面振兴农村经济"是一项不容动摇的重大国策。这一引证，说明了"切勿放松农业"这一主张是有最高权威的国家行为作为根据的，这一权威性的理论论据大大加强了文章论点的说服力。

事实论据包括有代表性的确凿的事例、史实以及统计数据及各种自然现象等。事实是最有说服力的证据。

事实论据又分为概括的事实论据和具体的事例论据。一般来说，具体的事例一目了然，容易引起注意。而概括的事实易被忽略，阅读时要注意它的作用。概括的事实论据是将众多具有共同特点的事实经过归纳而概述出来的一种事实。事实论据要有真实性、典型性。论点和论据一致是议论文成功的关键。

（三）论证

论证是用论据证明论点的方法和过程，它主要是按照一定的逻辑关系，把论据组织起来，证明论点是正确可信的，解决"如何证明"的问题。

（1）论证方法多种多样，常见的有例证法、引证法、对比法、类比法、喻证法、归谬法等。

例证法，指列举确凿、充分、有代表性的事例来证明论点，即运用如上所讲的事实论据进行论证的方法，所以又称"事实论证"。例如："幸福的满足来自物质和精神两个方面。和谐美观的居室能使人觉得舒适；新颖灵巧的用具给人带来方便；高雅大方的服装叫人容光焕发；丰富科学的膳食有助于健康长寿。"这句话中作者列举了居室、用具、服装和膳食几个方面的例子，说明了幸福的满足与物质的关系。

引证法，指引用革命领袖的言论、前人的经典著作、至理名言、民间的谚语和俗语、科学上的原理定理等进行论证，即运用如上所讲的理论论据进行论证的方法，所以又称"理论论证"。《论毅力》中作者引用孔子、孟子的名言进一步证明了毅力在人生和事业中的重要作用。

对比法，是通过对性质、特点在某些方面相反或对立的不同事物的比较来证明论点的方法。这种方法正确错误分明，是非曲直明确，给人印象深刻。在《再论雷峰塔的倒掉》中，作者在论证"无破坏即无新建设"时，将西方几位著名的"轨道的破坏者"与中国的孔子进行对比，写出了中国传统守旧复古势力生存根基的顽固与强大。在这个病态的社会里，人们在自我欺骗中把现实虚化为一个十全十美的世界，无缺陷无不平，根本无须改革，无须反抗。偶尔有一两个清醒的人看出了问题，却在这样严酷的大环境中不可能做真正的勇敢的"轨道破坏者"。从而尖锐批评了人们精神上守旧、维持现状、惧怕变动的"十景病"现象。另外，作者还将寇盗式的破坏者、奴才式的破坏者与革新的破坏者的心态、行为、后果等进行比较，在对前两种错误的行为方式进行了震颤灵魂的批判后，从国家、民族的希望与未来的角度，呼唤"内心有理想的光"的"革新的破坏者"。文章在对正确与错误的明白解析中，使人们看清了前进的方向。

类比法，是将性质、特点在某些方面相同或相近的不同事物加以比较，在以此类推中引出结论的方法。例如："书籍好比食品。有些只须浅尝，有些可以吞咽，只有少数需要仔细咀嚼，慢慢品味。所以，有的书只要读其中一部分，有的书只须知其中梗概，而对于少数好书，则要精读、细读、反复地读。"这里作者把读书和吃东西这两件性质相似的事拿来做类比，从日常生活简单的道理——吃食品时"有些只须浅尝，有些可以吞咽。只有少数需要仔细咀嚼，慢慢品味"出发，类推出求知的正确方法："对不同的书籍须采取不同的阅读方法。"这种说理方法把抽象的、人们不易理解的道理论述得通俗易懂。

喻证法，指用形象的比喻来证明论点，使道理讲得通俗形象，容易被人接受。例如："求知可以改进人的天性，而实验又可以改进知识本身。人的天性犹如野生的花草，求知学习好比修剪移栽。"这里作者通过"人的天性犹如野生的花草，求知学习好比修剪移栽"的生动比喻，通俗形象地说明了求知可以改进人性，使之进步、完善。

归谬法，也叫引申法，是首先假设对方的论点是正确的，然后从这一论点中加以引申、推论，从而得出极其荒谬可笑的结论来，使对方的论点不攻自破的一种论证方法。这种论证方法以退为进，能产生机智幽默而又犀利有力的表达效果。归谬法主要用于驳论文章中。例如："如果说有着微量放射性的大自然是最美丽的话，能说核电站是肮脏的吗？"作者在这里运用归谬法反驳了"核电站是肮脏的"这一观点。作者的逻辑思路是："如果说核电站因为有放射性就是肮脏的，那么大自然也有微量放射性，所以大自然也是肮脏的，这与我们说'大自然最美丽'矛盾。"作者通过归谬法，得出了一个荒谬的结论，从而说明不能仅因为核电站有微量的放射性就说"核电站是肮脏的"。

以上几种常用的论证方法，在实际写作中常常是综合运用的，单用一种论证方法的不多见。其目的在于力求论证深入充分，说理明晰透彻，以收到读者对作者所阐述的论点确信无疑的效果。

（2）驳论的三种方法：由于议论文是由论点、论据、论证三部分有机构成的，错误的议论也有它自己的论点、论据和论证，因此，驳论的基本方法就是反驳论点、反驳论据、反驳论证，而反驳论据、反驳论证最终也是为了驳倒对方的论点。

反驳论点，即直接用事实或道理批驳对方论点本身的片面、虚假或谬误，这是驳论中最常用的方法，也是最有力的一种反驳方法。例如，李斯的《谏逐客书》，文章开头便说"臣闻吏议逐客，窃以为过矣"，指出逐客是错误的，直接驳斥"逐客"这一论点。接着列举秦国历史上穆公、孝公、惠王、昭王四位先君由于得到"客"的帮助，由开拓疆土、国强民富到蚕食诸侯、终成帝业的史实，以"客"的功绩，来阐明"不当逐客"的道理；紧接着，又论述了"逐客"对秦国的危害。这样，文章从正反两面驳斥了"逐客"这一论点的错误。由于事实确凿，论证透辟有力，终于说服了秦王，废除了"逐客"令。

反驳论据，即揭示对方论据的错误，以达到推倒对方论点的目的。因为错误的论点往往是建立在虚假的论据基础上的。反驳论据，就是指出对方作为论据的事实或道理是虚假的、片面的，是不能成立的。只要驳倒了论据，摧毁了立论的基础，论点也就不攻自破了。如《"友谊"，还是侵略？》中，毛泽东同志针对艾奇逊为"美国的种种行径一直加深着美国对中国的友谊"的论点找到的三条论据，即用庚子赔款教育中国学生、在第二次世界大战期间废除治外法权、战时和战后对中国的大规模援助，用无可辩驳的历史事实，以真攻假，分别指出：用庚子赔款教育中国学生实质是实施精神侵略，从沈崇案可以看出治外法权根本没有被废除，战时和战后对中国的大规模援助是帮助蒋介石残杀中国人民，无情地揭露了敌论论据歪曲历史、颠倒黑白的反动本质及虚假性，从而彻底驳倒了敌论点。

反驳论证，即揭露对方在论证过程中的逻辑错误以证明对方论点的错误。如大前提、小前提与结论的矛盾，概念外延扩大、缩小的错误，对方各论点之间的矛盾，论点与论据之间的矛盾，等等。例如，有位美国参议员对逻辑学家贝尔克说："所有的共产党人都反对我，你也反对我，所以你是共产党人。"贝尔克当即答道："亲爱的参议员先生，您的推论真是妙极了！如果你的推论能够成立，那么下面的推论也能成立：所有的鹅都吃白菜，您也吃白菜，所以您是鹅。"贝尔克反驳的是对方的论证方式，并运用了与对方完全相同的推理形式，从真实的前提推出对方无法接受的荒谬结论来，即归谬法。进行这样的论证，需要对对方的言论做冷静的分析，发现其中逻辑推理上自相矛盾之处，然后予以有力的揭露。

一篇驳论文可以将几种反驳方式结合起来使用，以加强反驳的力量和说服力。反驳就是指出对方论点的虚假性或不能成立。反驳论点的价值在于确定对方论点的虚假性，反驳论据和反驳论证方法的价值在于确定对方的论点不能成立。

四、议论文的特点

议论文的性质就是用议论或者说理的方式直接表达自己的见解和主张。议论文一般来说有以下几个特点：

其一，内容的理论性。议论文以议论和说理为主，它的内容就具有一定的理论性。有的议论文直接阐明理论，有的议论文则以某种理论为指导来论述一个问题。

其二，语言的准确性、鲜明性、概括性。议论文需要用明确的概念、准确的判断、严密的推理对具体事物做理论上的分析，它的语言往往是准确、抽象而概括的。理论性越强，语言的概括性也就越强。另外，议论文的表述（特别是论点）要鲜明，决不能含含糊糊、模棱两可，赞成什么，反对什么，褒贬判然，有鲜明的感情色彩贯穿在行文之中。

其三，写法的逻辑性。议论文是议论和说理的，它的写法就需要有严密的逻辑性。只有把文章写得有条有理，道理讲得头头是道，言之有理，才能说服读者。

总之，议论文主要是对客观事物或者存在的问题，用概括的语言，按照一定的理论和逻辑关系，表达自己的见解和主张，使人信服，并受到启发和教育。

一、议论文的三要素是什么？它们之间是怎样的关系？

二、常见的论证方法有哪些？试从学过的课文或读过的各类议论文章中各找一例加以说明。

察 今

吕不韦[1]

解 题

　　文章大量运用比喻和寓言故事，从正反两方面强调因时变法的重要性，说明古今时世不同，制定法令应明察当前的形势，不应死守故法。察今，明察当今的实际情况。

　　上胡不法先王之法[2]？非不贤也[3]，为其不可得而法[4]。先王之法，经乎上世而来者也，人或益之[5]，人或损之，胡可得而法？虽人弗损益，犹若不可得而法。东夏之命[6]，古今之法，言异而典殊[7]。故古之命多不通乎今之言者，今之法多不合乎古之法者。殊俗之民，有似于此。其所为欲同，其所为异[8]。口惛之命不愉[9]，若舟车衣冠滋味声色之不同。人以自是，反以相诽[10]。天下之学者多辩，言利辞倒[11]，不求其实，务以相毁，以胜为故[12]。先王之法，胡可得而法？虽可得，犹若不可法[13]。

　　凡先王之法，有要于时也[14]。时不与法俱在，法虽今而至[15]，犹若不可法。故择先王之成法，而法其所以为法[16]。先王之所以为法者，何也？先王之所以为法者，人也，而己亦人也[17]。故察己则可以知人，察今则可以知古[18]。古今一也[19]，人与我同耳。有道之士[20]，贵以近知远[21]，以今知古，以益所见知所不见。故审堂下之阴，而知日月之行，阴阳之变[22]；见瓶水之冰，而知天下之寒，鱼鳖之藏也[23]。尝一脟肉，而知一镬之味，一鼎之调[24]。

　　荆人欲袭宋，使人先表澭水[25]。澭水暴益[26]，荆人弗知，循表而夜涉，溺死者千有余人[27]，军惊而坏都舍[28]。向其先表之时可导也[29]，今水已变而益多矣，荆人尚犹循表而导之，此其所以败也。今世之主法先王之法也，有似于此。其时已与先王之法亏矣[30]，而曰此先王之法也，而法之。以此为治，岂不悲哉！

　　故治国无法则乱，守法而弗变则悖，悖乱不可以持国[31]。世易时移，变法宜矣[32]。譬之若良医，病万变，药亦万变。病变而药不变，向之寿民，今为殇子矣[33]。故凡举事必循法以动[34]，变法者因时而化[35]。若此论则无过务矣[36]。夫不敢议法者，众庶也；以死守法者，有司也[37]；因时变法者，贤主也。是故有天下七十一圣[38]，其法皆不同；非务相反也，时势异也[39]。故曰：良剑期乎断，不期乎镆铘[40]；良马期乎千里，不期乎骥骜[41]。夫成功名者，此先王之千里也[42]。

　　楚人有涉江者，其剑自舟中坠于水，遽契其舟[43]，曰："是吾剑之所从坠。"舟止，从其所契者入水求之。舟已行矣，而剑不行，求剑若此，不亦惑乎？以故法为其国，与此同[44]。时已徙矣[45]，而法不徙，以此为治，岂不难哉！

　　有过于江上者，见人方引婴儿而欲投之江中[46]，婴儿啼。人问其故，曰："此其父善游^[47]。"其父虽善游,其子岂遽善游哉^[48]?此任物,亦必悖矣^[49]。荆国之为政,有似于此。

(选自《吕氏春秋》,吕不韦编,中华书局,2016年)

注 释

[1] 吕不韦(公元前?—前235),战国时卫国濮阳(今河南省濮阳市)人,原为阳翟(韩国都城,现在河南省禹州市)商人,曾为秦国国相。《吕氏春秋》又名《吕览》,是吕不韦请他的门客写的一部论说性散文著作。汇合了先秦各家各派的学术思想,而以儒、法、道家思想为主。今本分十二纪、八览、六论,160篇,约20万言。全书条分理顺,篇章划分十分整齐,从结构上就把它组合成了一个所谓"法天地"的完整体系。[2] 上:国君。先王:指古代圣王。法:前一个是动词,效法、取法;后一个是名词,法令制度。[3] 贤:善,好。[4] 为:因为。不可得:没有可能。这句说,因为它不可能取法。[5] 经:经过,经由。上世:古代。或:有的、有的人,代词。益:增补。[6] 东夏:指东夷和中原华夏地区。命:命名名称。[7] 典:典章制度。[8] 这两句说,人们的要求相同,而做法不同。欲:目的,要求。[9] 愉:通"䏰",即"吻"。口愉:指口头。这句说,言语不通,使人不愉悦。一说"愉"通"渝",改变。不愉:不相通。[10] 诽:毁谤。这两句说,人们都是自以为是,反而以此互相非议,说别人不正确。[11] 言利辞倒:言辞锋利而颠倒是非。[12] 务:力求。毁:诋毁。故:事。以胜为故:专以胜过别人为事。[13] 犹若:还是。[14] 这句说,是适应当时的需要的。要:适应。[15] 这两句说,时代不能与法令制度同样地存在下来,法令制度即使现在还保存下来。[16] 择:舍弃,抛弃。成法:已成的法令制度。为:制定。所以:……的根据。[17] 人也:意思是,从人出发,为人而设的。己:自己,这里指当前制定法令制度的人。[18] 察:明察。[19] 一:一致,一样。[20] 这句说,明白事理的人。[21] 以:根据。[22] 审:察看。阴:指日月的影子。行:运行。阴阳之变:早晚和季节的变化。[23] 藏:潜伏。[24] 胔(luán):同"脔",切成块状的肉。镬(huò):古时烹煮用的器物,像锅。鼎:古时烹煮用的器物,三足两耳。调:调和,指味道调和得好不好。[25] 荆人:楚国人。荆:楚国的别称,现在湖北、湖南一带。宋:春秋战国时的一个国,在现在河南省商丘市以东、江苏省徐州市铜山区以西一带。表:作动词,设标志。澭水:黄河的支流,在今山东省。[26] 暴:突然。益:同"溢",水涨满。[27] 有:相当于"又"。[28] 这句说,士卒惊骇的声音如同大房子崩塌一样。而:作"如"解。[29] 这句说,以前他们设立标记的时候,是可以根据标记渡水的。导:引导。[30] 这句说,那时代已经与先王的法令制度不适合了。亏:缺损,差异,不适应。[31] 守:遵守、遵循,这里有贬义,即墨守、保守。悖:悖谬,行不通。持国:守国。[32] 世:社会。宜矣:是适宜的了,是应该的了。[33] 殇子:未成年而死的人。[34] 举事:做事情。[35] 因时而化:根据时代的变化而变化。因:根据,依照。化:变化。[36] 过务:错误的事。[37] 有司:指官吏,职有专司。[38] 古代统治天下的七十一家君主,形容其多,不能逐一实指。[39] 非务相反:不是一定要有所不同。相反:互不相同。时势异:时代和形势不同了。[40] 期乎断:期望它能斩断(东西)。镆(mò)铘(yé):有名的宝剑。[41] 骥骜(áo):都是千里马的名称。[42] 所谓"成功名",是古代国君所悬的目标,是他的"千里马"。意思是说,先王所追求的是"成功名",并不一定追求同古代一样的法令制度。[43] 遽:急速。契:通"锲",刻。[44] 以:用。为:治理。[45] 徙:迁移,改变。[46] 引:牵,拉。[47] 这句说,这(是因为)他的父亲善于游泳。[48] 岂遽:难道就……。遽:就。一说"岂遽"是个同义复合词,同

"岂讵"或"庸讵",难道的意思。[49]这两句说,用这种办法处理事情,必然是悖谬的。任物:犹任事,处理事情。

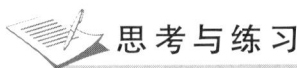

一、本文的基本观点是什么?这一观点有什么进步意义?

二、循表夜涉、刻舟求剑、引婴投江三个故事说明了怎样的道理?可以推出怎样的结论?这种说理方法有怎样的作用?

三、区别下面各组句子中一词多义的词。

1. 上胡不法先王之法　　　经乎上世而来者也　　　有过于江上者
2. 故择先王之成法　　　　而法其所以为法
3. 夫成功名者　　　　　　释先王之成法
4. 以胜为故　　　　　　　故释先王之成法
5. 若此论,则无过务矣　　非务相反也,时势异也
6. 此其所以败也　　　　　先王之所以为法者,何也

谏逐客书

李　斯[1]

解　题

本文选自《史记·李斯列传》,题目是后人加的。战国末年,韩国怕秦国出兵来攻打,派水工郑国到秦国去,建议秦国在泾阳县西北开凿渠道,引泾水东流入洛水,称郑国渠,想用它来阻碍秦国向韩国进军。事情发觉后,秦宗室大臣提出逐客的主张,李斯也在被逐之中,他因此写了这篇《谏逐客书》。秦王见书之后,收回原令,恢复了李斯的官职。本文以大量无可辩驳的事实阐明了客卿对秦国的巨大贡献,论述了逐客之过和广罗天下人才的重要性。文章说理透彻,气势磅礴,辞藻斑斓,音调铿锵,具有极强的感染力。

秦宗室大臣皆言秦王曰:"诸侯人来事秦者,大抵[2]为其主游间[3]于秦耳,请一切逐客。"李斯议亦在逐中。

斯乃上书曰:"臣闻吏议逐客[4],窃以为过矣[5]。

"昔穆公求士[6],西取由余于戎[7],东得百里奚于宛[8],迎蹇叔于宋[9],求丕豹、公孙支于晋[10]。此五人者,不产于秦,而穆公用之,并国二十,遂霸西戎[11]。孝公用商鞅之法[12],移风易俗,民以殷盛,国以富强,百姓乐用[13],诸侯亲服,获楚、魏之师,举地千里[14],至今治强。惠王用张仪之计[15],拔三川之地[16],西并巴、蜀[17],北收上

郡[18]，南取汉中[19]，包九夷，制鄢、郢[20]，东据成皋之险[21]，割膏腴之壤，遂散六国之从[22]，使之西面事秦，功施到今[23]。昭王得范雎[24]，废穰侯，逐华阳[25]，强公室，杜私门[26]，蚕食诸侯，使秦成帝业。此四君者，皆以客之功。由此观之，客何负于秦哉？向使四君却客而不内，疏士而不用[27]，是使国无富利之实，而秦无强大之名也。

"今陛下致昆山之玉，有随、和之宝，垂明月之珠[28]，服太阿之剑，乘纤离之马[29]，建翠凤之旗，树灵鼍之鼓[30]。此数宝者，秦不生一焉，而陛下说之[31]，何也？必秦国之所生然后可，则是夜光之璧不饰朝廷，犀象之器不为玩好，郑、魏之女不充后宫，而骏马駃騠不实外厩，江南金锡不为用，西蜀丹青不为采[32]。所以饰后宫、充下陈[33]、娱心意、说耳目者，必出于秦然后可，则是宛珠之簪、傅玑之珥、阿缟之衣、锦绣之饰，不进于前[34]，而随俗雅化、佳冶窈窕赵女不立于侧也[35]。夫击瓮叩缶，弹筝搏髀，而歌呼呜呜、快耳目者[36]，真秦之声也；郑、卫、桑间、韶、虞、武、象者[37]，异国之乐也。今弃击瓮而就郑卫，退弹筝而取韶、虞，若是者何也？快意当前，适观而已矣[38]。今取人则不然。不问可否，不论曲直[39]，非秦者去，为客者逐。然则是所重者在乎色、乐、珠、玉，而所轻者在乎人民也。此非所以跨海内[40]、制诸侯之术也！

"臣闻地广者粟多，国大者人众，兵强则士勇[41]。是以泰山不让土壤，故能成其大；河海不择细流，故能就其深；王者不却众庶，故能明其德[42]。是以地无四方，民无异国，四时充美，鬼神降福，此五帝、三王之所以无敌也[43]。今乃弃黔首以资敌国，却宾客以业诸侯[44]，使天下之士退而不敢西向，裹足不入秦，此所谓'藉寇兵而赍盗粮'者也[45]。

"夫物不产于秦，可宝者多；士不产于秦，而愿忠者众。今逐客以资敌国，损民以益仇，内自虚而外树怨于诸侯[46]，求国无危，不可得也！"

秦王乃除逐客之令，复李斯官。

（选自《古文观止》，钟基、李先银、王身钢译注，中华书局，2011年）

注释

[1] 李斯（公元前？—前208），战国时楚国上蔡（今河南省上蔡县）人。曾受学于荀子。后在秦国担任官职，辅佐秦王统一天下，官至丞相。为秦王定郡县制，建议焚毁诗书，推行"车同轨，书同文"等措施。秦二世即位后，被赵高陷害而死。[2] 大抵：大都。[3] 游间：游说离间。[4] 客：客卿，古代指在本国做官的外国人。[5] 窃：私下。过：错。[6] 穆公：秦穆公（前659—前621在位），春秋五霸之一。[7] 由余：春秋时晋国人。先在西戎任职，后来投奔秦国，帮助秦穆公统一了西戎各部落。戎：又称西戎，指当时我国西部的少数民族。[8] 百里奚：春秋时楚国宛地（今河南省南阳市）人，原为虞国大夫，晋灭虞后，把他当作陪嫁的奴隶送往秦国，后来又逃到宛。秦穆公用五张黑羊皮把他赎了回来，任为大夫。他对秦穆公的称霸起了相当大的作用。[9] 蹇（jiǎn）叔：春秋时岐（今陕西省岐山县东北）人，曾游于宋，后由于百里奚的推荐，秦穆公聘他为上大夫。[10] 丕豹：春秋晋人，父丕郑为晋惠公所杀，逃到了秦国，被秦穆公任为大夫。公孙支：岐州人，曾游晋，后归秦，被秦穆公任为大夫。荐孟明

于秦穆公，为人所称。[11] 产：生，出生。并国二十：指用由余等而兼并了许多西戎部落建立的国家。"二十"乃极言其多，并非实指。[12] 孝公：秦孝公（前361—前338在位）。商鞅：姓公孙，名鞅，卫国人，也称卫鞅。后因功被封为商君，故称商鞅。曾帮助秦孝公变法，奠定了秦国富强的基础。[13] 以：因此。殷盛：富足兴旺。乐用：乐于被使用，乐于效力。[14] 获楚、魏之师：公元前340年，商鞅率秦军大败魏军，同年又攻打楚国，取得胜利。获：俘获，这里是战胜的意思。举：攻占。治：政治安定。[15] 惠王：指秦惠王（前337—前310在位），是秦孝公之子。张仪：战国魏人，战国时期纵横家的代表人物。秦惠王任用他为相，采用连横的策略，游说各国与秦国联合，瓦解了齐楚联盟。[16] 拔：攻取。三川之地：东周以伊水、洛水、黄河为三川，即今洛阳一带。张仪曾建议出兵三川，实际上到秦武王时才拔三川之地。[17] 巴：古国名，在今四川东部一带。蜀：古国名，在今四川西部一带。[18] 北收上郡：惠王十年，魏献上郡（今属陕西）十五县于秦。[19] 南取汉中：惠王十三年，攻楚汉中，取地六百里，置汉中郡。汉中：今陕西南部。[20] 包：包容，这里是兼并的意思。九夷：本指住在我国东方的各少数民族，这里指散居在当时楚国境内的少数民族。制：控制。鄢（yān）、郢（yǐng）：楚国先后建都的地方，这里以两地代表楚国。[21] 城皋：要塞名，今河南省荥阳市虎牢。[22] 散六国之从：破坏掉六国的合纵同盟。从：合纵。齐、楚、燕、韩、赵、魏六国为共同抗击秦国而结成的同盟。[23] 西面：面朝西。秦国在六国西边。事：侍奉。施（yì）：延续。[24] 昭王：秦惠王之子秦昭襄王（前306—前251在位）。范雎：魏国人，后入秦，提出远交近攻的策略，被秦昭王用为相。[25] 穰侯：魏冉，秦昭王母宣太后的异父同母弟。昭王即位，年少，宣太后用魏冉执政，封为穰侯。华阳：芈（mǐ）戎，宣太后弟，封华阳君。二人在朝专横跋扈，使秦昭王大权旁落。范雎说明昭王，废太后，逐穰侯、华阳等于关外。[26] 公室：王室，朝廷。杜：杜绝，堵塞。私门：贵族豪门。这里指穰侯、华阳君等贵族势力。[27] 向使：倘使，假使。却：拒绝的意思。内：同"纳"，接纳。疏士：疏远外来之士。[28] 致：得到。昆山：即昆仑山，在今新疆和田附近，是著名的美玉产地。随、和之宝："随"指随侯珠，"和"指和氏璧，二者都是稀世珍宝。垂：垂挂。明月之珠：夜间光如明月的宝珠。[29] 服：佩带。太阿（ē）之剑：传说为春秋时著名冶匠干将铸造的宝剑。纤离：古代骏马名，产于北狄。[30] 建：树立。翠凤之旗：用翡翠羽毛做成凤形装饰的旗子。树：设置。灵鼍（tuó）之鼓：用鼍皮制成的鼓。鼍：鳄鱼类，古代把它视为神物，故称"灵鼍"。[31] 说：同"悦"，喜爱。[32] 犀象之器：用犀牛角和象牙制作的器物。玩好：珍贵的玩赏之物。郑、魏之女：春秋战国时郑、魏的民间歌舞很著名，郑、魏之女多能歌善舞。充：充实，充满。駃騠（jué tí）：骏马名。厩（jiù）：马棚。丹青：丹砂和青䨼（huò），两种可做染料的矿石，产于西蜀地区，这里指绘画的颜料。采：彩饰。[33] 下陈：堂下，嫔妃和宫女侍立和跳舞的地方。[34] 宛珠之簪：用楚国宛地（今河南省南阳市）出产的珍珠做装饰的簪子。簪：定发髻的长针。傅玑之珥：镶着小珠的耳饰。傅：附着。玑：不圆的珠子，这里泛指珠子。珥：珠玉耳环。阿（ē）缟（gǎo）：（齐国）东阿（在今山东）出产的丝织品。饰：衣领衣袖的缘饰。[35] 随俗雅化：能随着习尚而作雅丽的妆饰改变，谓打扮入时。佳：美好。冶：艳丽。窈窕：体态优美好看。[36] 瓮、缶：均为瓦器，秦国人用作打击乐器。筝：古代的一种弦乐器。搏髀（bì）：拍大腿以节歌。搏：拍。髀：大腿。呜呜：形容歌唱的声音。快耳目：耳目在这里是偏义复词，只指耳。快耳：使耳朵感到愉快。[37] 郑、卫、桑间：指民间俗乐。郑、卫：指郑国、卫国的音乐。桑间：卫国地名，在河南濮阳一带，春秋战国时期是青年男女欢聚唱歌的地方，这里指桑间地方的音乐。韶、虞、武、象：指正统雅乐。韶、虞：相传是虞舜时的乐曲名。武、象：周武王时的乐曲称武，乐舞称象。[38] 快意当前：以图当前的愉快。适观：适合于欣赏。[39] 曲直：是非。[40] 跨：驾凌，喻统一。[41] 兵强：武器锐利。[42] 让：推辞、拒绝。择：选择，引申为"舍弃"。就：成就，造就。众庶：指百姓。明其德：使其德望昭著。明：显示。[43] 充美：完满美好。五帝：《史记·五帝本纪》以黄帝、颛顼、帝喾、尧、舜为五帝。三王：指夏、商、周三代开国君主，即夏禹、商汤和周文王。[44] 黔首：秦称百姓为黔首。资：帮助。业：在这里是使动用法，意思是"使……成就功业"。[45] 藉寇兵而赍（jī）盗粮：借兵器给盗匪，赠送粮食给盗贼。藉：借给。寇：盗匪。兵：兵器。赍：赠送。[46] 损民：减少本国的百姓。益仇：增强敌国的力量。自虚：使自己虚弱。

思考与练习

一、分析本文第三、四段的论证过程，理解这些论据与中心论点的关系。

二、理解本文正反对比的论证方法，并结合课文有关段落作简要分析说明。

三、文中运用了铺陈以及排比、对偶的句子，请分别说明其表达作用。

四、解释下列语句中加点的词。
1. 臣闻吏议逐客，窃以为过矣
2. 来丕豹、公孙支于晋
3. 民以殷盛，国以富强
4. 此四君者，皆以客之功
5. 江南金锡不为用，西蜀丹青不为采
6. 今乃弃黔首以资敌国
7. 是以地无四方，民无异国，四时充美，鬼神降福，此五帝三王之所以无敌也

五、反复诵读课文，并翻译第三段。

逍遥游

庄 子[1]

解 题

本文节选自《庄子·内篇》，是庄子的代表作，比较集中地论述了庄子追求无所依赖，绝对自由境界，即"逍遥游"的思想。这篇文章是庄子精神自由和个性解放追求的体现。全文分两大部分，本文选的是第一部分。

《逍遥游》作为一篇哲理散文，不是以严密的论证取胜，而是将逻辑思维与形象思维交替使用，在推理、论证的过程中，插入丰富多彩的比喻、奇特的想象、超现实的夸张和神话的传说以及风趣的寓言故事，形象生动、深入浅出地展示了文章的主旨，体现出了浪漫主义的风格。

北冥有鱼[2]，其名为鲲[3]。鲲之大，不知其几千里也。化而为鸟，其名为鹏[4]。鹏之背，不知其几千里也；怒而飞[5]，其翼若垂天之云[6]。是鸟也，海运则将徙于南冥[7]。南冥者，天池也[8]。

《齐谐》者[9]，志怪者也[10]。《谐》之言曰："鹏之徙于南冥也，水击三千里[11]，抟扶摇而上者九万里[12]。去以六月息者也[13]。"野马也[14]，尘埃也[15]，生物之以息相吹也[16]。天之苍苍，其正色邪？其远而无所至极邪[17]？其视下也，亦若是则已矣。

且夫水之积也不厚，则其负大舟也无力。覆杯水于坳堂之上[18]，则芥为之舟[19]；置杯焉则胶，水浅而舟大也。风之积也不厚，则其负大翼也无力。故九万里，则风斯在下矣[20]，而后乃今培风[21]；背负青天而莫之夭阏者[22]，而后乃今将图南。

蜩与学鸠笑之曰[23]："我决起而飞[24]，抢榆枋而止[25]，时则不至而控于地而已矣[26]，奚以之九万里而南为[27]？"适莽苍者[28]，三餐而反[29]，腹犹果然[30]；适百里者，宿舂粮[31]；适千里者，三月聚粮。之二虫又何知？[32]

小知不及大知[33]，小年不及大年。奚以知其然也？朝菌不知晦朔[34]，蟪蛄不知春秋[35]，此小年也。楚之南有冥灵者[36]，以五百岁为春，五百岁为秋；上古有大椿者[37]，以八千岁为春，八千岁为秋[38]，此大年也。而彭祖乃今以久特闻[39]，众人匹之[40]，不亦悲乎！

汤之问棘也是已[41]。汤问棘曰："上下四方有极乎？"棘曰："无极之外，复无极也。穷发之北[42]，有冥海者，天池也。有鱼焉，其广数千里，未有知其修者[43]，其名为鲲。有鸟焉，其名为鹏，背若太山[44]，翼若垂天之云，抟扶摇羊角而上者九万里[45]，绝云气[46]，负青天，然后图南，且适南冥也。斥鷃笑之曰[47]：'彼且奚适也？我腾跃而上，不过数仞而下[48]，翱翔蓬蒿之间，此亦飞之至也[49]。而彼且奚适也？'"此小大之辩也[50]。

故夫知效一官[51]，行比一乡[52]，德合一君，而征一国者[53]，其自视也，亦若此矣。而宋荣子犹然笑之[54]。且举世誉之而不加劝[55]，举世非之而不加沮[56]，定乎内外之分[57]，辩乎荣辱之境[58]，斯已矣。彼其于世，未数数然也[59]。虽然，犹有未树也。夫列子御风而行[60]，泠然善也[61]，旬有五日而后反[62]。彼于致福者[63]，未数数然也。此虽免乎行，犹有所待者也[64]。若夫乘天地之正[65]，而御六气之辩[66]，以游无穷者，彼且恶乎待哉[67]！故曰：至人无己[68]，神人无功[69]，圣人无名[70]。

(选自《庄子》，贾云译，三秦出版社，2018年)

注　释

[1] 庄子（约前369—前286），名周，战国时宋国蒙（今河南省商丘市东北）人，著名思想家、文学家，老子以后道家的代表人物。著作有《庄子》。[2] 冥：亦作"溟"，海之意。"北冥"，就是北方的大海。下文的"南冥"仿此。传说北海无边无际，水深而黑。[3] 鲲（kūn）：本指鱼卵，这里借表大鱼之名。[4] 鹏：本为古"凤"字，这里用表大鸟之名。[5] 怒：奋起。[6] 垂：边远，这个意义后代写作"陲"。一说遮，遮天。[7] 海运：海水运动，这里指汹涌的海涛。一说指鹏鸟在海面飞行。徙：迁移。[8] 天池：天然的大池。[9] 齐谐：书名。一说人名。[10] 志：记载。[11] 击：拍打，这里指鹏鸟奋飞而起双翼拍打水面。[12] 抟（tuán）：环绕而上。一说"抟"当作"搏"，拍击的意思。扶摇：又

名"飙",由地面急剧盘旋而上的暴风。[13] 去:离,这里指离开北海。息:停歇。[14] 野马:春天林泽中的雾气。雾气浮动状如奔马,故名"野马"。[15] 尘埃:扬在空中的土叫"尘",细碎的尘粒叫"埃"。[16] 生物:概指各种有生命的东西。息:这里指有生命的东西呼吸所产生的气息。[17] 极:尽。[18] 覆:倾倒。坳(ào):坑凹处,"坳堂"指厅堂地面上的坑凹处。[19] 芥:小草。[20] 斯:则,就。[21] 而后乃今:意思是这之后方才。培:通"凭",凭借。[22] 莫:这里作没有什么力量讲。夭阏(è):又写作"夭遏",意思是遏阻、阻拦。"莫之夭阏"即"莫夭阏之"。[23] 蜩(tiáo):蝉。学鸠:一种小灰雀,这里泛指小鸟。[24] 决(xuè):迅疾的样子。[25] 抢(qiāng):突过。榆枋:两种树名。[26] 控:投下,落下来。[27] 奚以:何以。之:去到。为:句末疑问语气词。[28] 适:往,去到。莽苍:指迷茫看不真切的郊野。[29] 反:通"返"。[30] 犹:还。果然:饱的样子。[31] 宿:这里指一夜。[32] 之:这。二虫:指上述的蜩与学鸠。[33] 知(zhì):通"智",智慧。[34] 朝:清晨。晦朔:一个月的最后一天和最初一天。一说"晦"指黑夜,"朔"指清晨。[35] 蟪蛄(huìgū):寒蝉,春生夏死或夏生秋死。[36] 冥灵:传说中的大龟,一说树名。[37] 大椿:传说中的古树名。[38] 根据前后用语结构的特点,此句之下当有"此大年也"一句,但传统本子均无此句,这里根据宋人陈景元从《庄子缺误》补足。[39] 彭祖:古代传说中年寿最长的人。乃今:而今。以:凭。特:独。闻:闻名于世。[40] 匹:配,比。[41] 汤:商汤。棘:汤时的贤大夫。已:矣。[42] 穷发:不长草木的地方。发:指草木。[43] 修:长。[44] 太山:大山。一说即泰山。[45] 羊角:旋风,回旋向上如羊角状。[46] 绝:穿过。[47] 斥鴳(yàn):一种小鸟。[48] 仞:古代长度单位,周制为八尺,汉制为七尺;这里应从周制。[49] 至:极点。[50] 辩:通作"辨",辨别、区分的意思。[51] 效:功效,这里含有胜任的意思。官:官职。[52] 行:品行。比:合。[53] 而:通"能",能力。征:取信。[54] 宋荣子:一名宋钘,宋国人,战国时期的思想家。犹然:讥笑的样子。[55] 举:全。劝:劝勉,努力。[56] 非:责难,批评。沮:沮丧。[57] 内外:这里分别指自身和身外之物。在庄子看来,自主的精神是内在的,荣誉和非难都是外在的,而只有自主的精神才是重要的、可贵的。[58] 境:界限。[59] 数数(shuò)然:急急忙忙的样子。[60] 列子:郑国人,名叫列御寇,战国时代思想家。御:驾驭。[61] 泠(líng)然:轻盈美好的样子。[62] 旬:十天。有:又。[63] 致:罗致,这里有寻求的意思。[64] 待:凭借,依靠。[65] 乘:遵循,凭借。天地:这里指万物,指整个自然界。正:本,这里指自然的本性和睦。[66] 御:含有因循、顺着的意思。六气:指阴、阳、风、雨、晦、明。辩:通"变",变化的意思。[67] 恶(wū):何,什么。[68] 至人:这里指道德修养最高尚的人。无己:清除外物与自我的界限,达到忘掉自己的境界。[69] 神人:这里指精神世界完全能超脱于物外的人。无功:不建树功业。[70] 圣人:这里指思想修养臻于完美的人。无名:不追求名誉地位。

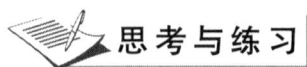 思考与练习

一、本文所阐述的"逍遥游"思想的主要内容是什么?你对庄子提出的境界有什么看法?

二、认真体会本文所体现的庄子的哲学思想和形象化说理的特点。

三、本文在说理中运用了比喻、夸张、拟人等修辞手法,从而有力地增强了表达效果。以第一段为例说说这些修辞手法的表达效果。

四、解释下列语句中加点的词。

1. 定乎内外之分,辩乎荣辱之境

2. 若夫乘天地之正，而御六气之辩
3. 小知不及大知
4. 是鸟也，海运则将徙于南冥
5. 怒而飞，其翼若垂天之云
6. 我决起而飞，抢榆枋而止
7. 去以六月息者也
8. 生物之以息相吹也
9. 适莽苍者，三餐而反，腹犹果然
10. 绝云气，负青天，然后图南，且适南冥也
11. 有鱼焉，其广数千里，未有知其修者

五、说明下列句子中"其"和"之"的用法。

1. 北冥有鱼，其名为鲲
2. 天之苍苍，其正色邪
3. 奚以之九万里而南为
4. 覆杯水于坳堂之上，则芥为之舟
5. 鹏之徙于南冥也，水击三千里
6. 之二虫又何知

六、说明下列句子在结构上的特点。

1. 背负青天而莫之夭阏者
2. 奚以知其然也
3. 彼且恶乎待哉

七、背诵课文第一段。

野庙碑

陆龟蒙[1]

解　题

刻石的文字，称为碑文，是文体中的一种。野庙，不知名的神庙。一般碑文在于记述功德，意在垂之久远。这篇《野庙碑》唯独用议论的笔法，借题发挥，对时事加以嘲讽。文中对作威作福、腐朽荒淫的统治者极尽嬉笑怒骂之能事，文笔辛辣犀利，而情味隽永，耐人寻味。

　　碑者，悲也。古者悬而窆[2]，用木；后人书之[3]，以表其功德，因留之不忍去，碑之名由是而得。自秦、汉以降，生而有功德政事者，亦碑之；而又易之以石，失其称矣[4]。

余之碑野庙也，非有政事功德可纪，直悲夫甿竭其力[5]，以奉无名之土木而已矣[6]。

瓯、越间好事鬼[7]，山椒水滨多淫祀[8]。其庙貌，有雄而毅、黝而硕者[9]，则曰将军；有温而愿、晳而少者[10]，则曰某郎；有媪而尊严者，则曰姥；有妇而容艳者，则曰姑。其居处，则敞之以庭堂，峻之以陛级[11]，左右老木，攒植森拱；萝茑翳于上，鸱鸮室其间[12]。车马徒隶，丛杂怪状[13]。甿作之，甿怖之，走畏恐后。大者椎牛，次者击豕，小不下犬鸡[14]。鱼菽之荐，牲酒之奠[15]，缺于家可也，缺于神不可也。一日懈怠，祸亦随作，耋孺畜牧栗栗然[16]。疾病死丧，甿不曰适丁其时耶！而自惑其生，悉归之于神[17]。

虽然，若以古言之，则戾[18]；以今言之，则庶乎神之不足过也[19]。何者？岂不以生能御大灾、捍大患！其死也，则血食于生人[20]。无名之土木，不当与御灾捍患者为比，是戾于古也明矣！今之雄毅而硕者有之，温愿而少者有之；升阶级、坐堂筵、耳弦匏、口梁肉、载车马、拥徒隶者，皆是也[21]。解民之悬，清民之喝，未尝怵于胸中[22]。民之当奉者，一日懈怠，则发悍吏，肆淫刑，驱之以就事。较神之祸福，孰为轻重哉？平居无事，指为贤良；一旦有天下之忧，当报国之日，则偰挠脆怯[23]，颠踬窜踣[24]，乞为囚虏之不暇。此乃缨弁言语之土木[25]，又何责其真土木耶？故曰：以今言之，则庶乎神之不足过也。

既而为诗，以乱其末[26]：

土木其形，窃吾民之酒牲，固无以名；土木其智，窃吾君之禄位，如何可仪[27]！禄位顾顾[28]，酒牲甚微，神之飨也，孰云其非？视吾之碑，知斯文之孔悲[29]。

（选自《古文鉴赏辞典》，上海辞书出版社，2021 年）

注　释

[1] 陆龟蒙（？—881），字鲁望，吴郡（今江苏省苏州市）人。曾举进士，不第。隐居松江甫里，自号江湖散人、甫里先生。诗文与皮日休齐名，并称"皮陆"。皮、陆的小品文，多愤世嫉俗之词，具有现实意义，在晚唐骈俪盛行、文风衰落的时代里，表现得非常突出。鲁迅称其为"一塌糊涂的泥塘里的光彩和锋芒"。[2] 窆（biǎn）：埋葬。[3] 书之：指在墓穴四角的木上书写死者事迹。[4] 以降：以下。政事：政治上有所建树。碑：用作动词，写碑文。失其称：失掉"碑"这一名称的本来意义。[5] 直：只是。甿（méng）：农夫。[6] 奉：供奉。土木：土木雕塑的偶像。[7] 瓯、越：指今浙江省东南地带。越：古种族名。汉初东越王摇都东瓯（今属浙江），地濒瓯江。事：奉祀。[8] 山椒：山顶。淫祀：犹言滥祀，指不载在祀典的祭祀。《礼记·曲礼下》："非其所祭而祭之，名曰淫祀。淫祀无福。"[9] 庙貌：指神像。黝：黑的样子。[10] 愿：谨善。[11] "其居处"三句：把神像供在宽敞而高峻的庭堂上。陛级：升入神殿的台阶。[12] 萝茑：植物名，即松萝和茑萝。鸱鸮（chī xiāo）：猫头鹰。室其间：在其中筑窝。[13] "车马徒隶"二句：指神庙两廊所列的神用的车马和奇形怪状的鬼卒。徒隶：供神役使的鬼卒。丛杂：各种各样。[14] 椎牛：杀牛以祭。击豕：杀猪。[15] "鱼菽之荐"二句：上三句指春秋大祭，这里指平时的祭祀。菽：豆的总称。荐：进奉。奠：以酒食祀神。[16] 耋（dié）孺：老幼。八十

岁老人曰耋。栗栗然：恐惧的样子。[17]意思是说，人生总不免有死丧疾病，而农夫却不明白这个道理，认为都是神降罚所致。[18]戾：乖戾，不合事理。[19]庶乎：似乎，也许。过：责备。全句意思是说，似乎不应该对神加以责怪，即还有更应受责备的人。[20]以：因为。御：防御。捍：抵抗。血食于生人：为人民所奉祀。以牲祭神，故称血食。[21]耳弦匏：耳听音乐。弦：丝弦乐器的总称。匏：竹木乐器的总称。口粱肉：口吃美味。载：乘车骑马。拥：簇拥。[22]"解民之悬"三句：意谓胸中从未有过为人民谋利益的念头。解悬、清喝：比喻解除痛苦。《孟子·公孙丑上》："当今之时，万乘之国行仁政，民之悦之，犹解倒悬也。"喝（yē）：中暑，受暴热。[23]伺挠脆怯：懦弱畏惧。[24]颠踬窜踣：意指陷于困顿不堪而逃避。颠踬（zhì）：倾仆。窜踣（bó）：狼狈奔逃。[25]缨弁言语之土木：戴着缨弁会说话的土人木偶。弁（biàn）：冠。缨：冠带。缨弁：官吏的服饰。[26]"既而为诗"二句：碑文之后，缀以韵语，称为诗；其意在纪念的，则称为铭。[27]如何可仪：如何可以为仪法。仪：效法。[28]颀颀（qí）：长。这里是美好而多的意思，引申为"优厚"。[29]孔悲：甚悲。孔：很。

思考与练习

一、作者为"野庙"立碑的原因是什么？

二、正确理解文章辛辣讽刺的艺术风格。

三、下列各组句子中，加点词的意义和用法相同的一组是（　　）

A. 余之碑野庙也　　　　　　　道之所存，师之所存也
B. 缺于家可也　　　　　　　　媪之爱燕后贤于长安君
C. 今之雄毅而硕者有之　　　　蟹六跪而二螯
D. 此乃缨弁言语之土木尔　　　今其智乃反不能及

四、下列句子中，加点词的活用与其他三项不同的一项是（　　）

A. 生而有功德政事者，亦碑之　　B. 解民之悬
C. 鸱鸮室其间　　　　　　　　　D. 耳弦匏，口粱肉

日　喻

苏　轼[1]

解　题

这篇文章主要阐明"道可致而不可求"的道理，强调认真学习、循序渐进的必要性。文中以眇者（盲人）不识日、南方"没人"识水性为喻，一正一反，深入浅出地说明道理。

生而眇者不识日，问之有目者，或告之曰："日之状如铜盘。"扣盘而得其声。他日闻钟，以为日也[2]。或告之曰："日之光如烛。"扪烛而得其形。他日揣籥，以为日也[3]。日之与钟、籥亦远矣，而眇者不知其异，以其未尝见而求之人也。道之难见也甚于日[4]，

而人之未达也无以异于眇。达者告之，虽有巧譬善导[5]，亦无以过于盘与烛也。自盘而之钟，自烛而之籥[6]，转而相之[7]，岂有既乎[8]？故世之言道者，或即其所见而名之[9]，或莫之见而意之[10]，皆求道之过也。

然则道卒不可求欤？苏子曰："道可致而不可求[11]。"何谓致？孙武曰[12]："善战者致人，不致于人。"子夏曰："百工居肆以成其事；君子学以致其道[13]。"莫之求而自至，斯以为致也欤！

南方多没人[14]，日与水居也，七岁而能涉，十岁而能浮，十五而能没矣。夫没者岂苟然哉？必将有得于水之道者[15]。日与水居，则十五而得其道；生不识水，则虽壮见舟而畏之。故北方之勇者，问于没人，而求其所以没，以其言试之河，未有不溺者。故凡不学而务求道，皆北方之学没者也。

昔者以声律取士[16]，士杂学而不志于道；今也以经术取士，士知求道而不务学[17]。渤海吴君彦律[18]，有志于学者也，方求举于礼部[19]，作《日喻》以告之。

（选自《苏轼诗词文选评》，王水照、朱刚撰，上海古籍出版社，2019年）

注 释

[1] 苏轼（1036—1101），字子瞻，号东坡居士，眉州（今四川省眉山市）人，著名文学家。散文、诗、词、书法，独具风格，自成一家，与其父苏洵、弟苏辙并称"三苏"。苏轼的作品视野开阔，风格豪迈，个性鲜明。[2] 这里的意思是说，眇者以耳代目致误。[3] 这里的意思是说，眇者以手代目致误。揣籥（yuè）：摸着一支状如笛子的乐器。籥：古代的一种乐器，形状像笛，有三孔、六孔或七孔。[4] 道：道理，真理，此处专指儒家的学术思想。[5] 譬：比喻，比方。[6] "自盘而之钟"二句：指把铜盘当作钟，把蜡烛当作籥。之：动词，往，到。[7] 转而相之：辗转牵扯下去，没完没了。[8] 既：尽。[9] 即其所见而名之：就自己片面之见来解释它。[10] 意之：猜测它。[11] 致：导致，含有循序渐进以求获得、使其自至的意思。求：意指不学而强求。[12] 孙武：春秋时齐国的军事学家，著有《孙子兵法》十三篇。[13] "子夏曰"五句：语见《论语·子张》。按照苏轼的意思是说，君子勤学，则道自至。子夏：孔子的学生。[14] 没（mò）人：指能深入水中的人，即能潜水的人。[15] 水之道：水性。[16] 昔者以声律取士：北宋前期承袭唐、五代科举法，以诗赋试士。诗赋重声律，所以这样说。意思是说，以声律取士的流弊是使学者只注重声律等杂学，而不注重"明道"。[17] 经术：指《诗》《书》《易》《周礼》《礼记》《论语》《孟子》等儒家经书义理。务：务实。[18] 渤海：唐时置渤海郡，治所在今山东阳信县。吴君彦律：吴彦律，生平事迹不详。[19] 求举于礼部：指应进士考试。礼部，尚书省所属六部之一，掌管典章法度、学校、科举、祭祀和接待等事务。

思考与练习

一、这篇文章提出了"学"与"道"的关系，提出"道可致而不可求，学以致其道"的基本观点，可以给我们怎样的启迪？

二、题目为"日喻"，文章采用了明显的喻证法，完成以下问题，了解喻证在说理文章中的作用。

1. "盲人识日"的寓意是什么？这个故事在文中起什么作用？画出此处相应的比喻句。

2. "北人学没"的教训是什么？画出此处相应的比喻句。

论毅力

梁启超[1]

解　题

戊戌变法失败后，作者流亡日本，反思维新变法失败的教训而写了这篇文章。其意义在于勉励当时正处于逆境中的仁人志士们，不要因为一时受挫而心灰意冷，应以坚韧不拔的毅力克服困难，战胜逆境，继续前进，争取成功。全文自始至终运用了正反对举的说理方法，道理说得十分透彻。

天下古今成败之林，若是其莽然不一途也[2]。要其何以成[3]，何以败？曰：有毅力者成，反是者败。

盖人生历程，大抵逆境居十六七，顺境亦居十三四，而顺逆两境又常相间以迭乘[4]。无论事之大小，必有数次乃至十数次之阻力，其阻力曾或大或小，而要之必无可逃避者也[5]。其在志力薄弱之士，始固曰吾欲云云[6]，吾欲云云，其意以为天下事固易易也，及骤尝焉而阻力猝来[7]，颓然丧矣；其次弱者，乘一时之意气，透过此第一关，遇再挫而退；稍强者，遇三四挫而退；更稍强者，遇五六挫而退。其事愈大者，其遇挫愈多，其不退也愈难，非至强之人[8]，未有能善于其终者也。

夫苟其挫而不退矣，则小逆之后，必有小顺；大逆之后，必有大顺。盘根错节之既经[9]，而随有应刃而解之一日。旁观者徒艳羡其功之成[10]，以为是殆幸运儿[11]，而天有以宠彼也；又以为我蹇于遭逢，故所就不若彼也[12]。庸讵知所谓蹇焉[13]、幸焉者，皆彼与我之相同，而其能征服此蹇焉，利用此幸焉与否，即彼成我败所由判也。更譬诸操舟，如以兼旬之期[14]，行千里之地者，其间风潮之或顺或逆[15]，常相参伍[16]。彼以坚苦忍耐之力，冒其逆而突过之，而后得从容以进度其顺。我则或一日而返焉，或二三日而返焉，或五六日而返焉，故彼岸终不可达也。

孔子曰："譬如为山，未成一篑，止，吾止也；譬如平地，虽覆一篑，进，吾往也[17]。"孟子曰："有为者，譬若掘井，掘井九仞，而不及泉，犹为弃井也[18]。"成败之数[19]，视此而已。

（选自梁启超：《饮冰室文集》之《专集·新民说》，新典书局出版社，1968年）

注释

[1] 梁启超（1873—1929），字卓如，号任公，又称饮冰室主人，广东新会人，康有为的学生，二人皆是中国资产阶级改良运动的中心人物，号称"康梁"。梁启超作为资产阶级思想家，在政治上主张维新，宣传立宪保皇，抨击专制主义，提倡民权。在文学方面，把散文作为政治斗争的工具，又是最早评价和创作小说的人。文稿主要收入《饮冰室文集》。[2] 林：会集。莽然：纷杂众多的样子。不一：种种不同。途：途径、情况。[3] 要：推究。[4] 迭乘：交替呈现。[5] 要之：总之。[6] 吾欲云云：我要怎样怎样。[7] 猝：突然。颓然：委靡的样子。丧：灰心丧气。[8] 至：极，最。[9] 盘根错节：树根盘绕，木节交错，比喻事情繁难复杂，不易解决；这里指艰苦的逆境。既经：已经经过。[10] 艳羡：非常羡慕。[11] 殆：大概，差不多。[12] 蹇于遭逢，遭遇不好。蹇：跛足，引申为艰难、困厄。就：成就。[13] 庸讵：岂，怎么。[14] 兼旬：两旬。旬：十天。[15] 风潮：风向潮流。[16] 参伍：交相错杂。[17] 孔子的话意谓：好比堆成一座山，只差一筐土没有堆成，如果停止下来，那是我自己停止的；又好比填平土地，哪怕只倒了一筐土，如果继续去填，那是我自己去填的。[18] 孟子的话意谓：要干事的人，就像掘井，掘到非常深，而没有挖到水，仍然是一口废井。仞：长度单位，古代以七尺或八尺为一仞。[19] 数：规律。

思考与练习

一、全文的中心论点是怎样提出来的？请分析其论证层次。

二、本文是怎样运用对比手法来进行有力论证的？

三、找出文中的层递句和比喻句，并简要分析其表达效果。

再论雷峰塔的倒掉

鲁 迅[1]

解题

本文作于1925年2月6日，是作者读了2月2日《京报副刊》载崇轩（胡也频）写给编辑孙伏园的信（《雷峰塔倒掉的原因》）之后，有感而发的。1924年10月28日鲁迅发表《论雷峰塔的倒掉》，表现了作者对于作为封建压迫势力象征的雷峰塔的倒掉之快意。本文题为"再论"，接续前论，却表现了一种比前论的"快意"更为深沉的悲哀。它所针对的，已不是"法海"之流封建专制主义的压迫势力，而是那种自觉和不自觉的"修补老例"的雅人、信士和传统大家"——那些患着保存旧物的"十景病"的奴才们。批判了"寇盗式的破坏"和"奴才式的破坏"，呼唤"内心有理想的光"的"革新的破坏者"。

从崇轩先生的通信[2]（二月份《京报副刊》）里，知道他在轮船上听到两个旅客谈话，说是杭州雷峰塔之所以倒掉，是因为乡下人迷信那塔砖放在自己的家中，凡事都必平安，如意，逢凶化吉，于是这个也挖，那个也挖，挖之久久，便倒了。一个旅客并且再三叹息道：西湖十景这可缺了呵！

这消息，可又使我有点畅快了，虽然明知道幸灾乐祸，不像一个绅士，但本来不是绅士的，也没有法子来装潢。

我们中国的许多人，——我在此特别郑重声明：并不包括四万万同胞全部！——大抵患有一种"十景病"，至少是"八景病"，沉重起来的时候大概在清朝。凡看一部县志，这一县往往有十景或八景，如"远村明月""萧寺清钟""古池好水"之类。而且，"十"字形的病菌，似乎已经侵入血管，流布全身，其势力早不在"！"形惊叹亡国病菌之下了[3]。点心有十样锦，菜有十碗，音乐有十番[4]，阎罗有十殿，药有十全大补，猜拳有全福手福手全，连人的劣迹或罪状，宣布起来也大抵是十条，仿佛犯了九条的时候总不肯歇手。现在西湖十景可缺了呵！"凡为天下国家有九经"[5]，九经固古已有之，而九景却颇不习见，所以正是对于十景病的一个针砭，至少也可以使患者感到一种不平常，知道自己的可爱的老病，忽而跑掉了十分之一了。

但仍有悲哀在里面。

其实，这一种势所必至的破坏，也还是徒然的。畅快不过是无聊的自欺。雅人和信士和传统大家，定要苦心孤诣巧语花言地再来补足了十景而后已。

无破坏即无新建设，大致是的；但有破坏却未必即有新建设。卢梭，斯谛纳尔，尼采，托尔斯泰，伊孛生等辈，若用勃兰兑斯的话来说，乃是"轨道破坏者"。其实他们不单是破坏，而且是扫除，是大呼猛进，将碍脚的旧轨道不论整条或碎片，一扫而空，并非想挖一块废铁古砖挟回家去，预备卖给旧货店。中国很少这一类人，即使有之，也会被大众的唾沫淹死。孔丘先生确是伟大，生在巫鬼势力如此旺盛的时代，偏不肯随俗谈鬼神；但可惜太聪明了，"祭如在祭神如神在"，只用他修《春秋》的照例手段以两个"如"字略寓"俏皮刻薄"之意，使人一时莫明其妙，看不出他肚皮里的反对来。他肯对子路赌咒，却不肯对鬼神宣战[6]，因为一宣战就不和平，易犯骂人——虽然不过骂鬼——之罪，即不免有《衡论》[7]（见一月份《晨报副刊》）作家TY先生似的好人，会替鬼神来奚落他道：为名乎？骂人不能得名。为利乎？骂人不能得利。想引诱女人乎？又不能将蚩尤的脸子印在文章上。何乐而为之欤？

孔丘先生是深通世故的老先生，大约除脸子付印问题以外，还有深心，犯不上来做明目张胆的破坏者，所以只是不谈，而决不骂，于是乎俨然成为中国的圣人，道大，无所不包故也。否则，现在供在圣庙里的，也许不姓孔。

不过在戏台上罢了，悲剧将人生的有价值的东西毁灭给人看，喜剧将那无价值的撕破给人看。讥讽又不过是喜剧的变简的一支流。但悲壮滑稽，却都是十景病的仇敌，因为都有破坏性，虽然所破坏的方面各不同。中国如十景病尚存，则不但卢梭他们似的疯子决不产生，并且也决不产生一个悲剧作家或喜剧作家或讽刺诗人。所有的，只是喜剧底人物或非喜剧非悲剧底人物,在互相模造的十景中生存,一面各各带了十景病。

然而十全停滞的生活,世界上是很不多见的事,于是破坏者到了,但并非自己的先觉的破坏者,却是狂暴的强盗,或外来的蛮夷。狳狁[8]早到过中原,五胡[9]来过了,蒙古也来过了;同胞张献忠[10]杀人如草,而满洲兵的一箭,就钻进树丛中死掉了。有人论中国说,倘使没有带着新鲜的血液的野蛮的侵入,真不知自身会腐败到如何!这当然是极刻毒的恶谑,但我们一翻历史,怕不免要有汗流浃背的时候罢。外寇来了,暂一震动,终于请他作主子,在他的刀斧下修补老例;内寇来了,也暂一震动,终于请他做主子,或者别拜一个主子,在自己的瓦砾中修补老例。再来翻县志,就看见每一次兵燹之后,所添上的是许多烈妇烈女的氏名。看近来的兵祸,怕又要大举表扬节烈了罢。许多男人们都那里去了?

凡这一种寇盗式的破坏,结果只能留下一片瓦砾,与建设无关。

但当太平时候,就是正在修补老例,并无寇盗时候,即国中暂时没有破坏么?也不然的,其时有奴才式的破坏作用常常活动着。

雷峰塔砖的挖去,不过是极近的一条小小的例。龙门的石佛,大半肢体不全,图书馆中的书籍,插图须谨防撕去,凡公物或无主的东西,倘难于移动,能够完全的即很不多。但其毁坏的原因,则非如革除者的志在扫除,也非如寇盗的志在掠夺或单是破坏,仅因目前极小的自利,也肯对于完整的大物暗暗的加一个创伤。人数既多,创伤自然极大,而倒败之后,却难于知道加害的究竟是谁。正如雷峰塔倒掉以后,我们单知道由于乡下人的迷信。共有的塔失去了,乡下人的所得,却不过一块砖,这砖,将来又将为别一自利者所藏,终究至于灭尽。倘在民康物阜时候,因为十景病的发作,新的雷峰塔也会再造的罢。但将来的运命,不也就可以推想而知么?如果乡下人还是这样的乡下人,老例还是这样的老例。

这一种奴才式的破坏,结果也只能留下一片瓦砾,与建设无关。

岂但乡下人之于雷峰塔,日日偷挖中华民国的柱石的奴才们,现在正不知有多少!

瓦砾场上还不足悲,在瓦砾场上修补老例是可悲的。我们要革新的破坏者,因为他内心有理想的光。我们应该知道他和寇盗奴才的分别;应该留心自己堕入后两种。这区别并不烦难,只要观人,省己,凡言动中,思想中,含有借此据为己有的朕兆者是寇盗,含有借此占些目前的小便宜的朕兆者是奴才,无论在前面打着的是怎样鲜明好看的旗子。

一九二五年二月六日

(选自鲁迅:《野草》,山西人民出版社,2020年)

注 释

[1] 鲁迅(1881年—1936),曾用名周樟寿,后改名周树人,字豫山,后改豫才,曾留学日本仙台医科专门学校(肄业)。"鲁迅"是他1918年发表《狂人日记》时所用的笔名,也是他影响最为广泛的笔名。著名文学家、思想家、民主战士,五四运动的重要参与者,中国现代文学的奠基人。[2] 崇轩的通

信，指刊登于 1925 年 2 月 2 日《京报副刊》第四十九号上的胡崇轩给编者孙伏园的信《雷峰塔倒掉的原因》。[3] 亡国病菌：当时的一种奇怪论调。1924 年 4 月《心理》杂志第三卷第二号载有张耀翔的《新诗人的情绪》一文，把当时出版的一些新诗集里的惊叹号（！）加以统计，说这种符号"缩小看像许多细菌，放大看像几排弹丸"，认为这是消极、悲观、厌世等情绪的表示，因而说多用惊叹号的白话诗都是"亡国之音"。[4] 十番：又称"十番鼓""十番锣鼓"，由若干曲牌与锣鼓段连缀而成的一种套曲，流行于福建、江苏、浙江等地。[5] "凡为天下国家有九经"语见《中庸》："凡为天下国家有九经。曰：修身也，尊贤也，亲亲也，敬大臣也，体群臣也，子庶民也，来百工也，柔远人也，怀诸侯也。"意思是治理天下国家有九项应做的事。这里只取"经""景"两字同音。[6] 孔丘（前 551—前 479），春秋时鲁国陬邑（今山东曲阜）人，儒家学派的创始人。《论语·述而》有"子不语怪力乱神"的记述。"祭如在祭神如神在"，语见《论语·八佾》。他曾修订过《春秋》，后来的经学家认为他用一字褒贬表示微言大义，称为"春秋笔法"。他对弟子子路赌咒的事，见《论语·雍也》："子见南子，子路不说（悦）。夫子矢之曰：予所否者，天厌之！天厌之！"[7]《衡论》：发表在 1925 年 1 月 18 日《晨报副刊》第十二号上的一篇文章，作者署名 TY。他反对写批评文章，其中有这样一段话："这种人（指写批评文章的人），真不知其心何居。说是想赚钱吧，有时还要赔子儿去出版。说是想引诱女人吧，他那朱元璋的脸子也没有印在文章上。说是想邀名吧，别人看见他那尖刻的文章就够了，谁还敢相信他？"这里是鲁迅对该文的顺笔讽刺。[8] 猃狁：我国古代北方民族之一，周代称猃狁，秦汉时称匈奴。周成王、宣王时都曾和他们有过战争。[9] 五胡：历史上对匈奴、羯、鲜卑、氐、羌五个少数民族的合称。[10] 张献忠（1606—1646），延安柳树涧（今陕西省定边县东）人，明末农民起义领袖。崇祯三年（1630）起义，转战陕、豫各地；崇祯十七年（1644）入川，在成都建立大西国；清顺治三年（1646）出川，行至川北盐亭界，猝遇清兵，于凤凰坡重箭坠马而死。旧史书（包括野史和杂记）中多有关于他杀人的夸大记载。

 思考与练习

一、作者采用借题发挥的方法，由报纸上看到的雷峰塔倒掉的原因，以此为出发点，通过广泛的联想，联系国人生活中与之相类似的事，引出对中国传统文化与国民性弱点中的"十景病"，具体说明这是一种怎样的精神病象。

二、作者将西方的著名"轨道破坏者"和中国的孔子进行对比，意在说明什么？

三、文章有哪几类"破坏者"？作者主张哪一类？归纳文章的中心论点。

四、鲁迅先生的杂文具有言近旨远的特点，往往借助平常小事来引申发挥，深刻地反映社会本质。本文仅就雷峰塔倒掉一件小事，论及的是关系中国社会文化的带有根本性的大问题。以本文为例，具体谈一谈这一特点。

"友谊",还是侵略?

毛泽东

解 题

  1949年4月23日国民南京政府倒台,美国政府的援蒋政策失败。1949年8月5日,美国政府在驻华大使司徒雷登返美之时,发表了《美国与中国的关系》白皮书。国务卿艾奇逊把他7月30日写给美国总统杜鲁门的信,作为该白皮书的序言一起发表。针对这些言论,毛泽东给新华社写了一组评论文,本文是其中之一,发表于1949年8月30日。这是一篇具有高度战斗性和严密逻辑性的政论文。文章揭露了对方论据歪曲历史、颠倒黑白的反动本质及其虚假性,揭穿了艾奇逊的无耻谎言。

  为了寻找侵略的根据,艾奇逊重复地说了一大堆"友谊",加上一大堆"原则"。
  艾奇逊说:"从我们历史很早的时期起,美国人民和政府就关心中国了。虽然距离遥远,背景又大不相同,把中美两国隔离开了,可是那些在宗教、慈善事业和文化方面团结中美两国人民的纽带,一直在加深着美国对中国的友谊,许多年来种种善意措施便是证据,例如用庚子赔款来教育中国学生,在第二次世界大战期间废除治外法权[1],以及战时和战后对中国的大规模援助等等。美国始终维持并且现在依然维持对华外交政策的各项基本原则,包括门户开放主义,尊重中国行政和领土的完整,以及反对任何外国控制中国等等,这是有案可稽的。"
  艾奇逊当面撒谎,将侵略写成了"友谊"。
  美帝国主义主义侵略中国的历史,自从一八四零年帮助英国人进行鸦片战争起,直到被中国人民轰出中国止,应当写一本简明扼要的教科书,教育中国的青年人。美国是最早强迫中国给予治外法权的国家之一,这即是白皮书上提到的中美两国有史以来第一次签订的一八四四年的望厦条约[2]。就是在这个条约里,美国除了强迫中国接受五口通商等事而外,强迫中国接受美国人传教也是一条。美帝国主义比较其他帝国主义国家,在很长的时期内,更加注重精神侵略方面的活动,由宗教事业而推广到"慈善"事业和文化事业。据有人统计,美国教会、"慈善"机关在中国的投资,总额达四千一百九十万美元;在教会财产中,医药费占百分之十四点七,教育费占百分之三十八点二,宗教活动费占四十七点一[3]。我国许多有名的学校如燕京、协和、汇文、圣约翰、金陵、东吴、之江、湘雅、华西、岭南等,都是美国人设立的[4]。司徒雷登就是从事这些事业出了名,因而做了驻华大使的。艾奇逊们心中有数,所谓"那些在宗教、慈善事业和文化方面团结中美两国人民的纽带,一直在加深着美国对中国的友谊",是有来历的。从一八四四年订约时算起,美国在这些事业上处心积虑地经营了一百零五年,据说都是为了"加深友谊"。

参加八国联军打败中国，迫出庚子赔款，又用之于"教育中国学生"，从事精神侵略，也算一项"友谊"的表示。

治外法权是"废除"了，强奸沈崇案的犯人回到美国，却被美国海军部宣布无罪释放[5]，也算一项"友谊"的表示。

"战时和战后的对华援助"，据白皮书说是四十五亿余美元，据我们统计是五十九亿一千四百余万美元，帮助蒋介石杀死几百万中国人，也算一项"友谊"的表示。

所有一百零九年（从一八四零年英美合作的鸦片战争算起）美帝国主义给予中国的"友谊"，特别是最近数年帮助蒋介石杀死几百万中国人这一项伟大的"友谊"，都是为着一个目的，就是"始终维持并且现在依然维持对华外交政策的各项基本原则，包括门户开放主义，尊重中国行政和领土的完整，以及反对任何外国控制中国等等。"

杀死几百万中国人，不为别的，第一为了门户开放，第二为了尊重中国行政和领土的完整，第三为了反对任何外国控制中国。

现在，只有广州、台湾等处一小片地方的门户，还向艾奇逊们开放着，第一个神圣的原则在那里"依然维持"着。其余的地方，比如上海吧，解放以后本来是开放的，现在却被人用美国的军舰和军舰上所装的大炮，实行了一条很不神圣的原则：门户封锁。

现在，只有广州、台湾等处一小片地方的行政和领土，还算叨了艾奇逊第二个神圣原则的光，"依然维持"住了它们的"完整"。其余地方，一概倒运，行政和领土都是破碎得不像样子了。

现在，只有广州、台湾等处地方，叨了第三个神圣原则的光，把"任何外国的控制"，连同美国的控制也在内，都给艾奇逊们"反对"掉了，因此还被中国人控制着。其余的国土，说来要掉眼泪，一概完了，都给外国人控制住了，中国人统统当了奴隶。至于是什么外国呢，艾奇逊老爷行文至此，还没有来得及点出，下文自明，无须多问。

不干涉中国内政，是否也算一条原则呢，艾奇逊没有说，大概不能算吧。美国老爷的逻辑，就是这样。看完艾奇逊信件的全文，就可以证实这一项高明的逻辑。

（选自毛泽东：《毛泽东选集（第四卷）》，人民出版社，1991年）

注　释

[1] 这里所说的"治外法权"，是指领事裁判权。这是帝国主义国家侵略势力在中国所攫取的侵略特权之一。所谓领事裁判权，即凡是享有这种特权的国家在中国的侨民，如果成为民事、刑事诉讼的被告时，中国法庭无权裁判，只能由各该国的领事或者法庭裁判。[2]《望厦条约》：是美国侵略中国的第一个不平等条约。1844年7月，美国利用中国在鸦片战争失败后的处境，强迫中国清朝政府在澳门附近的望厦村签订了《中美五口贸易章程》，即《望厦条约》。这个条约共三十四款，其中规定美国享受英国在南京条约及其附件中除割地、赔款外所获得的一切特权，包括美国在中国享有的领事裁判权。[3] 材料引自美国人雷麦著《外人在华投资》一书第十五章。[4] 指北平的燕京大学、协和医学院，北平和南京

的汇文中学，上海的圣约翰大学，南京的金陵大学，苏州的东吴大学，杭州的之江大学，长沙的湘雅医学院，成都的华西协和大学，广州的岭南大学。[5] 1946 年 12 月 24 日，美国海军陆战队士兵皮尔逊等在北平强奸北京大学女生沈崇。这个事件，曾经激起全国人民的巨大愤怒，引起了国民党统治区广大学生抗议美军暴行、要求美军撤离中国的爱国民主运动。1947 年 1 月，国民党政府不顾人民的抗议，竟将主犯皮尔逊交给美国方面单独处理。同年 8 月，美国海军部宣布皮尔逊无罪释放。

思考与练习

一、文章以一个选择反诘句作为标题，犀利含蓄，引人深思。试分析这种形式的标题在文章的内容、主旨方面有何表现作用。

二、本文是一篇著名的驳论文。它以无可辩驳的大量历史事实，有力地驳斥了艾奇逊的谎言。试分别概括本文正面论点和敌论反面论点，并分析文章是怎样通过反驳敌论论据来反驳敌论点的。

三、文章一开头就摘引了艾奇逊白皮书中关于一大堆"友谊"和一大堆"原则"的原文。试述这样写的作用是什么。此部分也有自己的论点、论据和相应的论证方法，请简要说明。

四、义正词严的正面斥责和辛辣的反语讽刺都能增强反驳力量，收到良好的表达效果。本文运用了大量的反语，试用横线标示出来，领会它们的含义，具体分析它们在反驳中的作用。

切勿放松农业

张红宇[1]

解 题

本文是一篇有现实针对性的文章。在我国农业经过改革后实现历史性跨越的背景下，作者仍然提出了关于农业发展所面临的四大问题，提醒人们切勿因形势大好便放松农业，更是在文章中驳斥了对农业发展的两种误解，做到"立中有破"，使得论点稳固有力。

十四年的改革，使我国农业实现了历史性的跨越。今春在邓小平同志视察南方重要谈话精神鼓舞下，农村的改革和经济发展，从一开始就出现了较好的势头。党的十四大确定的建立社会主义市场经济体制的战略目标，又为我国农业的发展注入了新的活力。农业生产继续增长，产业结构开始发生变化；流通体制改革明显加快，农产品市场成效突出；乡镇企业进入新的发展阶段，中西部地区乡镇企业的发展令人瞩目；农村市场购销两旺，农民收入可望增长。

但是，在看到农村工作和农业发展大好形势的同时，我们也不能不正视所存在的问题，不能不看到这些问题发展下去可能造成的隐患。首先，主要农产品持续"卖难"，经济效益明显下降，挫伤了农民的生产积极性。粮食等主要农产品"卖难"已持续几年，今年仍不见缓解。粮食市场除玉米、大豆略有回升外，其余持续疲软。从表面看，这是因为收购资金紧张所致，但实际问题在于不少地方大量挤占挪用资金，迫使收购部门少收、停收或"打白条"；粮食部门库存积压；政府部门缺乏保护价兑现的财政支持。"卖难"加之农用生产资料价格持续上涨，使得种粮的经济效益明显下降。其次，农民负担有增无减。近三年农民人均收入每年只增长0.7%，但据农业部抽样调查，农民负担不仅未能得到控制，反而日益加重：各种名目的摊派、集资不算，仅农民直接负担的村提留和乡统筹1990年人均即为26.1元，比1989年增长25.48%，1991年又上升到29.2元，比1990年又增长11.88%，大大超过了同期农民收入的增长速度，超过了农民的承受能力。第三，注重发展第二、第三产业，忽视农业。不少地区出于对发展工业、第三产业的热情，有意无意地在资金、物资投放上忽视了农业，甚至挤农业、控农业。第四，农业部门的宏观调控能力薄弱，不能适应农村市场的发展。我国农业系统的行政管理部门是在过去产品经济条件下形成的，其行政管理方式和机构设置至今仍大都停留在过去的水平上，这就很难适应今天的形势和要求。

上述这些问题，有的是多年遗留下来的，有的是在新形势下出现的，有实际工作当中的问题，更有体制上的原因。但有一点是肯定的，那就是，它又一次告诉我们，在改革开放的今天，在大力发展社会主义市场经济的条件下，我们必须高度重视农业，而切勿放松农业。

江泽民同志在十四大报告中强调："农业是国民经济的基础，必须坚持把加强农业放在首位，全面振兴农村经济。"农业的基础地位任何时候都不可动摇，这是由我国的基本国情所决定的。我国有11亿人口，11亿人口的丰衣足食，是国家稳定的基础，是保证工业生产原材料供应的基本前提，也是发展其他各项事业的基本条件。农业兴，则全国兴；农业稳，则全国稳。这个基本的道理是人人都能理解的。

"现在农民富裕了，让他们多出点、多拿点岂不理所应当？"这是一种误解。其实，从收入水平看，目前我国多数农民并不富裕。而且农村人口收入的差异较大，较为富裕的农户和个体户只占少数，大多数只是温饱略余而已，部分农户生活仍很贫困。一些部门和地区错把"温饱"当"小康"，认为现在的农民都富得"流油"了，殊不知，这种估计是大错特错的。

"现在是发展社会主义市场经济，不向工业、第三产业倾斜怎么行？"这同样是一种误解。发展社会主义市场经济，逐步建立社会主义市场经济体制，是一项复杂的系统工程。它不仅包括工业、第三产业，而且也包括农业。因此逐步建立和完善社会主义市场经济体制的过程，应该、也必然是农业不断发展的过程，而决不意味着将农业的基础地位"倾斜"掉；应该、也必然是使农民的生产活动面向市场，依据市场的变化调整产品种植结构，而决不是要削弱农业在国民经济中的地位和作用。试想：在我国，不重视农业，不加强农业，建立社会主义市场经济体制的目标能够实现吗？不要说这个目标不能实现，就是我们已经获得的大好经济形势恐怕也难以巩固和发展。对此，我们切不可有半点糊涂。

（选自《光明日报》，1992年12月31日）

注　释

[1] 张红宇，男，1958年生，四川省什邡市人，汉族，中共党员。1975年参加工作，1982年毕业于西南农业大学经贸学院，2001年获得经济学博士学位。曾任农业部产业政策与法规司司长，兼任农业部软科学委员会秘书长。现任农业部农村经济体制与经营管理司司长。

思考与练习

一、本文的论点即"切勿放松农业"，文章开头一段却概括地讲述了"农村工作和农业发展"的大好形势。请说明作者为什么这样写。

二、为了加强文章论证的力度，作者在文中选用了哪些不同形式的论据？

三、"这个基本的道理是人人都能理解的。"正因为如此，所以文章第四段的理论阐述写得很简要。请留意这种处理方法。

四、立论文以阐述正面观点为主，但也常常通过批驳错误观点以充分申述正面观点，本文就采用了"立中有破"的写法，在最后两段分别批评了两种"误解"，这样写有何作用？

五、请收集关于我国农业发展的时事新闻，对此做出自己的评论，和老师、同学进行交流、讨论。

树立适应节约型社会建设的理念

关　觉

解　题

近年来，随着建设资源节约型、环境友好型社会（简称节约型社会）的提出，中国的可持续发展迎来了前所未有的机遇。当前中国正处在发展与环境的全面转型过程中，如何扬长避短，在全球化背景下利用好后发优势，解决发展中的资源环境问题，实现社会经济的快速、持续、均衡发展，是我们今后相当一段时期内面临的重大课题。

思想是行动的先导。建设节约型社会，必须树立正确的理念，深刻认识到节约不仅是一种行为方式，更是一种素质、一种责任、一种公德。

树立善待地球、保护生态资源的理念。人类社会的发展依赖于地球生态系统以及由其提供的自然资源和条件。但由于长期以来人类对地球不断进行掠夺式开发，地球资源已经到了全面紧缺的地步。联合国考察报告指出："人类活动已经破坏了地球上60%的草地、森林、农耕地、河流和湖泊。"自然资源不是可以无限使用的。为了人类社会的持续发展，我们必须考虑经济产出的自然资源成本。善待地球，保护生态资源，是全人类的共同责任。

树立需求无限而资源有限的忧患理念。我国是一个人均资源水平较低的国家。过去，我们习惯用"地大物博，人口众多"来概括我国的特点。其实，相对于人口来说，我国不仅地不大，物也不博。从资源禀赋看，我国是总量上的富国、人均上的贫国。我国已经探明的矿产资源总量约占世界的12%，居世界第三位，但人均占有量仅为世界人均水平的58%，居于第五十三位。随着经济的高速发展，淡水、土地、草地、森林等自然资源的消耗和占用急剧增加。如果我们不注意节约和保护资源，经济社会发展和人民生活质量提高将受到严重制约。

树立节约就是增加社会财富的理念。节约强调的是按照物品的特点进行适时、适量、适度、适物的使用和消费，用更少的资源获得更大的经济效益和社会效益。因此，节约是降低成本、增加社会财富的重要途径。当前，经济活动中存在的只重生产、不重节约的行为，造成了巨大浪费。我国钢铁、有色金属、电力、化工等高能耗行业的单位产品能耗比世界先进水平平均高出40%以上；我国每年建成房屋的95%以上属高耗能建筑；我国钢材利用率仅为65%左右，而发达国家大多在80%以上；我国农业灌溉用水有效利用系数为0.4~0.5，而发达国家为0.7~0.8；我国工业的用水重复利用率也比较低。在人们的日常生活中，浪费现象更是十分普遍。这些情况表明，我国的节约潜力巨大，将节约潜力挖掘出来，就能为社会增加大量的财富。

树立节约须走技术创新之路的理念。加强技术创新是实现能源、资源节约的必由之路。应把能源、资源、环境、生物技术等放在优先位置，集中力量进行研发和攻关。当务之急是在以下几方面实现技术突破：一是提高能源综合利用效率的技术。我国目前煤炭使用量在能源使用总量中约占70%，提高煤炭综合利用率成为急需解决的问题。二是发展循环经济的相关技术。废弃物是放错了位置的资源。发展循环经济，就是把放错位置的资源重新利用好，使生产过程由过去的资源——产品——废弃物，变为资源——产品——再生资源，走资源循环利用之路。三是发展太阳能、水力、地热能的技术。我国太阳能资源丰富，2/3国土面积的日照时数在2200小时以上，陆地表面每年接收太阳能辐射相当于17000亿吨标准煤。我国水力发电潜力大，目前水力发电1亿千瓦，仅占发电总量的24.6%。我国地热储量达1353.5亿吨煤热量单位，有待于开发利用。此外，还应积极开发利用生物质能源的技术。

树立全社会崇俭抑奢的理念。在建设节约型社会的过程中，政府应起到表率作用，大力加强节约型机关建设，把勤俭节约列入干部考核内容。除了做好自身的节约，政府还应制定节约规划，完善节约的体制机制，并做好监督检查和统计工作，将节约型社会建设不断推向前进。广大公民是建设节约型社会的主体。每个公民都应具有勤俭节约的道德情操和良好习惯，从自己做起，从身边点滴小事做起。每人节约一滴水、一滴油、一寸木材，乘上 13 亿，就是一笔巨大的数目。

（选自《人民日报》2006 年 1 月 27 日）

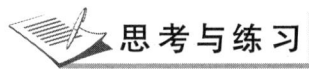

一、本文的中心论点是什么？全文的论证层次是怎样的？

二、根据文章内容，说说"节约"的内涵。

三、本文在论证中着重运用了例证法和对比法，试举例分析说明。

四、深刻理解下列语句的含义，并结合自己的见闻感受，就某一个方面，写一篇立论短文。

1. 节约不仅是一种行为方式，更是一种素质、一种责任、一种公德。
2. 废弃物是放错了位置的资源。
3. 每人节约一滴水、一滴油、一寸木材，乘上 13 亿，就是一笔巨大的数目。

让玫瑰花和紫罗兰散发不同的芳香（节选）
——尊重和维护世界文化与文明的多样性

李慎明[1]

解 题

文明多样性是人类社会的基本特征，也是人类文明进步的重要动力。尊重和维护世界文明多样性，是我们对待不同文明应有的态度。我们应当和全世界人民一道，为维护世界文化、文明的多样性，为人类文化、文明的繁荣发展，进行持续不懈的努力。

马克思曾经说过："你们赞美大自然令人赏心悦目的千姿百态和无穷无尽的丰富宝藏，你们并不要求玫瑰花散发出和紫罗兰一样的芳香，但你们为什么却要求世界上最丰富的东西——精神只能有一种存在形式呢？"各种不同的文化、文明，都有其独特的意蕴和风采，正如山峰巍巍、溪水潺潺，如果硬要把山峰削平、溪水堵塞，壮美的山和秀美的水还有什么灵性呢？还有什么人愿意登临呢？维护世界文化、文明的多样性，不单是人类文化、文明发展的需要，也是维护全球公正、公平的需要。以个别超级大国为主导的国际垄断资本的扩张，使得富国、富人愈来愈富，穷国、穷人愈来愈穷，乃至部分发达国家和部分富人也开始变穷。与此同时，这些国家和人民的政治、文化等诸多权益也遭到渐进的剥蚀。有作用力，就必然有反作用力；作用力越大，反作用力也就越大。就连西欧的许多政治家和学者对超级大国强行推行自己的文化和价值观念也极为不满。法国、德国和加拿大等国舆论界兴起抵制超级大国"文化入侵"的浪潮，应该说是顺理成章之事。前不久，在联合国教科文组织154个参与投票的国家和地区中，148票赞成，4票弃权，仅有两个国家投票反对，以压倒性多数通过由法国和加拿大倡议的《文化多样性公约》，应该说这是反作用于文化单边主义的一个很好的例证。

我们不赞成"文明冲突"和"历史终结"论[2]，我们充分尊重和维护世界文化、文明的多样性。那么，如何才能实现世界文化、文明的多样性呢？

第一，必须尊重和维护各国自主选择社会制度和发展道路的权利。社会制度和发展道路是一个国家文化、文明的核心和本质所在。尊重一个国家的文化、文明，首先必须尊重其自主选择的基本社会制度和发展道路；尊重和维护世界文化、文明的多样性，必须尊重和维护世界的政治多极化。但是，国际垄断资本和单边主义政治无视世界各国的历史传统、民族关系和社会环境的多样性及复杂性，肆意扩张，粗暴干涉别国内政，甚至为自身的战略利益任意发动战争。如果听任这种倾向继续发展下去，世界文化和文明的多样性就无从谈起。事实证明：仅靠文化和文明的多样性不可能改变经济上和政治上的单边主义威胁；缺少了经济多样性和政治多样性，文化和文明的多样性就根本无法单独存在。即使存在一时，也不过是只供展览的标本，或者可资游览的景观，而不会有任何生机和活力。

第二，要坚持和维护不同文化和文明间的平等对话。世界是丰富多彩的。每个国家和民族都有自己的文化传统和发展模式。各个国家、各个民族都为共同构建几千年的人类文明历史大厦做出了自己的贡献。各国、各民族的优秀文化，都是全人类的宝贵精神财富。承载文化和文明的国家与民族有大有小，各种不同文化和文明的发展有先有后，但是都应当在世界文化的百花园中占据平等的地位，这就如同联合国每一个成员国都有平等的表决权一样。坚持和维护不同文化和文明间的平等对话权利，是维护世界和平发展的根本途径。要加强不同文明的对话和交流，在竞争比较中取长补短，在求同存异中共同发展，努力消除相互的疑虑和隔阂，使人类社会更加和睦，让世界更加丰富多彩。要真正做到平等对话，关键是强国、大国的态度。两千多年前，中国哲人老子说："大者宜为下"，"大国者下流，天下之交，天下之牝"，意思是大国尤其应当有谦虚、谦和的态度，就像江河下流那样开阔、平和。这样一来，天下就很容易太平，人类就很容易和平相处。应当说，能否善待他国，不仅是衡量一个国家和民族文化与文明的标尺，而且是一个国家文化和文明能否长盛不衰的决定性条件之一。历览人类历史文明的兴衰更替，可以清楚看到，一种文明和文化兴起后，若对其他文化和文明平等相待，并积极学习借鉴，就会更加发展繁荣，直至如日中天。若企图侵蚀甚至用强力铲除其他国家和民族的文化、文明，则必然窒息自己的文化和文明，逐步走向衰落，直至最终毁灭。这一现象在人类历史的长河里决不鲜见。当年横跨亚、非、欧的奥斯曼帝国，曾经不可一世，但是不可避免地走向了衰亡的结局。环视当今世界，个别超级大国所奉行的"文明逻辑"，不正在造成更多的流血、苦难和冲突，导致更多的恐怖主义发生吗？世界上任何国家和任何民族的文化传统和特性，都积淀在这些国家和民族的骨髓里，奔腾在这些国家和民

族的血液中。这些传统和特性，并不是外来文化能够随意更改替代的。所有国家和民族，都应尊重其他国家和民族不同特色和风格的文化、文明。国际社会对于地区优秀文化、少数民族优秀文化，特别是发展中国家的优秀传统文化，应给予更多的尊重、理解和支持。当今，经济全球化的发展使人类面临的经济和社会问题更加复杂。各国都应以开放和平等的精神，承认世界的多样性，加强不同文化和文明间的对话与交流，以和平方式处理国际和地区争端，促进国际关系民主化，协力构建各种文明兼收并蓄的和谐世界。

第三，各种不同文化、文明要相互学习和借鉴。世界上不同文化和文明不仅需要各个国家与各个民族的代代相传，而且需要相互学习、借鉴，取长补短，共同发展。这就需要具有海纳百川的胸怀和强大的吸收消化能力。在这种交流过程中，平等相待是一条不可逾越的原则。任何一种文化或文明，都不应凭借背后的经济、政治和科技的优势，去阻碍、封锁其他人类文明精华的传播。相互借鉴而不是刻意排斥，取长补短而不是定于一尊，这是各国根据国情繁荣发展本国文化、文明，进而实现世界文化、文明繁荣发展的重要途径。迄今为止，没有哪一种文明是在完全封闭的环境中发展起来的。可以说，任何一种文化、文明的产生和发展过程都是与其他文明碰撞、交流、融合的过程。可以想象，如果没有来自东方四大发明的传播，近代西方文明赖以自豪的地理大发现和工业化进程将根本无从说起。二战以后，西方资本主义在制度建设、文化建设上所取得的进步，也有不少是在竞争中借鉴社会主义文明的结果。当然，新中国成立50多年特别是改革开放20多年来经济社会发展所取得的巨大成就，同样离不开对包括发达资本主义文明在内的全世界各种文明的借鉴。在高新技术飞速发展的今天，我们更不能夜郎自大、闭关锁国，否则就必然落后甚至挨打。但在学习的过程中，又必须结合各自国家和民族的特点，坚持以我为主、为我所用的原则，有所取舍，趋利避害，决不能照抄照搬，否则同样会从根本上危及自己的生存。

第四，对本国文化和文明，要坚持自尊、自爱、自信、自立，做到固本守源。霸权主义文化存在已久，而且在一定时期内还可能发展。因此，所有的国家和民族，尤其是发展中国家和人民，对本国的文化和文明必须做到自尊、自爱、自信、自立，坚决维护和弘扬本国、本民族的优秀文化和文明。文化和文明有着十分丰富而深刻的内涵，决不能仅仅把科技和物质发展水平作为衡量文化先进与落后的尺度。否则，便可能把个别超级大国的意识形态作为普世的文化和文明去顶礼膜拜，也会把他们向全世界进行的文化扩张看成是向"未开化"国家和民族传播"文明"。其实，当今世界那些所谓的普世文明，说到底，是霸权主义对全世界实施"西化"、"分化"的工具。这种观念的侵蚀，也使得发展中国家某些人产生一种"文化自卑感"，对西方文化如醉如痴，而对本国文化却是苛求甚至鄙视有加。越是民族的，便越是世界的。我们所有的中国人，都应该倍加珍惜我国科学的民族的大众的社会主义文化，并使之发扬光大、生生不息。我们中华民族历来平等对待一切平等待我之民族，十分注意学习借鉴其他国家和民族的文化与文明。同时，对那些敌视甚至妄图摧毁我们的文化和文明的人，我们历来的态度是"威武不能屈"。

中华民族悠悠五千年的文化和文明波澜壮阔，也曾跌宕起伏，甚至几度危难当头，但始终得以传承并正在展现出新的风姿，这也是我们为世界文化和文明的多样性做出的独特贡献。而今，和平与发展仍是当今时代的主题，世界正向着光明和进步的目标迈进，但我们这个地球仍然很不太平。我们既面临文化、文明发展的难得机遇，又面临严峻的挑战。我们要遵照彼此尊重、相互借鉴、共同繁荣的原则，继续扩大对外文化交流，增进人民之间的友谊，推动国际关系的发展。

（选自《求是》2006年第2期）

注　释

［1］李慎明，1949年10月生，河南温县人，1970年参加工作，1971年加入中国共产党，中共中央党校科学社会主义专业研究生班毕业，研究生学历，研究员、博士生导师，少将军衔，中国社会科学院大学特聘教授。［2］作者在节选部分之前论述道："如何对待世界上不同的文化和文明？西方政治理论界给出了许多答案。其中，'文明冲突论'和'历史终结论'就是颇具代表性的两种。'文明冲突论'为人类未来勾勒了一幅充满冲突、争斗以至战争的图景。其潜在逻辑是，世界文化和文明多样性所需要的和平共存的土壤根本不存在，弱势文化和文明只能接受被淘汰的命运。'历史终结论'则说得更为直接：世界文化和文明的多样性是一个完全不需要讨论的问题，帝国即单边主义的文化和文明已经一统天下，历史到此终结。"

思考与练习

一、本文标题的寓意是什么？生活中的哪些观念符合这种寓意？

二、议论文确立论点应当有强烈的现实针对性。本文的论点是针对什么现实问题而提出的？并简要分析说明维护世界文化、文明的多样性的重要意义。

三、在论述"要坚持和维护不同文化和文明间的平等对话"这个部分时，作者选用了哪些论据来证明自己论点的正确性？

语言与文化

金开诚[1]

解　题

每个民族的语言都体现了本民族的文化历史和文化发展，想要了解一个民族的文化必须了解这个民族的语言。作者认为语言与文化的关系是密不可分的，语言带有文化的烙印，文化需要语言的传承。作者所用论据丰富多样且贴近生活，善用举例与对比，文章浅显易懂。

由于某一民族的语言从来就是传布与传承民族文化的载体，所以语言便在一定程度上带有民族文化的色彩与意味。这也使人类个体在学习说话的过程中，便可能受到民族文化的熏陶。

任何个体出生不久，就开始学语言，个体要不要学语言以及学什么样的语言，这都不由他自己决定，而是由养育他的人决定的；一般说来，也就是一定要他学语言，而且是本民族的语言。

一代代人学习本民族的语言，这也是本民族的文化得到传承、形成传统的重要途径之一。因为语言表面看来虽然只是一个约定俗成的符号系统，作社会交际工具之用；但事实上，在漫长的使用过程中，它却被涂上了与民族历史、民族文化有关的感情色彩，或者凝结了与民族历史、民族文化有关的思想意义。这就使得任何一种语言本身都具有显著的民族特色，成为承担民族文化很有稳固性的载体之一。

语言本身传承文化最为明显的例证，当然是那些成语、典故、谚语、俗语、警句、炼话等等；它们是直接由民族的历史文化或生活经验产生的，是某种思想的载体，感情倾向也极为清楚。但因为这方面的情况已是不言而喻的事实，而且因为幼儿学话并不由此开始，所以不拟多说，而着重在一般词汇方面举例分析。

例如幼儿学话，最早会叫爸爸、妈妈，小孩在学会这两个词的同时，定然把它们同父母的具体形象联系，而这形象则是有中国作风、中国气派的中国男人和中国妇女；后来幼儿又逐渐感知父母在家庭中的不同分工、地位和处境，并分出对"严父慈母"的不同情感与态度，这些情况当然是由传统的历史文化决定的。因此，在幼儿心目中，爸爸、妈妈这两个词，是与一些富于感性的表象以及一定的情感色彩相联系的。

由父母推广一步说到家庭，过去中国小孩对家的观念也是有中国特色的（现在则是另一种中国特色）。因为过去大都是封建家长制的大家庭，又因早婚而三代同堂或四世同堂；由这种聚居而决定的房屋结构、人际关系、生活起居、礼仪秩序等等，都逐渐被学话的孩子所感知，并在心理上与家的概念（词）联系在一起。

以上事例还只能说是小孩凭借自己的感知经验使所学的言语带上某些感性色彩或语外含意，还不能说是言语给小孩带来文化的熏陶与影响。但等小孩逐渐长大，所知较多，那时候学习语言、理解语言，就会感到一定的文化意味了。比如美国的一岁幼儿，父母让他学说"好莱坞"这个名称，他肯定不会感到有什么特殊意味；但等小孩长到四、五岁，当他听到别人说或自己说"好莱坞"的时候，他便可能在不同程度上感到这个名称上面的美国文化的淀积，因而含有这样那样的意味。而中国的小孩听到"好莱坞"却不会有这种文化意味的感受。但中国当然也有许多独特的名胜之地，说起那些地名，中国人的感受也就不仅仅是一个抽象的、毫无意味的符号。例如中国古代说到塞北与江南，便分别含有不同的意味。江南人说到苏杭，也有特定的文化感受，因为"上有天堂，下有苏杭"早已深入人心。说苏杭说到"烟柳画桥"，这又有独特的意味。其实，世界上各个国家大致都有柳有桥，但只有中国人说"烟柳画桥"，而且比较多见的是用来描写江南景色；它所含有的意味，是只有中国人才能深入感受的。

再推而广之，中国人在空间上说东南西北，时序上说春夏秋冬，也各有不同的语感或联想。这既是因为人们对四方和四季有不同的气候、景观与生态的感受，也因为传统文化中把四方、四季同金木水火土五行相配。气候、景观、生态与五行混合在一起，给人一种模糊的感受，即东方、春季有温暖和煦之感，南方、夏季有炎热蓬勃之感，西方、秋季有清凉萧瑟之感，北方、冬季有寒冷肃杀之感。这样的语感是中国特有的。在别的民族或国家，同样是指四方、四季的词，由于地理、气候与文化的不同，就可能带上另一种语感。在中国，上述特定语感不仅有普遍性，而且有的人还辨析得相当精确。例如近人王国维在《人间词话》中说："太白纯以气象胜。'西风残照，汉家陵阙'寥寥八字，遂关千古登临之口。"这很能说明李白用词之准与王国维感受之准。比如首句"西风"就不能换为"东风"、"南风"，因为这二者给人以阳和之感，不能与"残照"协调相配；"北风"则流于凄厉，不如"西风"的萧飒更利于全景统一。下句"汉家陵阙"四字假如换为"秦家陵阙"或"隋家陵阙"，原词的"气象"也不免减色；而对不同"气象"的感受则有赖于对秦、汉、隋三朝的历史面貌和文化特色有较多的印象积累，方能形成某种"完形感"，从而觉出此处只有用"汉家陵阙"气象最好。小孩儿学话当然不会有如此深刻的与历史文化相联系的语感；但从他学话开始，那凝结在语词上的历史、文化意味却会逐渐被语言使用者感知，对他产生熏陶或感染，这却是毫无疑义的。

再说一些更为明显的例子。像植物中的松、竹、梅、兰等，在中国人心目中就有根深蒂固的象征意义。松柏"岁寒后凋"，竹"直节虚中"，都被象征为有气节风骨。梅花"斗雪迎春"，兰草"幽谷传香"，也是人们敬爱的品格的象征。其他像荷花"出淤泥而不染"，菊花晚芳傲霜，牡丹国色天香等等，也都因为与历史文化的联系，使代表它们的名词带有特殊的语感。

杨柳和草本是最一般的植物，但因为在古诗文中多与离愁别恨相联系，所以也带上了特殊意味。杨柳与离别发生关系，是因为柳谐音"留"，又有依依之态。在古诗文中最早见于《诗经·小雅·采薇》："昔我往矣，杨柳依依；今我来思，雨雪霏霏。"后世咏柳诗文无数，而最有名的离别之歌是唐代王维的《渭城曲》："渭城朝雨浥轻尘，客舍青青柳色新。劝君更尽一杯酒，西出阳关无故人。"所以柳几乎成了描写离别愁绪的必有之物。草与离别发生关系是因为它长满旅途，延向远方，似乎与人的思念相连。最早表现在《楚辞·招隐士》中："王孙游兮不归，春草生兮萋萋。"后来的名作如李白《灞陵行送别》："上有无花之古树，下有伤心之春草。"白居易《赋得古原草送别》："离离原上草，一岁一枯荣。野火烧不尽，春风吹又生。远芳侵古道，晴翠接荒城。又送王孙去，萋萋满别情。"近人李叔同在著名的《送别》词中既说到草又说到柳："长亭外，古道边，芳草碧连天，晚风拂柳笛声残，夕阳山外山。天之涯，地之角，知交半零落，一瓠浊酒尽余欢，今宵别梦寒！"其实，人们送别未必都在有柳有草之地，但在语言传播（如诗文写作）中，却都可以这样写，比实景更动人；以至中国有些城市在通往车站、机场的路上列植柳树，也就是受到传统文化的影响。植物名词在语言中是常用的，它所凝结的文化意味当然也会对学话的人发生影响，就是说在学习和使用语言的过程中受到语言的文化意味的熏陶。

至于那些字面本身就有思想倾向和情感色彩的字词，对学话人的影响就更加直接了。由于这种思想倾向和情感色彩也是受社会文化制约的，因此所谓影响也就是通过学话用话而受到文化的熏陶。

（选自金开诚：《金开诚学术文化随笔》，中国青年出版社，1996年）

注　释

[1] 金开诚（1932—2008），汉族，江苏无锡人，祖籍江苏吴县（今苏州）。著有《文艺心理学论稿》《艺文丛谈》《金开诚学术文化随笔》，编注有《楚辞选注》等；晚年关注中国书法和传统文化研究，《中华传统文化的重要思想及其古为今用》《谈中国书法艺术与传统文化的关系》是其代表作。

思考与练习

一、在作者看来，语言与文化有什么关系？作者举了哪些形象生动的实例来说明？

二、作者在论述语言与文化关系时运用了哪些论证方法？请结合本文分析。

三、除了本文列举的语言与文化相关联的事例，联系你的实际生活或思考你的本民族语言与别民族语言之异同，你还能找出其他的例子吗？

修辞是一个选择过程

张志公[1]

解　题

说话、写文章要讲究逻辑，还得考虑修辞。什么是修辞？大多数人一提到修辞，只会注意到比喻、拟人、夸张等修辞手法，但著名语言学家张志公先生给"修辞"下的定义是：修辞其实就是一个选择过程。怎么选，选什么？在阅读时要充分理解作者关于这一选择过程的论述。

什么是修辞？修辞就是在运用语言的时候，根据一定的目的精心地选择语言材料这样一个工作过程。无论说话，还是写文章，就是把语言材料组织起来，表达自己的思想感情，或者告诉别人一件事，说明一个问题，或者表示一个意见。语言材料很多，在表达的时候，有很大的选择余地。比如说，有个小孩很灵敏，很好玩，我很喜欢他。要把我对他的印象说出来，用什么词儿呢？用"灵""机灵""伶俐""很鬼""很有心眼儿"？或者用一般常说的"聪明"？这就有个选择，从中选一个最足以表示我对他的印象的说法。说一句话，可以有不同的说法，比如，可以说"这个小孩真聪明"，也可以说"这个小孩真不笨"，这又有所选择。"他心灵手巧，样样都行"，这句话很整齐；"他干什么都很出色，真行"，这句话不像上一句四个字四个字的，不整齐，但是也可以，也不错。我们可以很平实地说出对一个孩子的印象，"他举止动作活泼灵敏"，也可以打个比方，"这小孩真麻利，活像个小猴子"。这是随便举几个例子，从用词到说一句话、一段话，这里边可以选择的方面很多很多。认真细致地选择，并且能很迅速地选出最需要、最适当的说法，就是修辞的能力。上面举的是日常生活中不关重要的话。说重要的话，讲重要的道理，发表重要的意见，也需要选择，越是内容重要，越需要选择。从这个意义上说，修辞很重要，应该具有这种能力。

修辞不是把话这么装饰那么装饰，更不是自己制造什么花样翻新的说法，只不过是从现有的语言材料中精心选择而已。创造性地运用是可以的。所谓创造性，是指在选择运用之中有独到之处。

修辞既是选择的过程，就得有选择标准。怎么选择？根据什么选择？怎么叫选择得好？怎么叫选择得不好？

选择语言材料是为了使我们说的话、写的文章具有准确性，就是能够把客观事物在我们头脑里的反映准确地表达出来。不仅准确，并且富有表现力。准确，富有表现力，这是我们选择语言材料最根本的考虑。就拿上面的例子说，说一个小孩"灵""机灵""伶俐""很鬼""很有心眼儿"，这些词语并不是毫无差别的，用哪一个能最准确地表达出我对这个小孩的印象呢？选择首先要从这里考虑：哪一种说法最准确。同样都准确，用这个说法是准确的，用另一个说法也是准确的，那就要考虑，用哪一个说法表现力更强，能够把我对小孩的很好的印象有力量地表达出来，使听的人、读的人受到更大的影响，能够和我产生共鸣呢？

所谓准确性、表现力，不能单单从自己主观方面考虑。语言是交际工具，有说的一方，有听的一方；有写的一方，有读的一方。说的人、写的人不仅要考虑主观方面的目的，也要考虑客观方面的要求。只有主客观统一，表达效果才会更好。比如，你说一件事，听的人在工作很忙、时间很紧的情况下听，希望你简明扼要地说，这是客观的希望和要求。在这种情况下，如果你左用一个比方，右用一个形容，希望自己说得生动形象，活灵活现。你的主观愿望不能说不好，但是不符合客观的要求，效果就不好。不论你的形象生动的语言选择得多么好，也达不到目的，作用会打折扣。听的人性急，不耐烦，反而可能听不清楚，同你的主观愿望恰恰相反。所以，选择语言材料，进行修辞工作，既要考虑主观，又要考虑客观，力求主客观的统一。

这就涉及对象和场合的问题了。如果你对孩子们讲一件事，用了一些抽象的、比较难懂的字眼，用了一些复杂的句子，总之，要很费一些思索才能够理解清楚，尽管你所选择的词、句子都不错，话组织得也不错，但是效果并不好，因为不适合对象。相反，

如果你是对一些理解能力比较强的青年人、成年人说同一件事，几句话就可以说得清楚，你却反复解释，这样说了那样说，反反复复，效果也不会好，因为不适合对象。同样的一件事，对家里的人随便说说，向熟悉的同志介绍介绍，或者你觉得需要向领导反映一下，汇报汇报，在这些不同的场合，就需要有一定区别的讲法，就是说要得体。对你的家里人和熟悉的同志，很严肃，像煞有介事，或者向领导汇报，嘻嘻哈哈，"谈笑风生"，都不得体。所以，修辞，也就是选择语言材料，组织语言材料，要考虑对象，注意场合。话说得得体是很重要的。所谓得体并不是矫揉造作，更不是虚伪，说些言不由衷的话，那样根本谈不到得体与不得体。所谓得体，就是在这样的场合，同这样有关系的一些人说一件事，怎样说最恰当，合乎这种场合的要求，合乎听话人和说话人相互关系的要求。这可并不是说对于什么样的人说话可以大模大样，对于什么样的人说话要低三下四，不是指这种区别。对任何人说话都不应该大模大样，也不需要低三下四。不过，对象不同，说话总应该有些区别。无论对长者、老者说话，对年轻人或者比自己小得多的人说话，都需要诚实、亲切。对长者、老者，总要多一点尊敬的神态吧，对年轻人或者比自己小得多的人，总要多一点关切爱抚的神态吧，这就是得体的问题。对长者、老者、老师、长辈说话，缺少应有的尊敬的表示；对一个孩子说话，缺少应有的关切爱抚的表示，那能够说是得体的吗？当别人称赞自己的时候，总应该有点谦逊的表示，但是，也得实事求是，谦逊过头，达到了不合事实的虚假程度，也就不得体了。相反，不谦逊，很不客气，哪怕自己确实做了一点有成绩的事情，不论对谁，表现了不谦逊，不客气，也是一种不得体。所谓得体，就是在真实的、实事求是的前提之下，根据具体的场合、具体的对象，采取恰当的说法，表现出自己一种应有的修养，一种比较高尚的思想精神面貌，这就是得体。不论口头上说话，书面上写文章，都应该考虑这个问题。所谓要讲点精神文明，要讲点语言美，并不是要学点花巧，而是要实事求是，要真实，亲切，而又得体。

　　说到这里，就自然要联系到选择语言材料，也就是说进行修辞工作的又一个重要的标准。那就是：修辞有时代性，有社会性。语言有一个很长久的历史发展过程，从古到今，语言是一步一步发展过来的。语言材料有不少是从古到今一直沿用的，也有不少是逐渐产生的一些新的材料，所以，它既有历史的连贯性，又有不同时代的时代性。语言是一种社会现象，语言交流思想感情，是一种社交活动。那么，它不能不受社会发展变革的影响。然而，语言又是一个全民性的交际工具，它不像社会变革那么剧烈。所以，在各个不同的社会里，它既有某些共同性的东西，又有不同社会的一些不同风习、特点的反映。因此，选择语言材料，怎么叫做选择得好，怎么叫做选择得不够好，或者不好，不同的时代、不同的社会，既有要求相同的一面，又有不同的一面。学习修辞，不能完全没有时代观点，不能完全没有社会观点。静止地来讲，说某种修辞方法好，不考虑时代和社会的因素，这种讲法是不够准确的。我们今天的社会对于语言的运用，首先要求准确性，也就是要求实事求是，要求朴实。当然也要求有表现力。然而，必须明确，表现力是在准确性的基础上存在的，失去了准确性，谈不到表现力。假话、大话、空话不论装饰得多么好，因为它是不准确的，所以它是缺乏表现力的，是我们不仅不提倡，并且反对的。一提到学习修辞，往往引起联想，就是怎么把话说得漂亮一些，怎样把文章写得漂亮一些。我们不反对说话说得漂亮，文章写得漂亮。美，优美，是我们所提倡的。但是，必须首先记住，只有在实事求是、准确、严密的基础上才能谈得到漂亮、优美。假话、大话、空话是最不优美的话，最不漂亮的话。当我们学习修辞的时候，这是首先要明确的。此外，现代化要求一切讲究速度，讲究效率。说话，写文章，也是这样。因此，我们提倡简洁，明快。像"推敲"的故事[2]，像"吟安一个字，捻断数茎须"、"两句三年得，一吟双泪流"[3]这些名句，作为认真仔细、一字不苟的写作态度，说明写作是一种艰苦的脑力劳动，不是马马虎虎就可以取得成就的，讲讲未尝不好。但是，在我们的写作实践中，需要的是既严肃而又敏捷的态度和能力。为一个字琢磨好半天，以至穷年累月地去下修辞的功夫，我们不去过多地提倡。这也可以认为是修辞有时代性的一个方面。

最后要说到，修辞既是一个选择过程，那么，只有我们对于语言知道得多，在我们头脑里有丰富的积累，才有选择的余地。如果头脑里的语言材料很贫乏，总共就知道那么一点点，就会那么一点点，还说得上什么选择呢？要达到基本上准确都很困难，因为语言材料不够用，表现力就更谈不上了。所以，通过广泛阅读优秀的读物，平时从各个渠道留心生活里的那些优美的有用的语言材料，不断地充实自己的语言积累，才能使自己的头脑里有一个丰富的语言宝库。在这种情况之下，当我们需要的时候，才能从这个宝库中选择出所需要的材料。因此，学习修辞，先决的条件是要丰富自己的语言，不这样，谈不到修辞能力。所以，仅仅把修辞看成为一种技巧或技术是不够的。丰富语言不是一件孤立的事情，它同思想的提高，知识的充实，生活经验的积累，关系非常密切。在这样的基础上，语言会逐渐地丰富起来。有了丰富的语言积累，同时学习一点修辞知识，这时，修辞知识才会更好地发挥作用，使我们运用语言的能力提高起来。

（选自张志公：《张志公文集：汉语修辞》，广东教育出版社，1991年）

注　释

[1] 张志公（1918—1997），语言学家，语文教育家。曾任人民教育出版社副总编辑、课程教材研究所学术委员会主任。[2] 推敲：典出唐朝诗人贾岛锤炼诗句的故事。"鸟宿池中树，僧敲月下门"，对用"敲"或"推"吟咏再三。[3] "两句三年得，一吟双泪流""吟安一个字，捻断数茎须"，出自唐代卢延让《苦吟》，意思是为了一个恰当的字，不知不觉捻断了好几根胡子（用脑思索时不自觉的动作）。"两句三年得，一吟双泪流"是贾岛吟成"独行潭底影，数息树边身"二句后加的注诗。

思考与练习

一、我们都知道比喻、拟人、夸张等修辞手法，但是，修辞是不是仅仅指这些？到底什么是修辞？阅读本文后，谈谈你的认识。

二、本文提出的修辞选择的两个标准是什么？请举例说明。

三、文章在说明修辞选择的标准时，谈到对象和场合的问题。根据作者的观点，在下列四副对联的八句中选出最好的两句，构成一副贴切于"云淡风轻，对月赏梅"的情境的对联，并说明理由。

轻风舞细柳，淡月隐梅花
轻风摇细柳，淡月映梅花
轻风扶细柳，淡月失梅花
轻风弄细柳，淡月暗梅花

四、下面是朱自清《荷塘月色》中的一段文字，请分析其修辞特点。

曲曲折折的荷塘上面，弥望的是田田的叶子。叶子出水很高，像亭亭的舞女的裙。层层的叶子中间，零星地点缀着些白花，有袅娜地开着的，有羞涩地打着朵的；正如一粒粒的明珠，又如碧天里的星星。微风过处，送来缕缕清香，仿佛远处高楼上渺茫的歌声似的。这时候叶子与花也有一丝的颤动，像闪电般，霎时传过荷塘的那边去了。叶子本是肩并肩密密地挨着，这便宛然有了一道凝碧的波痕。叶子底下是脉脉的流水，遮住了，不能见一些颜色；而叶子却更见风致了。

经典和我们

周国平[1]

解　题

今天，书籍的数量和种类都空前丰富，而阅读的人却逐渐减少，在这样一个"快"时代，阅读如何实现"效率"？作者认为，阅读经典是真正有灵魂参与的阅读，一种真正的阅读。文章中，作者谈到了经典与我们的关系，告诉我们，如何辨识经典，如何阅读经典。

我的读书旨趣，第一是把人文经典当作主要读物，第二是用轻松的方式来阅读。

读什么书，取决于为什么读。人之所以读书，无非有三种目的。一是为了实际的用途，例如因为职业的需要而读专业书籍，因为日常生活的需要而读实用知识。二是为了消遣，用读书来消磨时光，可供选择的有各种无用而有趣的读物。三是为了获得精神上的启迪和享受，如果是出于这个目的，我觉得读人文经典是最佳选择。

人类历史上产生了那样一些著作，它们直接关注和思考人类精神生活的重大问题，因而是人文性质的，同时其影响得到了许多世代的公认，已成为全人类共同的财富，因而又是经典性质的。我们把这些著作称作人文经典。在人类精神探索的道路上，人文经典构成了一种伟大的传统，任何一个走在这条路上的人都无法忽视其存在。

认真地说，并不是随便读点什么都能算是阅读的。譬如说，我不认为背功课或者读时尚杂志是阅读。真正的阅读必须有灵魂的参与，它是一个人的灵魂在一个借文字符号构筑的精神世界里的漫游，是在这漫游途中的自我发现和自我成长，因而是一种个人化的精神行为。什么样的书最适合于这样的精神漫游呢？当然是经典，只要我们翻开它们，便会发现里面藏着一个个既独特又完整的精神世界。

一个人如果并无精神上的需要，读什么倒是无所谓的，否则就必须慎于选择。也许没有一个时代拥有像今天这样多的出版物，然而，很可能今天的人们比以往任何时候都阅读得少。在这样的时代，一个人尤其必须懂得拒绝和排除，才能够进入真正的阅读。这是我主张坚决不读二三流乃至不入流读物的理由。

图书市场上有一件怪事，别的商品基本上是按质论价，唯有图书不是。同样厚薄的书，不管里面装的是垃圾还是金子，价钱都差不多。更怪的事情是，人们宁愿把可以买回金子的钱用来买垃圾。至于把宝贵的生命耗费在垃圾上还是金子上，其间的得失就完全不是钱可以衡量的了。

古往今来，书籍无数，没有人能够单凭一己之力从中筛选出最好的作品来。幸亏我们有时间这位批评家，虽然它也未必绝对智慧和公正，但很可能是一切批评家中最智慧和最公正的一位，多么独立思考的读者也不妨听一听它的建议。所谓经典，就是时间这位批评家向我们提供的建议。

对经典也可以有不同的读法。一个学者可以把经典当作学术研究的对象，对某部经典或某位经典作家的全部著作下考证和诠释的功夫，从思想史、文化史、学科史的角度进行分析。这是学者的读法。但是，如果一部经典只有这一种读法，我就要怀疑它作为经典的资格，就像一个学者只会用这一种读法读经典，我就要断定他不具备大学者的资格一样。唯有今天仍然活着的经典才配叫做经典，它们不但属于历史，而且超越历史，仿佛有一颗不死的灵魂在其中永存。正因为如此，在阅读它们时，不同时代的个人都可能感受到一种灵魂觉醒的惊喜。在这个意义上，经典属于每一个人。

作为普通人，我们如何读经典？我的经验是，无论《论语》还是《圣经》，无论柏拉图还是康德，不妨就当作闲书来读。也就是说，阅读的心态和方式都应该是轻松的。千万不要端起做学问的架子，刻意求解。读不懂不要硬读，先读那些读得懂的、能够引起自己兴趣的著作和章节。这里有一个浸染和熏陶的过程，所谓人文修养就是这样熏染出来的。在不实用而有趣这一点上，读经典的确很像是一种消遣。事实上，许多心智活泼的人正是把这当作最好的消遣的。能否从阅读经典中感受到精神的极大愉悦，这差不多是对心智品质的一种检验。不过，也请记住，经典虽然属于每一个人，但永远不属于大众。我的意思是说，读经典的轻松绝对不同于读大众时尚读物的那种轻松。每一个人只能作为有灵魂的个人，而不是作为无个性的大众，才能走到经典中去。如果有一天你也陶醉于阅读经典这种美妙的消遣，你就会发现，你已经距离一切大众娱乐性质的消遣多么遥远。

经典是人类精神财富的一个宝库,它就在我们身旁,其中的财富属于我们每一个人。阅读经典,就是享用这笔宝贵的财富。凡是领略过此种享受的人都一定会同意,倘若一个人活了一生一世,从未踏进这个宝库,那是遭受了多么巨大的损失啊。

(选自周国平:《周国平论教育》,华东师范大学出版社,2009年)

注　释

[1] 周国平,中国当代著名学者、作家、哲学研究者。著有《尼采与形而上学》《各自的朝圣路》《风中的纸屑》《人生哲思录》《周国平人文讲演录》等。对于写作,他曾说,"我的写作应该同时也就是我的精神生活,两者必须合一,否则其价值就应受到怀疑。"他的作品思想深刻,极具内涵,充满了哲思,给人以启迪和省思。

思考与练习

一、本文的中心论点是什么?论证过程是怎样的?

二、作者主张把经典当作闲书轻松地读,并且认为阅读经典很像一种消遣。请归纳作者的理由。

三、谈谈你对"经典"的理解并向同学推荐你所认为的经典书籍。

钱的极点

毕淑敏[1]

解　题

从"一切向前看"到"一切向钱看",钱似乎成了当今社会的极点。在作者看来,金钱有无法辐射的盲点,金钱因为人的精神而显得脆弱易逝,物质的满足绝不会代替精神的求索。作者结合自身经历,巧妙地从"人的生理结构"的角度为我们剖析了金钱的"有限"和精神的"无限",让人在轻松愉悦的阅读中获得感悟。

小时候猜一道智力题。问:从地球上的什么地方出发,无论往哪里走,都是朝向南?答案是:北极。

现在无论同谁聊天,无论从哪儿说起,都会很快谈到钱。钱成了当今社会的极点。

钱给人的好处是太多了,而且许多人由于钱不多,而享受不到钱的好处。人对于得不到的东西就需要想象,想象的规律一般是将真实的事物美化。比如说我们看到一位大眼睛戴口罩的女士,就会想她若摘了口罩,一定更是美丽动人。其实不然,口罩里很可能是一对暴牙齿,人家原是为了遮丑的。

我当过许多年的医生,虽是无钱之人,却凭医疗常识,想象钱的功能有限,理由是从人的生理结构而来。

钱能买来山珍海味,可再大的富豪也只有一个胃。一个胃的容积就那么大,至多装上两三斤的食物,外加一罐扎啤,也就物满为患了。你要是愣往里揣,轻则是慢性胃炎,重了就是急性胃扩张,后者还有生命危险呢。更不消说,长期的膏粱厚味,还会引起高胆固醇糖尿病等等。所以说,那些因公而需长期大吃大喝的人,得了肥胖症,真是要算"公"伤的。

钱能买来绫罗绸缎。可再娇美的妇人也只有一副身段,一次只能向世人展现套在身体最外层的那套衣服。穿得太多了,就会捂出痱子。要是一天老换衣服,变成工作,就是时装模特儿了,和有钱人的初衷不符了。

再说人类延续种族愉悦自身的那个器官吧,更是严格遵循造物的规律,无论科学怎样进步,都不可能增补一套设备。假如无所节制,连原装的这一份都进入"绝对不应期",且不说那种种秽病了。电线杆子上的那些招贴纸,是救不了命的。

人和动物在结构上实在是大同小异,从翩飞的蝴蝶到一只最小的蚂蚁,都有腹腔和眼睛。人和动物的最大区别就在于思想,而恰恰在这一面钢铁盾牌面前,金钱折断了蜡做的矛头。

比如理想,比如爱情,比如自由……都是金钱的盲点。它们可以因了金钱而卖出,却不会因了金钱而被买进。金钱只是单向的低矮的闸门,永远无法积聚起情感的洪峰。

造物给予人的躯体是有限的,作为补偿,造物还人以无限的精神。人的躯体的每一个细微之处,都是很容易满足的。你主观上想不满足,造物也不允许你。造物以此来制约人物质的欲望,鼓励思想的飞翔。于是人类在有了果腹的兽肉和蔽体的树叶之后,就开始创造语言、绘画和音乐……积蓄了一代又一代的精华,于是我们有了文学,有了艺术,有了对哲学的探讨和对宇宙的访问……那都是永无穷尽的奥妙啊,只要人类存在一天,就会上天入地披肝沥胆地寻找与提炼。

我们现在是站在钱的极点上,但我们很快就会离开它。人们在新的一轮物质需要满足之后,回过头来仍然要皈依精神。

精神是人类最大的财富。在远没有金钱之前,人类就开始了精神的求索。人类最终也许将消灭金钱,但毫无疑问的是人类的精神永存。

(选自《人一生要读的100篇散文》,黎娜主编,中国华侨出版社,2010年)

注 释

[1] 毕淑敏,作家、内科主治医师。著有《毕淑敏文集》十二卷,长篇小说《红处方》《血玲珑》《女心理师》《鲜花手术》等。其作品对人生、社会冷静而理智的关怀吸引了广大读者。

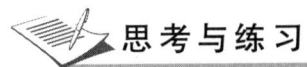

一、文章开头看似随意其实是匠心独运,以"小时候猜一道智力题"开头有什么作用?

二、联系上下文,谈谈"人和动物的最大区别就在于思想,而恰恰在这一面钢铁盾牌面前,金钱折断了蜡做的矛头"这个句子的含义。

三、作者的观点是什么?谈谈你的理解并在班上组织一场以"我的金钱观"为主题的演讲比赛。

四、积累下列关于金钱的名言。

如果您失去了金钱,失之甚少;如果您失去了朋友,失之甚多;如果您失去了勇气,失去一切。

——[德]哥德

如果你把金钱当成上帝,它便会像魔鬼一样折磨你。

——菲尔丁

人生贵相知,何必金与钱?

——李白《赠友人三首》

积金千两,不如明解经书。

——《增广贤文》

论 美

弗朗西斯·培根[1]

解 题

本文写于400多年前,当时的英国社会人欲横流,许多形貌美的人无需花太多的努力,就可以得到自己想要的东西;而形貌不美的人要获得成功,则要付出比形貌美的人多得多的努力。针对这样一种现实状况,培根就"美"提出了自己的见解。文章始终围绕着"美"展开论说,以人物的外貌美直说到德行美,字里行间透露出哲学家对"美"的理解,对人生的感悟。

美德好比宝石,它在朴素背景的衬托下反而更华丽。同样,一个打扮并不华贵却端庄严肃而有美德的人,是令人肃然起敬的。

美貌的人并不都有其他方面的才能。因为造物是吝啬的,他给了此就不再予彼。所以许多容颜俊秀的人却无所作为,他们过于追求外形美而放弃了内在美。但这话也不全对,因为奥古斯都、菲斯帕斯、腓力普王、爱德华四世、阿尔西巴底斯、伊斯梅尔等,都既是大丈夫,又是美男子。

仔细考究起来,形体之美要胜于颜色之美,而优雅行为之美又胜于形体之美。最高的美是画家所无法表现的,因为它是难于直观的。这是一种奇妙的美。曾经有两位画家——阿皮雷斯和丢勒滑稽地认为,可以按照几何比例,或者通过摄取不同人身上最美的特点,作画合成一张最完美的人像。其实像这样画出来的美人,恐怕只有画家本人喜欢。美是不能制订规范的,创造它的常常是机遇,而不是公式。有许多脸型,就它的部分看并不优美,但作为整体却非常动人。

有些老人显得很可爱,因为他们的作风优雅而美。拉丁谚语说过:"晚秋的秋色是最美好的。"而尽管有的年轻人具有美貌,却由于缺乏优美的修养而不配得到赞美。

美犹如盛夏的水果,是容易腐烂而难以保持的。世上有许多美人,他们有过放荡的青春,却承受着着愧悔的晚年。因此,把美的形貌与美的德行结合起来吧。只有这样,美才会放射出真正的光辉。

(选自[英]弗兰西斯·培根:《培根随笔》,罗杰主编,天津教育出版社,2014年)

注 释

[1] 弗朗西斯·培根(1561—1626),英国哲学家、思想家、作家和科学家。中世纪英国著名的唯物主义哲学创始人。他的多篇随笔从各个角度论述广泛的人生问题,精妙而富有哲理。

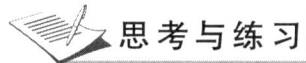

一、请给合课文分析以下句子。
1. 美德好比宝石,它在朴素背景的衬托下反而更华丽。
2. 仔细考究起来,形体之美要胜于颜色之美,而优雅行为之美又胜于形体之美。
3. 拉丁谚语说过:"晚秋的秋色是最美好的。"
4. 美犹如盛夏的水果,是容易腐烂而难以保持的。

二、作者在文中着重强调哪种美?你同意吗?

青年在选择职业时的考虑

马克思[1]

解 题

1835年8月12日,就读于特里尔中学的马克思完成了他的中学毕业考试德语作文《青年在选择职业时的考虑》。这年,马克思只有17岁,在这样一个充满梦想和希望的季节,他对自己的人生、未来进行了深入的思考、规划和设计。他以优美的文笔、深刻的语言、慎密的思考、严格的推理谈了青年在选择职业时应遵循的若干原则,以及自己职业选择的初步方向。他认为应该"选择一种使我们最有尊严的职业;选择一种建立在我们深信其正确的思想上的职业;选择一种能给我们提供广阔场所来为人类进行活动、接近共同目标即完美境地的职业"。这是少年马克思的崇高理想,也是马克思在这篇中学毕业作文中所阐述的主要思想。

自然本身给动物规定了它应该遵循的活动范围,动物也就安分地在这个范围内运动,不试图越出这个范围,甚至不考虑有其他什么范围存在。神也给人指定了共同的目标——使人类和他自己趋于高尚,但是,神要人自己去寻找可以达到这个目标的手段;神让人在社会上选择一个最适合于他、最能使他和社会都得到提高的地位。

能这样选择是人比其他生物远为优越的地方,但是这同时也是可能毁灭人的一生、破坏他的一切计划并使他陷于不幸的行为。因此,认真地考虑这种选择——这无疑是开始走上生活道路而又不愿拿自己最重要的事业去碰运气的青年的首要责任。

每个人眼前都有一个目标,这个目标至少在他本人看来是伟大的,而且如果最深刻的信念,即内心深处的声音,认为这个目标是伟大的,那它实际上也是伟大的,因为神决不会使世人完全没有引导的人,神总是轻声而坚定地作启示。

但是,这声音很容易被淹没;我们认为是灵感的东西可能须臾而生,同样可能须臾而逝。也许,我们的幻想油然而生,我们的感情激动起来,我们的眼前浮想联翩,我们狂热地追求我们以为是神本身给我们指出的目标;但是,我们梦寐以求的东西很快就使我们厌恶——于是我们的整个存在也就毁灭了。

因此,我们应当认真考虑:所选择的职业是不是真正使我们受到鼓舞?我们的内心是不是同意?我们受到的鼓舞是不是一种迷误?我们认为是神的召唤的东西是不是一种自欺?但是,不找出鼓舞的来源本身,我们怎么能认清这些呢?

伟大的东西是光辉的,光辉则引起虚荣心,而虚荣心容易给人以鼓舞或者是一种我们觉得是鼓舞的东西;但是,被名利弄得鬼迷心窍的人,理智已无法支配他,于是他一头栽进那不可抗拒的欲念驱使他去的地方;他已经不再自己选择他在社会上的地位,而听任偶然机会和幻想去决定它。

我们的使命决不是求得一个最足以炫耀的职业，因为它不是那种使我们长期从事而始终不会感到厌倦、始终不会松劲、始终不会情绪低落的职业，相反，我们很快就会觉得，我们的愿望没有得到满足，我们的理想没有实现，我们就将怨天尤人。

但是，不只是虚荣心能够引起对这种或那种职业突然的热情。也许，我们自己也会用幻想把这种职业美化，把它美化成人生所能提供的至高无上的东西。我们没有仔细分析它，没有衡量它的全部份量，即它让我们承担的重大责任；我们只是从远处观察它，而从远处观察是靠不住的。

在这里，我们自己的理智不能给我们充当顾问，因为它既不是依靠经验，也不是依靠深入的观察，而是被感情欺骗，受幻想蒙蔽。然而，我们的目光应该投向哪里呢？在我们丧失理智的地方，谁来支持我们呢？

是我们的父母，他们走过了漫长的生活道路，饱尝了人世的辛酸。——我们的心这样提醒我们。

如果我们通过冷静的研究，认清所选择的职业的全部份量，了解它的困难以后，我们仍然对它充满热情，我们仍然爱它，觉得自己适合它，那时我们就应该选择它，那时我们既不会受热情的欺骗，也不会仓促从事。

但是，我们并不总是能够选择我们自认为适合的职业；我们在社会上的关系，还在我们有能力对它们起决定性影响以前就已经在某种程度上开始确立了。

我们的体质常常威胁我们，可是任何人也不敢藐视它的权利。

诚然，我们能够超越体质的限制，但这么一来，我们也就垮得更快；在这种情况下，我们就是冒险把大厦建筑在松软的废墟上，我们的一生也就变成一场精神原则和肉体原则之间的不幸的斗争。但是，一个不能克服自身相互斗争的因素的人，又怎能抗拒生活的猛烈冲击，怎能安静地从事活动呢？然而只有从安静中才能产生出伟大壮丽的事业，安静是唯一生长出成熟果实的土壤。

尽管我们由于体质不适合我们的职业，不能持久地工作，而且工作起来也很少乐趣，但是，为了恪尽职守而牺牲自己幸福的思想激励着我们不顾体弱去努力工作。如果我们选择了力不胜任的职业，那么我们决不能把它做好，我们很快就会自愧无能，并对自己说，我们是无用的人，是不能完成自己使命的社会成员。由此产生的必然结果就是妄自菲薄。还有比这更痛苦的感情吗？还有比这更难于靠外界的赐予来补偿的感情吗？妄自菲薄是一条毒蛇，它永远啮噬着我们的心灵，吮吸着其中滋润生命的血液，注入厌世和绝望的毒液。

如果我们错误地估计了自己的能力，以为能够胜任经过周密考虑而选定的职业，那么这种错误将使我们受到惩罚。即使不受到外界指责，我们也会感到比外界指责更为可怕的痛苦。

如果我们把这一切都考虑过了，如果我们生活的条件容许我们选择任何一种职业；那么我们就可以选择一种能使我们最有尊严的职业；选择一种建立在我们深信其正确的

思想上的职业；选择一种能给我们提供广阔场所来为人类进行活动、接近共同目标（对于这个目标来说，一切职业只不过是手段）即完美境地的职业。

尊严就是最能使人高尚起来、使他的活动和他的一切努力具有崇高品质的东西，就是使他无可非议、受到众人钦佩并高于众人之上的东西。

但是，能给人以尊严的只有这样的职业，在从事这种职业时我们不是作为奴隶般的工具，而是在自己的领域内独立地进行创造；这种职业不需要有不体面的行动（哪怕只是表面上不体面的行动），甚至最优秀的人物也会怀着崇高的自豪感去从事它。最合乎这些要求的职业，并不一定是最高的职业，但总是最可取的职业。

但是，正如有失尊严的职业会贬低我们一样，那种建立在我们后来认为是错误的思想上的职业也一定使我们感到压抑。

这里，我们除了自我欺骗，别无解救办法，而以自我欺骗来解救又是多么的糟糕！

那些不是干预生活本身，而是从事抽象真理研究的职业，对于还没有坚定的原则和牢固、不可动摇的信念的青年是最危险的。同时，如果这些职业在我们心里深深地扎下了根，如果我们能够为它们的支配思想牺牲生命、竭尽全力，这些职业看来似乎还是最高尚的。

这些职业能够使才能适合的人幸福，但也必定使那些不经考虑、凭一时冲动就仓促从事的人毁灭。

相反，重视作为我们职业的基础的思想，会使我们在社会上占有较高的地位，提高我们本身的尊严，使我们的行为不可动摇。

一个选择了自己所珍视的职业的人，一想到他可能不称职时就会战战兢兢——这种人单是因为他在社会上所居地位是高尚的，他也就会使自己的行为保持高尚。

在选择职业时，我们应该遵循的主要指针是人类的幸福和我们自身的完美。不应认为，这两种利益是敌对的，互相冲突的，一种利益必须消灭另一种的；人类的天性本来就是这样的：人们只有为同时代人的完美、为他们的幸福而工作，才能使自己也达到完美。

如果一个人只为自己劳动，他也许能够成为著名的学者、大哲人、卓越诗人，然而他永远不能成为完美无疵的伟大人物。

历史承认那些为共同目标劳动因而自己变得高尚的人是伟大人物；经验赞美那些为大多数人带来幸福的人是最幸福的人；宗教本身也教诲我们，人人敬仰的理想人物，就曾为人类牺牲了自己——有谁敢否定这类教诲呢？

如果我们选择了最能为人类福利而劳动的职业，那么，重担就不能把我们压倒，因为这是为大家而献身；那时我们所感到的就不是可怜的、有限的、自私的乐趣，我们的幸福将属于千百万人，我们的事业将默默地、但是永恒发挥作用地存在下去，而面对我们的骨灰，高尚的人们将洒下热泪。

（选自《马克思恩格斯全集 第四十卷》，中共中央马克思恩格斯列宁斯大林著作编译局编，人民出

版社，1982年）

注　释

[1] 卡尔·马克思（1818—1883），无产阶级的伟大导师，马克思主义、科学共产主义的创始人。伟大的政治家、哲学家、经济学家、革命理论家。主要著作有《资本论》《共产党宣言》等。

思考与练习

一、马克思提出了哪些选择职业时应遵循的原则？

二、马克思认为"最有尊严的职业"是什么样的职业？他是如何阐述他对选择"我们深信其正确的职业"的理解的？马克思选择了什么样的职业？

三、写一篇随笔：根据马克思对选择职业时的建议，结合自己的兴趣爱好和性格特点，为自己做一个职业规划。

西西弗的神话

阿尔贝·加缪[1]

解　题

西西弗的故事取自希腊神话：柯林斯国王西西弗死后获准重返人间去办一件差事，但是当他看见人间的水、阳光、大海，就再也不愿回到黑暗的地狱。这种行为触怒了众神，在召唤、愤怒和警告都无济于事的情况下，神决定对他予以严厉惩罚：要他不停地把一块巨石推上山顶，石头会因自身的重量又从山顶滚落下去，他又要从山脚重新将巨石推上山。西西弗是一个荒谬的英雄，透过西西弗所有的激情和所受的磨难，加缪告诉我们，人即便在荒诞境况中，也要坚持自我、要有永不退缩的勇气、要不畏艰难地奋斗，要在绝望中保持乐观，追求幸福。

诸神处罚西西弗不停地把一块巨石推上山顶，而石头由于自身的重量又滚下山去，诸神认为再也没有比进行这种无效无望的劳动更为严厉的惩罚了。

荷马[2]说，西西弗是最终要死的人中最聪明最谨慎的人。但另有传说，说他屈从于强盗生涯。我看不出其中有什么矛盾。各种说法的分歧在于是否要赋予这地狱中的无效劳动者的行为动机以价值。人们首先是以某种轻率的态度把他与诸神放在一起进行谴责，并历数他们的隐私。阿索玻斯[3]的女儿埃癸娜被朱庇特[4]劫走。父亲对女儿的失踪大为震惊，并且怪罪于西西弗。深知内情的西西弗对阿索玻斯说，他可以告诉他女儿的消息，但必须以给柯兰特城堡供水为条件。他宁愿得到水的圣浴，而不是天火雷电。他因此被罚下地狱。荷马告诉我们，西西弗曾经扼住过死神的喉咙。普洛托[5]忍受不了地狱王国的荒凉寂寞，他催促战神把死神从其战胜者手中解放出来。

还有人说，西西弗在临死前冒失地要检验他妻子对他的爱情。他命令她把他的尸体扔在广场中央，不举行任何仪式。于是，西西弗重堕地狱。他在地狱里，对那恣意践踏人类之爱的行径十分愤慨，他获得普洛托的允诺重返人间以惩罚他的妻子。但当他又一次看到这大地的面貌，重新领略流水、阳光的抚爱，重新触摸那火热的石头、宽阔的大海的时候，他就再也不愿回到阴森的地狱中去了。冥王的召令、气愤和警告都无济于事。他又在地球上生活了多年，面对起伏的山峦，奔腾的大海和大地的微笑他又生活了多年。于是，诸神进行干涉。墨丘利[6]跑来揪住这冒犯者的领子，把他从欢乐的生活中拉了出来，强行把他重新投入地狱，在那里，为惩罚他而设的巨石已准备就绪。

我们已经明白：西西弗是个荒谬的英雄。他之所以是荒谬的英雄，还因为他的激情和他所经受的磨难。他藐视神明，仇恨死亡，对生活充满激情，这必然使他受到难以用言语尽述的非人折磨：他以自己的整个身心致力于一种没有效果的事业。而这是为了对大地的无限热爱必须付出的代价。人们并没有谈到西西弗在地狱里的情况。创造这些神话，是为了让人的想象使西西弗的形象栩栩如生。在西西弗身上，我们只能看到这样一幅图画：一个紧张的身体千百次地重复一个动作，搬动巨石，滚动它并把它推至山顶；我们看到的是一张痛苦扭曲的脸，看到的是紧贴在巨石上的面颊，那落满泥土、抖动的肩膀，沾满泥土的双脚，完全僵直的胳膊，以及那坚实的满是泥土的人的双手。经过被渺渺空间和永恒的时间限制着的努力之后，目的就达到了。西西弗于是看到巨石在几秒钟内又向着山下滚下，而他则必须把这巨石重新推向山顶。他于是又向山下走去。

正是因为这种回复、停歇，我对西西弗产生了兴趣。这一张饱经磨难近似石头般坚硬的面孔已经自己化成了石头！我看到这个人以沉重而均匀的脚步走向那无尽的苦难。这个时刻就像一次呼吸那样短促，它的到来与西西弗的不幸一样是确定无疑的，这个时刻就是意识的时刻。在每一个这样的时刻中，他离开山顶并且逐渐地深入到诸神的巢穴中去，他超出了他自己的命运。他比他搬动的巨石还要坚硬。

如果说，这个神话是悲剧的，那是因为它的主人公是有意识的。若他行的每一步都依靠成功的希望所支持，那他的痛苦实际上又在哪里呢？今天的工人终生都在劳动，终日完成的是同样的工作，这样的命运并非不比西西弗的命运荒谬。但是，这种命运只有在工人变得有意识的偶然时刻才是悲剧性的。西西弗，这诸神中的无产者，这进行无效劳役而又进行反叛的无产者，他完全清楚自己所处的悲惨境地：在他下山时，他想到的正是这悲惨的境地。造成西西弗痛苦的清醒意识，同时也就造就了他的胜利。不存在不通过蔑视而自我超越的命运。

如果西西弗下山推石在某些天里是痛苦地进行着的，那么这个工作也可以在欢乐中进行。这并不是言过其实。我还想象西西弗又回头走向他的巨石，痛苦又重新开始。当对大地的想象过于着重于回忆，当对幸福的憧憬过于急切，那痛苦就在人的心灵深处升起：这就是巨石的胜利，这就是巨石本身。巨大的悲痛是难以承担的重负。这就是我们的客西马尼之夜[7]。但是，雄辩的真理一旦被认识就会衰竭。因此，俄狄浦斯[8]不知不觉首先屈从命运。而一旦他明白了一切，他的悲剧就开始了。与此同时，两眼失明而又丧失希望的俄狄浦斯认识到，他与世界之间的唯一联系就是一个年轻姑娘鲜润的手。于是他毫无顾忌地发出这样震撼人心的声音："尽管我历尽艰难困苦，但我年逾不惑，我的灵魂深邃伟大，因而我认为我是幸福的。"索福克勒斯的俄狄浦斯与陀思妥耶夫斯基的基里洛夫[9]都提出了荒谬胜利的法则。先贤的智慧与现代英雄主义汇合了。

人们要发现荒谬，就不能不想到要写某种有关幸福的教材。"哎，什么！就凭这些如此狭窄的道路……？"但是，世界只有一个。幸福与荒谬是同一大地的两个产儿。若说幸福一定是从荒谬的发现中产生的，那可能是错误的。因为荒谬的感情还很可能产生于幸福。

"我认为我是幸福的"，俄狄浦斯说，而这种说法是神圣的。它回响在人的疯狂而又有限的世界之中。它告诫人们一切都还没有也从没有被穷尽过。它把一个上帝从世界中驱逐出去，这个上帝是怀着不满足的心理以及对无效痛苦的偏好而进入人间的。它还把命运改造成为一件应该在人们之中得到安排的人的事情。

西西弗无声的全部快乐就在于此。他的命运是属于他的。他的岩石是他的事情。

同样，当荒谬的人深思他的痛苦时，他就使一切偶像哑然失声。在这突然重又沉默的世界中，大地升起千万个美妙细小的声音。无意识的、秘密的召唤，一切面貌提出的要求，这些都是胜利必不可少的对立面和应付的代价。不存在无阴影的太阳，而且必须认识黑夜。荒谬的人说"是"，但他的努力永不停息。如果有一种个人的命运，就不会有更高的命运，或至少可以说，只有一种被人看作是宿命的和应受到蔑视的命运。此外，荒谬的人知道，他是自己生活的主人。在这微妙的时刻，人回归到自己的生活之中，西西弗回身走向巨石，他静观这一系列没有关联而又变成他自己命运的行动，他的命运是他自己创造的，是在他的记忆的注视下聚合而又马上会被他的死亡固定的命运。因此，盲人从一开始就坚信一切人的东西都源于人道主义，就像盲人渴望看见而又知道黑夜是无穷尽的一样，西西弗永远行进，而巨石仍在滚动着。

我把西西弗留在山脚下！我们总是看到他身上的重负。而西西弗告诉我们，最高的虔诚，是否认诸神并且搬掉石头。他也认为自己是幸福的。这个从此没有主宰的世界对他来讲既不是荒漠，也不是沃土。这块巨石上的每一颗粒，这黑黝黝的高山上的每一颗矿砂，惟有对西西弗才形成一个世界。他爬上山顶所要进行的斗争本身就足以使一个人心里感到充实。应该认为，西西弗是幸福的。

（选自［法］加缪：《西西弗的神话》，杜小真译，西苑出版社，2003年）

[1]《西西弗的神话》发表于1942年,是一篇哲学随笔,副题是"论荒谬"。阿尔贝·加缪(1913—1960),20世纪法国著名的小说家、戏剧家、评论家。1957年获诺贝尔文学奖。[2] 荷马:古希腊盲诗人。相传记述了公元前12—前11世纪特洛伊战争及有关海上冒险故事的古希腊长篇叙事史诗《伊利亚特》《奥德赛》,是他根据民间流传的短歌综合编写而成的。[3] 阿索玻斯:希腊神话中的河神。[4] 朱庇特:宙斯,罗马神话中的至高神,罗马统治希腊后将宙斯之名改为朱庇特。[5] 普洛托:罗马神话中的冥王。[6] 墨丘利:罗马神话中的商业王。[7] 客西马尼之夜:四福音书(介绍耶稣生平事迹的书,是《新约·圣经》的第一部分)中说耶稣在被犹大出卖而遭大祭司抓捕前所在的地方,位于橄榄山下。耶稣在此作最后的祷告,而门徒们都在沉睡。"客西马尼"原文含义为"榨油机",耶稣的心灵在客西马尼园确如受榨油机之挤压,为救赎人类他甘心忍受了。[8] 俄狄浦斯:古希腊悲剧大师索福克勒斯的戏剧《俄狄浦斯王》中的人物,是希腊神话中忒拜的国王拉伊奥斯和王后约卡斯塔的儿子。他在不知情的情况下,杀死了自己的父亲并娶了自己的母亲。真相大白后,约卡斯塔自杀,俄狄浦斯自刺双目后离开忒拜城,行乞涤罪。这是一曲人与命运作殊死斗争的悲歌。[9] 陀思妥耶夫斯基:俄罗斯著名作家,他的小说大量写到自杀现象,以《群魔》中基里洛夫的自杀最为独特。在基里洛夫的自杀思想和行为中,有着关于上帝的困惑、自我意志的表现和他者的动因。这些构成了基里洛夫自杀的复杂性、多义性、可阐释性。这是对人自身的存在的追问,体现了陀思妥耶夫斯基的思考与困惑。加缪曾从哲学的角度对其进行阐释。

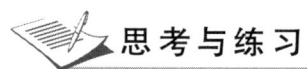

一、在这篇文章中,西西弗的形象象征着什么?作者通过西西弗的神话故事阐述了什么哲学道理?

二、为什么西西弗是荒谬的英雄?荒谬指的是什么?之所以说他是英雄的原因是什么?

三、西西弗的痛苦表现在何处,他是如何超越痛苦的?

四、作者为什么说"幸福与荒谬是同一大地的两个产儿"?

五、本文有关面对世界、面对人生态度的观点还有积极的现实意义吗?为什么?

第六篇 说明文

一、说明文的含义

说明文是一种以说明为主要表达方式，重在解说事物，阐释事理，给人以知识的文章体裁。在内容上，说明文着重解说事物的形状、构造、性质、范围、功用，阐明事理的概念、内容、本质、规律、方法、成因、关系、原理、演变等；其目的是通过客观地传播科学知识，使人增长知识和技能。说明的对象可以是具体的实体，例如人物、山岳、湖泊、花草、树木、虫鱼、鸟兽、桥梁等；也可以是抽象的事理，例如立场、观点、方法、法令、制度以及名词概念、学术流派、风俗习惯等。总之，从宏观世界到微观世界，从基础学科到尖端学科，从奇妙的微生物到人类社会，从石器到电脑，从沙漠到海洋，从地层变化到天体运行等漠漠宇宙，大千世界，无不是它说明的对象。

说明文是应用范围很广的一种实用文体，无论在生产劳动、科学研究中或一般的工作、学习、生活中，都要运用它来传授技术、获取信息、学习科学文化知识。另外，在写作中，说明这种表达方式的应用也是很广泛的，它不仅是说明文的主要表达方式，在一般记叙文、议论文和其他文体中也常用到它；即使是文学作品也离不开说明，如小说中的插说、剧本中的舞台提示、诗词前的小序等，都属于说明文字。因此，我们要像重视记叙文、议论文一样来重视说明文，切实掌握有关知识，提高读写能力。

二、说明文的类型

说明文按照不同的分类标准，有多种多样的分类方法，通常运用以下两种分类法。

按照说明对象和目的的不同，可将说明文分为事物说明文和事理说明文。一般来说，事物说明文的对象是具体事物，即客观存在的实体性事物。它重在说明事物"是怎样的"，常从事物的外形构造、方向位置、生产流程、类别功用等方面进行客观而准确的说明。例如向读者介绍一个人、一个集体、一种程序、一种现象、一种物体等的文章，一

一般属于这种类型的说明文。事理说明文的对象是抽象性事理，也就是与事物有关的某种道理。它重点不仅在于说明事理"是怎样的"，还要说明它"为什么是这样"，常从事理的概念、本质、成因、关系、原理、规律等方面进行说明。例如，对某一类事物的原委、关系等作进一步探究、阐明的文章，便是事理说明文。其实，在一篇说明文中，介绍事物与阐释事理往往是交错使用的。

按照表达形式的不同，说明文可以分为介绍性说明文、记叙性说明文、阐释性说明文、描绘性说明文等。

介绍性说明文，一般指介绍实物的说明文，如介绍一座建筑物、一种产品、一样工具等，如《永乐大钟铭文》。记叙性说明文，往往以夹叙夹说的方法，具体地说明事物的发展过程，或一件产品的生产、操作过程等，诸如自然现象的述说、工艺流程的介绍、人物生平的简介以及叙事性作品的内容提要、各类剧种的剧情简介，一般属于这类，如《梦溪笔谈·陨石》。阐释性说明文，往往从几个不同的侧面来解释原因，或阐明原理，或对某些带有规律性的东西进行科学的归纳与揭示，从而说明事物的特征和本质，阐述事物的变化过程和规律，不但使人知其然，还要知其所以然。例如，理、工、农、医等方面的科技作品、各类学科的教材以及科学实验报告、科技论文等一般属于这一类，如《地球生命起源新说》。描绘性说明文，往往以说明与描写结合，对某一事物的主要特征进行较具体详细的描述，常常带有文艺色彩，如《芙蕖》。后面介绍的科学小品也应该属于它的一类。

说明文中还有一种比较特殊的门类，那就是文艺性说明文，也称科学小品。其主要特点是用文艺性的笔调来介绍科学知识，属于科普说明文。它一般以科学技术内容为题材，描写与说明兼用，常采用比喻、比拟等手法，或对话、故事等形式来进行形象说明，寓科学性、知识性于形象性、趣味性之中。因此，它既有科学性，又有文学情趣，能把比较抽象深奥的科技知识深入浅出地介绍给读者，使读者在获得科学知识的同时也能获得艺术享受。这类说明文虽然具有较多的文学色彩，但就解说事物、阐明事理这一点来看，并没有失去其主要特点，如《细胞战争》就是很典型的例子。

三、说明文的特点

说明文既不像记叙文那样重在记叙、描写和抒情来以事感人、以情动人；也不像议论文那样重在阐明主张，批驳谬论，以理服人。它重在把作者自己所了解的事物、事理，加以解说阐述，给人以知，教人以用。因此，知识性、科学性、说明性便构成了说明文的主要特点，并严格地将说明文与其他文体区别开来。

说明文体区别于其他文体的首要特点是内容的知识性。说明文体着眼于解说和传播某种已经得到公认的知识，而不像议论文体着眼于通过论证以确立论点，也不像记叙文体着眼于表情达意。当然，记叙文、议论文也或多或少地含有各种知识，能给人以教益，但是在传授知识方面，都比不上说明文那样直接、集中和强烈，这是由说明文的写作目的决定的。一切自然科学知识，社会科学知识，人们日常生活、工作、学习所需要的知识，都是说明文内容所涉及的领域。说明文的内容以知识为核心，知识性是说明文写作的出发点、落脚点。

知识的科学性是说明文的第二个特点。说明文在介绍、解说、传播知识时必须具有高度的科学性（包括阐释事理的合理性）。它要尊重客观事物的本来面目，尊重科学本身，通过准确的定义、恰当的论断、合理的区分、明确的解说，给读者以科学的知识。介绍的知识虽然有大与小、简与繁之分，有浅易与深奥、具体与抽象之别，但是，不管是对实体事物的解说，还是对非实体事物的说明，作者所了解和所要告诉读者的，都不能是一知半解、似是而非的知识，而必须是符合客观实际、具有科学依据、准确无误的知识。因此，说明文在解说事物、阐释事理的时候，对客观事物或事理要予以冷静的解说阐释，从而准确地反映客观事物的实际及其规律性，科学地揭示事物或事理的本质特性。知识的科学性的基础是内容的客观性，因此，写作说明文必须做到内容真实可靠，反映准确恰当，解说清楚明白，不能依据自己主观的好恶爱憎去任意褒贬。

说明文的第三个特点是表达的说明性。所谓说明性，指说明文主要运用说明的表达方式，侧重对客观事物或事理作如实的介绍、简要的解说，力求使人有所知。说明是用言简意明的文字，对事物的形状、性质、成因、关系、构造、功用、方法、规律、发展以及特点等进行解释和述说的表达方式，是普遍意义上的具体而明白无误地介绍、解说某种客观事物和阐发、分析事理的语言形式。这种语言比起记叙的个别性来说，它注意的是普遍性；比起议论的抽象性来说，它注意的是具体性；比起记叙的可感性和议论的逻辑性来说，它注意的是明白性。说明性还体现了说明文的目的，即通过如实的解说，让人明事相懂物理，给人以知，教人以用。由于写作目的的不同，表达内容的方式不同，文章的特点自然也就不同了，记叙文具有形象性、抒情性，议论文具有说理性、逻辑性，而说明文则必须具有说明性。当然，一篇说明文由于表达内容的需要，部分地使用记叙或议论的表达方式，也是常见现象；但是这只能说它含有记叙或议论的成分，是为了将事物及其特征介绍得更为鲜明、突出，而不会因此改变它的说明性质，亦如记叙文体、议论文体并不因为使用说明方式而改变各自的文体特征。

四、说明文的结构顺序

有条理地说明事物的特征，是说明文的重要特点。因此，结构严谨，层次清晰，条理分明，对说明文尤为重要。

说明文常见的总体结构形式有总分式和递进式。事物说明文多用总分式，事理说明文多用递进式。

总分式，是先对说明的对象作总的概括介绍，然后导入具体说明的结构形式。总体概括介绍的方式一般采用以下几种：概述式，即开头用简洁的语言介绍事物的概况，给人以总体形象；描述式，即开头描写事物的特征或状态，让读者有一个直观的总体认识；

设问式,即开头设问,以激发读者了解知识的欲望、兴趣和急切了解事物或事理的心理;定义式,即开始对事物下定义,揭示事物内涵(本质特征)和外延(包含的范围),让人了解事物的本质。具体说明部分(分说部分)的段落、层次之间的结构形式一般有并列式和承接式。前者的特点是各层次之间的关系是平行并列的,如《永乐大钟铭文》;后者则是按照事物的发展过程来安排层次的,其前后是互相承接关系,如《地球生命起源新说》。

递进式,是按照人们认识事物的规律,层层深入地剖析事理的结构形式。其各层之间的关系是或由浅入深,或由表及里,或由具体到抽象,或由特殊到一般,或由主要到次要,或由原因到结果,或由现象到本质,等等。

事物总是以一定的形式存在的,要把某一事物(或事理)的特点准确清楚地向读者说明,就需要根据事物本身的条理和它的固有特征,选取合理的顺序来进行说明,这是使说明内容条理化的必要条件。常用的说明顺序有时间顺序、空间顺序和逻辑顺序。采用什么顺序,主要取决于说明对象的特点。

时间顺序,常以事物发生、发展的时间先后或使用程序来安排说明顺序,从而写出事物的发展变化情况。这种顺序一般用于人物的生平介绍、科学观察记录,说明事物或事理发生发展、演变或制作过程等一类的说明文,如《梦溪笔谈·陨石》《芙蕖》等。

空间顺序,常按事物方位或事物构成部分的组合顺序或人们观察事物的先后顺序来进行说明;或从外而内,或从上而下,或从前到后,或从东到西,或由远及近,或由整体到局部,或由中心到四面依次进行说明。处于静止状态的实体性事物,如建筑群、名胜古迹、物品等,常常从空间位置上体现它的条理性,因而这种顺序一般用于介绍事物形状、构造的说明文。如《故宫博物院》说明了一个古代建筑群,这个建筑群处在一定的空间方位上,排列有序,内部建筑有主有次。文章按照从南到北的空间顺序,先写外部城门,后写城内建筑,写内时先写主,后写次。整篇文章层次井然有序。

逻辑顺序,即按照事物或事理的内部联系或人们认识事物的过程、规律来安排说明顺序。事物的内部联系包括因果关系、层递关系、主次关系、总分关系、并列关系等;认识事物或事理的过程则指由浅入深、由易到难、由简单到复杂、由具体到抽象、由现象到本质、由性能到用途、由总体到局部、由分析到综合等。这样安排反映了人们对事物的认识过程,有利于说明、揭示事理的内在联系。介绍比较复杂的事物、现象,以及阐释事理的说明文,往往使用这种顺序。

空间顺序和逻辑顺序都有一定的灵活性。例如,空间顺序可以从上到下,也可以从下到上,可以由远及近,也可以由近及远。逻辑顺序可以从原因到结果,也可以从结果到原因;可以从特点到用途,也可以从用途到特点。采用怎样的顺序,要根据观察和认识的过程,说明的目的和效果来决定。

说明文的结构和顺序在一篇文章中,根据说明目的和对象,往往是以一种为主兼用其他形式的。只要做到层次分明、条理清楚,体现事物的内在联系,符合事物发展的一般顺序和规律,使说明的事物特征一目了然,无论采用怎样的结构和顺序都是合理的。

五、说明方法

为了把事物特征解说清楚,把事理阐释明白,还应该掌握一定的说明方法。说明文常用的方法有:

(1) 下定义。它是用最精确的语言揭示出被说明事物的本质属性,或是确定某一事物的范围和界限的一种说明方法,其形式多用判断句。运用这种方法,既能使人们对事物有一个明确的、本质的了解,也能使人们将这个事物与其他事物区别开来。然而,因为定义具有概括性,用语又极简练,一般是比较抽象的,不能给人以具体详细的认识,还需要对定义作进一步的解释和阐述,所以在实际写作中,人们常常将它与其他方法(如诠释)结合起来使用。例如:"激光是一种最亮的光。它比太阳光亮一百亿倍以上。"这个说明就是先下定义,然后用比较法,将"亮"的程度具体化。又如:"胆碱是含在一些食物中以卵磷脂形式存在的天然物质。当食物进入消化道后,在肠内的酶将食物消化后而释放出胆碱,然后通过肠壁进入血液,很快就达到大脑。因它有助于乙酰胆碱的生成,而乙酰胆碱是一种在大脑中传递刺激冲动的化学物质,兼顾记忆方面的功能,所以口服胆碱能明显地增强记忆力。"这段话开头介绍胆碱,用的是定义说明法,后面对胆碱的生成、运动及作用的阐述,用的是诠释说明法。两种方法的结合运用,就使人们对胆碱的有关知识有了更全面、更清楚的了解。

(2) 作诠释。它是常用来对事物的构成、性质、特点、用途等作解释说明的方法。它比下定义的语言形式要灵活,表述详尽、具体,应用广泛。它是下定义的补充或是对难以下定义的事物概念的说明。例如:"具体来说,它是在制造内范的时候,在宣纸上用朱砂写好经文,然后把宣纸翻贴在内外范上,再刻好阴字。加热烧成陶范,合范,最后铸成了这个样子。"这是对永乐大钟铭文铸造法的诠释。

(3) 举例子。它是说明文中最常用的一种说明方法,是用已知的事例或概念来说明某种抽象的、尚不易被人们理解的事物、事理、概念或原理的方法。换句话说,就是选取某种事物中比较典型的具体事例,来说明这种事物的性质、特点、规律等的方法。举例法,能把抽象、复杂的事物或事理阐述得具体、简明,便于理解。使用时,例子要真实可靠,有代表性;表述要简明扼要,突出重点。

举例说明有列举和典型举例两种形式。例如:"计算机在加快农业科研速度,提高经济效益方面也展示了广阔的前景。农业灾害性天气预报、病虫害预测预报、优良品种选育、农田水利设计、农业机械设计等方面都是计算机大显身手的地方,并且取得了显著效益。1981年我国用计算机对长江水文资料进行处理做出了洪水预报,及时进行荆江分洪,使两岸大片耕地免遭水灾。"这段话中列举和典型举例相配合,把计算机在农业科研方面的作用及应用程度充分地显示出来,使人们容易理解。

(4) 分类法。分类法就是"归类",即在说明一个比较复杂的事物时,按一定的标准将这个事物分为若干个部分或若干个方面,使每个类相对于其他类都具有确定的地位,然后逐一进行说明。这种说明法，能使说明的内容集中，层次分明，易于人们理解。

事物的特征是多方面的，为了说明的方便，对于复杂的事物或事理，往往可以根据它们的特点差别，从不同的侧面、不同的角度分项加以说明。例如，《打开知识宝库的钥匙——书目》是一篇介绍书目常识的说明文，作者在介绍一般图书馆里的书目、我国古代书目、现代书目时，都依据一定的分类标准，各分为若干类来进行说明，让人们容易了解书目的有关常识和一些使用书目的方法。分类中往往有包孕式，即先分为大类，又将大类各分为小类，逐层说明。使用分类法，分类标准要一致，而且每次划分只能根据一个标准，这样才不会互相混淆；分类还要做到有系统，全面。

（5）作比较。它是用相关联的相同或不同的事物或事理的某些方面进行比较，显示彼此异同，突出被说明事物的主要特点的一种方法。有比较才有鉴别，比较说明更益于人们区分、认识事物或事理。它主要通过事物的差异来说明问题，是一种很有说服力的方法。事物的特征、事物与事物之间的一些联系往往可以通过比较显现出来，由难懂变为易懂，由模糊变为清晰，由抽象变为可感。例如《芙蕖》第二段，通过将群葩的争艳之日短暂与芙蕖的"不至白露为霜而能事不已"进行比较，说明芙蕖可目的优点略胜一筹。

比较说明按说明对象分为横比和纵比。将两种可以作比的事物拿来进行比较，用以说明事物的性质和特点的叫横比；将某事物不同时期的情况进行比较，从而说明某种问题的叫纵比。按对象性质可分为对比和类比。对比是将两种不同性质的事物进行对照比较，比差别，比优劣，比正误，比变化；类比是把两类事物的相同点相比较，通过已知事物的相同点来说明未知事物。需要注意的是，无论是横比、纵比还是类比、对比，相比的事物都不仅应该有关联，用来作比的已知事物还应该为人们所熟知，这样才容易让人理解。

（6）打比方。一般简称打比方，就是用人们常见的、熟悉的事物来比喻比较陌生的事物的一种方法。这种方法的特点是利用两种事物之间的相似点作比，以突出事物之间的性状特点，增强说明的形象性和生动性。恰当地运用比喻说明法，可以使抽象的道理变得具体，复杂的事物变得简单，容易理解，也可以使文章的语言具体形象、生动活泼。例如，白居易的《荔枝图序》中的一段话："荔枝生巴峡间，树形团团如帷盖。叶如桂，冬青；华如橘，春荣；实如丹，夏熟。朵如葡萄，核如枇杷，壳如红缯，膜如紫绡，瓤肉莹白如冰雪，浆液甘酸如醴酪。大略如彼，其实过之。若离本枝，一日而色变，二日而香变，三日而味变，四五日外，色香味尽去矣。"这里作者在介绍荔枝的树形、叶、花、果实的内部结构时，都运用了比喻法，使人们对荔枝的有关知识有了具体而形象的认识，也增强了文章的文学性。使用比喻法时，要注意语言的准确性和简洁性。

（7）作引用。为了使文章内容更充实、更有说服力，作者常常引用一些与说明对象有关的资料进行说明。在使用这种方法时，要注意引用材料要准确、贴切、有针对性。

（8）列数字。它是运用准确的数据，从数量方面来说明事物的方法。有的事物可以从数量上表明其特征和本质，这就需要运用一些数字来说明。例如："大钟通体铸满了佛教经文咒语 100 多种，共 23 万多字。这些经文字字整齐，行行分明，铸在钟上质朴、坚韧、深沉、工稳。想象一下，要在 6 米多高的大钟上铸满数厘米见方的小字，就算在今天也是一项非常庞大的工程。那么，500 年前的人们又是如何将这经文和钟体合二为一的呢？"这里运用数据准确地说明了永乐大钟及其铭文的有关特点。

采用数字说明，不仅可以直接表示事物变化性状、程度等情况，也可用作比较，以突出被说明事物所具有的特点，还能从数量上给人以具体、明确的印象，令人信服。运用时，一要适度，不要刻意堆砌；二要准确，计数单位等要规范，运用确数、约数、倍数或百分比要准确恰当。

（9）绘图表。它是通过画图、照片或列表的形式对事物进行说明的方法。有些事物、现象比较复杂，或者需要说明的数字很多，单用文字说明难以做到明确、具体，这时就可以用表示各种情况或注明各种数字的图或表加以补充。例如，对事物结构或生产进度的说明，或者用数据对照比较来说明问题等这类文章，往往用这种方法。运用中，根据情况，可以采用以文字为主、图表为辅的形式，也可以是以图表为主、文字为辅的形式。后者的说明文字的作用主要是对图表所说明的问题及资料来源等作解释。图表说明法简明扼要，一目了然，给人的印象具体、深刻。

以上谈到的是常见常用的说明方法。运用这些说明方法，可以使深奥的道理通俗化，复杂的知识简单化，也可以使抽象的、理性的内容具体化、形象化，从而准确、有效地说明事物或事理的特征，达到说明目的。我们在阅读说明文时，要注意体会文中的说明方法，从而加深对文章的理解；在写作中，说明事物或阐释事理，一般都不应只使用某一种说明方法，而应该根据文章内容和需要，灵活地综合使用多种说明方法。

六、说明文的语言特点

说明文是解说工农业生产、科学技术研究和日常生活中的事物（事理）的文章，其语言特色不同于记叙文和议论文。记叙文要求生动形象，议论文讲究严谨周密；而说明文的语言则要求准确、简明。这些是由各类文体不同的性质和目的决定的。

说明文内容的科学性和专业性都比较强，因此，准确性是说明文语言的先决条件和最突出的特色。准确，就是要按照事物的实际情况，选用最恰当、最精确的语言，恰如其分地把事物的面貌、状态、性质、特征、变化、规律等表达出来；既不能夸大，不能缩小，也不能走样，不能遗漏，说明事物或阐明事理都必须要符合实际，符合科学。语言的准确一般体现在下面几个方面：在用词上，注重锤炼，用词（包括专业术语）必须恰当、确切；在句法上，对定语、状语、补语等修饰成分的使用和搭配必须周密和严谨；在句式上，根据不同的内容进行适当的调整，注意长句短句的配合使用，少用或不用省略句；在逻辑上，要概念准确，判断合理，表述严密；在层次上，要注意内在的逻辑性和条理性；在表述上，要注重科学性，实事求是，不要夸张，不能含糊其辞。"大概""差不多""可能""基本上"等含糊的词和约数，使用时必须做到恰如其分。还要注意术语和修饰限制性词语的准确使用，因为它们直接影响着说明语言的准确性，稍有差错，便会失之毫厘而谬以千里。

说明文的语言还要简明。简明，就是用精练的语言把意思表达得清清楚楚。它要求简洁和明白，而首先是明白，其次才是简洁。要使说明对象（尤其是比较复杂和专深的内容）为人们所了解、接受，就要用明白晓畅的语言解说，避免晦涩、艰深、佶屈聱牙的语句。总体而言，说明文的语言应当力求朴实、清晰、通俗易懂，不允许虚构夸大、哗众取宠。在明白晓畅的基础上还要简洁。简洁，就是不堆砌造作，不拖泥带水，每一个词都发挥说明事物的作用。简洁的关键是使语言符合内容的表达，说清即可。

由于说明对象的特点和作者语言风格的不同，说明文语言也是多样性的，或概括或具体，或简洁或丰腴，或精练或详尽，或平易朴实或生动活泼，根据突出事物特点的要求，灵活处理。但不管哪种语言风格，都必须以准确简明为前提，所介绍的知识必须准确无误，科学严密，言简意赅。

阅读说明文的基本要求是，整体把握文章的大致内容，弄清说明对象，准确抓住事物的具体特征；理清层次，了解和识别各种说明顺序；把握段落的中心句、关键句，分析归纳文章的内容要点；分析、识别文章的说明方法，弄清其在文中的作用；具体分析语言的准确性，正确理解词语在句中的意义和作用，对词语的限制、修饰作用进行准确的评析；还要能理解文艺性说明文的特点。

现代社会科学技术日新月异，科技说明文也就成了说明文的主流。阅读科技说明文，应该具备这样的能力：对文中的关键词能正确理解、判断及阐释，能够准确把握重要句子在文中的意义及作用，能够辨别、筛选并整合文中重要的信息，能够分析归纳文章的内容要点，正确认识和准确把握文章的观点、说明对象等，能够根据文章内容进行合理推断和想象。局部问题的准确分析、深入理解，离不开对材料整体的准确把握。因此，阅读时，要从整体入手，大处着眼，把握阅读材料的主旨、行文特点、重要信息等方面的内容，进而加深对阅读材料中各个具体或局部问题的理解，从而能全面、准确地获得有关科技知识。

写作说明文和写作其他文章一样，必须明确写作意图，确立文章中心，保证文中所解说、阐释的一切紧扣主题，突出说明对象的特性；必须充分占有材料，选用恰当的说明方法，力求做到言之有物、言之有序。尤其要注意提炼语言，因为说明文是通过解说事物、阐明事理来传播知识的，要求一字一句都能准确地甚至精确地表述事物本身，这就不仅需要对事物的深刻认识，而且需要有驾驭语言的能力。因此，要写好说明文，非在语言上下苦功夫不可。

思考与练习

一、说明文的标题有什么作用？请以学过的说明文为例，进行阐述。

二、说明文语言的特点是什么？请简要回答。

梦溪笔谈（二则）

沈 括[1]

解 题

《梦溪笔谈》是用笔记体形式写成的综合性学术专著，全书26卷，并有《补笔谈》三卷和《续笔谈》一卷，是沈括晚年定居镇江梦溪园时，对他一生科学研究、所见所闻所作的记录总集。全书分为故事、辩证、乐律、象数、人事、官政、权智、艺文、书画、技艺、器用、神奇、异事、谬误、讥谑、杂志、药议17目，共609条。内容涉及天文、数学、物理、化学、生物、地质、地理、气象、医药、农学、工程技术、文学、史事、音乐和美术等。其中200多条属于科学技术方面的，记载了他的许多发明、发现和真知灼见。《梦溪笔谈》是我国古代重要的科学技术著作，也是世界科技史中一份宝贵的遗产。

《石油》记述了陕北石油的产地、形状和采集、使用的情况，也记述了作者自己试用石油的煤烟制墨的效益，并提出了对石油科学的远见卓识。

《陨石》记述了某次陨石发生的时间、地点、形状和坠落前后产生的声音、光热等现象，说明了陨石的某些特征性。

石 油

鄜延境内有石油[2]，旧说"高奴县出脂水"[3]，即此也。生于水际[4]，沙石与泉水相杂，惘惘而出[5]。土人以雉尾裛之[6]，乃采入缶中[7]，颇似淳漆[8]。燃之如麻[9]，但烟甚浓，所沾幄幕皆黑[10]。予疑其烟可用[11]，试扫其煤以为墨[12]，黑光如漆，松墨不及也[13]，遂大为之[14]，其识文为"延川石液"者是也[15]。此物后必大行于世[16]，自予始为之。盖石油至多，生于地中无穷，不若松木有时而竭[17]。今齐、鲁间松林尽矣[18]，渐至太行、京西、江南[19]，松山大半皆童矣[20]。造煤人盖未知石烟之利也[21]。石炭烟亦大[22]，墨人衣[23]。予戏《延州诗》云："二郎山下雪纷纷[24]，旋卓穹庐学塞人[25]。化尽素衣冬未老[26]，石烟多似洛阳尘[27]。"

注 释

[1] 沈括（1031—1095），钱塘（今浙江省杭州市）人，字存中，北宋著名的科学家、政治家。[2] 鄜（fū）、延：鄜州、延州，在今陕西延安一带，宋时属鄜延路。[3] 脂水：石油的另一名称，原意为油脂的水。[4] 水际：水边。[5] 惘惘：涌流缓慢的样子。[6] 全句即当地人用野鸡尾蘸取它。土人：当地居民。雉：野鸡。裛（yì）：通"浥"，沾。[7] 缶：陶瓷罐子。[8] 淳：通"纯"。[9] 麻：指麻油，古代用作照明的燃料。[10] 幄幕：帐幕。[11] 疑：这里是猜测的意思。[12] 煤：烟炱（tái），烟焰上

腾时凝集而成的黑灰。下文"造煤人"的"煤"也指此。[13] 松墨：我国名墨之一，用松烟制成，故称"松烟墨"。[14] 大为之：大量制造它。之：指油烟制的墨。[15] 识（zhì）文：标名，标出字样。识：标记。[16] 大行：盛行，广泛流行。[17] 竭：尽、完。[18] 齐：指山东省北部。鲁：指山东省南部。[19] 太行：太行山。京西：宋代的京西路在现在河南省、陕西省和湖北省交界的一带地区。江南：指江苏省西部、安徽省南部和江西省一带。[20] 童：山上没有草木。[21] 石烟：石油燃烧所生的黑烟。[22] 石炭：煤炭。[23] 墨：沾黑，作动词用。[24] 二郎山：在现在陕西省延安市安塞区延河附近，上有二郎庙。[25] 这句的意思是说，随即支起帐篷学塞外的人。旋：随即。卓：竖立，支撑。穹庐：游牧民族居住的毡帐篷。塞人：塞外民族。[26] 这句的意思是说，冬天没有过完，白色衣服都染黑了。化：变，染。尽：全。素衣：白衣。老：到末期。[27] 这句的意思是说，石油的黑烟多得像洛阳的尘土。"洛阳尘"是化用晋人陆机《为顾彦先赠妇诗》句："京洛多风尘，素衣化为缁。"京洛：西晋都城洛阳一带。缁：黑色。

陨　石

治平元年[1]，常州日禺时[2]，天有大声如雷，乃一火星，几如月[3]，见于东南；少时而又震一声，移著西南[4]；又一震而坠在宜兴县民许氏园中。远近皆见，火光赫然照天，许氏藩篱皆为所焚。是时火息，视地中只有一窍如杯大[5]，极深。下视之，星在其中荧荧然[6]。良久渐暗，尚热不可近。又久之，发其窍，深三尺余，乃得一圆石，犹热，其大如拳，一头微锐，色如铁，重亦如之。州守郑伸得之，送润州金山寺[7]，至今匣藏，游人到则发视[8]。王无咎为之传，甚详[9]。

[1] 治平：宋英宗赵曙的年号（1064—1067）。[2] 常州：指江苏省常州市。禺：禺中，近正午时。[3] 几：几乎，大约。[4] 移著：移到。[5] 窍：孔洞，孔穴。[6] 荧荧然：光明耀眼的样子。[7] 润州：指现在的江苏镇江市。[8] 发视：打开给人看。[9] 王无咎（1024—1069）：字补之，北宋文人，王安石的学生。传：传记。

（选自［宋］沈括：《梦溪笔谈》，张富祥译注，中华书局，2022 年）

思考与练习

一、这两则笔记，是作者对自然现象的科学说明。文中哪些地方表现了作者实事求是的科学态度和远见卓识？

二、两则笔记都是以叙述实地发生的事实现象来说明事物的特征。文中作者是怎样抓住事物的特征，用准确简洁的语言来说明的？

三、解释下列语句中加点的词。

1. 但烟甚浓　　　　　　　　2. 松墨不及也
3. 试扫其煤以为墨　　　　　4. 其识文为延川石液者是也

5. 许氏藩篱皆为所焚
6. 自予始为之
7. 王无咎为之传
8. 又久之，发其窍

四、阅读下段短文，先作口译，然后解释加点的词语。

元丰中，庆州界生子方虫，方为秋田之害。忽有一虫生，如土中狗蝎[2]，其喙有钳，千万蔽地；遇子方虫，则以钳搏之，悉为两段。旬日子方皆尽，岁以大穰。其虫旧曾有之，土人谓之"傍不肯"。

芙蕖

李渔[1]

解题

芙蕖即荷花，又称芙蓉、藕花、莲花等。这是一篇文质兼美的说明文，具体地说明了芙蕖属于草本花及其"可人"的种种优点，从观赏价值和实用价值两个方面阐述了它的种植之利甚大。在写法上，与纯粹的说明文有所不同，虽以说明为主，也运用描写、抒情、议论等表达方法。文章如行云流水，清新自然，内中有作者感情的流动，可谓文情并茂。

作者十分重视文章的结构安排和详略处理。他认为写戏作文都要做到"顾前者欲其照应，顾后者便于埋伏""节节俱要想到"，如果"一节偶疏"，就会导致"全篇出破绽"；还认为作文如同编戏，必有"主脑之人""主脑之事"，其他的人和事只是"陪宾"。本文虽是短文，同样体现了作者的这些写作主张。

芙蕖与草本诸花，似觉稍异；然有根无树，一岁一生，其性同也。《谱》[2]云："产于水者曰草芙蓉，产于陆者曰旱莲。"则谓非草本不得矣[3]。予夏季倚此为命者[4]，非故效颦于茂叔[5]，而袭成说于前人也[6]。以芙蕖之可人[7]，其事不一而足。请备述之[8]。

群葩当令时[9]，只在花开之数日，前此后此，皆属过而不问之秋矣[10]，芙蕖则不然。自荷钱出水之日[11]，便为点缀绿波，及其劲叶既生，则又日高一日，日上日妍[12]，有风既作飘飖之态，无风亦呈袅娜之姿[13]，是我于花之未开，先享无穷逸致矣[14]。

迨至菡萏成花[15]，娇姿欲滴[16]，后先相继，自夏徂秋[17]，此时在花为分内之事，在人为应得之资者也[18]。及花之既谢，亦可告无罪于主人矣，乃复蒂下生蓬[19]，蓬中结实[20]，亭亭独立，犹似未开之花，与翠叶并擎[21]，不至白露为霜，而能事不已[22]。

此皆言其可目者也[23]。可鼻则有荷叶之清香，荷花之异馥[24]，避暑而暑为之退[25]，纳凉而凉逐之生[26]。至其可人之口者，则莲实与藕，皆并列盘餐，而互芬齿颊者也[27]。只有霜中败叶，零落难堪[28]，似成弃物矣，乃摘而藏之，又备经年裹物之用[29]。

是芙蕖也者[30]，无一时一刻，不适耳目之观[31]；无一物一丝，不备家常之用者也。

有五谷之实,而不有其名;兼百花之长,而各去其短。种植之利,有大于此者乎?予四命之中[32],此命为最。无如酷好一生[33],竟不得半亩方塘[34],为安身立命之地[35];仅凿斗大一池,植数茎以塞责[36],又时病其漏[37],望天乞水以救之[38]。殆所谓不善养生,而草菅其命者哉[39]。

(选自[清]李渔:《闲情偶寄》,漓江出版社,2020年)

注　释

[1]李渔(1611—约1680),字笠鸿、谪凡,号笠翁,明末清初兰溪(今浙江省兰溪市)人,戏剧理论家,作家。《李笠翁一家言》是他的诗文杂著,《闲情偶寄》讲的是戏剧理论和表演技术,剧本有《笠翁十种曲》,短篇小说集《十二楼》等。[2]谱:明代王象晋撰有《群芳谱》,但无所引之文,指何书待考。[3]即"则不得谓非草本矣",就不能说不是草本了。则:连词,就。[4]倚此为命:意谓靠着有芙蕖才能活下去。倚:依赖。为命:当作命。[5]故:故意,有意,副词。效颦(pín):《庄子·天运》:"西施病心而矉其里(在她的村子里作皱眉的样子),其里之丑人见而美之,归亦捧心而矉其里。"西施:美女名。"矉"同"颦",皱眉。捧心:用手按在心口上。后人称这个故事中的"丑人"为东施。因此称胡乱模仿者为"东施效颦",也说"效颦"。效:模仿,师法。茂叔:北宋哲学家周敦颐,字茂叔,写过《爱莲说》。[6]袭:相因、因袭。成说:现成的通行的说法。此处意谓已经形成的说法,即指《爱莲说》中所说过的话。于:介词,从。前人:以前的人,古人。[7]可人:合人心意。可:适合,动词。下文"可目""可鼻"里的"可",用法相同。[8]请让我把它都说出来。请:敬辞,表示谦虚。备:详尽。[9]群葩:百花。葩:花。当令:正当时令。[10]前此后此:指前于此后于此之时。此:指"花开之数日"。属:系,是。过而不问之秋:经过也不过问,无人欣赏的时候。秋:时候。[11]荷钱:初生的荷叶,小如铜钱,所以称荷钱。[12]日上日妍:一天比一天好看。妍:容色美好。[13]袅娜:形容体态轻盈柔美。[14]逸致:悠闲的情趣。致:情趣。[15]迨(dài)至:等到。迨:及,到。菡(hàn)萏(dàn):荷花的花苞。未开曰菡萏,已开曰芙蕖。[16]娇姿欲滴:姿态娇嫩得简直要滴水。欲滴:形容荷花的娇嫩。[17]徂(cú):到。[18]应得之资:应该得到的享受。资:资财,此处指获得的享受,是比喻用法。[19]蒂:花托。蓬:即莲房,莲蓬。[20]实:指莲子。[21]擎:高举,这里指耸立。[22]不至白露为霜,而能事不已:意思是不到白露成霜的时候,它所擅长的本领不会呈献完毕。能事:擅长的本领。不已:不止。[23]此皆言其可目者也:以上都是说它适合于观赏的事。目:看,这里有观赏的意思。[24]馥:香气。[25]暑为之退:暑气因为它而减退。之:指叶、花的香气。[26]凉逐之生:凉气跟着它而产生。逐:跟随。[27]皆并列盘餐:都同时列入盘中餐。互芬齿颊:指莲实和藕一块使人的牙齿和嘴边感到芬芳。芬:使……芬,使动用法。颊:面颊,此处指嘴边。[28]零落难堪:七零八落很不好看。[29]备:准备着供(使用);经年:长年,整年。[30]是芙蕖也者:这样看来,芙蕖这种东西。是:指示代词,如此,这,承上起连接作用。也者:语气词连用,起强调主语的作用。[31]耳目:偏义复词,此处专指目,耳无义。[32]李渔在《笠翁偶集》"种植部"的《水仙》一文中说:"予有四命,各司一时:春以水仙、兰花为命,夏以莲为命,秋以海棠为命,冬以蜡梅为命。无此四花,是无命也。一季缺予一花,是夺予一季之命也。"[33]无如:无奈,用于转折句的开头,表示由于某种原因,不能如上文所愿,含有"可惜"的意味。[34]半亩方塘:语出朱熹《观书有感》诗:"半亩方塘一鉴开,天光云影共徘徊。问渠那得清如许?为有源头活水来。"[35]安身立命:指生活有着落,精神有所依托。

此指芙蕖得到寄托。安身：存身。立命：精神有所依附。[36] 茎：根，株。塞责：本谓抵塞罪责，弥补所任事的不足，此言对自己应负的责任敷衍了事。[37] 病其漏：以池水渗漏为苦。病：以……为苦。[38] 望天乞水：盼天下雨。乞水：求雨。[39] 殆：大概。草菅其命：把它（芙蕖）的生命看得像野草一样，随便处置。此四字由成语"草菅人命"衍化而来，因为这里说的是芙蕖，故把"人"字改为"其"字。菅：一种多年生草本植物。"殆……哉"：表示不十分肯定的语气。

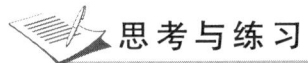

一、作者是从哪些方面介绍芙蕖的？表现了它的什么特点？

二、本文应该属于说明文，而文中说芙蕖的种植之利在"五谷"之上。你怎样看待作者的这种说法？

三、第二段运用什么说明方法？有什么好处？

四、说说下列句子所使用的修辞手法。

1. 则又日高日上，日上日妍。
2. 有风既作飘飖之态，无风亦呈袅娜之姿。
3. 及花之既谢，亦可告无罪于主人矣。
4. 蓬中结实，亭亭独立，犹似未开之花，与翠叶并擎。
5. 种植之利，有大于此者乎？

五、下列每组中加点词的意义或用法不同的一项是（　　）

A. 此皆言其可目者也　　　　及其茎叶既生
B. 只在花开之数日　　　　　此则在花为分内之事
C. 前此后此皆属过而不问之秋矣　　不至白露为霜而能事不已
D. 乃复蒂下生蓬　　　　　　乃摘而藏之

六、同样是写莲花，从文体、内容、爱的重点、创作特色四个方面比较《芙蕖》与《爱莲说》的区别。

故宫博物院

黄传惕[1]

解题

故宫，旧称紫禁城，位于北京城的中心，是明成祖朱棣迁都北京后，营造京师的最大工程，是世界上最大的木结构宫殿群，迄今已有500多年的历史。1925年改名为故宫博物院，是世界上最大的博物院之一。1987年，联合国教科文组织将它列入"世界人类文化遗产"。故宫博物院集中体现了我国古代建筑艺术的独特风格。本文围绕故宫博物院规模宏大壮丽、建筑精美、布局统一三个方面，按照游览参观路线，由南到北逐次并详

略得当地介绍了故宫的主要建筑及其布局和功用。

在北京的中心，有一座城中之城，这就是紫禁城。现在人们叫它故宫，也叫故宫博物院。这是明清两代的皇宫，是我国现存的最大最完整的古代宫殿建筑群，有五百多年历史了。

紫禁城的城墙十多米高，有四座城门：南面午门，北面神武门，东西面东华门、西华门。宫城呈长方形，占地72万平方米，有大小宫殿七十多座、房屋九千多间。城墙外是五十多米宽的护城河。城墙的四角上，各有一座玲珑奇巧的角楼。故宫建筑群规模宏大壮丽，建筑精美，布局统一，集中体现了我国古代建筑艺术的独特风格。

从天安门往里走，沿着一条笔直的大道穿过端门，就到午门的前面。午门俗称五凤楼，是紫禁城的正门。走进午门，是一个宽广的庭院，弯弯的金水河像一条玉带横贯东西，河上是五座精美的汉白玉石桥。桥的北面是太和门，一对威武的铜狮守卫在门的两侧。

进了太和门，就到紫禁城的中心——三大殿：太和殿、中和殿、保和殿。三座大殿矗立在七米多高的白石台基上。台基有三层，每层的边缘都用汉白玉栏杆围绕着，上面刻龙凤流云，四角和望柱下面伸出一千多个圆雕鳌头，嘴里都有一个小圆洞，是台基的排水管道。

太和殿俗称金銮殿，高28米，面积2380多平方米，是故宫最大的殿堂。在湛蓝的天空下，那金黄色的琉璃瓦重檐屋顶，显得格外辉煌。殿檐斗拱、额枋、梁柱，装饰着青蓝点金和贴金彩画。正面是12根红色大圆柱，金琐窗，朱漆门，同台基相互衬映，色彩鲜明，雄伟壮丽。

大殿正中是一个约两米高的朱漆方台，上面安放着金漆雕龙宝座，背后是雕龙屏。方台两旁有六根高大的蟠龙金柱，每根大柱上盘绕着矫健的金龙。仰望殿顶，中央藻井有一条巨大的雕金蟠龙。从龙口里垂下一颗银白色大圆珠，周围环绕着六颗小珠，龙头、宝珠正对着下面的宝座。梁枋间彩画绚丽，有双龙戏珠、单龙翔舞，有行龙、升龙、降龙，多态多姿，龙身周围还衬托着流云火焰。

三大殿建筑在紫禁城的中轴线上，这条线也是北京城的中轴线，向南午门到天安门延伸到正阳门、永定门，往北从神武门到地安门、鼓楼，全长约八公里。

太和殿是举行重大典礼的地方。皇帝即位、生日、婚礼和元旦等都在这里受朝贺。每逢大典，殿外的白石台基上下跪满文武百官，中间御道两边排列仪仗，皇帝端坐在宝座上。大殿廊下，鸣钟击磬，乐声悠扬。台基上的香炉和铜龟、铜鹤里点起檀香或松柏枝，烟雾缭绕。

太和殿后面是中和殿。这是一个亭子形方殿，殿顶把四道垂脊攒在一起，正中安放着一个大圆鎏金宝顶，轮廓非常优美。举行大典，皇帝先在这里休息。

中和殿后面是保和殿。雍正后，这里是举行最高一级考试——殿试的地方。

从保和殿出来，下了石级，是一片长方形小广场，西起隆宗门，东到景运门。它把紫禁城分为前后两大部分。广场以南，主要建筑是三大殿和东西两侧的文华殿、武英殿，叫"前朝"。广场北面乾清门以内叫"内廷"，是皇帝和后妃们起居生活的地方，主要建筑有乾清宫、交泰殿、坤宁宫和东六宫西六宫。

乾清宫是皇帝处理日常政务，批阅各种奏章的地方，后来还在这里接见外国使节。

乾清宫后面是交泰殿，交泰殿后面是坤宁宫。坤宁宫是皇后宫，也就是皇帝结婚的地方。

乾清宫、交泰殿、坤宁宫称"后三宫"。布局和前三殿基本一样，但庄严肃穆的气氛减少了，彩画图案也有明显的变化。前三殿的图案以龙为主，后三宫凤凰逐渐增加，出现了双凤朝阳、龙凤呈祥彩画，还有飞凤、舞凤、凤凰牡丹等图案。

后三宫是居住的地方。这就是俗称的"三宫六院"。现在大都作为古代艺术品的陈列专馆，展出宫内收藏的绘画、陶瓷、工艺品等，大致按原来面貌布置，可以看到帝制时代的真实史迹和帝后的生活情况。

在西边，最引人注目的是养心殿。从雍正到清末近200年间，皇帝大都住在这里。皇帝常在这里召见大臣，批阅奏报，设在南面院墙外，就是为了皇帝在召见的方便。

养心殿东间叫东暖阁，是皇帝休息和召见大臣的地方。

从养心殿往北，一个宫院连着一个宫院，幽雅宁静，其中长春宫和储秀宫是慈禧太后住过的地方。现在储秀宫的陈设，就是按慈禧50岁生日时的情景布置的。1884年正当帝国主义入侵，人民处于水深火热之中，慈禧太后却为自己的生日大肆挥霍，光是储秀宫、翊坤宫两处的装修和给臣仆的赏赐，就花了100多万两银子。后三宫往北就是御花园。御花园面积不很大，有大小建筑二十多座，但毫无拥挤和重复的感觉。这里的建筑布局，环境气氛，和前几部分迥然不同。亭台楼阁、池馆水榭，掩映在青松翠柏之中；假山怪石、花坛盆景、藤萝翠竹，点缀其间。来到这里，彷佛进入苏州园林。

从御花园出顺贞门，就到紫禁城的北门——神武门，对面就是景山。景山是明代修建紫禁城的时候，用护城河中挖出的泥土堆起来的，现在成了风景优美的景山公园。站在景山的高处望故宫，重重殿宇，层层楼阁，道道宫墙，错综相连，而井然有序。这样宏伟的建筑群，这样和谐统一的布局，令人不能不惊叹。

（选自《地理知识》1979年第11期，原题为《古代艺术的宝库——故宫博物院》）

注　释

[1] 黄传惕，1934年生，湖南省平江县人，笔名黄羽，中央人民广播电台《祖国各地》《历史故事》节目高级编辑。代表作有《天安门颂》《塞上绿洲右玉》《彩色的吐鲁番》《北京，我心中的城》《绿色的希望》《故宫博物院》等。其中《故宫博物院》被选入中学语文课本作为范文。

思考与练习

一、本文属于说明文中的事物说明文一类。事物说明文的结构一般有总—分、分—总或总—分—总等。试述本文的说明结构。

二、事物说明文的开头有概述式、描写式、设问式、定义式等，试述本文的开头方式。

三、简述本文的结构思路。

四、简述本文的结尾方式。

千篇一律与千变万化

梁思成[1]

解题

梁思成是学贯中西的学者型建筑大师，具有深厚的国学底蕴，参加人民英雄纪念碑等设计，是新中国首都城市规划工作的推动者。本文是一篇内容丰富、关涉多个学科的科技说明文，在中国建筑学理论中颇有代表性和影响力。本文采用借助其他艺术形式循序渐进的解说方式，在举一反三、触类旁通中体现出作者的广阔视野与深厚积淀。

在艺术创作中，往往有一个重复和变化的问题：只有重复而无变化，作品就必然单调枯燥；只有变化而无重复，就容易陷于散漫零乱。在有"持续性"的作品中，这一问题特别重要。我所谓"持续性"，有些是时间的持续，有些是在空间转移的持续，但是由于作品或者观赏者由一个空间逐步转入另一空间，所以同时也具有时间的持续性，成为时间、空间的综合的持续。

音乐就是一种时间持续的艺术创作。我们往往可以听到在一首歌曲或者乐曲从头到尾持续的过程中，总有一些重复的乐句、乐段——或者完全相同，或者略有变化。作者通过这些重复而取得整首乐曲的统一性。

音乐中的主题和变奏也是在时间持续的过程中，通过重复和变化而取得统一的另一例子。在舒伯特的《鳟鱼》五重奏中，我们可以听到持续贯串全曲的、极其朴素明朗的"鳟鱼"主题和它的层出不穷的变奏。但是这些变奏又"万变不离其宗"——主题。水波涓涓的伴奏也不断地重复着，使你形象地看到几条鳟鱼在这片伴奏的"水"里悠然自得地游来游去嬉戏，从而使你"知鱼之乐"焉。

舞台上的艺术大多是时间与空间的综合持续。几乎所有的舞蹈都要将同一动作重复若干次，并且往往将动作的重复和音乐的重复结合起来，但在重复中又给以相应的变化；

通过这种重复与变化以突出某一种效果，表达出某一种思想感情。

在绘画的艺术处理上，有时也可以看到这一点。

宋朝画家张择端的《清明上河图》是我们熟悉的名画。它的手卷的形式赋予它以空间、时间都很长的"持续性"。画家利用树木、船只、房屋，特别是那无尽的瓦陇的一些共同特征、重复排列，以取得几条街道（亦即画面）的统一性。当然，在重复之中同时还闪烁着无穷的变化。不同阶段的重点也螺旋式地变换着在画面上的位置，步步引人入胜。画家在你还未意识到以前，就已经成功地以各式各样的重复把你的感受的方向控制住了。

宋朝名画家李公麟在他的"放牧图"中对于重复性的运用就更加突出了。整幅手卷就是无数匹马的重复，就是一首乐曲，用"骑"和"马"分成几个"主题"和"变奏"的"乐章"。表示原野上低伏缓和的山坡的寥寥几笔线条和疏疏落落的几棵孤单的树就是它的"伴奏"。这种"伴奏"（背景）与主题间简繁的强烈对比也是画家惨淡经营的匠心所在。

上面所谈的那种重复与变化的统一在建筑物形象的艺术效果上起着极其重要的作用。古今中外的无数建筑，除去极少数例外，几乎都以重复运用各种构件或其他构成部分作为取得艺术效果的重要手段之一。

就举首都人民大会堂为例。它的艺术效果中一个最突出的因素就是那几十根柱子。虽然在不同的部位上，这一列和另一列柱在高低大小上略有不同，但每一根柱子都是另一根柱子的完全相同的简单重复。至于其他门、窗、檐、额等等，也都是一个个依样葫芦。这种重复却是给予这座建筑以其统一性和雄伟气概的一个重要因素；是它的形象上最突出的特征之一。

历史中最杰出的一个例子是北京的明清故宫。从（已被拆除了的）中华门（大明门、大清门）开始就以一间接着一间，重复了又重复的千步廊一口气排列到天安门。从天安门到端门、午门又是一间间重复着的"千篇一律"的朝房。再进去，太和门和太和殿、中和殿、保和殿成为一组"前三殿"与乾清门和乾清宫、交泰殿、坤宁宫成为一组的"后三殿"的大同小异的重复，就更像乐曲中的主题和"变奏"；每一座的本身也是许多构件和构成部分（乐句、乐段）的重复；而东西两侧的廊、庑、楼、门，又是比较低微的、以重复为主但亦有相当变化的"伴奏"。然而整个故宫，它的每一个组群，每一个殿、阁、廊、门却全部都是按照明清两朝工部的"工程做法"的统一规格、统一形式建造的，连彩画、雕饰也尽如此，都是无尽的重复。我们完全可以说它们"千篇一律"。

但是，谁能不感到，从天安门一步步走进去，就如同置身于一幅大"手卷"里漫步；在时间持续的同时，空间也连续着"流动"。那些殿堂、楼门、廊庑虽然制作方法千篇一律，然而每走几步，前瞻后顾、左睇右盼，那整个景色、轮廓、光影，却都在不断地改变着；一个接着一个新的画面出现在周围，千变万化。空间与时间、重复与变化的辩证统一在北京故宫中达到了最高的成就。

颐和园里的谐趣园，绕池环览整整三百六十度周圈，也可以看到这点。

至于颐和园的长廊，可谓千篇一律之尤者也。然而正是那目之所及的无尽的重复，才给游人以那种只有它才能给人的特殊感受。大胆来个荒谬绝伦的设想：那八百米长廊的几百根柱子，几百根梁枋，一根方，一根圆，一根八角，一根六角……一根肥，一根瘦，一根曲，一根直……一根木，一根石，一根铜，一根钢筋混凝土……一根红，一根绿，一根黄，一根蓝……一根素净无饰，一根高浮盘龙，一根浅雕卷草，一根彩绘团花……这样"千变万化"地排列过去，那长廊将成何景象？

有人会问：那么走到长廊以前，乐寿堂临湖回廊墙上的花窗不是各具一格、千变万化的吗？是的。就回廊整体来说，这正是一个"大同小异"、大统一中的小变化的问题。既得花窗"小异"之谐趣，又无伤回廊"大同"之统一。且先以这些花窗的小小变化，作为廊柱无尽重复的"前奏"，也是一种"欲扬先抑"的手法。

翻开一部世界建筑史，凡是较优秀的个体建筑或者组群、一条街道或者一个广场，往往都以建筑物形象重复与变化的统一而取胜。说是千篇一律，却又千变万化。每一条街都是一轴"手卷"、一首"乐曲"。千篇一律和千变万化的统一在城市面貌上起着重要作用。

十二年来，我们规划设计人员在全国各城市的建筑中，在这一点上做得还不能尽如人意。为了多快好省，我们做了大量标准设计，但是"好"中既也包括艺术的一面，就也应"百花齐放"。我们有些住宅区的标准设计"千篇一律"到孩子哭着找不到家；有些街道又一幢房子一个样式、一个风格，互不和谐；即使它们本身各自都很美观，放在一起就都"损人"且不"利己"，"千变万化"到令人眼花缭乱。我们既要百花齐放，丰富多彩，却要避免杂乱无章，相互减色；既要和谐统一，全局完整，却要避免千篇一律，单调枯燥。这恼人的矛盾是建筑师们应该认真琢磨的问题。今天先把问题提出，下次再看看我国古代匠师，在当时条件下，是怎样统一这矛盾而取得故宫、颐和园那样的艺术效果的。

（选自梁思成：《中国建筑的特征》，长江文艺出版社，2020年）

注 释

[1] 梁思成（1901—1972），广东省新会人，著名的建筑学家和建筑教育家。曾参加人民英雄纪念碑等设计，是新中国首都城市规划工作的推动者，新中国成立以来几项重大设计方案的主持者，新中国国旗、国徽评选委员会顾问。

思考与练习

一、依据说明对象与说明目的的不同，把说明文分为事物说明文和事理说明文两大类。试述本文的类别。

二、本文最突出的说明方法是举例子，试加以简要说明。

现代自然科学中的基础学科（节选）

钱学森[1]

解 题

本文着眼于现代科学体系的构成，介绍了现代自然科学中基础学科的特点，让我们了解到现代自然科学体系的构成和物理、数学学科在基础学科中的基础性作用。本文可以增进学生对现代科学特点的了解，培养其热爱科学的情趣。从文中，我们更是看到了现代自然科学迅猛发展的趋势，许多新学科在不断产生，未来学科的发展正有待我们去创新推动。

现代自然科学，不是单单研究一个个事物，一个个现象，而是研究事物、现象的变化发展过程，研究事物相互之间的关系。这就使自然科学发展成为严密的综合起来的体系。这是现代自然科学的重要特点。

工程技术的科学叫做应用科学，是应用自然科学中基础学科的理论来解决生产斗争中出现的问题的学问。当然，基础学科中也有好多道理是从生产实践中总结提高而来的；而且没有工农业生产，基础学科研究也无法搞下去。所以基础学科之为基础是就其在现代自然科学体系中的位置而言的。我们一般提六门基础学科：天文，地学，生物，数学，物理，化学。这六门是不是都是一样的基础呢？也不是。从严密的综合科学体系讲，最基础的是两门学问。一门物理，是研究物质运动基本规律的学问。一门数学，是指导我们推理、演算的学问。

先说化学。化学是研究分子变化的。三十年代后出现了量子化学，用量子力学的原理来解决化学问题，使化学变成应用物理的一门学问。近来，由于电子计算机的运用，又出现了计算化学。从前人们认为化学就是用些瓶瓶罐罐做试验。现在由于掌握了物质世界里头的原子的运动规律，就可以靠电子计算机去计算。有朝一日化学研究会主要靠电子计算机计算，而且可以"设计"出我们要的分子，"设计"出造这种分子或化合物的化学过程。到那时做化学试验只是为了验证一下计算的结果而已。

天文学也是物理。现在的天文学，不是光研究太阳、月亮、星星在天上的位置和运行规律，还要研究星星里头的变化，研究宇宙的演化。比如研究太阳内部、恒星内部。人去不了，怎么研究？一是研究可见光，把可见的星光分成光谱，把不同频段的光摄下来进行研究。再就是研究看不见的频段，如波长比较长的红外线、无线电波，波长很短的紫外线、X光，波长更短的γ射线等。这么一研究，就发现天上可是热闹——到处有星的爆发，一颗星爆发像氢弹爆炸一样。一个爆发的过程是一两个月、几个月。中国古书上有所谓客星，实际上就是星的爆发。爆发时亮了，就看得见，天上来了"客人"；过一

段时间爆发过程结束，看不见了，就以为是"客人"走了。天上还有一些更怪的现象。如中子星，是由中子组成的密度非常大的星，一颗芝麻点大小的中子星物质就有几百万吨重，而且转得很快，转时发出的 X 光强度不一样，变化周期不到一秒。还有一种星，名叫"黑洞"，其实不是洞，是光出不来的星。这种星密度更高，引力场特别强，强到光线被吸住射不出来，只有当其它物质被吸引掉进去时才发光，发射出 X 线。不但恒星会爆发，而且由亿万颗恒星组成的星系，像我们所在的银河星系，中心也会爆发，还会爆发得更强烈。一颗恒星爆发起来产生的能量等于十万亿亿个氢弹爆炸的能量，而一个星系爆发起来的能量等于亿亿个恒星爆发的能量。要了解这些天文现象没有物理学是不行的。

地学也是靠物理。地学家们讲，研究地学有三个时代。第一时代是十八世纪末到二十世纪初，研究地质年代时引入了生物观念（化石观念），用生物的化石来断定地质年代，称为生物学地球观。第二时代是二十世纪初，开始研究地球上地壳和海洋的化学成分的变化，矿物元素的分布，借此来推论地球在地质年代中的演化，称为化学地球观。现在是第三时代。地学上最大的发展是所谓板块理论，发现地球的外壳（包括大陆和海洋）是一块块拼起来的，像七巧板似的。块与块之间有相互作用。这主要是根据海底岩石的地磁走向推论出来的。有了这种理论就可以解释火山带、地震带的形成了。这一些理论，加上研究地球深处的情况，都要靠物理学，所以称为物理学地球观。

生物学的发展，现在达到了研究分子的水平，也要归结到物理上面。分子生物学，不是过去那样研究细胞核、细胞膜、细胞质，而是一直追到分子，把生命现象看作是分子的运动，分子的组合和变化过程。最近生物学上有一个轰动世界的发现，就是可以把影响遗传的信息，挂在一种叫去氧核糖核酸的高分子化合物的某一段上传下去。这就是把这种高分子人为地变化一下，把一个高分子的某一段遗传信息切下来，接到另一个上面，改变遗传的某一特性，创造新的物种，这样，就有可能打破植物动物的界限，把植物的某一特性接到动物上面。这样，不但能使细胞内部发生变化，而且使细菌发生变化，如把胰岛素的遗传信息切下来，接到容易繁殖的大肠杆菌上面去，使产生出来的新的大肠杆菌能制造大量胰岛素。这项技术叫做遗传工程，用它建立了一门新的工业。

所以，天、地、生、化四门基础学科，用现代科学技术体系的观点看，都可以归结到物理和数学。根本的基础学科，就是研究物质运动基本规律的物理，加上作科学技术工具的数学。数学不只是演算，也包括逻辑的推理。靠六门基础学科的现代工程技术，也靠物理和数学这两门基础作为支柱。所以，物理和数学也可以称为现代自然科学体系的基础。当然，说物理和数学是基础，并不是说物理和数学可以代替其他学科，在此之上还有天文学、地学、生物学和化学这些基础学科，以及各种分支学科，如力学等；再在上面是工程技术学科，如工程结构、电力技术、电子技术、农业技术等。这就是现代自然科学体系的构成。

（选自钱学森《现代科学技术》，《人民日报》，1977 年 12 月 9 日。除引言外，共五部分，本文选自第三部分）

注　释

[1] 钱学森（1911—2009），享誉海内外的杰出科学家，中国航天事业的奠基人，中国"两弹一星"功勋奖章获得者。

思考与练习

一、本文该如何分段，每段大意如何？
二、试述本文的写作特点。

地球生命起源新说

周　俊[1]

解　题

人类到底是从何而来的？人类从产生之初就在不断探问和研究自身的起源问题。作者在现有科学理论的基础上提出了新的三级起源假说，认为地球生命是同源的。本文说明了这一理论的以及这一理论的主要内容和依据来源。

地球上生命的起源问题是本世纪尚待解决的重大课题之一。今天，大多数学者几乎都主张或倾向于化学起源说，即认为地球生命起源于原始地表（海洋或其附近）由无机到有机、由简单到复杂的化学进化。另有一些学者根据近20年来星云有机分子的不断发现，重提宇宙空间广泛存在着生命"胚种"和地球生命来自宇宙生命"胚种"的宇宙生命论。这就是目前世界上关于生命起源的两大学说。

笔者根据前人的工作和现有科学事实，认为地球上的生命既非起源于原始地表，也非来自于宇宙"胚种"，而是起源于地球形成过程中，构成生命的基本物质是在形成中的地球内部合成的，从而提出新的起源假说。

主要论点与生命起源过程：

一、本世纪60年代以来，射电天文学的发展使宇宙星云中大量的有机分子相继被发现，到80年代初共发现了43种有机分子，宇宙生命论即由此而重新兴起。笔者认为，像CH_4、HCN、CH_3OH、CH_3NH_2、C_2H_5OH等这样的简单有机分子与生命之间还存在着遥远的距离，不足以证明宇宙空间广泛存在着生命"胚种"，但却标志着宇宙尘云环境中具备了生成和保存有机化合物的条件。

今天，我们几乎已经普遍认为地球形成早期也是宇宙尘云，那么，根据大量的星云有机分子的发现完全有理由推测：地球形成早期的尘云内部也具有生成和保存有机化合物的条件，也含有大量的有机分子，或者说，当时地球尘云中的 C、N、H、O 等元素也多是以有机化合物的形式存在的。

二、50 年代以来，米勒、福克斯等人先后在实验室成功地合成了氨基酸、核苷酸、多肽等生命基础物质。大多数科学家都曾认为这些实验是地球生命起源于原始地表化学进化的有力证据。笔者认为，米勒等人的实验只是证明了在一定的物质条件和能量条件下，即使没有生物酶的参与，无机物转化为有机物，简单有机物转化为复杂的生命物质是完全可能的。问题是原始地表的开放和不定环境是否适于大量地产生生命物质，并使之产生后保存一定时期。笔者认为目前所有关于在原始地表合成氨基酸以及在原始海洋或其附近由氨基酸脱水缩合成蛋白质的假设都是值得再探讨的，相反，在地球形成过程中，原始地球内部则具备了合成生命物质的极好的条件。

原始地球尘云因凝聚、收缩而内能增加，以致早期存在的大量简单有机化合物及某些无机物由于相互作用（如高频率碰撞运动）而生成氨基酸等生命物质是完全可能的，甚至是不可避免的。就像米勒等人在实验室以 CH_4、HCN、HC_3N 等简单有机物和 H_2O、H_2S 等某些无机物为原料，以加热或辅以紫外线、γ 射线照射为能源合成氨基酸、有机碱等生命小分子，以及福克斯等人以氨基酸为原料，经加热（150～200℃）脱水缩合成多肽等更为复杂的生命分子一样，在地球内物质凝聚程度较低，密度和温度都不太高，而放射性照射却较强的早期条件下，简单有机物及某些无机物会合成氨基酸这样的生物小分子。随着原始地球的进一步收缩，内能（主要是温度和压力）进一步增高，地球内物质的相互作用也相应增强，像氨基酸这样的生命小分子会在相互作用中脱水缩合生成如多肽这样的生物大分子。

三、地球在形成过程中，由于内部物质的凝结和分异作用使重物质向地心集中，轻物质向地表运移，形成了原始的圈层结构，出现了原始的岩石圈、原始海洋、原始大气层。同时地球内生成的大量生命物质也随之上行运移逸出地表，进入原始海洋成为其中的重要成分。

原始地球的进一步收缩，球内温度持续上升，以致地下深处已凝结的岩石重新软化或熔融而形成岩浆，在这样的特高温区，生命有机物质被氧化（氧来自球内或熔融中的氧化物）生成 H_2O、CO_2、NO 等气、液体。地球内有机质燃烧释放出能量，气、液化增加了体积，从而使岩浆活动具备了更大的能量，冲破上层覆盖，喷出地表，大量气、液物质也随之进入原始海洋和大气层。

有些有机物质在地球内既没有被氧化，也没有逸出地表，而是在向地表运移过程中于适当的构造及温度、压力条件下聚集储存起来，并经转化形成后来的油气藏，这就是地下非生物成油的原因。

四、由于球内大量的生命有机物质源源逸出地表进入原始海洋，使地表原始海洋从一开始就成为一个富含有机质的复杂环境。地球上最初的生命活体就是在这种复杂的环境中，由来自地球内的生命物质进一步演化而成的。集有大量生命有机物质的原始海洋在当时的地表是开放、动荡的高能环境，在此环境中，多肽经重组或有序化可形成各种蛋白质，包括蛋白质在内的多种生物分子相互作用可聚集形成多分子体系团——多种生命分子相互集合区别于环境的团体。多分子体系团进一步形成与环境截然分开的界膜并获得与环境之间的持续物质交换（最初的代谢功能），以维持其生存和增殖，这就是最初的生命活体。此后开始的便是生物进化。

　　以上是笔者在探索地球生命起源中提出的初步认识。不难看出，其核心部分有三点（即三个重要过程），这就是星云有机分子的大量存在，地球内生命物质的合成和原始海洋生命活体的诞生。因此，笔者将其称之为星云—球内—海洋三极起源假说。

（选自《飞碟探索》1988 年第 4 期）

注　释

　　[1] 周俊，曾任山东省及淄博市科普作协常务理事、副秘书长等职。安徽农业大学教授，安徽省地质学会常务理事，安徽省水土保持学会常务理事。

思考与练习

　　一、对地球生命起源问题，作者在本文中阐述的观点是什么？
　　二、根据文章的内容，在横线处填上恰当的词语。
　　主要生命物质的合成是在_____而非地表，合成原料是_____，而不是原始地表海洋或大气层中的物质；"三极起源假说"提出了地球生命在起源过程中经历了三个重要阶段，即星云_____的生成阶段、地球内_____及运移阶段、原始海洋中的演化阶段。
　　三、宇宙星云中有机分子的发现和米勒等人对生命物质的化学合成以及其他有关的许多科学事实，是第三种生命起源学说的依据或理论基础。这种说法对吗？为什么？

《物种起源》绪论

达尔文

解　题

　　恩格斯在《在马克思墓前的讲话》一文中，把达尔文发现有机界的发展规律和马克思发现人类历史的发展规律相提并论。一百多年前，达尔文的思想改变了人们对世界的看法，一百多年来，这思想影响了一代又一代的人。你了解达尔文吗？你知道进化论吗？

今天我们就一起来打开达尔文的进化论之门——《物种起源》。

当我以博物学者的身份参加贝格尔号皇家军舰航游世界时,我曾在南美洲看到有关生物的地理分布以及现存生物和古代生物的地质关系的某些事实,这些事实深深地打动了我。正如本书以后各章所要论述的那样,这些事实似乎对于物种起源提出了一些说明——这个问题曾被我们最伟大的哲学家之一称为神秘而又神秘的。归国以后,在1837年我就想到如果耐心地搜集和思索可能与这个问题有任何关系的各种事实,也许可以得到一些结果。经过五年工作之后,我专心思考了这个问题,并写出一些简短的笔记;1844年我把这些简短的笔记扩充为一篇纲要,以表达当时在我看来大概是确实的结论。从那时到现在,我曾坚定不移地追求同一个目标。我希望读者原谅我讲这些个人的琐事,我之所以如此,是为了表明我并没有草率地做出结论。

现在(1859年)我的工作已将近结束,但要完成它还需要许多年月,而且我的健康很坏,因此朋友们劝我先发表一个摘要。特别导致我这样做的原因,是正在研究马来群岛自然史的华莱士先生对于物种起源所做的一般结论,几乎和我的完全一致。1858年他曾寄给我一份有关这个问题的论文,嘱我转交查尔斯·莱尔(Charles Lyell)爵士,莱尔爵士把这篇论文送给林纳学会,刊登在该会第三卷会报上。莱尔爵士和胡克博士都知道我的工作,胡克还读过我写的1844年的纲要,他们给我以荣誉,认为把我的原稿的若干提要和华莱士先生的卓越论文同时发表是可取的。

我现在发表的这个摘要一定不够完善。在这里我无法为我的若干论述提出参考资料和根据;我期望读者对于我的论述的正确性能有所信任。虽然我一向小心从事,只是信赖可靠的根据,但错误的混入,无疑地仍难避免,在这里我只能陈述我得到的一般结论,用少数事实来做实例,我希望在大多数情况下这样做就足够了。今后把我的结论所根据的全部事实和参考资料详细地发表出来是必要的,谁也不会比我更痛切感到这种必要性了;我希望在将来的一部著作中能完成这一愿望。这是因为我清楚地认识到,本书所讨论的几乎没有一点不能用事实来作证,而这些事实又往往会引出直接同我的结论正相反的结论。只有对于每一个问题的正反两面的事实和论点充分加以叙述和比较,才能得出公平的结论;但在这里要这样做是不可能的。

许许多多博物学者慷慨地赐予帮助,其中有些是不相识的;我非常抱歉的是,由于篇幅的限制,我不能对他们一一表示谢意。然而我不能失去这个机会不对胡克博士表示深切的感谢,最近十五年来,他以丰富的知识和卓越的判断力在各方面给了我以可能的帮助。

关于物种起源,完全可以想象得到的是,一位博物学者如果对生物的相互亲缘关系、胚胎关系、地理分布、地质演替以及其他这类事实加以思考,那么他大概会得出如下结论:物种不是被独立创造出来的,而和变种一样,是从其他物种传下来的。尽管如此,这样一个结论即使很有根据,还不能令人满意,除非我们能够阐明这个世界的无数物种怎样发生了变异,以获得应该引起我们赞叹的如此完善的构造和相互适应性。博物学者们接连不断地把变异的唯一可能原因归诸于外界条件，如气候、食物等。从某一狭义来说，正如以后即将讨论到的，这种说法可能是正确的；但是，譬如说，要把啄木鸟的构造、它的脚、尾、喙，如此令人赞叹地适应于捉取树皮下的昆虫，也仅仅归因于外界条件，则是十分荒谬的。在槲寄生的场合下，它从某几种树木吸取营养，它的种籽必须由某几种鸟传播，而且它是雌雄异花，绝对需要某几种昆虫的帮助才能完成异花授粉，那么，要用外界条件、习性或植物本身的意志的作用，来说明这种寄生生物的构造以及它和几种不同生物的关系，也同样是十分荒谬的。

因此，搞清楚变异和适应的途径是十分重要的。在我观察这个问题的初期，就觉得仔细研究家养动物和栽培植物对于弄清楚这个难解的问题，可能提供一个最好的机会。果然没有使我失望，在这种和所有其他错综复杂的场合下，我总是发现有关家养下变异的知识即使不完善，也能提供最好的和最可靠的线索。我愿大胆地表示，我相信这种研究具有高度价值，虽然它常常被博物学者们所忽视。

根据这等理由，我把本书的第一章用来讨论家养下的变异。这样，我们将看到大量的遗传变异至少是可能的，同等重要或更加重要的是，我们将看到，在积累连续的微小变异方面人类通过选择的力量是何等之大。然后，我将进而讨论物种在自然状况下的变异；然而不幸的是，我不得不十分简略地讨论这个问题，因为只有举出长篇的事实才能把这个问题处理得妥当。无论如何，我们还是能够讨论什么环境条件对变异是最有利的。下一章要讨论的是，全世界所有生物之间的生存斗争，这是它们依照几何级数高度增值的不可避免的结果。这就是马尔萨斯（Malthus）学说在整个动物界和植物界的应用。每一物种所产生的个体，远远超过其可能生存的个体，因而便反复引起生存斗争，于是任何生物所发生的变异，无论多么微小，只要在复杂而时常变化的生活条件下以任何方式有利于自身，就会有较好的生存机会，这样便被自然选择了。根据强有力的遗传原理，任何被选择下来的变种都会有繁殖其变异了的新类型的倾向。

自然选择的基本问题将在第四章里详加论述；到那时我们就会看到，自然选择怎样几乎不可避免地致使改进较少的生物大量绝灭，并且引起我所谓的"性状分歧"（Divergence of Character）。在下一章我将讨论复杂的、所知甚少的变异法则。在接着以下的五章里，将对接受本学说所存在的最明显、最重大的难点加以讨论，即：第一，转变的难点，也就是说一个简单生物或一个简单器官怎么能够变化成和改善成高度发展的生物或构造精密的器官。第二，本能的问题，即动物的精神能力。第三，杂交现象，即物种间杂交的不育性和变种间杂交的能育性。第四，地质纪录的不完全。在第十一章，我将考察生物在时间上从始至终的地质演替。在第十二章和第十三章，将讨论生物在全部空间上的地理分布。在第十四章，将论述生物的分类或相互的亲缘关系，包括成熟期和胚胎期。在最后一章，我将对全书做一扼要的复述以及简短的结束语。

如果我们适当地估量对生活在我们周围许多生物之间的相互关系是深刻无知的，那么，关于物种和变种的起源至今还保持着暧昧不明的状况，就不应该有人觉得奇怪了。

谁能解释某一个物种为什么分布范围广而且为数众多，而另一个近缘物种为什么分布范围狭而为数稀少？然而这等关系具有高度的重要性，因为它们决定着这个世界上的一切生物现在的繁盛，并且我相信也决定着它们未来的成功和变异。至于世界上无数生物在地史的许多既往地质时代里的相互关系，我们所知的就更少了。虽然许多问题至今暧昧不明，而且在今后很长时期里还会暧昧不明，但经过我能做到的精密研究和冷静判断，我毫无疑虑地认为，许多博物学家直到最近还保持着的和我以前所保持过的观点——即每一物种都是独立被创造出来的观点——是错误的。我完全相信，物种不是不变的，那些所谓同属的物种都是另一个普通已经绝灭的物种的直系后裔，正如任何一个物种的世所公认的变种乃是那个物种的后裔一样，而且，我还相信自然选择是变异的最重要的、虽然不是唯一的途径。

（选自［英］达尔文：《物种起源》，周建人、叶笃庄、方宗熙译，商务印书馆，2011年）

思考与练习

一、简要概括并总结达尔文进化论的主要观点。
二、试举一例，分析本文采用的说明方法。

细胞战争

阿·斯奈德曼

解 题

本文是一篇文艺性说明文，以科学知识为题材，记叙与说明兼用，用形象生动的比喻，将细菌入侵人体后，人体内部免疫机能激战入侵细菌的情形写得有声有色，深入浅出地介绍了抽象深奥的科学知识，使读者在获得科学知识的同时，也获得了艺术享受，阅读时请注意这一特点。

炎症是一个专门术语，指的是在我们身体内进行的一种战争。我们每天总处在一个敌对的环境中，为生存而不断斗争。我们的身体必须时时防御诸如细菌、真菌以及病毒等等，这些大量的敌人可能经由皮肤、呼吸系统进入体内。患癌症时，敌人就是我们自身的叛逆细胞。幸而我们有一个强有力的守卫军，也就是分子和细胞组成的免疫系统，它们警惕不懈，动员迅速，防御着每一个新的入侵。

炎症的战争既有一根棘刺引起的小规模遭遇战，也有细菌性肺炎这样的全面战争，而每个战斗都伴有同样的四个征象——红、肿、热与痛。罗马医生两千年前就注意到了这些征象，但只有到了20世纪，科学家才开始弄清在复杂的炎症过程中身体所起的反应。

比如一根刺扎进我们手指，战争就开始了。面对附在刺上的入侵细菌部队，我们身体的免疫系统就立刻行动起来。

当在血流和组织间隙中不停巡逻的分子侦察员发现了入侵者时，立即对外来分子表面的电荷作出反应，发出了一个化学警报。

作为司令官的淋巴细胞得知消息后，立即拟定战斗策略，做出支援计划，以备在最初的小规模战斗失利时使用。

淋巴细胞能记住那些以前碰到过的入侵者。它根据信息制造了一批抗体，专门盯住入侵者，只要抗体与追踪目标一接触，就能通知信号部队去召集战士。信号部队包括在血液与组织液中循环的一组传令员分子，叫补体系统，它能一传十、十传百地把消息传下去。补体传令员还要铺设行军路线，它们通过化学反应使战区周围的血液流动放慢，并使血管壁的微孔加大，这使战士们更容易离开血液赶到设在组织中的战斗地点。某些补体传令员制造一种化学信标，从出事地点向四周发散，战士们就追踪着信标赶到现场。

淋巴细胞还迅速地分裂，以扩充侦察与传令的后备部队，准备应付更猛烈的进攻。

真正投身肉搏战的野战军是不同种类的白血细胞组成的。它们根据信号纷纷从血流中冲向战斗地点，用强有力的酶（能大大加快消化过程的蛋白质）去把敌人粉碎。

第一野战军是嗜中性白血球，它是骨髓造出来的，只在血流中循环很短的时间。当它被召集出来时，很快冲入组织，形成第一道防线。战斗需要大批战士，以致在骨髓中尚未完全成熟的嗜中性白血球都被征召出来。医生如果看到病人的血液中有大量尚未成熟的嗜中性白血球，就可认为这是有严重感染的征象。嗜中性白血球组成了敢死队。因为它们仅能存活几小时，所以都不会在战斗后幸存下来。

第二野战军是巨噬细胞，它们是庞大和行动迟缓的白血细胞。在嗜中性白血球到达几小时后，巨噬细胞才赶到战场。它们对付所有没被嗜中性白血球杀死的细菌，并且移去死去的和垂死的嗜中性白血球。巨噬细胞有很好的装备，能与许多微生物战斗，其中也包括癌细胞在内。

在这场恶战中，血流中负责运输白血细胞的液体血浆渗入到战区来，使这个区域肿胀起来。双方的伤亡在战场中心那根刺周围形成了脓——血清和白血细胞。脓和肿胀的组织压迫了神经末梢，引起我们疼痛的感觉。拔出刺会舒服些，这是由于脓液流出，减小了压力。

一旦战胜了侵略者，我们的身体就为修复而开始行动。成纤维细胞组成的修补队伍建设新的结缔组织，皮肤与毛细血管的细胞开始了再生。

我们对身体的防卫系统研究得越多，就越认识到它具有多么不可思议的力量。科学家正不断地在免疫系统的队伍中发现新兵。也许当我们能更精巧地左右这个部队的行动时，我们就能更好地预防与处理严重而反复发作的感染，控制慢性炎症疾病，甚至能治愈癌症。

（选自《科学年鉴》，[美]威廉·H. 诺尔特主编，科学出版社出版，1983年）

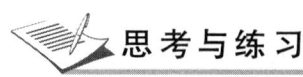

一、这是一篇科学小品，它的特点是什么？本文是怎样体现这一特点的？

二、说明文的语言要求准确，科学小品也不例外。请以文中最后一段的一些修饰、限制性的词语为例说一说。

三、本文说明的主要内容是什么？试用简洁平实的语言说明这"战争"的过程。

四、本文谈到了人体免疫系统的有关知识，谈谈你对人体免疫力的认识。

第七篇 应用文

应用文是国家机关、企事业单位或个人在日常办理公务或处理私事时经常使用的、有惯常格式的文章。应用文是指用来"应"付生活,"用"于解决实际事务的文章。它强调的是文章在现实中的实际效能。应用文按其内容、性质和适用范围的不同,可分为:行政公文,包括命令(令)、决定、指示等18种,是机关、团体等处理公务的各种法定文件;行政事务文书,包括计划和规划、总结等十余种,是机关、团体等处理日常一般公务的非法定公文;日常生活应用文,包括书信、笔记等,是用来处理日常生活问题时所使用的应用文;行业应用文,包括经济合同、实验报告等,是各个行业用来处理行业事务的专用文书。

应用文有以下特点:①有明确的对象和使用范围。与文学作品不同,应用文是人们用来处理问题的,所以,涉及的对象和范围必须明确,以便直接解决问题。②有固定的格式和写作要求。文体规范,格式固定,真实、准确地反映事物本质,才有利于沟通情况,处理问题。③有很强的时效性。人们往往在特定的时间里,为着解决特定事务而使用应用文,因时间和事物是发展变化的,如果失去时效,不但会使应用文丧失价值,更会贻误解决问题的时机。④语言朴素平实、简明准确。多采用叙述、说明的表达方式,便于直接表达事物内容,处理问题。

应用文,作为交际的工具和手段,在我国已有3000多年的历史。当今社会进入了信息日益发达的时代,作为传播信息的应用文书已深入社会各个领域。随着形势的发展,人们活动范围日益扩大,信息交流和事务处理更加频繁,应用文越来越显示出它重要的作用。

一、行政公文与行政事务文书

(一)行政公文

行政公文是国家党政机关、社会团体以及企事业单位用以处理行政公务的文件。公

文负有传达贯彻党和国家方针政策，处理行政公务的重要职能。它是在处理政务时用来颁布法律、法规、规章，传达政策法令，请示和答复问题，汇报情况、联系工作、制订计划以及记载政务活动的重要工具。公文出自法定的机关单位，具有处理公务的合法效用，具有法定权威性。

各种机关有各自不同的职责范围，并依法形成了各自使用的公文种类。上级领导部门与基层单位，行政机关与业务机关，地方政府机关与军事、外交、经济、科技部门，它们所使用的公文除了共同种类之外，还各有不同的侧重种类，各式各样，差异很大，这就造成公文分类的复杂性，即从不同角度，有不同的分类法。①从文体的来源和使用范围，可分为对外文件、收来文件、内部文件三种。②从行文关系上，可分为上行文、平行文、下行文三种。③从文件的机密性，可分为机密公文、内部公文、公布公文三种。④从文件的性质、作用，可分为法规文件、行政文件、党内文件三种。⑤从文件的使用范围，可分为通用文件、专用文件等。

党和国家机关通用公文的种类。在1993年11月21日国务院办公厅发布的《国家行政机关公文处理办法》的基础上，2000年8月24日国务院发布了新的《国家行政机关公文处理办法》，并于2001年1月1日起正式施行，无论是对公文的内容规定还是体例设置都进行了较大的调整，将现有公文分为十二类十三种（公告、通告合为一类）：命令（令）、议案、决定、意见、公告、通告、通知、通报、报告、请示、批复、函、会议纪要。此外，在中共中央办公厅于1996年5月3日发布的《中国共产党机关公文处理条例》中，正式文件的种类里还列有公报、条例、规定、指示、决议五个文种。这样，现在常用的公文种类总共有十八种：命令（令）、议案、决定、意见、公告、通告、通知、通报、报告、请示、批复、函、会议纪要、公报、条例、规定、指示、决议。还有一些文种虽不在国务院办公厅正式规定之内，实际上应用也很广泛，同样可能具有公文的性质，或在一定条件下具有公文的性质，如某些章程、办法、计划、协议书、电报、记录、简报、调查研究、首长讲话稿等。

随着社会形势的不断变化和发展，以及办公自动化程度的不断提高，对公文的文种和处理方法不断地进行调整和完善，是十分必要的。

为了维护文件的严肃性，国家规定了统一的公文种类、名称和特定的体例格式，使用时不得违背统一规定的原则和要求。公文格式由文头部分、行文部分和文尾部分组成。文头部分包括文件版头、发文字号、文件编号、秘密等级、缓急程度、签发人等项目，行文部分包括公文标题、主送机关、正文、附件、发文机关名称、成文日期、印章、阅读范围等项目，文尾部分由主题词、抄送单位、印刷版记等构成。以上项目可以分为指定项目（必须填写的项目）和选择项目两类。

下面介绍几种常用文体。

（1）决定。决定是党政领导机关、社会团体等对重要工作、问题或重大行动做出安排和决策时使用的公文，是一种指令性很强的文件。

（2）指示。指示是上级机关对下级机关部署工作时，提出基本要求，阐明工作活动原则、步骤和方法等发布的指导性文件。按指示涉及的内容范围，可分为全局性指示和局部性指示两类。

（3）通知。通知是传达上级机关的指示，批转下级机关的公文，或发布行政法规，要求有关单位、人员了解并执行的常用文件。通知可分批示性通知、指示性通知、会议性通知、一般性通知等多种。通知的正文也由发文原由、通知事项、希望和要求等部分组成，结尾以"特此通知"等语作结。

（4）报告。报告是向上级机关汇报工作，反映或回复有关情况时使用的公文。按内容可分为情况报告、工作报告。从范围、性质上分，有综合报告、专题报告。报告由标题、主送机关、正文、署名、日期、附件、抄报单位等几部分组成。标题应写明报告单位、事由和文种。正文写工作情况、成绩、教训、意见或存在的问题和要求。结束时写"以上报告请审核""以上报告如无不妥，请批转各地区、各部门参照执行"等结束语作结。署名日期写在正文的右下角并加盖公章。如有附件，要写明其名称、件数。如文中的有关问题还涉及其他单位，则要写抄报或抄送单位。

（5）请示。请示是请求上级机关对某些事项、问题给予指示、批准时使用的文件。请示由标题、正文、结尾等三部分组成。在正文中，要准确写清请示的事由，提出解决问题的办法及对请示部门的具体要求，最后写上"以上意见当否，请批示""以上意见如无不妥，请予批准""以上意见如无不妥，请批转各地区、各部门执行"等语作结，以便及时得到上级的批复或批转。

（6）会议纪要。会议纪要是党政机关、人民团体传达会议议定事项主要精神，要求与会单位共同遵守、执行的一种具有纪实性和指导性的公文。会议纪要一般分为例会纪要、工作会议纪要（综合、归纳性强）、讨论会议纪要（又称专业性座谈会纪要）。写作格式主要由标题、正文、结尾构成。标题有两种形式：单标题，由会议名称加"纪要"构成；双标题，由正副标题组成。正文一般采用总分式的结构，即先总述会议基本情况，包括时间、地点、主持单位、参加人员及会议议题、发言情况等内容；然后再分述会议议论内容，它可采用发言记录式、分类式、综合式等。

（7）规定。规定是党政机关或主管部门对特定范围内的工作和事务制定带有约束性的措施时使用的公文。写作格式由标题、正文和签署（含日期）三部分组成。标题制作与条例基本相同。正文的格式主要有两种：一是序言加条款。序言写制发规定的目的、原因等。条款说明具体规定的事项。二是分条说明式。一般将制定规定的目的、原因放在第一条。最后一（或二）条是实施说明（包括解释权归属和实施日期等）。签署有两种形式：重要的、原则性强的规定，在题下括号内标明批准机关和日期；一般性的规定，在正文右下方写明制发机关名称和发文日期。

（二）行政事务文书

行政事务文书又称非法定公文，是党和国家办公部门有关公文处理文件规定的文种之外的一类事务性、实用性极强的应用文，是机关、团体、企事业单位处理一般工作或日常事务往来的文书。这类文书因为是非法定公文，所以行文程序不像行政公文那样严

格,也没有公文那种权威性。行政事务文书有许多具体文种,此处重点讲述计划和规划、总结、简报、调查报告和布告等五种文书。

(1) 计划。计划是一种预先规定在一定时间内完成某项工作任务的打算和安排的文书。计划是一个泛称概念:时间较长、范围较广、内容较概括又只能提出一个总的设想的,叫"规划"或"纲要";内容较单一的,对其中的指标或措施等考虑得还不很周全的,叫"安排"或"打算";从目的、要求、方式方法和进度等方面做出全面而详细的安排的宜用"方案";比较粗略的打算或安排是"设想"。计划的种类很多,按内容分有生产计划、工作计划、学习计划等,按性质分有综合计划、专题计划等,按范围分有国家计划、单位计划、个人计划等,按时间分有年度计划、月份计划等。

计划的格式比较灵活,一般包括标题、正文、结尾等部分。标题即计划名称,主要标明制订计划的单位名称、时间和计划内容等。如果是未正式确定的计划,应在标题后用括号标明"初稿""草案""讨论稿"等字样。正文包括前言、目的任务、措施步骤、结尾几个部分。"前言"主要说明制订计划的依据和基本情况;"目的任务"提出达到的目标、指标、要求等;"措施步骤"写出完成任务的办法和步骤;"结尾"写需要说明的问题或应注意的事项,提出希望等。最后还要写上计划制订单位的名称、日期。在正文里不便逐条表述的有关材料,可根据需要制成图表附在正文后说明。如需抄报抄送某些单位,在正文之后也应分别写明。

(2) 总结。总结是对过去一段时间工作、学习等方面情况进行全面、系统的回顾和评价,从中找出经验和教训,引出规律性认识,用以指导今后实践的一种公务文书。总结的划分方法有许多种,从性质上看,可以分为两大类,即综合总结和专题总结。综合总结是对某一阶段工作的全面总结。写作时要注意突出重点,点面结合,而不要面面俱到。专题总结是对某项工作或某一问题进行的专门总结。这种总结在实际工作中使用最多,它的针对性强,要求内容集中。

总结的写作格式可分标题、正文和落款三部分。标题有两种写法:一是类似公文式。由总结单位、时间、事由和文种构成,有的可以省略前两项。二是新闻式。采用正副标题的写法,正标题概括总结的内容,副标题补充名称、事由、文种等。正文包括前言、主体和结尾三部分。前言是总结概要,相当于"概述",需将基本情况在这部分中作一交代。主体一般包括成绩与缺点、经验和教训两部分内容。也有的分为主要做法与经验、存在问题与教训两部分。这是全文的重点,既要写出具体的成绩和做法,也要讲清存在的问题。经验和教训是总结的目的所在,总结的成功与否往往取决于这两个方面,所以需要下功夫写好。结尾通常是在总结经验教训的基础上,提出今后的努力方向,明确今后的打算等。落款包括署名和总结的写作日期。

(3) 简报。简报是党政机关、社会团体和企事业单位向上、下级及平行单位反映工作情况和重要问题,沟通信息和交流经验的一种摘要性的事务文书。简报也可称为"情况交流""内部参考""简讯""快报"等,是一种内部编发的材料,不能替代正式文件。简报可分为反映本部门、本系统各方面情况、问题的工作简报,反映某项专门工作情况的专题简报，报道、交流有关会议内容、进展情况的会议简报等几种。

简报的写作格式大体由报头、标题、正文、报尾几部分构成。报头是事先印刷好的固定格式，一般采用套红大字居中、页面上端的位置印刷"简报"或"××简报"等字样，并在正下方加括号写明期号；左下方是编发机关名称，右下方是印发简报的日期。然后在下面加一红线，和简报内容分隔。标题要简明、准确地概括所反映问题的主要内容。正文分开头、主体和结尾三部分。开头要用精练的语言总括全文的中心或主要内容，它相当于消息（新闻文体）中的导语。主体是对开头的具体阐释，需要用典型的事例、确凿的数据来说明开头提及的问题。结尾可以小结全文内容，亦可发出号召，或指明事物的发展趋势等。有的简报在主要事情说清楚后，就顺势收笔，不再单独结尾。报尾部分是由发送单位或个人姓名和印刷份数组成的。报尾的上下都要划一条黑线。也有简报不写报尾这一部分。

（4）调查报告。调查报告是对某一问题或某一事件深入调查和认真分析研究之后，写出的揭示事物本质、规律的书面材料。调查报告按范围划分，可以分为综合调查报告、专题调查报告；按性质和作用的不同，可以分为反映社会基本情况的调查报告、介绍典型经验的调查报告、揭露问题的调查报告和宣传新生事物的调查报告等。

调查报告的基本结构包括标题、前言、主体、结尾四个部分。标题要简明扼要地表现文章的基本观点或主要内容。常见的有两种写法：一是单标题，即只有正标题的形式。二是双标题，即由正副标题组成的形式。副标题是对正标题的补充，交代调查的对象或内容，并标明文种。前言也有称作"导语"的，是文章的开头。它需要开门见山地涉及调查的目的、对象和范围等主要内容，给读者一个总的印象。主体部分是文章的核心，也是对导语的具体展开。它需要运用典型的材料，通过作者的分析、评价来阐释文章的观点。这部分内容多，篇幅长，所以在层次结构上特别需要条理清晰。常用的结构方式有横式结构（按内在的逻辑联系，分成几个部分并加小标题或加序码分别叙述）、纵式结构（按事件发展的次序或调查的顺序安排结构）、综合结构（纵横交叉结构）。结尾就是调查报告的结束语。结束语的内容多种多样，有概括全文，深化主旨的；有提出问题，令人思考的；也有展望未来，催人奋发的；等等。总的要求是简洁有力，意尽言止。也有的调查报告主体部分写完即告结束，没有单独的结束语。

二、日常生活应用文与行业应用文

（一）日常生活应用文

日常生活应用文指除行政公文、事务文书及行业应用文之外，人们处理日常生活问题时使用的应用文。这类应用文的使用范围很广，种类也最多。日常生活应用文与人们的日常工作、生活关系极为密切，是人们在漫长的生产劳动和生活往来过程中，逐渐形成的、具有一定格式的若干种实用文体的总称。下面分别介绍启事、书信、笔记等几种常用文种。

(1) 启事。启事是单位或个人有需要公开向公众说明或希望公众协助办理的事项时，在报刊或公共场所登载、张贴的短文。启事的种类很多，根据其内容、作用的不同，大致可以分为寻觅性启事、招募性启事、征求性启事、声明性启事和广告性启事等，其中各类启事又可分为若干种具体的文体。如招募性启事可分为招聘启事、招工启事、招生启事等。启事类应用文由标题、正文和落款三部分构成。标题由启事内容性质和文种构成，如"招聘科技人员启事"。有的还要在内容前加单位名称。正文部分写启事的事项，要求应明确、具体。在正文的下面根据情况还可写上联系方法及需要说明的问题。落款含发启事者的姓名或单位名称及时间。

(2) 书信。书信是人们在日常工作和生活中相互传递信息、表达意见、说明情况、证明事情时所使用的应用文。书信可以分为一般书信和专用书信两类。专用书信是应用在特定场合的、具有专门用途的书信。专用书信的种类较多，大致可分为具有证明作用的凭证性书信和表意性书信两种。凭证性书信包括介绍信、证明信、聘书、委托书、证书等；表意性书信包括表扬信、感谢信、贺信、慰问信、邀请信（请柬）、举报信、申请书、决心书、倡议书、建议书等。这里重点介绍下一般书信。一般书信是我们平时与亲戚、朋友等交流思想、研究问题、询问或答复有关情况时所写的私人书信。从写作角度讲，一般书信除信封以及信瓤中的"称呼""开头""祝颂语""署名""日期"几部分格式固定外，书信的正文写作是相当自由的。这部分的开头一般是先写问候语，要单独成行。正文写作的自由表现在表达方式、结构方式等方面的灵活多样上。它可根据不同的对象、不同的内容采用不同的表达方式和结构方式。一般书信是兼有文学体裁和应用文体两方面特点的一种特殊文体。一般书信的称呼部分要从第一行的顶格写并加冒号。称呼要视对象与自己的关系来确定，原则是亲切、庄重；祝颂语分两行写。当正文结束后，另起一行空两格写"此致""顺祝""祝"等，然后转行顶格写"敬礼""健康""万事如意"等。也可只另起一行，空两格写"祝你进步"等。祝颂语是表示祝愿或敬意的话，另起一行是表示尊重。署名应放在祝颂语右下方空半行处，署名的下一行靠右写日期。

(3) 笔记。笔记指听讲或阅读时，将感受到、理解到的知识，系统而又有重点地记录下来形成的文字材料。笔记通常可以分为听课笔记和读书笔记两大类。听课笔记是指在讲授或报告过程中，听讲者有选择地记录讲授内容的一种笔记形式。记听讲笔记，总会出现遗漏现象，避免遗漏的方法有三种：一是省略法，即有意不记自己熟悉、易懂的一些知识；二是补漏法，即作记号，留出空白，课后补齐；三是速记法，即使用一些速记符号记笔记。

读书笔记是指阅读文章或书籍时所作的记录。读书笔记有以下几种：

评点笔记，就是在书页上作符号（画点、圈、直线、曲线等）或批注的一种笔记形式。它可以标注重要、精彩的内容，也可以将评论、体会、疑问等写在书上。

纲要笔记，是用自己的话将阅读的文章、书籍，按照逻辑顺序，把要点概括地写出来的一种笔记。作纲要笔记的基础是对文章的消化、理解。

摘抄笔记，是将书中重要的，或自己欣赏、需要的内容照原样摘抄下来的一种笔记。

它是积累材料的重要途径，对写作论文尤为重要。此种笔记的摘文后面应注明书名、作者、版本、页码等。

心得笔记，是对阅读过程中关于某个问题思考的心得体会的书面表达形式。心得笔记一般包括读后感、随笔、札记三种形式。读后感是精读原文后，联系实际，着重从自己出发，展开联想，写出的感想体会。随笔是将读书的心得联系到自己的所见所闻而写成的一种散文体笔记。读后感偏重议论，而随笔偏重记叙，还可以议论、抒情、描写、说明，表达方式较为灵活。札记主要是读书读文后，将积累下来的材料经过归纳、整理，得出自己的见解并表现成文章的一种心得笔记。札记不同于读后感和随笔，它偏重于对原书（文）的分析，作者的态度客观、冷静。

(二) 行业应用文

行业应用文是用来处理行业事务的专用文书。这类应用文因行业的不同而种类各异，有鲜明的行业特点。如财经类有经济合同、商品广告等，司法类有诉状、答辩状等，科教类有实验报告、学位论文等。

(1) 经济合同。经济合同是法人之间或法人与个人之间为实现一定的经济目的制作的，明确相互权利义务关系的协议，是对双方都具有约束力的法律凭证。除经济合同外，还有民事合同。协议书与合同作用相近，但协议书较为原则、抽象，而合同却内容具体、条款齐备。

经济合同的种类很多，大致有购销合同、建设工程承包合同、科技协作合同等十余种。从结构形式上看，有条款式合同、表格式合同。合同一般由标题、双方单位名称、正文、结尾四部分组成。标题一般由合同的性质和文种构成。如"订货合同"，双方单位名称写在标题与正文之间，在双方单位名称前，要集中写上"订立合同单位"字样，在单位名称后分别用括号注明甲方、乙方；正文一般是先写签订合同的依据、目的，然后以条款的形式写出双方议定的具体事项。经济合同，正文应具备以下条款：标的（指货物、劳务、工程项目等）数量和质量，价款或酬金，履行的期限、地点和方式，违约责任。有的还需要说明有效期限。如有附件，就附在正文后并注明附件的名称、份数。结尾有两个内容：一是署名盖章，即在正文右下方写双方（或多方）单位全称、代表人姓名并加盖公章和私章。如需上级主管机关证明、审核的，也须办理署名、盖章手续；二是写明合同签订的日期。

(2) 商品广告。广告有"以营利为目的广告"和"不以营利为目的广告"（如公益广告）两种。商品广告属于前者。商品广告是企事业单位以商品销售和盈利为目的，通过语言文字或图像、音响、灯光等材料，公开向大众宣传商品信息、介绍商品知识的一种实用文体。根据广告传播形式的不同，可以分为报刊广告、招贴广告、橱窗广告、广播电视广告、邮寄广告、灯光广告等；根据广告的构成成分的不同，可以分为物像广告（以实物图像为主要内容，辅之以少量的文字说明）和文字广告（以文字为主要内容，辅之以适当的图像、音响或灯光制成的广告）两大类。

广告的制作灵活多样，无固定格式。但无论哪种广告，它的文字写作都应由标题、正文（产品情况）、落款几个部分构成。标题的原则是醒目，有吸引力。正文要精炼地写出商品的规格、质量、特点、用途以及销售的方式、时间、地点等，写作时要抓住产品的特点，突出主题。落款通常要写出厂家或经营单位的联系地址、电话、邮政编码等接洽项目。

（3）实验报告。实验报告是描述、记录某一科学实验的过程、方法和结果的一种文字形式。按实验性质，可分检验型实验报告和创新型实验报告两种。

检验型实验报告比较简单，是重复科技史上前人已做过的实验，如工厂产品和原材料检验分析，中学、大学的物理、化学、生物实验及某些课程的教学实验，都属于这一类。理工科大学生在校期间所作的专业基础课、专业课方面的实验，写成实验报告一般应包括以下几个项目：实验名称、目的、原理与方法、仪器与材料、步骤与要求、结果与数据处理、结论与问题讨论。

创新型实验报告比较复杂，多由在科技领域从事研究的科技工作者撰写。它具有一定的创造性，不少科技实验报告本身就是很有学术价值的科技文献，具有情报交流作用和资料保留作用。创新型实验报告一般由标题、作者及其单位、摘要、引言、实验部分、结果与讨论、参考文献等部分组成。这里重点介绍其中几个部分的写法。

摘要，主要用来介绍文献内容，是对标题的展开和补充，要写得概括、简短。引言（导言、前言、概述）是文章开头部分，主要用来介绍对某课题进行研究的目的和意义以及它的学术、实用价值。实验部分用叙述、说明的表达方式着重介绍实验装置需用的仪器名称、材料和实验的过程、方法等。结果及讨论，是对实验的各阶段及最终结果进行讨论、论证，是报告的主体。分析时，既要做定量分析、定性分析，又要分析讨论结果的正确性和必然性。为了使论证扎实、有说服力，一般除按研究成果本身的规律性论证外，还可引用有关文献，或编制必要的图表作佐证。

（4）学位论文。学位论文是作者以自己从事科学研究所取得的成果或新的见解为内容，为申请相应学位而写的论文。学位论文分学士论文、硕士论文和博士论文三级。这里只介绍学士论文。

学士论文也称毕业论文，写作学士论文是衡量一个大学毕业生是否具有相应学位水平的依据。它要求学生较好地掌握所学学科的基础理论、专门知识和基本技能，并具有从事科研或担负专门技术工作的初步能力。论文作者要运用所学基础知识来分析、解决本学科内某一基本问题。

以自然科学学士论文为例，其格式内容一般包括封面、目录、摘要、引言、正文、结论、参考文献、附录等部分。下面介绍主要部分的写法和要求。

摘要有两种：一种是全文的简短摘要，具有独立性，即使不读全文也能获得该文的大致信息。简短摘要有数据和结论等，是篇短文，但一般不用图表、化学结构式和不规范的符号术语，更不要自作评价。另一种是送给学位评审委员会的详细摘要，包括研究目的、研究方法、研究成果、结论和结论的意义等。详细摘要应重点介绍作者的新见解和主要数据，要条理分明。

引言（概述、前言、导言），应着重介绍文献综述部分，叙述本课题的由来、前人研究的成果及其评价、学科概念和规律的理论分析、本课题研究的现状及存在的问题等。

正文是论文的主体，写法因论文性质不同而有异，一般分实验型、理论型和观测型三种。实验型论文应组织并写好实验材料、方法、结果和讨论等部分。理论型论文格式较灵活，可按产生论点的逻辑顺序来分章节，也可依据数理公式的推导运算得出结论的方式来写。观测型论文是利用图表、照片和数据，把观测对象的外部形态、内部构造用描写和叙述的方法表现出来，让读者了解新发现的事物。其文字部分的写作与实验型论文的要求相同。

结论是经过深入研究、推理而得出的总体结论。该部分要讲清楚本论文揭示了什么规律，解决了什么问题，对之前的研究结果有什么突破，本课题研究仍存在的问题，今后研究的设想等。

三、应用文的写作作用和特点

（一）作用和特点

为了适应社会发展的需要，保证日常工作、学习和生活的顺利进行，我们应该认真学习应用文的有关知识，学会写作各种常用的应用文。一种文体总是由一定的要素构成的。应用文也像其他文体一样，有它自己特定的构成要素。无论是哪一类应用文，通常都是由主旨和有关材料等要素构成。主旨，就是作者为解决实际问题，在文中所要表达的意图、目的。

应用文主旨的确立，通常有两条必须遵守的原则：一是要作深入的调查了解，掌握翔实的材料，做到从实际出发，依据客观情况和实际需要来提炼主旨；二是要研究党和国家的方针政策、有关规定以及上级指示精神，然后结合实际情况进行分析，提出解决问题的意见和办法。应用文中有的文书政策性很强，如写公文、订合同，任何违反政策法规的现象，都是不允许的。因此，作者应具有较高的思想修养和政策水平，能运用辩证唯物的观点和方法分析和解决问题，从而逐步形成主旨。应用文的主旨要正确并要求明白透彻，是什么问题，该怎么办，应简单明了地表明态度，提出意见。否则，隐晦、含糊、主旨不明，容易产生歧义，会给实际工作带来损失。应用文还要求一事一文，主旨集中单一，使文书重点突出，便于理解、执行，以利问题的及时解决。

构成应用文的另一个要素是材料。应用文是人们用来交流、沟通各种信息的，因此，其主旨要以材料作基础。要求主旨能统摄所依据的材料，材料又能恰当地说明其主旨，使文章的观点与材料有机地结合、辩证地统一起来。在写应用文时，要特别注意材料的搜集和整理，重视调查研究，准确具体地掌握客观情况，力求广泛地占有材料，科学地分析材料，精选那些集中的、典型的第一手材料来体现、说明主旨，这样才能写出质量高的应用文来。

应用文是人们在社会交往中广泛使用的一种文体，它的特点归纳起来主要有以下几个方面。

(1) 政策性强，有特定的使用范围。不少应用文是用来处理国家机关、社会团体等内外公务或协调各种社会活动及其关系的，这些都必须以党和国家的方针政策为依据，而且其中有相当一部分就是直接为传达、贯彻党的政策或发布行政法规的，如政府部门的行政公文，就具很强的政治性和法律效力。即使是一般性公文如报告、总结等，也是为了准备或总结贯彻执行上级的有关指示、规定而写作的，就各类应用文的写作而言，其目的也都不能偏离党和国家的方针政策。因此，鲜明的政策性是应用文的一个重要特点。

因为应用文写作的目的性、针对性很强，其读者是特定的，有的应用文只限定在一定的范围内使用，与其他文体相比，这又是应用文的一个显著特点。

(2) 约定俗成，格式要求规范。一般的文章写作，格式可以多样，不要求统一，特别是文学性强的文章，还鼓励多样化、新颖化。但应用文基本上都有较为固定的格式和写作要求。应用文的格式是在实践中约定俗成并逐步固定规范的。如标题、正文、结尾以及行文范围等都有规定，不可随意变动。应用文有了这种规定，就有了共同遵守的规矩，这既为学习、写作应用文提出了要求和原则，又为解决实际问题提供方便。不同的应用文有不同的写作格式，在写作或应用时，要注意根据需要来选择，不能乱用。

(3) 注重实用，针对性强。应用文种类繁多，使用广泛。它是单位之间、个人之间以及单位与个人之间交流信息、洽谈事宜、处理问题的书面交际工具，是为着解决特定问题或特定情况而产生的，所以具有广泛的实用性，这是它不同于其他文章体裁的一个显著特点。与此相联系，应用文是针对具体的对象、具体的事务、具体的问题来表达意见，有的放矢地来解决问题的，所以，它又具有很强的针对性。

(4) 目的明确，时效性强。应用文为解决实际问题而写的，有鲜明的目的性。现实事务和问题，总是在一定的时间和空间中变化发展的。换句话说，事务本身就是有时效性的，而用来处理事务和问题的应用文，当然也具有很强的时效性。这就要求应用文写作要及时，对反映的问题及时处理，才能收到好的效果；不然延误了时机，就会给工作带来损失。

(5) 语言朴实，并有特定的习惯用语。应用文在于实用，这就要求它能客观地反映情况，准确地沟通信息，以达到实事求是地处理好事务的目的。因此，应用文所用语言要朴实、准确，切忌使用隐晦、夸饰之词，以免产生误解，带来不良后果。为了表达的需要，首先应注意恰当地使用约定俗成的习惯用语，如公文中通用的"遵照执行""此复""当否，请示""此致敬礼""如无不当，请批转有关单位参照执行"等，以收到表达简练的效果。此外，在行文时还要注意表达方式，应用文一般多采用叙述和说明的表达方式，要求一目了然。

（二）应用文的写作要求

(1) 加强学习，不断提高政策和专业知识水平。应用文大多具有鲜明的政治性和政策性。因此，要写好应用文一定要下功夫学习党和国家有关的方针政策和规章制度。只有懂得政策，才能有正确的观点、立场和处理事务的正确的工作方法；才能做好实际工作，并在工作实践中不断提高自己的政策水平和执行政策的自觉性，为写作应用文创造必要的前提条件。

另外，要努力钻研业务，提高专业知识水平。党和国家的方针政策是通过各种业务部门来贯彻执行的。党和国家的方针政策统帅和指导业务工作，而业务工作又反映、体现了党和国家的方针政策。这说明方针政策和业务工作是紧密结合在一起的。所以，钻研业务，不断提高自己的专业知识，不仅是做好工作的需要，也是写作应用文的基础。既要掌握政策又要熟悉业务，这是写好应用文的基本条件。

（2）注重实践，广泛积累材料。写文章靠材料，而材料来源于实践。比如写总结，作者如果没有实践，没有调查了解情况，获得总结的内容和材料，是无法写出总结的。即使勉强写出一篇来，也只是言之无物的花样文章，没有实际意义。相反，作者有了实践的经验，平时又注意积累材料，写起总结来就有话可说。因此，注重实践，积累材料，也是写作应用文重要的条件之一。

（3）联系实际，勤读多练。从学习文章写作的角度来说，多读多写，读写结合是个关键，学写应用文也是如此。多读，是多读人家的文章，多读些典范性的公务文件，看人家是怎么写的，从中熟悉并掌握各种应用文的格式、体例和写作的基本要求，然后坚持在工作、学习和生活中结合实际经常练习，多读多写，乃至熟练。这样，便能把应用文写作的理论和要领在实践中贯彻运用，达到写好应用文的目的。

几种常见的应用文写作

应用文的内容广泛，形式多样，注重实际效能，掌握应用文的理论知识外，还要懂得具体的写作过程，下面就列举几种常见的应用文的写作进行介绍和示范。

通知

通知的格式，包括标题、称呼、正文、落款。

标题写在第一行正中。可只写"通知"二字，如果事情重要或紧急，也可写"重要通知"或"紧急通知"，以引起注意。有的在"通知"前面写上发通知的单位名称，还有的写上通知的主要内容。

称呼写被通知者的姓名或职称或单位名称。在第二行顶格写。（有时，因通知事项简短，内容单一，书写时略去称呼，直起正文。）

正文另起一行，空两格写。正文因内容而异。例如，开会的通知要写清开会的时间、地点、参加会议的对象以及开什么会，还要写清要求。布置工作的通知，要写清所通知事件的目的、意义以及具体要求和做法。

落款分两行写在正文右下方，一行署名，一行写日期。

写通知一般采用条款式行文，简明扼要，使被通知者能一目了然，便于遵照执行。

范文如下：

关于××学院2022年运动会学生调停课的通知

全体师生：

根据学校安排，××学院第××届体育运动会定于2022年10月27至29日（星期四至星期六）举行。经研究，××学院教学安排做如下调整：

1. 10月26日，××学院体育课程停课。

2. 10月27至29日三天中，安排在白天的课程停课，安排在晚上的课程照常上课。需补课的教师请与学生商定好补课时间后，再与学校教务管理办公室联系。

3. 如因雨天导致运动会无法召开，则正常上课。届时运动会的召开时间另行通知，我们也将在校园公告和教务处网站重新发布通知，请大家密切关注。

若有疑问，请致电××学院教务管理办公室（电话：028－1234567）。

特此通知！

××学院
2022年10月20日

请示

请示是指请求上级机关对某些事项、问题给予指示、批准时使用的文件。请示由标题、正文、结尾三部分组成。在正文中,要准确写清请示的事由,提出解决问题的办法及对请示部门的具体要求,最后写上"以上意见当否,请批示""以上意见如无不妥,请予批准""以上意见如无不妥,请批转各地区、各部门执行"等语作结,以便及时得到上级的批复或批转。

范文如下:

关于申请建设塑胶运动场建设资金的请示

×市教育局:

我校是一所建设中、发展中的学校,现有在校学生257人,校园内原有一个面积4063.5平方米的煤渣运动场,含200米环形跑道、100米直道,如遇下雨天,雨水不能及时排出,好几天跑道里都是水,学生做课间操要经过跑道,踩得满鞋都是黑黑的煤泥;操场干燥后,风一吹则煤灰四起,严重影响校园的环境卫生,更谈不上美化、净化校园,极大地制约了阳光体育活动的开展,影响了正常的体育教学工作。

为了全面推进我校教育现代化建设,进一步改善学校体育教学条件,保证学生每天活动一小时课外活动的正常开展,我校特申请把现有煤渣运动场改造为塑胶运动场。塑胶跑道面积约1660平方米,半圆区场地硬化面积约1500平方米,建设资金约需50万元,学校自筹10万元,目前尚缺40万元,恳请上级部门给予拨款支持。不胜感激!

以上意见当否,请批示。

×学校
××××年××月××日

简报

简报大致分为三种,分别是工作简报、专题简报、会议简报。

一、工作简报

这是为推动日常工作而编写的简报,也是简报中最常见的一种形式。它的任务是及时反映工作进展情况,交流工作中取得的经验或指出工作中存在的问题,为上级领导和下级工作人员及时了解、掌握工作情况服务。编写工作简报,要注意迅速及时,并围绕工作中心,突出重点,抓好典型。

二、专题简报

这是针对某项工作、任务、活动而编写的专项简报,它与工作简报的区别是前者面向全局,有较强的广泛性;而后者则目标单一,有较强的针对性。专题简报的编写是伴随着某项工作、任务、活动的开展而进行的,工作、任务、活动宣告结束,简报的编写也就停止,因此,它比工作简报更注重时效性。

三、会议简报

这是在会议期间为反映会议情况而编发的简报。它可以是一次性的,也可以是连续性的。其内容主要包括主要的报告、讲话、会议决议、讨论发言、会议动态及其重要情况。会议简报是专为会议服务的,会议结束了,简报也就停办。因此,它是阶段性的简报。

联系同学们的校园生活实际,会议简报最为常用。

范文如下:

简　报

(×××年××月第××期)

××学院学生会　　　　　　　　　　　　　　　　　　×××年××月××日

××学院召开党支部、团总支、学生会"三家一体"会议

××月××日晚19:30分,××学院党支部、团总支、学生会"三家一体"会议在××学院办公室召开,计划开展近期工作。会议由××学院辅导员×××主持,学院党支部书记×××列席会议,学生党支部、学院团总支及学生会主要干部参加会议。

会上由×××书记对学院近期工作进行总结,并对后期工作进行指导安排,××学院辅导员×××老师做重要工作部署。

首先,×××书记指出"维稳工作是同学正常健康学习的保障",今年是我校学风建设年,特别要求校园拥有一个正常、安全、稳定的学习环境,要求各班信息员及时有效地向上反馈班级动态信息。针对近期发生的校园安全问题,×××书记呼吁全体团员保持校园安全,维护校园稳定,同时积极响应学校"学习校纪校规"倡议,加强对自身生命财产安全的重视和维护。×××书记的指示帮助我们明确了近期工作的重点,为学生工作与活动的开展指明了方向。×××书记对我院学生参加校院两级组织学习《学生手册》的考试情况做了了解,通过询问和聆听在场学生干部发言的方式,了解到了我院学生的学习基本情况,并对此次学习考试的结果进行分析,使得学生干部进一步了解了活动的目的和意义。×××书记还对我院的学生工作特色建设提出规划,希望在本年度开展以教育引导为主题的宣传教育系列活动,主要分为三个章节:励志篇、成才篇和警示篇。希望通过三个章节的活动,我院的学生树立正确的校园学习生活观念。

其次,辅导员×××老师为学生会近期工作的开展做详细部署,继续强调各班晚自习

纪律问题，旨在通过晚自习提高我院的自主学习氛围。×××老师对我院学生会改选作出总体规划，引导学生干部积极开展工作，要求换届选举要公开透明。

最后，学生党支部、团总支及学生会成员积极讨论本学期其他工作，就如何开展团支部主题学习，"学风建设"到各班，学习雷锋活动三方面工作展开讨论。

本次会议在学校开展"学风建设"的大环境下召开，是继我院上次"三家一体"会议之后的又一次具有重要指导意义的会议，全局部署了我院本学期的工作，对促进和谐、安定的校园氛围，建设积极、向上的学习环境提供了大方向，进一步体现了以党建带团建，以党团建设带动学风建设，以党团创新带动学风创新，促进党团工作做到实处。相信在此次会议的精神指导之下，我院近期学生工作将会取得更好的成绩。

招新启事

招新启事是大学校园中常见的招募性启事，由标题、正文和落款三部分构成。标题一般需要说明招新的对象或招新的组织，正文部分要说明招新的具体要求和相关流程，例如报名方式、岗位要求、联系人、联系电话等。落款要写清楚发布启事的组织名称及日期。

范文如下：

大学生心理协会招新启事

大学生心理协会（简称"心协"）是××学校第一个心理协会。本协会在我院团委、校心理咨询中心的领导下，由热衷心理健康知识的在校大学生组成，是一个学术性团体。我社曾组织过"5·25"等全校大型心理活动及讲座等。因社团发展需要，现招募以下部门成员：

一、办公室

1. 主持财务会计工作，负责会议考勤，会议记录。
2. 整理保存心协档案及活动记录，心协内部规章制度的执行和监督。

二、宣传创意部

1. 配合各部工作，搞好各项活动的海报宣传，定期出心协黑板报。
2. 负责心协活动的活动图片展及其他调查活动结果的公布。

三、外联部

1. 负责与本校其他社团组织的沟通工作，加强与外校心协之间的交流。
2. 负责各大活动的现场拍摄，采访工作。

四、组织策划部

1. 负责各项活动的策划，并以书面形式给出活动方案。
2. 选择大学生感兴趣并与之密切相关的话题，编写调查问卷，分析得出并公布结论。

五、文艺部

1. 举办各种文艺讲座和文艺演出活动，丰富同学们的课余生活。

2. 组织编排文艺节目，积极参加校内外各种活动。

亲爱的大学生朋友们，你还犹豫什么呢？为你的青春注入色彩，为你的心灵开辟窗口，为你的梦想开拓希望，来吧，赶快加入到心协中来吧，一起"关注成长，我心飞翔"吧！

报名地点：××楼一楼

时间：18：00—20：30（9月8日—9月11日）

大学生心理协会
××××年××月××日

经济合同

经济合同的特点如下：

一、合法性，即签订合同要符合国家的方针、政策、法律和法规。

二、合意性，即签订合同双方的地位是平等的，任何一方都不能把自己的意志强加给另一方，应本着平等互利、协商一致、等价有偿的原则。

三、效益性，即签订合同的各方，都能从中获取效益。

以上特点决定了经济合同的具体写作必须是严肃的、严谨的。

范文如下：

工程项目合同

订立合同单位：_____（甲方）

地址：_____

邮编：_____

联络电话：_____

订立合同单位：_____（乙方）

地址：_____

邮编：_____

联络电话：_____

根据《中华人民共和国合同法》《中华人民共和国建筑法》及其他有关法律、法规的规定，甲、乙双方在平等、自愿、协商一致的基础上，为保证工程顺利进行，特签订本合同。

第一条　工程概况

1. 工程项目：_____工程地点：_____省_____市_____
2. 工程承包方式，双方商定采取下列第_____种承包方式。

(1) 乙方包工、包全部材料。

(2) 乙方包工、部分包料，甲方提供部分材料（附具体明细表）。

(3) 乙方包工、甲方包全部材料。

3. 工程总价款：_____元，大写（人民币）：_____元，该总价款已包括甲方应当向乙方支付的报酬、费用、保险及任何税费等，具体内容详见《装修工程价格明细》附件（但不包括甲方物品的运输费和搬运费）。

工程期限_____天；开工日期_____年____月____日；竣工日期：_____年____月____日；承包范围：按施工图纸、施工方案进行施工。

第二条　工程质量

1. 以施工图纸、施工方案和《建筑装饰工程施工及验收规范》（详见规范单双方签字确认）、《建筑安装工程质量检验评定统一》（详见规范单双方签字确认）等双方制订的施工及验收规范并依据本合同的有关规定为质量评定验收标准。乙方承诺本工程质量应达到双方质量评定优良标准，并应符合甲方要求的品质（甲方在现场要另更改设计方案除外）。但双方自以为双方验收标准未达成一致，产生纠纷的按国家验收标准为准。

2. 本工程由_____方设计施工图纸及施工方案。

3. 甲方提供的材料、设备质量不合格而影响工程质量，其返工费用（若在外地，乙方工人由此所产生的工资和差旅费）由甲方承担，工期顺延。

由于乙方原因（自然灾害和运输过程中发生事故除外）造成质量与事故，其返工费用由乙方承担，工期不变。

在施工过程中，甲方提出设计修改意见及增减工程项目时须提前以书面形式与乙方联系。双方协商确认后，方能进行该项目的施工。因工程量增加会影响竣工日期的，竣工日期由甲、乙双方另行协商确定。凡甲方项目负责人私自与乙方工人商定更改施工内容所引起的一切后果，由甲方承担相关费用。

4. 施工过程中双方对工程质量发生争议，申请由相关部门对工程质量予以认证，经认证工程质量不符合合同约定的标准，认证过程支出的相关费用由乙方负责承担，经认证工程质量符合合同约定的标准，认证过程中支出的相关费用由甲方负责承担。

第三条　工程付款方式

1. 双方约定按下列方式支付工程款：

(1) 乙方在进场施工之日起_____天内，甲方在收到乙方的请款单及发票时支付总工程款的90%（但由于乙方发票没有及时交于甲方，付款日期相应顺延），计人民币_____元；

（2）工程完工并经甲方验收合格6个月内，甲方收到乙方的请款单及发票之日起三个工作日内（但由于乙方发票没及时交于甲方，付款日期相应顺延）支付工程总款余下的10％，计人民币_____元。

第四条　甲方权利与义务

1. 甲方负责办理商场审批手续。

2. 商场的装修保证金若超过或同等于人民币10000元，由甲方负责缴纳，因乙方原因导致甲方所缴纳的保证金不能完全退回的金额，由乙方补足甲方扣除的金额；若装修保证金在人民币10000元以内则由乙方负责缴纳，因甲方原因导致乙方所缴纳的保证金不能退回的金额，甲方应补足乙方扣除的金额。

3. 甲方应提前将施工图纸、施工方案提交给乙方并进行技术交底，如施工图或施工方案需要变更，甲方应书面通知乙方，由双方进行协商并达成书面补充协议。如甲方提供部分材料，乙方应提前通知甲方将材料送达到指定地点，如甲方未按期送达，造成工期延误和由此所产生的一切费用则由甲方承担。

第五条　乙方权利与义务

1. 收到甲方订单后，现场进行复尺。若发现现场情况有与图纸不符的情形，应及时通知甲方，并与甲方协商修改施工图纸及施工方案。

2. 乙方指派_____为乙方驻工地代表，负责合同内的施工技术。按施工图纸、施工方案要求组织施工，在确保质量的前提下按期完成施工任务，解决应由乙方负责的各项事宜。

3. 乙方在施工期间应严格遵守《建筑安装工程安全技术规程》《建筑安装工人安全操作规程》《中华人民共和国消防条例》和其他相关的法规、规范。在施工中严格遵守施工规范，按安全操作规程组织施工，同时执行好防火、环保等规定。严格按施工图纸和施工方案进行施工，同时做好质量检查记录，参加竣工验收。

4. 施工中应遵守国家或地方政府及相关部门对施工现场管理的规定，妥善保护好施工现场周围的建筑及设备管线、古树名木不受损坏，并承担相应费用。做好施工现场的安全保卫和垃圾清运工作，处理好由于施工带来的扰民问题及与周围单位（住户）的关系，并承担相应费用。

5. 施工中未经甲方书面同意或有关部门批准，不得随意拆改原建筑结构及各种设备管线，并在甲方的协助下负责到有关部门办理相应审批手续。

6. 工程竣工未移交甲方之前，乙方负责对现场的一切设施和工程成品进行保护，但甲方投入使用便为验收合格。

7. 乙方承诺和保证具有本合同规定的装修装饰及从事相关活动的资质、人力和经验，具有法律规定的承揽本装修工程的相应资质，包括但不限于有关建筑装修工程设计与施工资质、消防设施工程设计与施工资质等资质。

8. 乙方将根据其所具有的相应装饰装修资质及丰富经验，对甲方提供的施工图纸、施工方案进行确认，并保证施工图纸、施工方案符合《中华人民共和国消防条例》和有关防火、安全设计规范。因施工图纸或施工方案违反有关安全操作规程、消防条例和防火设计规范，导致发生安全或火灾事故，乙方应承担由此引发的一切经济损失（但必须是在施工期间内）。

9. 因工程施工使用水、电、气等费用由甲方负责并承担。乙方负责联系通信费。

10. 因乙方的原因导致甲、乙双方或任何第三方人员或财产受损，乙方应承担由此产生的一切责任，但是必须是在施工期间内。

第六条　变更工程项目或施工方式

如需变更，双方应协商一致，签订书面变更协议，同时调整相关工程费用及工期。

第七条　工期延误

1. 因以下原因造成竣工日期延误的，经甲方确认，工期相应顺延。

(1) 经双方确认变更设计，导致工程量增加的。

(2) 不可抗力、自然灾害和运输过程中发生事故。

(3) 甲方书面同意工期顺延的其他情况。

2. 因甲方未按合同约定完成对商场负责的工作而影响工期的，工期顺延；因甲方提供的材料、设备质量不合格而影响工程质量的，乙方因返工所产生的一切费用由甲方承担，工期顺延。

3. 因乙方责任不能按期完工的，工期不顺延；因乙方原因造成工程质量存在问题的，返工费用由乙方承担，工期不顺延。

第八条　违约责任

1. 任何一方违反本合同约定，应向另一方支付违约金_____万元。如因违约行为导致另一方遭受损失，违约方应予以足额赔偿。

2. 由于乙方原因，工程质量达不到双方约定的质量标准，乙方应负责返工，工期不予顺延，因此给甲方造成的损失，乙方应负责赔偿。

3. 甲方未办理有关手续，强行要求乙方拆改原有建筑承重结构及共用设备管线，由此发生的损失或事故（包括罚款）由甲方负责并承担法律责任。乙方擅自拆改原有建筑承重结构及共用设备管线，由此发生的损失或事故（包括罚款）由乙方负责并承担赔偿责任。由于乙方原因，工程逾期竣工，每逾期一天，乙方支付甲方合同总价千分之三的违约金；逾期超过20天的，甲方有权解除本合同，且乙方应当另行向甲方支付违约金人民币_____万元。由于甲方原因，工程逾期竣工，每逾期一天，甲方支付乙方由此每天所产生的一切费用；由于甲方原因，工程施工到_____％而不施工安装，甲方要支付此工程总款的_____％给乙方。

第九条　竣工验收及移交

1. 关于验收标准，合同和施工说明有约定的按照合同与施工说明的约定，合同中没有约定的按国家工程质量合格标准进行验收。

2. 甲方对工程验收合格应向乙方出具书面工程验收合格单，但投入使用便视为验收合格。对于未验收合格的，乙方应立即对甲方提出的工程缺陷进行改善，因此造成竣工日期延误的，乙方应依照本合同承担相应违约赔偿责任。

第十条　工程保修

1. 工程自甲方验收合格后，乙方负责保修_____年。但电器按出厂保修时间为准，超出出厂时间将收取更换或维修费用。乙方在其保修期间对工程进行维修所产生的费用（除人为因素造成的损坏），包括但不限于材料费用、人工费用、交通费用等，由乙方自行承担。保修期过后，乙方负责提供成本价维修。

2. 保修期内，乙方应于收到甲方维修通知后6个工作日内解决维修问题。

第十一条　不可抗力

本合同所称不可抗力是指不能预见、不能克服、不能避免并对一方造成重大影响的客观事件，包括但不限于自然灾害如洪水、地震、火灾和风暴等，以及社会事件如战争、动乱、政府行为等。如因不可抗力事件的发生导致合同无法履行时，遇不可抗力的一方应立即将事故情况书面告知另一方，并提供事故详情及合同不能履行或者需要延期履行的书面证明资料，双方认可后协商提前解除合同或延期履行。

第十二条　合同效力

本合同自甲、乙法定代表人或授权代表人签字并加盖公章之日起生效。

本合同正本一式二份，双方各执一份，具有同等法律效力。

甲方（盖章）：_____　　　　　　乙方（盖章）：_____

委托代理人（签字）：_____　　　委托代理人（签字）：_____

_____年_____月_____日　　_____年_____月_____日

参考文献

[1] 诗经译注 [M]. 程俊英, 撰. 上海：上海古籍出版社, 2016.
[2] 左传 [M]. 郭丹, 译注. 北京：中华书局, 2016.
[3] 郭茂倩, 周兴陆. 乐府诗集 [M]. 三秦出版社, 2021.
[4] 李白. 李太白全集 [M]. 王琦, 注. 北京：中华书局, 2011.
[5] 吴正裕. 毛泽东诗词全编鉴赏 [M]. 北京：中央文献出版社, 2003.
[6] 吉狄马加. 吉狄马加的诗 [M]. 北京：人民文学出版社, 2018.
[7] 钱锺书. 围城 [M]. 北京：人民文学出版社, 1991.
[8] 路遥. 平凡的世界 [M]. 北京：十月文艺出版社, 2018.
[9] 孙正华. 阅读与写作 [M]. 成都：四川民族出版社, 2007.
[10] 戴望舒. 雨巷：戴望舒诗集 [M]. 北京：人民文学出版社, 2020.
[11] 郑愁予. 郑愁予的诗：不惑年代选集 [M]. 南京：江苏文艺出版社, 2016.
[12] 张枣. 张枣的诗 [M]. 北京：人民文学出版社, 2020.
[13] 闻一多. 闻一多诗选 [M]. 北京：中国青年出版社, 2021.
[14] 傅雷, 傅敏. 傅雷家书 [M]. 天津：天津社会科学院出版社, 2015.
[15] 老舍. 老舍经典散文集 [M]. 成都：天地出版社, 2019.
[16] 乐黛云. 三真之境 季羡林散文精选 [M]. 深圳：海天出版社, 2006.
[17] 巴金, 李小林. 怀念萧珊：巴金散文 [M]. 杭州：浙江文艺出版社, 2014.
[18] 艾治平. 现代散文选读 [M]. 广州：广东人民出版社, 1983.
[19] 吉布鹰升. 麦浪摇 [M]. 昆明：晨光出版社, 2020.